Wolfgang Radlegger

Frauen schreiben Geschichte

Ein Kalendarium

EDITION
TANDEM

Sonntag, 10. Dezember 2023: „Alle Menschen sind frei und gleich an Würde und Rechten geboren."

Mein „Kalendarium" enthält Geschichten von so vielen Frauen, wie das Jahr 2024 Tage hat – also 366. Es sind Frauen, die für Rechte gekämpft haben oder es noch immer tun, für die Rechte von Minderheiten, von Geflüchteten, von anderen Frauen und Kindern, von Benachteiligten und Schwachen, von Verfolgten oder von Menschen und ihrer Umwelt ganz allgemein.

Er ist ein wichtiger Tag, dieser 10. Dezember – an dem meine Arbeit ansetzt. Der Tag der Menschenrechte wird heute begangen, denn vor 75 Jahren, am 10. Dezember 1948, hatte eine Frau im Pariser Palais de Chaillot ihren wahrscheinlich bedeutendsten Auftritt. Eleanor Roosevelt, Gattin eines großen amerikanischen Präsidenten: Franklin Delano Roosevelt. Eleanor war also First Lady, aber sie war bei Weitem mehr. Natürlich gebührt ihr ein Kalenderblatt und daher kann ich mich hier auf ihren Auftritt am 10. Dezember vor 75 Jahren beschränken.

Ich lese Ihnen jetzt die Allgemeine Erklärung der Menschenrechte vor, sagte sie schlicht in ihrer Rede, die sie mit den Worten *Wir stehen heute an der Schwelle eines großen Ereignisses im Leben der Vereinten Nationen und im Leben der Menschheit. Diese Erklärung kann die internationale Magna Charta aller Menschen werden* einleitete.

Eleanor Roosevelt war die treibende Kraft bei der Schaffung dieser Deklaration – die zu Recht als ihr Vermächtnis bezeichnet wird. Sie war aber auch politische Realistin, die sich bewusst war, wie schwierig die Umsetzung werden würde. Der Kalte Krieg hatte bald nach dem Inferno des Weltenbrandes eingesetzt und spaltete den Globus, der damals noch mehr Kolonien als selbstständige Staaten umfasste. *Tun Sie das, was Sie Ihrem Herzen nach für richtig empfinden – Sie werden ohnehin dafür kritisiert. Sie werden verdammt, wenn Sie es tun und verdammt, wenn Sie es nicht tun*, sagte damals Eleanor Roosevelt.

Als Vorsitzende der UN-Menschenrechtskommission hatte sie letztlich an einem Dokument federführend mitgewirkt, das ohne Gegenstimme bei acht Enthaltungen angenommen wurde. Es war *das von allen Völkern und Nationen zu erreichende gemeinsame Ideal*, denn nicht nur in den kommunistischen Ländern, auch in den westlichen Demokratien war man teils recht weit davon entfernt. Man denke an die fehlende Gleichberechtigung von Frauen, an die Situation der AfroamerikanerInnen in den USA, an das Apartheid-Regime in Südafrika oder die weltweit gegebene koloniale Unterdrückung und Ausbeutung.

Noch einen wichtigen Gedanken hat Eleanor Roosevelt hinterlassen, nämlich zur Frage, wo universelle Menschenrechte beginnen. *An den kleinen Orten, ganz in der Nähe – so nah und so klein, dass sie auf keiner Landkarte zu finden sind.* Möglicherweise war es noch zu früh, um zu präzisieren: *In den eigenen vier Wänden*, aber Eleanor hat vielleicht auch daran gedacht. Den Tag der Menschenrechte hat das Nobelpreiskomitee aber auch zum Anlass genommen, um die dem Frieden gewidmete Auszeichnung zu verleihen. Die Preisträgerin des Jahres 2023, Narges Mohammadi, konnte den Preis nicht persönlich entgegennehmen, weil sie nach wie vor in einem berüchtigten iranischen Gefängnis ihrer Freiheit beraubt ist. Kiana und Ali Rahmani haben für ihre Mutter den Preis in Empfang genommen und eine persönliche Erklärung vorgelesen: *Ich schreibe das hinter hohen, kalten Mauern eines Gefängnisses. Ich bin eine Frau aus dem Nahen Osten, aus einer Region, die trotz ihrer reichen Zivilisation gefangen ist in einem Krieg, in Terror und Extremismus. Ich bin eine iranische Frau, die stolz ihren Beitrag zur Zivilisation leistet, die unterdrückt wird von einer despotischen, religiösen Regierung. Ich bin eine Gefangene, die durch den Mangel an Freiheit, Gleichheit und Demokratie seelenzerstörende Qualen erleidet. Die darin aber die Notwendigkeit ihrer Existenz und ihren Glauben gefunden hat.* Natürlich ist ihr ein Kalenderblatt gewidmet, aber keine Worte können die Hochachtung und den Respekt ausdrücken, die Narges Mohammadi für ihren Mut, ihre Standfestigkeit und ihre Willenskraft verdient.

Wir schaffen das

Sie war nicht die erste weibliche Regierungschefin auf der Welt, aber sie galt vielen Beobachtern in ihrer Zeit als die weltweit wichtigste weibliche Politikerin. Angela Merkel, deutsche Bundeskanzlerin von 2005 bis 2021. Ein paar Jahrzehnte früher wäre ein solches Attribut wahrscheinlich der Eisernen Lady Margaret Thatcher zugeordnet worden, von der noch die Worte *I want my money back* in Erinnerung sind. Genau genommen ging es nicht um ihr Geld, das sie zurückhaben wollte, sondern um den Beitrag der Briten zum Budget der Europäischen Gemeinschaft. Und sie fügte beim Dubliner Gipfel am 29. November 1979 noch hinzu *and I want it now*. Also nicht auf irgendwelchen Umwegen, sondern hier und jetzt. Ein Solidaritätsbeitrag zum Ausgleich für ärmere Regionen Europas war ihr ebenso fremd wie die öffentliche Verantwortung für jegliche Infrastruktur, die sie am liebsten völlig privatisiert gesehen hätte.

Den neoliberalen Musterschüler und chilenischen Menschenschlächter Pinochet bezeichnete sie konsequenterweise als ihren Freund. Nicht auszudenken, was dieser Frau an der Inselspitze alles angesichts der Flüchtlingskrise 2015 eingefallen wäre. Viktor Orbán wäre ganz nach ihrem Geschmack gewesen mit seiner menschenverachtenden Flüchtlingspraxis und den Kampf gegen Angela Merkel hätte sie wohl mit ihren Sprüchen über den gesunden Hausverstand und das gleichgelagerte Volksempfinden geführt. Der Sieg an den Stammtischen wäre ihr gewiss gewesen.

36 Jahre nach Thatchers Pochen aufs Geld war es ein Ausspruch von Angela Merkel, der eine ähnliche Aufmerksamkeit erlangte: *Wir schaffen das,* ist die verkürzte, auf Schlagworte reduzierte Aussage Angela Merkels bei der Bundespressekonferenz vom 31. August 2015, mit der sie auf den zunehmenden Flüchtlingsstrom reagierte. Es ist es jedoch wert, den vollen Wortlaut dessen wiederzugeben, was Merkel gesagt hat: *Ich sage ganz einfach, Deutschland ist ein starkes Land. Das Motiv, mit dem wir an diese Dinge herangehen, muss sein: Wir haben so vieles geschafft – wir schaffen das! Wir schaffen das, und dort, wo uns etwas im Wege steht, muss es überwunden werden, muss daran gearbeitet werden. Der Bund will alles in seiner Macht Stehende tun – zusammen mit den Ländern, zusammen mit den Kommunen, um genau das durchzusetzen.* Die Holocaust-Überlebende Ruth Klüger bezeichnete bei der Stunde zum Tag des Gedenkens an die Opfer des Nationalsozialismus im Bundestag den Satz als einen *schlichten und dabei heroischen Slogan.*

Ich bin heute noch überzeugt, dass neben Willy Brandts Kniefall in Warschau das Bekenntnis Angela Merkels *Wir schaffen das* ein menschliches und sympathisches Bild des Neuen Deutschland geprägt hat und damit nicht nur diesem Land ein großer Dienst erwiesen wurde. Da können AfD und Neonazis noch so herumpolemisieren und den Begriff von „Heimat" missbrauchen; die „Lady mit Herz" hat die vielen Menschen ermuntert, die einen Beitrag zu den Menschenrechten leisten wollen, und dazu gehört auch ein humaner Umgang mit Flüchtlingen.

Ein Blick in die Geschichte

Dass der Prozess der Frauenemanzipation keinen Weg ohne Hindernisse darstellt, ist nichts Neues, denn schon am Gründungsparteitag der österreichischen Sozialdemokratie im Jahr 1888 durfte die einzige weibliche Delegierte, Anna Altmann, nicht teilnehmen. Man hatte ihr männlicherseits beschieden, *dass die Frauen noch nicht so weit sind*. Dieses Argument ist uns auch heute noch nicht unbekannt.

In den Jahren 1905 und 1906 kam es in Österreich zu einer allgemeinen Wahlrechtsdiskussion, in deren Verlauf die sozialdemokratische Frauenbewegung entsprechend der Direktive der Partei auf ihren Anspruch verzichtete, um nicht die Erlangung des Männerwahlrechts zu gefährden. Bürgerlich-liberale Frauen, die sich keiner Partei anschlossen, stellten zur gleichen Zeit verstärkt die Forderung nach dem Frauenstimmrecht. Mit Einführung des allgemeinen und gleichen Wahlrechts für Männer am 26. Januar 1907 erreichte der Ausschluss der Frauen von jeder politischen Mitbestimmung auf Parlamentsebene ihren Höhepunkt, denn auch die wenigen Großgrundbesitzerinnen, die bis dahin stimmberechtigt waren, waren vom Ausschluss betroffen. Partei konnten sie auch keine bilden, da ihnen das Vereinsgesetz von 1867 die Konstituierung eines explizit politischen Vereins untersagte.

Natürliche Geschlechterdifferenz?

Ein führender Theoretiker der Christlichsozialen, Franz Martin Schindler, vertrat ein männliches Konzept der Geschlechterdifferenz: *Ihre körperliche Organisation wie ihre geistige Eigenart weisen die Frauen im Allgemeinen vom Kampfplatz des öffentlichen Lebens ab und stellen als die natürliche Bestimmung für ihre Lebensbetätigung klar und unzweideutig hin: das Walten im Inneren des Hauses als Gattin und Mutter [...] Ihr natürlicher Mangel der wehrhaften Kraft der Tiefe und Besonnenheit im Urteil, der Entschiedenheit im Wollen und der Ausdauer im Handeln [...]*

legt Protest gegen ihre völlige Gleichstellung mit dem Manne in der Familie wie im politischen Leben ein [...].

Würde man diese in „Die soziale Frage der Gegenwart vom Standpunkt des Christentums" enthaltenen Behauptungen (die die katholische Kirche natürlich wohlgefällig abnickte) ihrer verstaubten Sprache entkleiden, fände man auch heute noch so manchen Unterstützer dieser natürlichen Geschlechtertrennung.

Zur gleichen Zeit (Wende vom 19. zum 20. Jahrhundert) durfte ein Neurologe namens Paul Julius Möbius in seinem Werk „Über den physiologischen Schwachsinn des Weibes", das größte Aufmerksamkeit fand, die These aufstellen, Frauen hätten von Natur aus physiologisch eine bedingte geringere geistige Begabung als Männer. Dieser weibliche „Schwachsinn" diene der Arterhaltung des Menschen und sei Folge seiner Evolution.

Die Ärztin und Schriftstellerin Johanna Elberskirchen antwortete auf das Möbius-Pamphlet in „Feminismus und Wissenschaft":

Ich hätte auch schreiben können „Feminismus und Schwachsinn", denn die Kritik, die im Namen der Wissenschaft am Feminismus verbrochen wird, hat oft mit der Wissenschaft wenig zu tun. Jedoch meine angeborene Courtoisie gegenüber dem männlichen Geschlecht verbot mir, auf den Wegen des Herrn Möbius zu wandeln.

Meiner Ansicht nach sind die Herren Gelehrten, insbesondere die Herren Naturwissenschaftler und die Herren Mediziner, die ungeeignetsten Leute, sich kritisch mit dem Feminismus zu befassen. Sie stehen dem Weibe zu persönlich und zu materialistisch gegenüber und beurteilen es aus einer ganz schiefen und recht beschränkten Perspektive, jedenfalls von ganz unwissenschaftlichen Gesichtspunkten aus.

Nein, Herr Möbius, das Weib ist nicht schwach, nicht inferior, nicht „physiologisch schwachsinnig", aber das Weib ist krank – es leidet zu sehr unter der Herrschaft des männlichen Sexus.

Wer da von beiden die feinere Klinge führt und die besseren Argumente hat?

Aber auch der reformorientierte deutsche Sozialdemokrat Edmund Fischer schrieb noch 1905 in den „Sozialistischen Monatsheften", dass *die Frauen-*

Finnland als europäischer Vorreiter

emanzipation der weiblichen Natur und der menschlichen Natur überhaupt widerspreche und daher undurchführbar sei.

Finnland als europäischer Vorreiter

Eine ganz offensichtlich andere Meinung von den Fähigkeiten der Frauen, das politische und gesellschaftliche Leben mitzugestalten, hatten die Finnen, deren Parlament bereits am 28. Mai 1906 dem aktiven und passiven Wahlrecht der Frauen seine Zustimmung gab. Schon 1897 hatten sie sowohl das aktive als auch das passive Wahlrecht auf lokaler Ebene, doch die russische Regierung blockierte das Gesetz, weil Finnland zu dieser Zeit nur eine beschränkte Souveränität aufwies. Dadurch wurden Frauenrechte und Nationalstaatlichkeit im Bewusstsein der Bevölkerung als Protest gegen die Oberhoheit des übermächtigen Nachbarn noch stärker in der Bevölkerung verbunden.

Bei den Parlamentswahlen 1907 bewarben sich 62 Kandidatinnen und immerhin 19 von ihnen zogen in das Parlament ein. Die meisten Frauen gehörten der Sozialdemokratischen Partei an, die mit 80 Sitzen im Parlament auch die meisten Stimmen erhielt. Unter ihnen auch Miina Sillanpää, die anschließend rund 40 Jahre im Abgeordnetenhaus saß und 1926 als Sozialministerin die erste Frau in einem finnischen Ministeramt war. Erst vier Jahrzehnte später gelang derartiges auch einer Frau in Österreich: 1966 wurde Grete Rehor als Österreichs erste Frau in einem Ministeramt angelobt.

Vielleicht ist das auch eine Antwort auf die Frage, warum Finnland bei den PISA-Tests stets vordere Plätze belegt, während Österreich sich im unauffälligen Mittelfeld tummelt.

Frauen und Kirche

Eine nicht unbedeutende Rolle bei der Gleichberechtigung spielen auch die Religionen. Der Historiker Friedrich Heiler hat schon vor einem Dreivierteljahrhundert die großen Religionen der Gegenwart als „Männerreligionen" bezeichnet: *Das sollte keineswegs heißen, dass die Frauen keine Rolle spielen würden, denn ohne sie als Gläubige und ohne ihre*

(Hilfs)Dienste wären die meisten Religionen nicht überlebensfähig. Aber ihre Unterdrückung und ihre Geringschätzung, die teilweise geradezu in eine Frauenfeindlichkeit ausartet, sei den Männern zuzuschreiben, die für sich eben die Initiative, die Schöpferkraft und Leitung der religiösen Organisationen beanspruchen (und teilweise auch noch theologische Argumente für ihre Herrschaftshaltung konstruieren. Anm. W. R.).

Das Jahr 1968 ist nicht nur mit der Hippie-Bewegung, Woodstock und den Vietnamkriegsdemonstrationen ein wichtiger Bestandteil unserer jüngeren Geschichte, sondern es ist auch mit Medellín, dem Geburtsort der katholischen Befreiungstheologie verbunden. Es ging um die Kirche, die um Jesu Christi willen auf der Seite der Armen, der Entrechteten und Schwachen, der Ausgestoßenen und Verfolgten stehen sollte. Von Frauen war da noch nicht die Rede, doch vielleicht wäre es an der Zeit, nach einer universellen Theologie der Befreiung zu rufen, die auch den Frauen in ihrer Gleichheit gerecht wird.

Im Deutschlandfunk war dazu eine Geschichte über die Bahai-Religion zu hören, die dafür wegweisend sein könnte:

Mann und Frau – die beiden Schwingen eines Vogels

Im 19. Jahrhundert entstand im persischen Islam die Reformbewegung der Bahai. Ihr Prophet Bahaullah förderte die gesellschaftliche Gleichstellung der Frauen. Doch seine modernen Ideen stießen im damaligen Orient auf Widerstand.

Die Bahai wurden zeitweise brutal verfolgt. Viele sahen sich gezwungen, ihre muslimisch geprägten Heimatländer zu verlassen. Saba Khabirpour ist Generalsekretärin des Geistigen Rates der Bahai in Deutschland. Im Blick auf die Rolle der Frauen empfindet sie ihre Religion bis heute als vorbildlich:

Es heißt sogar, dass, wenn eine Familie nicht die Möglichkeit hat, allen Kindern die gleiche Bildung angedeihen zu lassen, die Mädchen den Vorzug genießen. Weil sie letztlich im Bereich der Erziehung eine primäre Rolle spielen. Die Beziehung zwischen Mann und Frau ist jene Beziehung, die Kinder als Erstes erleben. Und wenn diese Beziehung nicht von Gleichwertigkeit geprägt ist, trägt sich das fort bis hinein in die internationalen Beziehungen.

Blick auf indigene Religionen

Aus diesem Grund, so Saba Khabirpour, haben Frauen auch besondere Bedeutung für die Friedensarbeit.

Mann und Frau müssten sich aus der Sicht der Bahai auf allen Ebenen ergänzen: *Es gibt in den Bahai-Schriften ein sehr schönes Bild, dass Mann und Frau verglichen werden mit den beiden Schwingen eines Vogels. Und nur wenn beide Schwingen gleich stark sind, wenn sie zusammenarbeiten, kann sich der Vogel der Menschheit emporschwingen und seine Bestimmung erlangen, wirklich zu fliegen.*

Blick auf indigene Religionen

Aber vor allem auch die Arroganz der (weißen) Europäer, mit der scheinbar primitive indigene Religionen betrachtet wurden, hat heute keinen geistigen Platz mehr, wenn der Raubbau an der Natur mit seinen Folgen für die Menschheit neue Sichtweisen auf ein „gutes Leben" notwendig macht.

„Sumak kawsay" ist ein zentrales Prinzip in der Weltanschauung der indigenen Völker des Andenraums. Und ist eng verbunden mit Pacha Mama – der Mutter Erde, Mutter Welt und Mutter Kosmos.

Der Blick auf indigene Traditionen kann wichtige Perspektiven öffnen, weiß die Kanadierin Marie-Josée Tardif. Sie hat indigene Vorfahren:

Wir sehen in unserer Religion Mann und Frau als gleichwertig, aber verschieden. Eine Frau hat viel Kraft in sich, aber es ist nicht dieselbe Kraft, die ein Mann hat. Frau und Mann sind komplementär, sie ergänzen sich. Darum arbeiten bei uns Männer und Frauen bei religiösen Zeremonien immer zusammen.

Marie-Josée leitet mit ihrem Mann in Kanada die Organisation „Together". Ihr Ziel ist eine Aussöhnung zwischen indigener und westlicher Kultur, zwischen Frau und Mann, zwischen Mutter Erde und Vater Himmel.

Die Mutter Erde steht bei uns für die weibliche Energie schlechthin. Sie ist das Gegenstück zu Vater Himmel. Jeder Mensch braucht diese beiden Dimensionen in sich, um wahrhaft Mensch zu werden. Männliche Religionsvertreter schauen oft nur in den Himmel, suchen nach dem Jenseits und vergessen die Erde, das Menschliche. Aber wir müssen unsere Verankerung in der Erde spüren, wir brauchen das Weibliche, die Wurzeln.

Allerdings gibt es in manchen konservativen Kreisen große Vorbehalte gegenüber der uralten Weisheit indigener Religionen. 2019 wurde das während der sogenannten Amazonas-Synode im Vatikan deutlich. Jesuiten hatten am Amazonas gefertigte Holzfiguren der Mutter Erde – der Pacha Mama – mit nach Rom gebracht: Sie zeigen symbolhaft eine schwangere Frau und stehen in Südamerika für die Leben spendende Kraft der Natur und des Weiblichen. Ein rechtskatholischer Aktivist warf sie in den Tiber und filmte die Tat für soziale Medien. Papst Franziskus entschuldigte sich wenig später offiziell in seiner Verantwortung als Bischof von Rom, dass in „seiner Stadt" so etwas geschehen konnte.

Die Macht der Bilder

Die Macht der Bilder ist mir spätestens bei den erschütternden Fotos aus dem Vietnamkrieg bewusst geworden. Ein vor Napalmflammen flüchtendes Mädchen, ein Nordvietnamese kurz bevor ihm ein Militär der Gegenseite eine Kugel in den Kopf schießt, durch Agent Orange entlaubte Wälder – all das sind Bilder, die man nicht mehr vergisst.

So auch die Aufnahmen aus dem „Situation Room" des Weißen Hauses als am 1. Mai 2011 der Präsident und seine wichtigsten Mitarbeiter die via Bildschirm übertragene Tötung von Osama Bin Laden beobachteten. Die Stimmung scheint angespannt konzentriert gewesen zu sein – zumindest die Gesichter der zwölf anwesenden Männer signalisieren dies. Einzig die auch am Tisch sitzende Hillary Clinton hat die rechte Hand vor dem Mund – ein Zeichen von Emotionen, vielleicht auch Entsetzen. Menschliche Anteilnahme löst bei mir Sympathie aus.

Demgegenüber erklärte die Außenministerin einige Tage später in einer Pressekonferenz, die Geste sei wahrscheinlich auf allergisches Niesen oder Husten zurückzuführen. Mit Recht bezweifelten viele Medien diese Begründung und vermuteten, Clinton wolle verhindern, dass ihre Emotionen als Schwäche ausgelegt würden. Ein konservativer Radiomoderator warf ihr vor, im Gegensatz zu den Männern panisch geworden zu sein, und fügte hinzu: *Eine solche Person will ich nicht als Präsidentin sehen*.

Ich persönlich sehe in Menschen, die die Tötung eines anderen offenbar ohne Bewegtheit registrieren, Machtausübende, denen die Fähigkeit zu umfassender Empathie abhanden gekommen ist oder sie haben im schlechteren Fall nie darüber verfügt.

Und da sind wir bei der Frage, ob Männer andere Gefühle als Frauen haben. Ob jene klischeehafte Zuweisung von Eigenschaften an sie vielleicht doch zutreffend ist (Männer: technikaffin, durchsetzungsstark, aber unfähig, Gefühle zu benennen; demgegenüber Frauen als gute Vermittlerinnen, eher ohne Sinn für Orientierung und entscheidungsschwach). Unter Forschern wird darüber gestritten, ob solche (behauptete oder nachgewiesene?) Geschlechterdifferenzen angeboren oder anerzogen sind – also biologisch konstruiert oder sozial programmiert sind.

Ein Gesamtbild zeigt bei allen Vorbehalten: Etwa die Hälfte der Wesensmerkmale eines Menschen werden von den Eltern an die Kinder vererbt. Man kann also laut Wissenschaft davon ausgehen, dass einzelne geschlechterspezifische Charaktermerkmale eine erbliche Komponente haben. Der sprichwörtliche Apfel fällt tatsächlich nicht allzu weit vom Stamm.

Und noch etwas: Die Geschlechter trennt in ihrem Denken, Fühlen und Verhalten in aller Regel weniger, als man oftmals aufgrund von Vorurteilen unterstellt.

Ich will es auf den Punkt bringen, den zu akzeptieren Männern oft sehr schwerfällt: Frauen können alles, was auch Männer können – sie gehen es aber vielleicht anders an und das hat meistens mehr genützt als geschadet.

Und: Beim Töten ist die weibliche Hälfte der Welt signifikant weniger repräsentiert als die männliche. Im Land der Massenmorde durch Schusswaffen, den USA also, kann ich mich nicht an einen einzigen Fall erinnern, bei dem eine Frau am Abzug gewesen wäre.

Und von all den Kriegen, die auch nach 1945 noch erklärt und geführt wurden, hat lediglich in einem Fall eine Frau das Sagen gehabt: als Frau Margaret Thatcher Argentinien den Krieg wegen der Malvinas (Falklandinseln) erklärte. Nicht umsonst hat man sie die Eiserne Lady genannt.

Als 1973 der Jom-Kippur-Krieg ausbrach, hatte Israel zwar mit Golda Meir eine Frau als Regierungschef, aber der Gegenschlag Israels war eine Verteidigungsmaßnahme gegen den ägyptischen Angreifer, von dem man am Feiertag überrascht wurde.

Warum das Kalendarium?

Der Grund, warum ich dieses Kalendarium angelegt habe, liegt im Aufzeigen, wie viele mutige, engagierte und gescheite Frauen mit viel Einsatz und Zivilcourage und oft auch mit ihrem Leben für eine bessere gesellschaftliche Entwicklung eingetreten sind.

Gegenüber anderen, mir zugänglichen Büchern über „Frauen, die die Welt geprägt haben" unterscheidet sich meine, natürlich höchst subjektive und unvollkommene Darstellung durch die Tatsache, dass Europa und die westliche Hemisphäre höchstens nur mehr ein Sechstel der Weltgesellschaft ausmachen (bei großzügiger Auslegung der Definition) und vor allem Afrika und Asien die Zukunft der Welt maßgeblich beeinflussen, wenn nicht bestimmen werden.

Ein zweites Motiv für dieses Kalendarium war ein bedrückender Blick auf unser Bildungssystem. Ich habe Menschen in meiner Umgebung befragt, wie viele Frauen ihrer Erinnerung zufolge in den verschiedenen Gymnasialfächern eine Erwähnung gefunden haben. Die Probanden waren männlich wie weiblich und der Altersunterschied betrug bis zu 50 Jahre; einzige Gemeinsamkeit war, dass es sich insgesamt um gute bis ausgezeichnete SchülerInnen handelte.

Das Ergebnis war ernüchternd: Kleopatra spielte eine Rolle, weil sie das Römische Reich betraf. Elizabeth I. und Maria Stuart kamen im Englischunterricht vor, ebenso wie Elizabeth II. als gütige Regentin über ein buntes Völkergemisch – den Commonwealth.

Ein wenig Jeanne d'Arc, Maria Theresia natürlich und Marie Antoinette des Kuchens wegen. Die eine oder andere Heilige im Religionsunterricht, keine Komponistin, nicht einmal Clara Schumann außer an der Seite ihres Mannes; den Pinsel führten die Männer im Schulunterricht genauso ausschließlich wie den Dirigentenstab.

Im öffentlichen Bewusstsein ist, dass Bertha von Suttner den „Tausender" zierte und als Nobelpreisträgerin glänzte. Marie Curie repräsentierte die Wissenschaft, gemalt hat Frida Kahlo und sonst kein weibliches Wesen.

Ja, Sängerinnen und Tänzerinnen gab es genügend und natürlich Schauspielerinnen, an Schriftstellerinnen erinnert man sich gelegentlich auch. Da fiel der Name Ebner-Eschenbach, aber Ingeborg Bachmann und Elfriede Jelinek waren schon außerschulisches Wissen bei den meisten Befragten.

13

Warum das Kalendarium?

Da hat sich nichts Nennenswertes geändert im Vergleich zu meiner Gymnasialzeit, die Mitte der 1950er-Jahre begann. Die erste Frau, von der wir im Unterricht hörten, war die Venus von Willendorf, eine Figurine, die eine dicke, nackte Frau darstellt und aus der Altsteinzeit stammt. Ihre großen Brüste, der dicke Bauch und das ausgeprägte Gesäß waren Gegenstand anzüglicher Bemerkungen über die Schönheitsideale der letzten Eiszeit. Bevor wir uns im Geschichtsunterricht den Griechen und Römern zuwenden konnten, beschäftigten wir uns – alles schön der Reihe nach – mit den Babyloniern und Assyrern sowie den alten Ägyptern. Das „Gilgamesch-Epos", der „Codex Hammurabi", Tutanchamun, Nofretete und die Cheops-Pyramide mit der Sphinx waren Stationen auf unserem Streifzug durch die Geschichte, die alle recht schnell passiert wurden, um den ersten Höhepunkt anzupeilen: die Griechen, mit ihren Beiträgen zu Europas Philosophie und Demokratie. Und natürlich dem Verweis auf die Epen des Homer, mit denen nach klassischer Ansicht (und natürlich der der Professoren) die europäische Kultur- und Geistesgeschichte begonnen hat. Wer er war und wann er gelebt hat, liegt eher im Verborgenen, was aber der Begeisterung rund um „Ilias" und die „Odyssee" keinen Abbruch tat.

Dass altägyptische Frauen ein Recht auf Besitz hatten, sich scheiden lassen und nach der Scheidung ihren Besitz und ihr Kapital behalten konnten, gehörte nicht zum Lehrstoff und wahrscheinlich auch nicht zum Professorenwissen. Ebenso wenig wie die Tatsche, dass Frauen in Ägypten erst dann nicht mehr regieren konnten, als das Land römische Provinz wurde. Dabei hatte Nofrusobek schon 1000 Jahre vor der Gründung Roms über das Niltal geherrscht.

Aber zurück zu Griechenlands Dichtern, deren Kunst uns (durchaus zu Recht) so nahegebracht wurde. Sie wäre auch dann nicht geringerzuschätzen, hätte man uns vermittelt, dass die älteste zuschreibbare Dichtung ausgerechnet von einer Frau stammt. En-hedu-anna, die vor 4200 Jahre in Ur lebte, hat sich selbst als Autorin sumerischer Literatur zu erkennen gegeben. Als erste historisch bekannte Autorin, deren Werke schriftlich überliefert sind, gilt sie heute als bedeutendste Frauengestalt ihres Jahrtausends.

In den ur- und frühgeschichtlichen Kulturen wurden aber auch Erdgöttinnen als Große Mutter oder Muttergöttin verehrt und als Lebensspenderinnen betrachtet.

Diese Vorstellung basiert auf einer weiblichen Gottheit, die Macht über den Boden und seine Bewohner hat. Das können Menschen, Tiere, Pflanzen, aber auch Geister sein. Diese Mutter-Göttin ist zuständig für die Fruchtbarkeit der Pflanzen, oft auch der Tiere und für das Wohlergehen der Menschen.

Im Christentum ist davon die Muttergottes Maria geblieben, während die Dreifaltigkeit männlich (mit heiligem Geist) ausgestattet ist. Dem Schöpfer sein Dank, werden sich manche bekreuzigen, die allein schon beim Anblick einer südamerikanischen Pacha Mama Ketzertum wittern.

Gott sei Dank wissen sie nichts von der Afroamerikanerin Sojourner Truth, die einmal sagte: *Nun, Jesus ist der Sohn von Gott und Maria, ein Mann hatte damit nichts zu tun.*

Mut wird oft mit dem Tod bestraft

Zum guten Schluss möchte ich noch auf zwei Frauen hinweisen, die zu den frühesten Frauenrechtlerinnen zählen und ihr Engagement mit dem Tod bezahlt haben.

Die eine ist die französische Schriftstellerin Olympe de Gouges, die 1791 den 17 Artikeln der „Erklärung der Menschen- und Bürgerrechte", die sich nur auf Männer bezogen, in ebenfalls 17 Abschnitten Frauenrechte gegenüberstellte. Ein berühmter Satz daraus lautet: *Die Frau hat das Recht, das Schafott zu besteigen. Gleichermaßen muss ihr das Recht zugestanden werden, eine Redetribüne zu besteigen.* Zwei Jahre später wurde sie selbst Opfer der Guillotine.

Wer einer Männergesellschaft so viel Änderung im Denken und Tun abverlangt wie Olympe de Gouges, hat es nur dem technischen Fortschritt zuzuschreiben, nicht auf dem Scheiterhaufen zu landen wie Jeanne d'Arc, sondern unter dem Fallbeil sein Leben auszuhauchen. Im Namen der Revolution übrigens mit ihren Schlagworten Freiheit, Gleichheit und Brüderlichkeit. Geschwisterlichkeit hat da keinen Platz, aber zumindest handelt es sich um ein feminines Substantiv.

Mut wird oft mit dem Tod bestraft

Ihr könnt mich töten, aber ihr könnt den Fortschritt der Frauen nicht aufhalten.

Dieser Satz könnte ohne Weiteres von Olympe des Gouges stammen, tut er aber nicht, denn es soll eine Perserin gewesen sein, bevor sie im August 1852 mit ihrem eigenen Schal erdrosselt wurde. Eigentlich hieß sie Fatima Baraghani, die als religiöse Ehrenbezeichnung den Namen Tahirih (Arabisch „die Reine") erhielt. Vom schiitischen Islam ausgehend, erstrebte der Religionsstifter Bab soziale Reformen und eine bessere Stellung der Frau. Die Bahai sind heute die größte religiöse Minderheit im Iran. Sie und ihre Vorläufer, die Babi, sind seit ihrem Auftreten Verfolgungen ausgesetzt, die mehr als 20.000 von ihnen das Leben kostete.

Wer das mutige Auftreten von iranischen Frauen in der Gegenwart, wie von Mahsa Amini oder Shirin Ebadi, aber auch Neda Agha-Soltan verfolgt, wer diese Frauen verstehen möchte, muss sich mit der Geschichte der persischen Dichterin vor 250 Jahren beschäftigen.

Alle drei Heldinnen der Gegenwart haben ihren festen Platz in meinem Kalendarium, sodass ich mich hier auf die Vorläuferin beschränken kann. Das Persien des 19. Jahrhunderts befand sich fest im Griff des Herrscherhauses der Kadscharen, deren Macht wiederum von den geistlichen Ulama legitimiert wurde.

Diese schiitische Geistlichkeit hatte damit einen nicht unbeträchtlichen Einfluss auf das politische Geschehen. Als Tahirih zu einer Versammlung an einem schiitischen Trauertag in festlicher Kleidung auftauchte, aber ohne Kopfbedeckung (!), war ihr weltliches Schicksal und Ende beschieden. Die Babi-Religion, die in den Bahai-Glauben übergehen sollte und zu deren Hauptprinzipien die Gleichstellung der Geschlechter gehört, hatte ihre Ikone und Heldin, die nach diesem Auftritt ihren unsterblichen Namen als „die Reine" bekam.

Eine der Begründerinnen der österreichischen Frauenbewegung, Marianne Hainisch, sah in Tahirih das „emanzipatorische Ideal" wie sie der US-amerikanischen Journalistin Martha Root in einem Interview für die Publikation „Tahirih. The Pure One, Iran's greatest woman" sagte. Das berichtet die „Welt" am 24. September 2022.

Uns bleibt die Hochachtung für die Haltung von Tahirih und ihre heutigen Nachfolgerinnen, die sich weder von Geistlichen noch brutalen Schlägertrupps beeindrucken lassen, sondern Verfolgung, Haft und körperliche Gewalt in Kauf nehmen, um ihre Rechte als Frauen gegen männliche Bevormundung zu verteidigen. Sie sind Heldinnen der gegenwärtigen Zeit und finden Schwestern in Afrika, Asien und Amerika, wenn es um Menschenrechte geht, die gleichzeitig Frauenrechte sind.

Glück – was ist das?

Für Aristoteles war Glück das, was der Mensch um seiner selbst willen anstrebt und nicht, um etwas anderes damit zu erreichen. Für Epikur wiederum war Glück Abwesenheit von Schmerz und Bedürfnissen. Augustinus von Hippo meinte, Glück sei, das zu bekommen, was man sich wünsche. Und so haben Philosophen, Theologen, Mediziner und später auch Psychologen sich mit dem menschlichen Glück auseinandergesetzt und die verschiedensten Definitionen gefunden. Vielleicht hat sich auch der eine oder andere Herrschende die Frage gestellt, was er dazu beitragen könne, damit das Volk glücklich sei und nicht nur zufrieden, weil satt.

Aber nur ein einziges Land hat bereits vor Jahrhunderten das Glück der Bevölkerung als Ziel von Entwicklung und Politik definiert. Der Rechtskodex von Bhutan aus dem Jahre 1629 beinhaltet folgende Aussage: *Wenn die Regierung kein Glück für ihr Volk schaffen kann, dann gibt es keinen Grund für die Existenz der Regierung.* Jigme Dorje Wangchuck, König von Bhutan, knüpfte an diese Tradition an und erklärte in den 1960er-Jahren, das Ziel von Entwicklung sei, sowohl Wohlstand als auch Glück für die Bevölkerung zu erreichen. Sein Nachfolger prägte das Konzept des „Bruttonationalglücks", dem zugrunde liegt, dass eine ausgewogene und nachhaltige Entwicklung der Gesellschaft nur im Zusammenspiel von materiellen, kulturellen und spirituellen Schritten gesehen werden kann, die einander ergänzen und bestärken.

Hier erfährt meines Erachtens der Begriff indigener Amazonasbewohner vom „guten Leben", dem „Sumak kawsay" eine buddhistische Erklärung und Erweiterung über die Ziele „guten Regierens".

Das Vorbild Bhutans hat weltweites Interesse geweckt und so gibt es seit einem Jahrzehnt auch einen „World Happiness Report", dessen wichtigste Datenquelle eine weltweite Umfrage ist, bei der die Befragten unter anderem gebeten werden, ihr derzeitiges Leben gesamthaft anhand einer Skala von zehn für das bestmögliche und null für das schlechtestmögliche Leben zu bewerten.

Dabei liegen alle skandinavischen Länder im Spitzenfeld, ebenso wie die nordwesteuropäischen Staaten einschließlich Deutschland, Österreich und der Schweiz. Dazu kommen die englischsprachigen Länder der Western Hemisphere. Am wenigsten zu Hause ist das Glück in Afrika südlich der Sahara und in Bürgerkriegsländern wie Jemen oder Syrien.

Vielfach liegen Erklärungen auf der Hand und sollen hier nicht näher erläutert werden, weil sie bezüglich der länderspezifischen Situation von Frauen erst dann aussagekräftig sind, wenn man vergleichend den „Global Gender Gap Report" heranzieht. Hier geht es um die Kluft bei der Gleichheit der Geschlechter in den Bereichen Wirtschaft, Bildung, Gesundheit und Politik, wobei die Indexwerte als Prozentangaben der bisher erreichten Gleichstellung zu verstehen sind. Das bedeutet, dass weltweit betrachtet 2019 die Frauen 31,4 Prozent hinter den Männern zurückliegen, was Einkommen, Toppositionen, Bildungszugang, Gesundheitsvorsorge, Lebenserwartung und politische Teilhabe anbelangt. Dabei fällt auf, dass es wiederum die gleichen Länder sind, die Spitzenpositionen besetzen wie bei dem „Glücks-Ranking".

In Island (dritte Nation beim Glück) beträgt der Unterschied zwischen Mann und Frau „nur" 12,3 Prozent, in Norwegen, Schweden und Finnland gibt es ähnliche Werte.

Allerdings finden sich dann auch Länder im Vorderfeld, von denen man es zunächst nicht vermuten würde, wo aber offensichtlich eine fortschrittliche Frauenpolitik betrieben wird, wie in Nicaragua, Ruanda und Namibia.

Am Ende der Skala finden sich wiederum Bürgerkriegsländer, was nicht verwunderlich ist, aber vor allem die Länder der islamischen Welt mit ihren zum Teil frauenverachtenden Gesetzen und Traditionen.

Frauen bedeuten die Hälfte der Menschheit! Werden ihnen Rechte vorenthalten, wird ihnen weniger als die Hälfte dessen eingeräumt, was Männer für sich in Anspruch nehmen (wie etwa in Jemen), dann kann sich daraus keine glückliche Gesamtgesellschaft entwickeln.

Bilkis Dadi (geboren am 1. Januar 1938) ist eine indische Aktivistin, die aus Uttar Pradesh stammt und an der Spitze der Proteste gegen das von der Zentralregierung verabschiedete „Citizenship (Amendment)" stand. Damit wurde 2019 der „Citizenship Act 1955" geändert und ermöglichte verfolgten religiösen Minderheiten aus Afghanistan, Bangladesch und Pakistan einen beschleunigten Weg zur indischen Staatsbürgerschaft. Das Gesetz galt für Hindus, Sikhs, Buddhisten, Jains, Parsen und Christen, nicht jedoch für Muslime. Damit wurde das erste Mal in Indien Religion als Kriterium für die Staatsbürgerschaft angewandt, was nicht nur bei Muslimen auf Kritik stieß. Denn das Gesetz umfasst auch keine Migranten, die aus nicht muslimischen Ländern vor Verfolgung nach Indien fliehen, wie etwa tibetisch-buddhistische Flüchtlinge oder muslimische Rohingya aus Myanmar, die wieder in ihr ursprüngliches Heimatland abgeschoben wurden. Muslime in ganz Indien protestierten gegen dieses Gesetzespaket und bekräftigten erneut ihre Identität als Inder. Muslimische Frauen begannen am 15. Dezember 2019 mit dem Protest in Shaheen Bagh, der sich als rund um die Uhr andauernder friedlicher Sitzstreik unter der Führung von Bilkis Dadi manifestierte.

Die „Japan Times" bezeichnete das Gesetz als „Modis Projekt zur Schaffung eines hinduistischen Indiens" (Narendra Modi ist der aktuelle Ministerpräsident). Das Amt des Hohen Kommissars der Vereinten Nationen für Menschenrechte kritisierte das Gesetz und bezeichnete seinen Inhalt als *grundsätzlich von diskriminierendem Charakter*.

Bilkis Dadi saß mit ihren beiden Freundinnen und Hunderten Muslimen über drei Monate lang im Freien und blockierte eine Hauptstraße in Delhi. Ganz nach dem Vorbild Gandhis. Von einer indischen Journalistin wurde sie als die „Stimme der Ausgegrenzten" bezeichnet und das „Time Magazine" nahm sie in die Kategorie „Ikone" auf.

Ich möchte religiöse Harmonie. Ich möchte, dass alle wieder zusammen sind, so, wie es vorher war. Wir sind Inder, leben schon lange in Indien und haben nie daran gedacht, irgendwo anders hinzuziehen, weil wir hier bleiben wollen, wo es so viele Religionen, Kulturen, Menschen und Essen gibt, unterstreicht Bikis Dadi gegenüber dem Sender „Al Jazeera". Die israelische Schauspielerin Gal Gadot bezeichnete sie als eine ihrer *persönlichen Wunderfrauen*: *Die Aktivistin, die für die Gleichberechtigung der Frauen in Indien kämpft, hat mitgezeigt, dass es nie zu spät ist, für das zu kämpfen, woran man glaubt.*

Die Shoshonen-Schwestern

Mary Dann (geboren am 2. Januar 1923) war eine US-amerikanische Umweltaktivistin mit indigenen Wurzeln. Gemeinsam mit ihrer Schwester **Carrie** trat sie für die Rechte ihres Volkes, für Umweltschutz und gegen die Atombombenversuche in Nevada ein. Dafür wurden beide 1993 mit dem Alternativen Nobelpreis ausgezeichnet.

Sie gehörten einem Stamm der Shoshonen an, die in den nördlichen Great Plains und im Großen Becken siedelten. Dort hatten sie ein riesiges Streif- und Wandergebiet, und man kann davon ausgehen, dass sie bereits vor 12.000 Jahren in der Gegend lebten, da man in Idaho, Wyoming und Montana Felsmalereien fand, die in der paläoindianischen Epoche entstanden. Waren sie ursprünglich Jäger und Sammler, domestizierten sie zu Beginn des 18. Jahrhunderts das von den Europäern mitgebrachte Pferd und begannen mit der Bisonjagd. Der 1848 einsetzende Goldrausch führte zu ihrer Verdrängung und Verminderung, sodass es im Jahr 2000 gemäß einer Volkszählung nur noch 12.000 Shoshonen gab. Heute leben sie hauptsächlich in Reservaten, die sich in Kalifornien, Nevada, Utah und Arizona befinden. Das Nevada-Atombombentestgelände liegt nördlich von Las Vegas und ist mit 3500 Quadratkilometern halb so groß wie das Bundesland Salzburg. Von 1951 bis 1962 wurden mehr als hundert oberirdische Tests und in den folgenden drei Jahrzehnten über 1000 unterirdische Versuche durchgeführt, mehr als sonstwo auf der Welt.

Aufgrund eines Vertrages mit der Regierung aus dem Jahr 1863, in dem den Shoshonen zwei Drittel Nevadas zugesichert wurden, wird das Gelände von einigen Stämmen beansprucht. Seit 1973 führten die Dann-Schwestern Bürgerproteste durch, indem sie Viehzucht betrieben und sich weigerten, Weidegebühren an das staatliche Büro für Landmanagement zu zahlen, da sie auf dem Standpunkt beharrten, es sei Shoshonen-Land, das den Stämmen widerrechtlich genommen worden war. Die Dann-Schwestern gingen sogar vor die Vereinten Nationen, die zum Schluss kamen, die US-Regierung müsse alle Aktionen gegen die Western-Shoshonen einstellen. Das wurde zum größten Teil ignoriert.

Carrie Dann starb am 1. Januar 2021, ihre ältere Schwester Mary war bereits 2005 bei einem Unfall auf der Ranch ums Leben gekommen.

Die am 3. Januar1987 geborene Bolivianerin **Eva Copa** stammt aus einer Aymara-Familie, wirkte als Sozialarbeiterin und Studentenführerin, ehe sie in entscheidende politische Ämter gewählt wurde. Sie ist Mitglied der Bewegung für den Sozialismus, die lange Zeit von Evo Morales geprägt wurde. Das indigene Volk der Aymara hat etwa 2,3 Millionen Angehörige, die im Nordwesten Argentiniens, in Chile, Peru und eben Bolivien leben. Durch die bolivianische Revolution von 1952 wurden sie stärker in die Gesellschaft integriert und ihre Sprache ist zusammen mit Quechua eine offizielle Sprache des Landes.

Eva Copa wurde bereits mit 27 Jahren zur Senatorin von La Paz gewählt und erlangte fünf Jahre später auch internationale Bekanntheit, als sie zur Präsidentin des Senats gewählt wurde. Dieses Amt nahm sie 2019/2020 wahr und wurde am 3. Mai 2021 als Bürgermeisterin von El Alto vereidigt, nachdem sie die vorangegangene Wahl mit fast 70 Prozent der Stimmen gewonnen hatte. Dies, obwohl sie zuvor von der Partei des abgetretenen Präsidenten Morales wegen „Verstoßes gegen das Organstatut" ausgeschlossen worden war.

Eva Copa reagierte darauf, dass sie *weiterhin links bleiben wird*, und versprach, *ein neues Projekt aufzubauen, in dem junge Menschen die Möglichkeit haben, sich zu entfalten!* Sie kandidierte, unterstützt von der Jallalla-Bewegung, die sich auf ein Aymara-Quechua Wort bezieht, das dazu aufruft, das Leben durch Einheit, Harmonie und Wohlbefinden zu feiern. Copa betonte beim Amtsantritt, dass Bildung, öffentliche Gesundheit und Arbeitsplätze für ihre Politik oberste Priorität hätten, und gemäß ihrem Versprechen, die Jugend verstärkt einzubeziehen, schlug sie die 20-jährige Stadträtin Iris Flores als Präsidentin des Gemeinderates vor. Im Gemeinderat kann sie sich auf sechs Verbündete stützen, denen fünf Gegner gegenüberstehen.

El Alto, was auf Spanisch „die Höhe" bedeutet, war die längste Zeit ein Stadtteil der Hauptstadt La Paz, bis es 1985 abgetrennt wurde. Die Stadt liegt auf bis zu 4250 Metern Seehöhe und gehört mit ihren 850.000 Einwohnern zu den größten Siedlungen in derart hoch gelegenen Regionen. Hier leben überproportional viele arme Indigene mit ländlichem Hintergrund. Copa will eine neue politische Plattform gründen und in der bolivianischen Politik weiter kräftig mitmischen.

Kampf für die Gleichstellung von Mann und Frau in Afghanistan

Hamida Barmaki wurde am 4. Januar 1970 in Kabul geboren und starb 41-jährig in ihrer Heimatstadt gemeinsam mit ihrer gesamten Familie bei einem Anschlag eines Selbstmordattentäters. Nach dem Studium der Rechts- und Politikwissenschaften ermöglichten ihre herausragenden Leistungen eine Karriere im Justizdienst, was für Frauen äußerst ungewöhnlich war. Als Professorin an der Kabuler Universität lehrte sie von 1992 bis zu ihrem frühen Tod. Sie gehörte zu den ganz wenigen ExpertInnen, die vertiefte Kenntnisse sowohl der islamischen der westlich-kontinentalen Rechtstradition haben.

Der Grazer Menschenrechtsexperte und Universitätsprofessor Wolfgang Benedikt brachte in einer Veranstaltung über das Leben und Wirken von Hamida Barmaki zum Ausdruck, dass sie sich insbesondere für die Rechte der afghanischen Frauen und Mädchen eingesetzt habe. Sie nahm aber nicht nur diesbezüglich eine Vorreiterrolle ein, sondern ihr unermüdlicher Kampf für die Gleichstellung von Mann und Frau in Afghanistan und ihr Einsatz für unterdrückte Frauen ließen sie zu einem Vorbild für die Jugend werden.

Seit 2008 war die Juristin für das Heidelberger Max-Planck-Institut tätig und half dabei, rechtliche Strukturen am Hindukusch aufzubauen und insbesondere den Obersten Gerichtshof zu stärken. Auch ihr Ehemann, ein promovierter Mediziner, war für die Regierung tätig.

Zur Beerdigung der sechsköpfigen Familie kamen mehr als 2000 Menschen, was als Zeichen von Hamida Barmakis Popularität gesehen werden darf.

Nach dem hastigen Abzug der Amerikaner und ihrer Verbündeten aus Afghanistan ist mit dem Triumph der Taliban insbesondere für die Frauen des Landes wieder ein dunkles Mittelalter ausgebrochen, wovon leider in diesem Kalendarium noch öfter die Rede sein wird. Die Behandlung von Frauen und Mädchen durch die neuen Machthaber ist ein Verbrechen gegen die Menschlichkeit. Seit ihrer Machtübernahme wurden von den Taliban Regelungen eingeführt, die die Hälfte der Gesellschaft ihrer Grundrechte allein wegen ihres Geschlechts verweigern. Die Dekrete schränken die Bewegungs-, Meinungs- und Versammlungsfreiheit stark ein, verbieten praktisch jede Art von Erwerbstätigkeit ebenso wie den Besuch von weiterführenden Schulen und Universitäten und erlauben willkürliche Verhaftungen und Verletzungen des Rechts auf Freiheit.

Ubah Ali, die 1996 in der Region Togdheer in Somaliland geboren wurde, studiert seit 2019 in Beirut Politik und Menschenrechte, obwohl beide Elternteile nicht einmal einen Grundschulabschluss hatten. Es war vor allem die Mutter, die Alis Bildung förderte und die Tochter ermutigte, sie solle sich für Stipendien bewerben.

Schon mit 18 Jahren gründete die junge Frau eine Organisation namens Rajo: Hope for Somaliland Community, mit dem Ziel, unterprivilegierten Kindern die Möglichkeit einer Bildung zu bieten.

Drei Jahre später gründete sie die Stiftung Solace for Somaliland Girls Foundation, die sich durch Aufklärungs- und Sensibilisierungskampagnen für die Beendigung der weiblichen Genitalverstümmelung einsetzt.

2020 wurde sie durch die Kampagne auch international bekannt und die BBC nahm sie in die Liste der 100 wichtigsten Frauen auf.

Die Stiftung gründete die erste Gruppe gegen die weiblichen Verstümmelungen im Somaliland, die sich auf angebliche Traditionen berufen und auch einen religiösen Bezug im Koran haben sollen. Es geht dabei um die brutale Beschneidung der weiblichen Klitoris mit archaischen Mitteln (Rasierklingen, Glasscherben), die zur Folge haben, dass bis zu einem Viertel der Mädchen stirbt. Spätestens in der Pubertät werden in westlichen und nordöstlichen Staaten von Afrika, aber auch im Jemen und Irak, diese menschenrechtsverletzenden Übergriffe vorgenommen. Man schätzt, dass weltweit 200 Millionen Frauen davon betroffen sind. Das wären immerhin fünf Prozent aller Frauen jeden Alters.

In einigen Ländern wie Ägypten, Mali, Sierra Leone und eben Somalia ist die Praxis fast flächendeckend verbreitet, über 90 Prozent der Frauen sind von diesem Eingriff betroffen. Sexuelle Vorlieben und Unterdrückung der Frauen sind dabei wohl neben Tradition und Religion die Hauptmotive.

Während viele Somalier die Genitalverstümmelung mit der Scharia in Verbindung bringen, glaubt Ali, so wie eine wachsende Zahl religiöser Führer, dass es sich um ein kulturelles Phänomen handelt, das verändert werden kann. Sowohl Ali wie auch ihre drei Schwestern sind selbst Überlebende eines derart barbarischen Eingriffs.

Die Frauen als der sechste Clan Somalias

Auch eine weitere Somalierin, nämlich **Asha Haji Elmi,** verdient es, besonders erwähnt zu werden. Die heute 62-Jährige ist nicht nur Frauenrechtlerin, sondern auch eine ausgewiesene Friedensaktivistin in diesem vom Krieg zerstörten Land.

Da sie in eine Familie der oberen Mittelschicht geboren wurde, konnte sie sowohl in Mogadischu als auch Nairobi studieren und erhielt eine solide Ausbildung in Wirtschaft, Management und Organisationsentwicklung.

Somalia erlangte 1960 seine Unabhängigkeit von Italien und Großbritannien und wurde zunächst einigermaßen demokratisch regiert. Aber bereits nach neun Jahren ergriff der Offizier Siad Barre die Macht und behielt sie mit eiserner Hand bis 1991. Der Norden des Landes erklärte einseitig als „Somaliland" seine international nicht anerkannte Unabhängigkeit, Somalia zerfiel in umkämpfte Machtbereiche von Clans und Warlords samt deren bewaffneten Milizen. Eine folgende Hungersnot im Süden des Landes kostete Hunderttausende Menschen das Leben.

Schon unmittelbar nach dem Ausbruch des Bürgerkrieges gründete Asha Haji Elmi 1992 die Organisation Save the Somali Women and Children.

Als im Jahr 2000 Friedensverhandlungen aufgenommen wurden, die sich weitgehend auf die fünf großen Clans der Somalis konzentrierten, war es Asha Haji Elmi, die das Frauennetzwerk Sixth Clan mitbegründete, um die Bedeutung der Frauen als sechster Stamm für den Friedensprozess hervorzuheben. Zuvor waren Frauen am politischen Geschehen praktisch nicht beteiligt gewesen, da sie in den Machtstrukturen der Clans keine Rolle spielen. Ihr Engagement wurde 2008 mit dem Alternativen Nobelpreis (Right Livelihood Award) ausgezeichnet.

Das Land ist bis heute nicht zur Ruhe gekommen, Clans und Terrormilizen sorgen immer wieder für blutige Auseinandersetzungen, auf die die politische Zentralgewalt nur wenig Einfluss hat.

Asha Haji Elmi setzt sich ebenfalls vehement gegen sie Beschneidung von Mädchen ein. Sie war auch einige Jahre hindurch Mitglied des Parlaments, nachdem es gelungen war, Frauen zwölf Prozent der Sitze im Übergangsparlament zu sichern. Sie ist mit Abdi Farah Shirdon Saaid, einem bekannten Unternehmer und ehemaligen Premierminister des Landes, verheiratet. Das Bemerkenswerte daran ist, dass die Clans der beiden Eheleute miteinander verfeindet sind, was sie an der Heirat nicht hinderte.

Die am 7. Januar 1921 geborene Kolumbianerin **Esmeralda Arboleda Cadavid** war eine ausgewiesene Frauenrechtlerin und die erste Frau, die in den kolumbianischen Senat gewählt wurde. Sie war von 1958 bis 1961 in dieser Funktion. Zuvor profilierte sie sich als Anführerin der Frauenwahlrechtsbewegung und wurde zu einem Mitglied der Verfassungsgebenden Versammlung, die das Grundgesetz aus dem Jahr 1886 änderte und den Frauen spät, aber doch das allgemeine Wahlrecht zusicherte. Neben einer Ministerfunktion ist vor allem zu erwähnen, dass sie Botschafterin Kolumbiens in Österreich war und stellvertretende ständige Vertreterin bei den Vereinten Nationen.

Sie war ursprünglich in der Nationalen Feministischen Organisation tätig, die sich jedoch nach dem Militärputsch von General Gustavo Rojas Pinilla in Befürworterinnen und Gegnerinnen des neuen Machthabers aufspaltete. Arboleda wurde eine leidenschaftliche Gegnerin der Militärherrschaft und profilierte sich als Kritikerin des Präsidenten. Dafür wurde sie schikaniert und bedroht.

Der traurige Höhepunkt war erreicht, als eine Gruppe von Männern versuchte, sie vor dem Blumenladen ihrer Mutter zu entführen. Da sie ihres Lebens nicht mehr sicher war, ging sie ins Exil in die USA und kehrte erst 1958 gegen Ende der Militärherrschaft zurück. Sie kandidierte bei den darauffolgenden Parlamentswahlen und wurde zur ersten Senatorin des Landes gewählt. Drei Jahre später wurde sie vom Präsidenten in ein Ministeramt berufen und vertrat ihr Land anschließend bei den Vereinten Nationen. Dort arbeitete sie auch als Sonderberichterstatterin für die Stellung der Frau und als Beraterin der UNESCO für das Internationale Jahr der Frau.

Am 16. April 1997 verlor sie ihren letzten Kampf und starb an Brustkrebs. Heute gibt es einen kolumbianischen Verdienstorden, der an ihre Leistungen für die Frauen erinnert.

Am Internationalen Frauentag 2021 riefen der damalige Präsident Iván Duque Márquez und die ehemalige Vizepräsidentin Marta Lucía Ramírez den Verdienstorden Esmeralda Arboleda ins Leben, um diejenigen zu ehren, die in Kolumbien für die Gleichstellung der Geschlechter und das Wahlrecht der Frauen gekämpft haben.

Krieg ist legalisierter Mord

Emily Greene Balch, die am 8. Januar 1867 geboren wurde, war die Tochter eines angesehenen Rechtsanwalts in Boston, die durch ausgezeichnete Abschlüsse auffiel und aufgrund eines Stipendiums in Paris studieren konnte. In dieser Zeit verfasste sie eine Studie über „Öffentliche Hilfe für die Armen in Frankreich" und setzte ihr Studium in Chicago und Berlin fort, wo sie auch an einem Treffen der Sozialistischen Internationale teilnahm. Sie war eine Vorkämpferin für Frauenrechte und das Frauenwahlrecht in den USA, propagierte ein sozial gerechtes Wirtschaftssystem und engagierte sich auch in praktischer Sozialarbeit.

Nationalismus lehnte sie ebenso entschieden ab wie Militarismus und setzte sich mit Beginn des Ersten Weltkriegs für eine globale Friedensordnung mit übernationalen Institutionen ein. Auch Kolonialismus und Imperialismus standen im Fokus ihrer Kritik. *Diese Kriege scheinen auch dem Kolonialismus und dem Imperialismus in seiner kolonialen Form den Todesstoß versetzt zu haben, unter denen schwächere Völker als Besitz gehandelt wurden, der wirtschaftlich ausgebeutet werden sollte. Zumindest hoffen wir, dass sich dieser Kolonialismus auf dem Weg nach draußen befindet.*

Ab 1915 war Emily Balch vermehrt in der Friedensbewegung tätig und beteiligte sich an der Gründung der Women's League for Peace and Freedom, an deren Gründungskongress in Washington etwa 3000 Frauen teilnahmen. In ihrem Gründungsdokument erklärten die Aktivistinnen, dass sie Krieg gemeinsam mit allen Pazifisten als legalisierten, geplanten Massenmord und damit als schweres Verbrechen begreifen.

Emily Balch bekämpfte den Nationalsozialismus, setzte sich für europäische Flüchtlinge und Asylsuchende ein und sprach sich nach den Atombombenabwürfen in Hiroshima und Nagasaki gegen jede atomare Aufrüstung aus. 1946 wurde ihr *für ihren Mut, ihre Klarsicht und ihren Einsatz für die Menschen, unabhängig von Rasse, Klasse, Geschlecht und Nationalität* der Friedensnobelpreis verliehen. Bei der Verleihung bekräftigte sie ihre Überzeugung: *Wenn sich die Weltgemeinschaft in Frieden entwickelt, werden große, ungenützte Reservoirs der menschlichen Natur erschlossen.* Irwin Abrams schrieb in der Publikation „Worte für die eine Welt. Aus den Reden der Friedensnobelpreisträger": *Neben ihrer großen Hoffnung für die Menschheit hatte sie einen ausgeprägten Sinn für Realismus, der sie vor falschen Erwartungen bewahrte.* Sie starb hochbetagt am 9. Januar 1961.

Rigoberta Menchú – Eine indigene Kämpferin in Guatemala

Rogoberta Menchú ist am 9. Januar 1959 geboren und damit im guatemaltekischen Bürgerkrieg aufgewachsen. Es war ein fast vier Jahrzehnte andauerndes Gemetzel (1960 bis 1996), das zwischen vier linken Guerillaorganisationen und Regierungen ausgetragen wurde, die meist aus sich abwechselnden rechtsgerichteten Militärdiktaturen bestanden. Dem Konflikt fielen 150.000 bis 250.000 Menschen zum Opfer, die mehrheitlich Angehörige der indigenen Bevölkerung (vor allem Maya) waren. Sie wurden bei planmäßigen Massakern der Armee und rechter paramilitärischer Banden ermordet.

Aufgrund der massiven Menschenrechtsverletzungen an Zivilisten war es einer der schmutzigsten Kriege des 20. Jahrhunderts und muss teilweise als Völkermord gesehen werden. Rigoberta Menchú ist eine Quiche-Maya, die in einem katholischen Internat mit den Ideen der Befreiungstheologie und der Frauenbewegung konfrontiert und beeinflusst wurde. Ihre Familie stand der linken Guerillabewegung nahe, ihr Vater wurde wiederholt festgenommen und gefoltert, bis er 1980 in der spanischen Botschaft starb, als diese von Anhängern des Regimes in Brand gesteckt wurde. Auch ihre Mutter und ein Bruder wurden gefoltert und ermordet. Schon mit 20 Jahren war sie dem Comité de Unidad Campesina (einer Bauernbewegung) beigetreten, wo sie Streiks für bessere Arbeitsbedingungen organisierte. Damals wurden viele „Indios" gewaltsam vertrieben, Hunderte Dörfer verschwanden. Grund war neben der Vernichtung der indigenen Bevölkerung vor allem die Ausbeutung von Erdölvorkommen in diesen Gebieten. Die USA hatten seinerzeit an der Vertreibung des demokratisch gewählten Präsidenten tatkräftig teilgenommen und überließen nun das dreckige Geschäft den von ihnen tolerierten Diktatoren.

Dagegen wandte sich Rigoberta Menchú mit ihren MitstreiterInnen, die sich zeitweise nach Mexiko ins Exil begeben mussten. 1992 erhielt sie als bis dahin jüngste Frau für ihren Einsatz für Menschenrechte den Friedensnobelpreis – sie war gerade 33 Jahre alt!

1966 wurde sie von den Vereinten Nationen zur UNESCO-Sonderbotschafterin zur Förderung einer Kultur des Friedens und der Rechte indigener Menschen ernannt. Selbstlos verwendete sie das Geld, das die Auszeichnungen mit sich brachten, für humanitäre Zwecke.

Die Vermittlerin im Bürgerkrieg

Es gehört zu den bedauernswerten Tatsachen, dass Kriege – und seien sie noch so grausam – im Laufe der Zeit ihren Neuigkeitswert verlieren und daher in den Hintergrund der Berichterstattung treten. So auch der Bürgerkrieg im Jemen, der bald zehn Jahre alt sein wird und bei dem ein friedliches Ende nicht absehbar ist. Denn der Konflikt ist einerseits ein Stellvertreterkrieg zwischen Saudi-Arabien und dem Iran, hat andererseits aber auch eine gravierende innerjemenitische Seite. Seit Beginn des Krieges hat sich die humanitäre Lage dramatisch verschlechtert und es gibt derzeit 4,5 Millionen Binnenflüchtlinge. Über 21 Millionen von insgesamt 30,5 Millionen Einwohnern brauchen dringend Unterstützung und 60 Prozent haben keinen sicheren Zugang zu Nahrung. 2,2 Millionen Kinder leiden an Unterernährung. Ausgelöst wurde das blutige Geschehen 2014 mit der Einnahme der Hauptstadt Sanaa durch die Huthi-Rebellen, die vom Iran unterstützt werden.

Maeen Al-Obaidi war zu Beginn dieses Bürgerkrieges bereits als Rechtsanwältin in der Stadt Taizz tätig. Wie so oft litten die Frauen unter Verhaftungen, sexueller Gewalt, Vertreibung und Zwangsrekrutierung ihrer Kinder. Al-Obaidi begann sich für den Austausch von Gefangenen einzusetzen, damit diese entweder zu ihren Familien zurückkehren oder im Todesfall ihre Leichen durch die Angehörigen bestattet werden konnten. Sie engagiert sich außerdem bei der Yemen Women Union, wo sie sich für inhaftierte Frauen einsetzt. Im Jahr 2022 wurde sie aufgrund ihres humanitären Engagements von BBC zu einer der wichtigsten 100 Frauen gezählt. Sie verhandelt, vermittelt und interveniert in Angelegenheiten, die im Jemen traditionell als Männerdomäne galten. *Seit der erste Schuss des Krieges abgefeuert wurde, haben Zivilisten einen hohen Tribut gezahlt. Also dachte ich mir die einfachsten Lösungen aus, damit sich die Menschen mit weniger Gefahr bewegen können, während wir um einen Waffenstillstand kämpfen.*

Bemerkenswert ist auch das Wirken von **Abdulasan Karman**, die in Taizz geboren wurde und Mitbegründerin von Be A Human Initiative ist, einer NGO, die psychologische Behandlung und Unterstützung für Zivilisten in Kriegsgebieten bietet, die an kriegs- und konfliktbedingten posttraumatischen Belastungsstörungen leiden.

Eine führende US-Suffragette

Obwohl „Suffragette" von Männern abwertend für kämpferische Frauen verwendet wird (moderner sind da Beschimpfungen wie etwa „Kampf-lesbe" oder „Emanze"), ist es ein von Frauen selbst gewählter Begriff, der sich in der Verfassung der Vereinigten Staaten als „suffrage" mit der Bedeutung „Recht zu wählen" wiederfindet. Ursprünglich wurde der Begriff von der britischen Presse eingesetzt, um die Wahlrechtsaktivistinnen herabzuwürdigen und abzuwerten. Diese drehten jedoch den Spieß um und verwendeten das Wort erfolgreich zur Selbstbezeichnung.

Alice Paul, die am 11. Januar 1885 in New Jersey zur Welt kam, wurde zu einer der führenden Frauenrechtlerinnen der USA, die zusammen mit ihrer engen Freundin Lucy Burns zwischen1912 und 1920 einen letztlich erfolg-reichen Kampf um das Wahlrecht für Frauen führte. Es war der 19. Zusatz-artikel zur Verfassung, der 1920 vom US-Kongress beschlossen wurde und dieses fundamentale Recht sicherte.

Alice Paul entstammte eine Quäkerfamilie, in der die Töchter aus Überzeu-gung zur Achtung der Gleichberechtigung der Geschlechter erzogen wur-den. Schon die Mutter Tacie engagierte sich in der National Woman Suffrage Association.

Als die Quäker gegründet wurden, war die Gleichberechtigung der Geschlechter einer ihrer Grundsätze. Ich hatte nie eine andere Vorstellung, dieser Grundsatz war immer da, sagte Alice Paul in einem Interview 1974. Mit dem erfolgreichen Kampf ums Wahlrecht waren ihre Aktivitäten jedoch nicht beendet und sie engagierte sich weiter auf dem Gebiet der Frauenrechte. 1923 entwarf sie eine Erklärung, die den Frauen gesetzlich volle Gleichberechtigung, geschützt durch die Verfassung, bringen sollte. Der Entwurf wurde zwar ein halbes Jahrhundert später vom Kongress ab-gesegnet, aber bis 1982 nicht von der erforderlichen Zahl an Bundesstaaten akzeptiert, sodass er erst ein Jahrhundert (!) nach seiner Einbringung Verfassungsrang erlangte.

Noch im Alter von 79 Jahren leitete sie eine Kampagne für das Verbot von geschlechtlicher Diskriminierung.

Ihr hohes Alter hinderte sie auch nicht, an Protestdemonstrationen gegen den Vietnamkrieg teilzunehmen. Denn *wenn man einmal die Hand an den Pflug gelegt hat, kann man nicht mehr aufhören, bis man am Ende der Furche angekommen ist.*

Journalistinnen:
Beim Sterben gibt es keinen Geschlechterunterschied

Sowohl die oppositionelle belarussische Journalistin **Weranika Tscharkassawa** (geboren am 12. Januar 1959 in Minsk) als auch ihre amerikanische Kollegin **Marie Colvin** (geboren am 12. Januar 1956 in New York) wurden Opfer ihres Berufs und starben weit vor ihrer Zeit.

Die weißrussische Journalistin arbeitete für verschiedene oppositionelle Zeitungen, was im Machtbereich des Diktators Lukaschenko viel Mut erforderte. So veröffentlichte sie mehrere Artikel über illegalen Waffenhandel zwischen Belarus und dem Irak des Saddam Hussein. Aber auch soziale Angelegenheiten und das Leben der Roma in ihrer Heimat waren nicht Themen, mit denen man sich die Gunst der Machthaber einhandelte. Am 20. Oktober 2004 wurde sie mit etwa 20 Messerstichen ermordet – wen wundert es, dass kein Täter ausgeforscht werden konnte.

Ihre amerikanische Kollegin Marie Colvin wurde als Tochter eines Lehrerehepaares geboren. Der Vater war Veteran des Koreakrieges und engagierte sich als Aktivist für die Demokraten unter John F. Kennedy.

Schon in jungen Jahren organisierte Colvin Proteste gegen den Vietnamkrieg. Sie agierte ab ihrem 30. Lebensjahr als freie Mitarbeiterin der „Sunday Times" und berichtete aus verschiedenen Kriegs- und Krisengebieten, so auch aus Osttimor, wo eine Vergeltungsaktion des indonesischen Militärs gegen die Bevölkerung stattfand, weil sich diese in einer Abstimmung für die Unabhängigkeit ihrer Heimat ausgesprochen hatte. Dem waren bereits Massaker zur Einschüchterung vorausgegangen, die Tausende Opfer kosteten.

Während der „Operation Donner" half Colvin 1999 durch ihre Berichterstattung, 1500 Flüchtlinge im UN-Lager vor der indonesischen Armee zu schützen. Vier Tage berichtete sie in Zeitungen und Fernsehen, bis die Flüchtlinge in Sicherheit gebracht wurden. In Tschetschenien geriet sie unter den Beschuss durch russische Flugzeuge, in Sri Lanka verlor sie bei einem Angriff ihr linkes Auge, aber getötet wurde sie schließlich bei einem Angriff der syrischen Armee auf Homs am 22. Februar 2012.

In den vergangenen 20er-Jahren sind insgesamt fast 1700 Journalistinnen und Journalisten bei oder wegen ihrer Arbeit ums Leben gekommen. Die gefährlichsten Länder und Regionen für Medienmitarbeitende sind der Nahe Osten, Afghanistan, der Jemen und Somalia, also wo Gewalt an der Tagesordnung ist.

Florence Nwanzuruahu Nkiru Nwapa, wie sie mit vollem Namen heißt, wurde am 13. Januar 1931 im heutigen nigerianischen Bundesstaat Imo geboren.

Sie lehnte es ab, als Feministin bezeichnet zu werden, sondern bezog sich auf den von Alice Walker (einer amerikanischen Schriftstellerin und politischen Aktivistin – „Die Farbe Lila") geprägten Begriff „Womanism" – ein Konzept, das die Unterdrückungsverhältnisse in einem afroamerikanischen und afrikanischen Kontext darstellt und dafür auch die Folgen des Kolonialismus miteinbezieht. Flora Nwapa (so der geläufige Name) verband eine kritische weibliche Perspektive mit den Traditionen des Igbo-Volkes, dem sie angehörte. Ihr auf Englisch publizierter Debütroman „Efuru", den sie mit 35 Jahren verfasste, gewann als erstes literarisches Werk einer Westafrikanerin internationale Anerkennung und brachte ihr den Titel „Mutter der modernen afrikanischen Literatur" ein.

Nach dem verheerenden Biafrakrieg, der von 1967 bis 1970 andauerte, trat sie in das Kabinett des East Central State (heute Anambra und Imo) ein, wo sie bis 1971 das Ministerium für Gesundheit und Sozialfürsorge und später (bis 1974) das Ministerium für Landwirtschaft und urbane Entwicklung leitete. Während dieser Zeit engagierte sie sich beim Wiederaufbau der südöstlichen Landesteile Nigerias. Zum Krieg hatte die Tatsache geführt, dass sich die im Süden Nigerias beheimateten christlichen Igbo gegenüber den muslimischen Hausa und Fulani im Norden benachteiligt fühlten. Der folgende Sezessionskrieg forderte, begleitet von Hungersnöten, Hunderttausende Tote; Flora Nwapa unterstützte vor allem Waisen und Flüchtlinge, die durch den Krieg heimatlos geworden waren. Ihr schreibendes Interesse galt allerdings Frauen, *die in einer sich schnell verändernden, von Männern dominierten Welt zu überleben versuchen*, wie sie es selbst formulierte.

Sie starb am 16. Oktober 1993 an einer Lungenentzündung und wurde in die Anthologie „Daughters of Africa" aufgenommen, die von Margaret Busby in London und New York herausgegeben wurde. Dabei handelt es sich um eine Sammlung von mündlich und schriftlich überlieferten Texten von mehr als 200 Frauen aus Afrika oder der afrikanischen Diaspora.

Ich erhalte täglich Mord- und Vergewaltigungsdrohungen

Die das sagt und hinzufügt, dass diese Drohungen von mutmaßlichen Regierungsagenten stammen, ist **Cristina Palabay,** die Generalsekretärin von Karapatan, einer philippinischen Allianz von Menschenrechtsorganisationen und Einzelpersonen, die sich für die Förderung und den Schutz von Menschenrechten in ihrem Land einsetzen.

Allein in den letzten vier Jahren wurden 13 MenschenrechtsaktivistInnen, die Karapatan angehören, getötet und die Morde weder aufgeklärt noch strafrechtlich verfolgt. Cristina Palabay erklärt dazu Folgendes: *Wir erleben derzeit eine Epidemie von Menschenrechtsverletzungen mit außergerichtlichen Tötungen, illegalen oder willkürlichen Verhaftungen; Bedrohungen, die von staatlichen Kräften angezettelt und vorangetrieben werden. Politisch Andersdenkende werden kriminalisiert, als Terroristen oder auf andere Weise abgestempelt.*

Cristina Palabay traf diese Feststellungen zu einem Zeitpunkt, als das Land von – Rodrigo Duterte als Präsident im Würgegriff gehalten wurde. Nunmehr ist Ferdinand „Bongbong" Marcos junior als sein Nachfolger im Amt – Träger eines berüchtigten Namens und Sohn des früheren Diktators. In der sechsjährigen Amtszeit von Duterte fanden Tausende wenn nicht Zehntausende in seinem selbsterklärten Krieg gegen Drogen den Tod. Duterte schickte Killerkommandos, Polizisten wurden zu Mördern und ein Klima der Angst und des Terrors beherrschte das Land.

Ob sich das unter Marcos entscheidend verändert, bleibt erst abzuwarten. Cristina Palabay jedenfalls gehört zu einer Generation von philippinischen Frauen, die für Freiheit und Menschenrechte kämpfen, wobei Maria Ressa, Mitbegründerin von Rappler, die international bekannteste Persönlichkeit ist. Wir werden sie im Kalendarium noch näher kennenlernen.

Die 80-jährige Aktivistin von Karapatan, Tita Lubi: *Wir sind immer noch im Kampf und können nicht gehen.*

Cristina Palabays Lieblingszitat, das sie bei ihrer Arbeit inspirierte, stammt von Rigoberta Menchú: *Frieden kann nicht ohne Gerechtigkeit existieren, Gerechtigkeit kann nicht ohne Fairness existieren, Fairness kann nicht ohne Entwicklung existieren, Entwicklung kann nicht ohne Demokratie existieren, Demokratie kann nicht ohne Respekt für die Identität und den Wert von Kulturen und Völkern existieren.*

Januar

Im Jahr 2021 hat Amnesty International (AI) die Inhaftierung einer Aktivistin in Vietnam angeprangert und ihre sofortige Freilassung gefordert. *Die Festnahme von **Nguyen Thuy Hanh** ist ein eklatanter und politisch motivierter Versuch, eine der am meisten respektierten Stimmen für Menschenrechte im Land zum Schweigen zu bringen*, erklärte AI.

Trotz Misshandlungen durch die Polizei, mehrerer Festnahmen, Kontosperren und jahrelanger Schikanen habe sie sich unermüdlich und standhaft für Gefangene eingesetzt, die zu Unrecht in völlig überfüllten Anstalten inhaftiert sind. Frau Nguyen Thuy Hanh hat 2017 den 50-K-Fonds gegründet, der Familien von Inhaftierten unterstützt. Ihr wird die Formulierung oder Verbreitung von Informationen vorgeworfen, die zum Widerstand gegen den Staat auffordern. Darauf stehen laut Amnesty International fünf bis 20 Jahre Haft. Die kommunistische Führung des Landes geht hart gegen Kritiker vor und lässt immer wieder Journalisten, Umweltschützer und Menschenrechtler zu drakonischen Strafen verurteilen. Nicht umsonst gehört Vietnam weltweit zu den Ländern mit der geringsten Pressefreiheit.

Im März 2023 hat ihr Ehemann Huynh Ngoc Chenh mitgeteilt, dass sich ihr Gesundheitszustand verschlechtert habe, sie noch immer in einer psychiatrischen Behandlungseinrichtung festgehalten werde und ihren Appetit verloren habe, eine angemessene medizinische Versorgung werde verweigert. Inzwischen berichtet ihr Mann von einer Krebserkrankung.

Die Organisation Attac weist auf ein Handelsabkommen der EU mit Vietnam hin, dem zufolge Konzerne Sonderrechte erhalten sollen, während sich Menschenrechte auf dem Abstellgleis befinden. Alexandra Strickner von Attac Österreich beklagt, dass das Abkommen eine Regierung legitimiert, welche die Rechte von MenschenrechtlerInnen und UmweltschützerInnen missachtet. Aber wenn es „der Wirtschaft" dient, bleiben Frauen wie Nguyen Thuy Hanh auf der Strecke.

In Reiseberichten wird immer wieder von der Schönheit der Landschaft, der Freundlichkeit der Menschen und dem Charme der ehemals französisch geprägten Städte wie das ehemalige Saigon geschwärmt. Vietnam empfiehlt sich als attraktive Touristendestination – vor allem für Amerikaner, denen Besuche in den ehemaligen Kampfgebieten angeboten werden. Dieses Idyll soll keine lästigen Schrammen bekommen, wenn es nach dem Willen er Machthaber geht. „Kuschen" wird dann zur Bürgerpflicht.

Ihr Name klingt wie ein besonderer Stein

Crystal Bayat, so heißt die am 16. Januar 1997 geborene afghanische Menschenrechtsanwältin, die bekannt wurde für ihre mutigen Proteste gegen die Machtübernahme durch die Taliban, das Eintreten für Frauenrechte und ihr politisches Engagement im In- und Ausland.

Nachdem sie 2020 aus Indien zurück nach Afghanistan gekommen war, gründete sie den politischen Thinktank für Bürgerrechte „Justice and Equality Trend" und eine Wohltätigkeitsstiftung für Menschenrechte, die gefährdete BürgerInnen unterstützt. Als eine von sieben Frauen bei einem Protest von 200 Menschen führte sie die Demonstration an und rief: *Unsere Flagge ist unsere Identität.* Bayat ist und bleibt der festen Überzeugung, dass die Taliban immer noch nicht an die Freiheit und die Forderungen der afghanischen Bürger glauben und dass keine internationale Institution ernsthafte Anstrengungen unternommen hat, sie zur Rechenschaft zu ziehen.

Bayat war Vertreterin der Minderheiten bei den Friedensverhandlungen in Doha zwischen den Taliban und der ehemaligen Regierung. 2020 überlebte sie ein Attentat der Taliban und wurde gezwungen, Afghanistan zu verlassen.

Viele andere Frauen beweisen ebenso eine große Portion Mut, wenn es darum geht, ihre Geschlechtsgenossinnen vor den Taliban zu schützen und ihnen Perspektiven zu bieten. **Laila Haidari** etwa, die sagt: *Ich habe mich entschieden, in Afghanistan zu bleiben und einigen der Millionen Frauen, die nirgendwo anders hingehen konnten, einen Schutzschirm zu bieten, da alle von einem lähmenden Gefühl der Hilflosigkeit erfasst wurden. Die Hälfte der Gesellschaft wurde vom Erdboden ausgelöscht. Als Frau habe ich es mir zur Aufgabe gemacht, nicht nur für mich selbst, sondern für das Wohl aller Frauen zu handeln.* Das Mother Educational Center unterstützt dabei sowohl in der Ausbildung als auch bei der Schaffung von Einkommensquellen durch kunstgewerbliche Gegenstände.

Faiza Darkhani ist eine 32-jährige Umweltschützerin, Frauenrechtsaktivistin und Pädagogin und gilt als eine der ganz wenigen Wissenschafterinnen zum Klimawandel in ihrer Heimat. *Sich von der Masse abzuheben ist eine mutige Entscheidung. Man muss seinen Träumen folgen und sie in die Realität umsetzen,* ist ihr Lebensmotto.

Barbados, ein Inselstaat im Atlantik, ist Teil der Kleinen Antillen und liegt nordöstlich von Venezuela. Es hat 300.000 Einwohner, die auf 430 Quadratkilometern leben.

Die Menschen dort bezeichnen sich selbst als Bajans, was auf einen englischbasierten kreolischen Dialekt hinweist. 90 Prozent der Bevölkerung sind Nachkommen von afrikanischen Sklaven, währenddessen die indigene Urbevölkerung (Kariben und Arawaken) ausgelöscht ist.

Das Land wurde 1966 unabhängig, blieb allerdings durch den Commonwealth der britischen Krone verbunden, bis es durch die mehrheitlich regierende Labour Party mit 30. November 2021 zur Republik wurde, an deren Spitze die am 17. Januar 1949 geborene Anwältin **Sandra Mason** als Präsidentin steht.

Sie war zuvor Generalgouverneurin des Inselstaates und erklärte im Rahmen der „Thronrede" 2020: *Es ist an der Zeit, unsere koloniale Vergangenheit vollständig hinter uns zu lassen. Die Barbadier wollen ein barbadisches Staatsoberhaupt.* Dieses erste Staatsoberhaupt ist nun eben Sandra Mason, die schon als erste Frau in Barbados als Anwältin zugelassen worden war. Von 1991 bis 1999 war sie auch Mitglied des UN-Ausschusses für die Rechte des Kindes, zeitweise auch als dessen Vorsitzende.

Bemerkenswert ist, dass mit **Mia Amor Mottley** seit 25. Mai 2018 eine Frau Premierministerin des Landes ist, was – auf der Welt einzigartig – bedeutet, dass beide Spitzenpositionen weiblich besetzt sind. Das Land liegt im Demokratieindex weltweit an 33. Stelle, noch vor den Vereinigten Staaten und einer ganzen Reihe europäischer Länder.

Im Freiheitsindex erhält Barbados 94 von 100 möglichen Punkten – immerhin um einen mehr als Österreich.

Für einen Karibikstaat ist das ein bemerkenswertes Ranking. Obwohl 51 Prozent der Barbadier Frauen sind, waren schon vor zehn Jahren doppelt so viele weibliche Studierende am College eingeschrieben wie männliche. Im „Global Gender Report" des Weltwirtschaftsforums landet die Insel sogar vor Dänemark. Beachtlich ist auch die Bridgetown Initiative – benannt nach der Hauptstadt des Karibikstaates –, in welcher von Geberländern, Investoren, dem Internationalen Währungsfonds und der Weltbank ein neuer Globaler Klimafonds gefordert wird, der bei Investitionsprojekten dem Klimaschutz Priorität gegenüber potenziellen Renditen einräumt.

Von der Politikerin, nicht der Schriftstellerin soll hier die Rede sein

Ihr Werk wurde in 27 Sprachen übersetzt und es wurden davon weltweit über 50 Millionen Exemplare verkauft. Man kann also ohne Übertreibung sagen, dass es sich bei **Isabel Allende** um eine der erfolgreichsten Schriftstellerinnen der Gegenwart handelt. Sie ist jedoch nicht die Tochter von Salvador, wie oft fälschlich angenommen wird, sondern eine Nichte zweiten Grades. Ihr erster Roman (und vielleicht auch ihr berühmtester) „Das Geisterhaus" bezieht sich auf die politische Lage in Chile vor und während der Pinochet-Diktatur und ist dadurch durchaus politisch.

Die drei Jahre jüngere Politikerin Isabel Allende (geboren am 18. Januar 1945 in Santiago) ist tatsächlich die Tochter jenes Präsidenten, der vor 50 Jahren bei einem Militärputsch ums Leben kam.

Als am Morgen des 11. September bekannt wurde, dass das Militär die Regierung stürzen wollte, begab sich Isabel mit ihrer Schwester Beatríz in den Präsidentenpalast La Moneda, um ihrem Vater beizustehen. Dieser schickte seine Töchter fort und sie konnten das Gebäude verlassen, noch ehe das Militär mit Luftangriffen und Bombardements begann.

Nach dem Tod des Vaters flüchtete Isabel mit der Mutter und ihren Schwestern ins Exil, aus dem sie Ende der 1980er-Jahre in die Heimat zurückkehrte. In Mexiko nahm sie nicht nur ein Soziologiestudium auf, sondern engagierte sich auch gegen die Militärdiktatur Pinochets, indem sie international Aufklärungsarbeit über die Menschenrechtsverletzungen des Regimes leistete und um Solidarität mit den Verfolgten warb.

Für die Partido Socialista wurde sie 1993 ins Abgeordnetenhaus gewählt, dem sie bis 2010 angehörte, um anschließend in den Senat zu wechseln. Von März 2014 bis März 2015 fungierte sie als Präsidentin des Senats, wobei sie die erste Frau in diesem Amt war. Zuvor hatte sie bereits von ihrer Vorgängerin Adriana Muñoz D'Albora die Präsidentschaft des Abgeordnetenhauses übernommen und wurde nach dieser die zweite Frau in diesem Amt. Ihre Amtszeit als Senatorin dauert noch bis 2026.

Im Mai 2015 übernahm sie den Vorsitz der Partido Socialista. *Die PS ist für mich viel mehr als eine politische Partei, sie ist auch das Haus der Familie Allende*, hatte sie bei ihrer Bestellung erklärt. Vater Salvador war 1933 einer der Begründer der PS gewesen.

Myrna Mack Chang wurde 1949 als Tochter einer Chinesin und eines Maya geboren und arbeitete zunächst als Alphabetisierungslehrerin im westlichen Hochland Guatemalas. Später konnte sie sowohl Anthropologie und Philosophie als auch Soziologie an verschiedenen Universitäten im In- und Ausland studieren und führte Feldforschungen bei Bewohnern mehrerer ländlicher Gebiete durch, die durch den Bürgerkrieg entwurzelt worden waren. Durch ihre Arbeit wurde sie Menschenrechtsaktivistin und in der Folge baten sie einige Organisationen um Unterstützung. Gemeinsam mit dem Geistlichen Julio Edgar Cabrera Ovalle verfasste sie einen kritischen Bericht, der am 7. September 1990 veröffentlicht wurde.

Vier Tage später wurde sie in ihrem Büro in Guatemala-Stadt von einem Todesschwadron der guatemaltekischen Streitkräfte (angeblich von der berüchtigten US School of the Americas damit beauftragt) mit 27 Messerstichen ermordet.

Diese Umstände bewirkten, dass sich ihre um drei Jahre jüngere Schwester **Helen** (geboren am 19. Januar 1952) um die Aufklärung des Falles bemühte. Von 1990 bis 1993 wurde dann tatsächlich ein Prozess gegen den Hauptverantwortlichen, den Spezialfeldwebel Noel de Jesús Beteta Álvarez geführt, der 1994 zu 25 Jahren Haft verurteilt wurde. Auch die eigentlichen Drahtzieher, die in der Umgebung des christdemokratischen Präsidenten Marco Vinicio Cerezo Arévalo angesiedelt waren, mussten sich vor Gericht verantworten. Letztlich verurteilte 2003 der Interamerikanische Gerichtshof für Menschenrechte den guatemaltekischen Staat wegen seiner Verantwortung für den Mord, die Vertuschung und Rechtsverweigerung in diesem Fall. Das Urteil stellte zudem klar, dass es sich um eine außergerichtliche Hinrichtung durch den Stab des Präsidenten handelte: *Der Tod von Myrna Mack Chang war das Ergebnis einer verdeckten militärischen Geheimdienstoperation, die vom Generalstab des Präsidenten durchgeführt wurde und von den verschiedenen Behörden und Institutionen geduldet wurde.*

2010 wurde sie vom damaligen Präsidenten Guatemalas, Álvaro Colom, mit Untersuchungen zu wiederholten Fällen von Polizeikorruption beauftragt. *Für ihren persönlichen Mut und ihre Beharrlichkeit im Streben nach Gerechtigkeit und einem Ende der Straflosigkeit politischer Mörder* erhielt sie den Right Livelihood Award.

Die erste Premierministerin ihres Landes

Äquatorialguinea ist ein kleiner Staat in Subsahara-Afrika, der auf seinen 28.000 Quadratkilometern gerade 1,6 Millionen Menschen beherbergt. Spiegelbild seiner Geschichte ist die Tatsache, dass es mit Spanisch, Französisch und Portugiesisch gleich drei Amtssprachen ehemaliger Kolonialmächte gibt. Und das, obwohl 80 Prozent der Bevölkerung die Bantusprache Fang oder Bube als Muttersprache verwenden. Dazu kommen noch eine ganze Reihe weiterer Sprachen mit weniger Nutzern. Bemerkenswert ist, wie es zur Aufnahme des Portugiesischen in die Amtssprachen kam. Dazu wurde nämlich von der Gemeinschaft der portugiesischsprachigen Länder unter anderem der Auftrag erteilt, die Todesstrafe abzuschaffen. Es war dies Teil eines umfassenden Katalogs zur Einhaltung der Menschenrechte und Verstärkung der demokratischen Elemente. So wurde 2014 die Aufnahme beschlossen und es kam zu keinen Hinrichtungen mehr, bis die Todesstrafe 2022 endgültig abgeschafft wurde. Immerhin ein Fortschritt in einem Land, dessen Präsident seit 1979 im Amt und daher der dienstälteste Staatschef Afrikas ist. Kein Wunder, dass Äquatorialguinea als unterentwickelte Demokratie mit ungenügender Pressefreiheit und hoher Korruption gilt. Es handelt sich also um eine autoritäre Kleptokratie, deren Regierung nun seit über einem Jahr von einer Frau – **Manuela Roka Botey** – geführt wird. Sie wurde auf der Insel Bioko geboren, die zwar vor der Küste Kameruns liegt, aber zu Äquatorialguinea gehört. Auf dieser Insel befindet sich übrigens auch die Hauptstadt Malabo. Das Land ist im Küstenbereich reich an Erdölvorkommen, die aber nur einer kleinen Elite zugute kommen, weshalb die Armutsquote hoch ist.

Die ausgebildete Lehrerin und Professorin Roka war viele Jahre hindurch im Bildungsbereich tätig und wurde 2018 Ministerin für Bildung und Kultur.

Die unbefriedigende Menschenrechtslage, insbesondere für Frauen, Kinder und Flüchtlinge, bietet für die erste Frau im Amt die Chance, auf Verbesserungen zu drängen. Die Abschaffung der Todesstrafe lässt hoffen.

Roka ist die erste Frau, die das Amt des Premiers bekleidet, was vom Vizepräsidenten des Landes, gleichzeitig der Sohn des Staatsoberhauptes, Teodoro Nguema Obiang Mangue, hervorgehoben wird: *Dies ist ein weiterer Beweis für das Engagement für Geschlechtergerechtigkeit im Land.* Sein Wort in seines Vaters Ohr.

Dinah Babbitt, die am 21. Januar 1923 als Dinah Gottliebová in Brünn geboren wurde, war Malerin und Bildhauerin. Im Januar 1942, gerade 19 Jahre alt, wurde sie gemeinsam mit ihrer Mutter zunächst in das Konzentrationslager Theresienstadt deportiert und ein Jahr später nach Auschwitz-Birkenau gebracht. Für die Kinder des Lagers malte sie eine Szene aus dem Walt-Disney-Film „Schneewittchen und die sieben Zwerge" an die Wand einer Baracke. Auf diese Weise wurde ein Lagerarzt auf sie aufmerksam, der Dinah zu Josef Mengele brachte. Dieser teuflische Mediziner verlangte von ihr, Porträts von Opfern seiner Versuche zu zeichnen, darunter sechs zum Tod bestimmte Roma, um deren „Rassemerkmale" festzuhalten. Der Sadist war zudem auf kleinste Details bedacht. Er verlangte absolute Farbgenauigkeit, sodass das Anfertigen eines Porträts zwei Wochen dauerte. Im Laufe des folgenden Jahres fertigte Dinah Bilder von zwölf Menschen an. Mengele wies sie oft auf Gesichtsmerkmale hin, die er hervorgehoben wissen wollte, da sie sich angeblich von denen der Arier unterschieden – von der Augenfarbe über die Form der Ohren bis zum Haaransatz. Dinah versuchte aber auch das Leid und die Verzweiflung in den Augen der Menschen einzufangen. Und sie malte langsam, denn je länger sie brauchte, um die Zeichnungen fertigzustellen, desto größer waren die Überlebenschancen aller Beteiligten!

Sie malte aber auch Bilder von polnischen und tschechischen weiblichen Gefangenen. Überdies verlangte das Wachpersonal von ihr, Familienporträts anzufertigen. Sie malte dabei buchstäblich um ihr Leben, denn als akribische Porträtmalerin war sie unersetzlich. So blieb ihr das Schicksal von mehr als 1,1 Millionen Menschen erspart, die in diesem KZ zugrunde gingen oder ermordet wurden.

Zumindest für sie und ihre Mutter endete das Leben unter ständiger Todesdrohung so glücklich wie in „Tausendundeine Nacht", denn am 5. Mai 1945 wurden sie von den Alliierten befreit.

In Frankreich lernte Dinah den Animationskünstler Art Babbitt kennen, der einige jener „Schneewittchen"-Charaktere geschaffen hatte, die sie im Brünner Kino so sehr mochte. Zusammen gingen sie nach Kalifornien, wo sie noch recht erfolgreich wurden: eine Geschichte, wie sie Hollywood so sehr liebt.

Eine rare Besonderheit: Dieses Land kennt keine Amtssprache

Es wird nicht all zu viele Menschen geben, die mit dem Begriff „Maskarenen" etwas anzufangen wissen. Viel bekannter ist da schon Mauritius, das zu dieser 850 Kilometer östlich von Madagaskar gelegenen Inselkette gehört. War es früher die seltene und wertvolle Briefmarke, die diese Bekanntheit schuf, ist es heutzutage eher das Tourismusangebot, das Fernreisende lockt. Auf knapp 2000 Quadratkilometern leben immerhin 1,6 Millionen Insulaner, die für eine Bevölkerungsdichte von 624 Einwohnern per Quadratkilometer, und damit mehr als das Sechsfache von Österreich, sorgen. Das Land ist seit seiner Unabhängigkeit im Jahr 1968 eine der stabilen repräsentativen Demokratien in Afrika mit freien Wahlen und Garantien für die Einhaltung der Menschenrechte innerhalb des Staates. Auch gibt es offensichtlich ernsthafte Bemühungen, die Korruption zu bekämpfen, denn **Ameenah-Firdaus Gurib-Fakim** war zwar das erste weibliche Staatsoberhaupt der Inselrepublik, musste aber 2018 zurücktreten, um ihrer Absetzung zuvorzukommen. Sie hatte privat in erheblichem Umfang die Kreditkarte eines umstrittenen Geschäftsmannes beziehungsweise seines gemeinnützigen Plane-Earth-Instituts genutzt. Der Rücktritt zeigt, dass ein Verhalten bestraft wird, das andernorts höchstens als Kavaliersdelikt betrachtet würde.

Monique Agnès Ohsan Bellepeau ist eine andere Politikerin, die von 2010 bis 2016 Vizepräsidentin und zwei Mal auch kommissarische Staatspräsidentin war. Die 82-Jährige hatte einen Vater, der Mitgründer der Arbeiterpartei war, für die sie 1995 zum Mitglied der Nationalversammlung gewählt wurde. Einige Jahre hindurch war sie auch Präsidentin der Partei. Mauritius gehört seit seiner Unabhängigkeit zu den etwa 25 Staaten weltweit ohne Militär. Spezialtruppen an der Küste, die paramilitärischer Natur sind und 2.000 Mann umfassen, setzen sich aus länger dienenden Polizisten zusammen. Das Land ist relativ stabil, hat einen respektablen Freiheitsstatus, was auch für die Presse gilt. Und Frauen in Spitzenpositionen hat es auch.

Und noch eine Besonderheit: Morisyen, eine Kreolsprache, wird von der Mehrheit der Inselbewohner gesprochen. Es existiert jedoch keine Amtssprache. Im Parlament debattiert man auf Englisch. Die Oberschicht bevorzugt Französisch, obwohl die Franzosen das Land schon seit über 200 Jahren nicht mehr beherrschen.

Die Mapuche sind so etwas wie die Gallier Chiles, weil sie den Spaniern über 300 Jahre nach deren Ankunft in Südamerika erbitterte Schlachten lieferten und von der Mitte des 16. Jahrhunderts bis 1883 sogar einen eigenen Staat bildeten.

Erst im Rahmen der vom Präsidenten José Joaquín Pérez ausgerufenen gewaltsamen Besetzung wurde das Gebiet an Chile angegliedert und anschließend massiv mit neuen Einwanderern aus Europa, darunter besonders vielen Deutschen, besiedelt. Die verbliebenen Mapuche mussten große Teile ihrer angestammten Siedlungsräume verlassen und wurden in verhältnismäßig kleinen Reservaten konzentriert. Soziale, kulturelle und materielle Verarmung dieser indigenen Bevölkerung waren und sind bis heute die traurige Konsequenz.

Umso bemerkenswerter ist, dass unter dem derzeitigen jungen und linken Präsidenten Gabriel Boric eine Mapuche-Frau an die Spitze der verfassungsgebenden Versammlung berufen wurde.

Die 60-jährige **Elisa Loncón** wurde am 23. Januar 1963 geboren und ist Hochschullehrerin, Sprachwissenschafterin und Aktivistin für indigene Völker. Sie wuchs als viertes von sieben Geschwistern in ärmlichen Verhältnissen auf und erfuhr schon in der Schule rassische Diskriminierung als „Indio"-Mädchen. Ihre Familie wurde unter Pinochet verfolgt, der Großvater verhaftet und sie selbst wurde als Studentin aktiv in der Widerstandsbewegung.

Im In- und Ausland erwarb sie mehrere akademische Titel und arbeitet auch an der Universität in Santiago. Ihre wissenschaftlichen Arbeiten beschäftigen sich nicht nur mit der Sprache der Indigenen, sondern auch mit deren Kosmologien, Geschlechterrollen und Homosexualität.

Am 4. Juli 2021 wurde sie mit 96 von 155 Stimmen zur Präsidentin des Verfassungskonvents gewählt. Der von diesem Konvent erarbeitete Verfassungsentwurf wurde allerdings durch ein Plebiszit am 4. September 2022 mit großer Mehrheit abgelehnt. Am 12. Dezember 2022 einigten sich die Parteien auf die Grundzüge eines neuen Prozesses, der einen Entwurf mit größerer Annahmewahrscheinlichkeit bringen sollte. Ziel war es, einen endgültigen Schritt aus dem langen, dunklen Schatten des brutalen Diktators zu tun. Auch dieser hat keine Mehrheit gefunden, sodass leider weiterhin Pinochets Nachlass das Land verdüstert.

Sie stärkt die Rechte von Menschen mit Behinderung

Yetnebersh Nigussie, am 24. Januar 1982 in Amhara zur Welt gekommen, ist eine äthiopische Rechtsanwältin und Menschenrechtsaktivistin, die sich, vom eigenen Schicksal motiviert, für die Rechte von Menschen mit Behinderung und deren Inklusion engagiert. Sie selbst erblindete im Alter von fünf Jahren infolge einer Meningitis, wurde allerdings erst zwei Jahre später in einem Krankenhaus behandelt.

In Äthiopien erfahren Menschen mit eingeschränkter oder fehlender Sehfähigkeit fast durchgängig Marginalisierung und Benachteiligung. Viele von ihnen leben in einer ohnehin armen Gesellschaft in großer Armut. 140 Augenärzte gibt es in einem Land, das mittlerweile 112 Millionen Einwohner zählt. Vier Millionen Äthiopier sind laut der Organisation Orbis International blind oder stark sehbehindert, berichtet der „Spiegel". Hauptsächlich geht es um zwei Erkrankungen: eine bakterielle Augenentzündung, die man mit einer Antibiotikasalbe kurieren könnte, und der graue Star, dessen Behandlung in Europa einen Routineeingriff darstellt. Beide Erkrankungen sind ohne ärztliche Hilfe nicht heilbar, die schlechte medizinische Versorgung führt zu einer hohen Zahl an Erblindungen.

Nigussie hatte aber insofern Glück im Unglück, als sie eine von katholischen Nonnen geführte Blindenschule besuchen konnte. Bereits zu dieser Zeit begann sie sich zu engagieren und leitete die Schülervertretung. Als Studentin wurde sie Mitglied einer Anti-Aids-Bewegung und schuf eine weibliche Studentenvertretung, deren Leitung sie übernahm. Das Bemerkenswerte daran ist, dass sie ihre Beeinträchtigung nicht nur nicht beklagte, sondern allen Widrigkeiten zum Trotz gesellschaftliche und soziale Aufgaben übernahm. In der Hauptstadt Addis Abeba konnte sie dann ein Gymnasium absolvieren und auf der Universität einen Abschluss in Rechtswissenschaften machen. Dabei profitierte sie von dem Umstand, dass Amerikaner an ihrer Hochschule eine große Bibliothek mit Büchern in der Brailleschrift eingerichtet hatten. *Wir Blinden hatten daher kein Problem mit „alten" Gesetzen. Unser Problem waren die neuen Gesetze, die nach dem Regierungswechsel in den 1990ern gekommen sind [...]. Wir haben sehende Menschen gebraucht, die uns die neuen Gesetze vorgelesen haben, die wir selbst in Braille transkribierten*, erinnert sich Nigussie.

Sie engagiert sich für mehr als 20 äthiopische Organisationen und arbeitet heute als Inklusionsbeauftragte für Light for the World.

María Corazón Sumulong Cojuangco Aquino, die am 25. Januar 1933 in der philippinischen Provinz Tarlac geboren wurde, stammte aus einer der reichsten Familien des Landes und war mit dem populären Oppositionssenator Benigno Aquino verheiratet, der am 21. August 1983 bei seiner Rückkehr aus dem Exil am Flughafen Manila einem Anschlag zum Opfer fiel. Seine Frau übernahm daraufhin den Vorsitz in dem gegen Marcos gerichteten Parteienbündnis und trat bei den Wahlen im Februar 1986 gegen den Präsidenten an. Natürlich beanspruchte Marcos den Sieg für sich, hatte aber nicht damit gerechnet, dass bei den darauffolgenden wachsenden Unruhen sich sowohl das Militär als auch die USA von ihm abwenden würden. Nach Massenprotesten floh Marcos am 25. Februar ins Exil in die Vereinigten Staaten. Noch am selben Tag übernahm Corazón Aquino das Präsidentenamt.

Marcos hatte das Land 21 Jahre lang regiert, davon 14 Jahre im autoritären Würgegriff, und erwies sich als Stütze der US-amerikanischen Ostasienpolitik. So wurden auch philippinische Soldaten in das Kriegsgeschehen in Vietnam entsandt. Unruhen im eigenen Land wurden stets den Kommunisten angelastet, was wiederum bei den Amerikanern verlässliche Verbündete schaffte.

Ein Anschlag auf den Verteidigungsminister im Jahr 1972 war dann willkommene Gelegenheit, das Kriegsrecht auszurufen. 14 Jahre später stellte ihm die Reagan-Administration eine Militärmaschine zur Flucht zur Verfügung. Er lebte bis zu seinem Tod in Hawaii, und sein Sohn, der zuletzt bei den Präsidentschaftswahlen erfolgreich war, verherrlichte im Wahlkampf seinen Vater und dessen angebliche Leistungen für die Republik.

Corazón Aquino konnte in ihrer Amtszeit eine Verfassungsreform durchführen und die US-Militärpräsenz beenden. Mehrere Putschversuche von Marcos-treuen Militärs gegen ihre Regierung scheiterten. Als Aquino am 1. August 2009 starb, bezeichnete sie die amtierende Präsidentin **Gloria Macapagal-Arroyo** als „Nationalheiligtum". Im Volk war sie weiterhin als „Tita Cory" (Tante Cory) bekannt. Sie war durch massive Wahlfälschungen an die Macht gekommen und musste sich mit Korruptionsvorwürfen auseinandersetzen, die ihren Mann betrafen. 2011 wurde gegen sie nach dem Ende ihrer Amtszeit ein Haftbefehl erlassen, doch gelang ihr 2013 der Einzug ins Repräsentantenhaus. Seit 2018 ist sie dessen Sprecherin.

Eine Million Rosen sollte sie bekommen

Vor mehr als 50 Jahren wurde **Angela Davis** (geboren am 26. Januar 1944 in Birmingham, Alabama) von einem Gericht in allen Punkten freigesprochen, nachdem sie des Mordes, Menschenraubs und der Verschwörung angeklagt worden war. Fast zwei Jahre saß sie hinter Gittern. Als deklarierte Kommunistin hatte sie ohnedies mit Vorverurteilungen zu rechnen. Das FBI hatte sie gleich nach einer Gerichtssaalschießerei auf die Liste der zehn meistgesuchten Verbrecher der USA gesetzt, weil die verwendete Schusswaffe auf ihren Namen gekauft worden war. „Rot" und „Schwarz" zugleich waren derart belastende Indizien, dass sie schuldig sein musste. Ihr drohte wegen Unterstützung des Terrorismus die Todesstrafe. Nach ihrer Verhaftung gab es eine Welle des internationalen Protests, und den von Georg Lukács verfassten Aufruf „Für Angela" unterstützten etwa Ernst Bloch, Robert Jungk und Heinrich Böll. Tausende Ostdeutsche schickten unter dem Motto „Eine Million Rosen für Angela Davis" Postkarten mit Rosen ins Gefängnis. Anstelle eines Grußwortes hat der Liedermacher Franz Josef Degenhardt den Text von „Angela Davis" beigesteuert. Das Lied erschien 1972 auf dem Album „Mutter Mathilde" und beginnt mit den Zeilen: *Das ist die Geschichte von den Untaten der Kommunistin Angela Davis und warum sie in die Gaskammer geschickt werden soll.* Schließlich siegte die Gerechtigkeit und Angela Davis konnte freien Fußes den Gerichtssaal verlassen.

In den darauffolgenden Jahren wurde sie zu einer Symbolfigur der Black-Power-Bewegung und der Neuen Linken. Dazu hat auch ein erschütterndes Erlebnis beigetragen, das sie als 19-Jährige in ihrem Birminghamer Wohnbezirk hatte. Dieser war Ziel zahlreicher Bombenanschläge gegen schwarze Bürgerrechtler. 1963 starben bei einem Brandanschlag auf die Baptist Church vier Mädchen, die Davis gekannt hatte.

Ab 1969 war sie als Dozentin an der University of California beschäftigt und von 1975 bis 1977 lehrte sie African American Studies in San Francisco.

In ihrem Wohnort Oakland unterstützt sie die Occupy-Bewegung und ist auch Sprecherin der Kampagne gegen die Todesstrafe. *Wir erkennen, wie wichtig es ist, kritisch darüber nachzudenken, was wir uns als normal vorstellen. […] Denn im akzeptierten Sinn des Normalen entdecken wir die größten Herausforderungen für eine Veränderung.* Das hätte Angela Davis Österreich ins Stammbuch schreiben können.

Samia Suluhu Hassan wurde am 27. Januar 1960 noch im Sultanat Sansibar geboren, denn Tanganjika wurde erst im Jahr 1961 von der Mandatsmacht Großbritannien unabhängig und verband sich 1964 mit Sansibar zu dem Staat Tansania, der heute rund 62 Millionen Einwohner auf 945.000 Quadratkilometern hat. Die große politische Leitfigur des Landes war Julius Nyerere, der den Aufbau einer sozialistischen Gesellschaft anstrebte. Der afrikanische Sozialismus sollte sich von den autoritären Modellen nach dem Vorbild der Sowjetunion abgrenzen und vor allem auf die „Ujamaa", die Dorfgemeinschaft, setzen. Das Land ist heute einigermaßen stabil, systematische Menschenrechtsverletzungen gibt es nicht, demokratisch gesehen gibt es helle und dunkle Momente, die Presse erlebt immer wieder schwierige Phasen, die Korruption hält sich für afrikanische Verhältnisse in Grenzen.

Seit 19. März 1921 ist Suluhu die erste Frau im Amt und zugleich sechste Präsidentin des Staates. Zuvor war sie bereits sechs Jahre Vizepräsidentin. Vielfach wird sie als Mama Samia bezeichnet, was sehr respektvoll gemeint ist, weil es auch eine Anerkennung ihrer Zugänglichkeit darstellt.

Erst im Jahr 2000 entschloss sie sich zu einem politischen Engagement und kandidierte für einen für Frauen reservierten „Special Seat" im Abgeordnetenhaus des halbautonomen Teilstaates Sansibar. Sie wurde zur Ministerin für Arbeit, Geschlechtergerechtigkeit (!) und Kinder ernannt. Später wurde sie Ministerin für Tourismus, Handel und Investitionen. 2010 kandidierte sie bei den nationalen Parlamentswahlen und wurde in ihrem Wahlkreis mit überzeugenden 80 Prozent gewählt. Daraufhin wurde sie Staatsministerin für Unionsangelegenheiten und 2015 unter Präsident John Magufuli die erste Vizepräsidentin. Nach dessen Tod trat sie als erste Frau die Präsidentschaft Tansanias an. Ihr werden Einfühlungsvermögen, Ruhe und Besonnenheit nachgesagt. Im ersten Jahr ihrer Amtszeit nahm sie eine langsame Abkehr vom autoritären Stil ihres Amtsvorgängers vor und gilt international als Hoffnungsträgerin. So wurde beispielsweise das Jahrzehnte geltende Demonstrationsverbot aufgehoben, Zeitungen erhielten ihre Lizenzen, inhaftierte Oppositionsführer wurden freigelassen. Die radikale Kehrtwendung in der Coronapolitik – ihr Vorgänger hatte das Virus geleugnet – verschaffte ihr sowohl im eigenen Land als auch international Respekt.

Einsatz für Homosexuelle kann tödlich sein

Wenn von Uganda die Rede ist, denkt man unwillkürlich an Idi Amin, jenen ungeschlachten, brutalen Offizier von englischen Gnaden, der sich ins Präsidentenamt putschte und eine Schreckensherrschaft führte. Sollte es doch nicht stimmen, dass er missliebige Untertanen den Krokodilen zum Fraß vorwerfen ließ, so ist es zumindest recht gut erfunden, weil man es diesem eitlen, selbstgefälligen Brutalo jederzeit zugetraut hätte. Seine Schreckensära ist zwar vorbei, aber es ist noch immer eine autokratisch regierte präsidentielle Republik mit fast 48 Millionen Einwohnern. Präsident Yoweri Museveni regiert seit 1986 und für die Stabilität des Landes gilt Alarm. Von Demokratie kann nicht die Rede sein im Einparteiensystem und Freiheit ist auch eher ein Fremdwort. Korruption blüht und die Presse muss oftmals schweigen, wenn es das System so will.

Homosexualität kann mit Haftstrafen von bis zu 14 Jahren geahndet werden und es wird in diesem Zusammenhang auch die Einführung der Todesstrafe erwogen. In der Bevölkerung herrscht eine homophobe Stimmung, die insbesondere von evangelikalen Predigern, aber auch von muslimischen Hetzern angeheizt wird. Homosexualität wird dabei vielfach mit Pädophilie gleichgesetzt. Im März 2023 verschlechterte sich die Situation durch ein Anti-LGBTI-Gesetz erneut.

Umso bewundernswerter sind Frauen wie **Kasha Jacqueline Nabagesera** (geboren 1980), die Mitbegründerin von Freedom and Roam Uganda (FARUG) ist, einer seit 2003 bestehenden Organisation, die sich für eine Verbesserung der Situation von lesbischen und bisexuellen Frauen, Transgender- und Intersex-Personen einsetzt. Zehn Jahre hindurch hat Nabagesera diese Organisation auch geleitet. Aufgrund ihres Engagements und der damit verbundenen Bedrohung ist sie gezwungen, ihren Aufenthaltsort häufig zu wechseln. Sie ist Trägerin des Internationalen Nürnberger Menschenrechtspreises und hält sich nach einer Information der Stadt Nürnberg aus dem März 2023 nicht in Uganda auf. Trotz bereits erlittener verbaler und körperlicher Angriffe sei sie entschlossen, bald in ihr Heimatland zurückzukehren, um weiter an der Seite ihrer Community zu kämpfen. Im Zusammenhang mit der Verleihung des Right Livelihood Award äußerte sie sich folgendermaßen: *Der Tag ist nicht fern, an dem auch die Diskriminierung von Menschen aufgrund ihrer Liebe im Müll der Geschichte landet.*

Das alles vereint **Tara Houska** auf sich – eine Angehörige der Couchiching First Nation, die in den nördlichen USA und vor allem in Kanada beheimatet ist. Geboren wurde sie irgendwann in International Falls (Minnesota) und war Mitbegründerin von „Not Your Mascots", einer Organisation und Social-Media-Kampagne, die die Öffentlichkeit über die Stereotypisierung in der Darstellung der amerikanischen Ureinwohner aufklärt.

Sie gründete und leitet auch das Giniw Collective, das sieben Jahre lang gegen den Bau der Line-3-Pipeline kämpfte, einer Ölpipeline, die von Alberta nach Wisconsin führt.

Wie kämpferisch sie an solche Konfrontationen herangeht, zeigt die Tatsache, dass sie drei dieser Jahre in einem Zelt an der Pipeline-Trasse verbrachte und auch in den strengen Wintern nicht aufgab. Die Stammesnationen der Region besitzen die vertraglichen Rechte zum Jagen, Fischen und Sammeln entlang der Pipeline, die viele Gewässer durchquert. Stammesvölker bauen dort auch Wildreis an, der von kultureller und historischer Bedeutung ist.

Man muss wissen, dass die Pipeline bereits seit 1968 in Betrieb ist und im Verlaufe ihres Bestehens für viele Ölunfälle verantwortlich war. 1991 ereignete sich in Grand Rapids, Minnesota, die schlimmste Ölkatastrophe im Landesinneren in der Geschichte der USA. Trotz aller Widerstände und Bedenken wurde die neue Pipeline am 1. Oktober 2021 in Betrieb genommen. Dies, obwohl eine Umweltverträglichkeitsprüfung des Handelsministeriums von Minnesota den Einspruch gegen das Projekt mit dem Argument bekräftigte, es trage zur Entwaldung bei und erhöhe das Risiko einer Verschmutzung der unberührten Wasserökosysteme und der Wildreisbeete Minnesotas. Was soll's, denn auch hier gilt: *Pecunia non olet!*

Genauso kämpfte Tara Houska gegen die Dakota Access Pipeline und lebte in dieser Zeit im Standing-Rock-Lager der dortigen Stämme. Sie war Beraterin von Senator Bernie Sanders hinsichtlich des Schutzes der amerikanischen Ureinwohner bei den Vorwahlen der Demokraten. In Washington lernte sie Winona LaDuke kennen und arbeitet in deren Organisation Honor the Earth mit, einer gemeinnützigen Einrichtung, die gegründet wurde, um das Bewusstsein für Umweltgerechtigkeit gegenüber indigenen Völkern zu schärfen.

Sie gehörte zu den Tschikweibern von Hallein

Versucht man das Leben von **Agnes Primocic** nachzuvollziehen, grenzt es an ein Wunder, dass diese mutige und kämpferische Frau 102 Jahre alt wurde.

Am 30. Januar 1905 in Hallein auf die Welt gekommen, war sie das dritte von sechs Kindern, das in die einfachsten Verhältnisse einer damaligen Arbeiterfamilie geboren wurde. Mit 16 Jahren begann sie in der Halleiner Zigarren- und Tabakfabrik zu arbeiten. Die als „Tschikweiber" bekannten Arbeiterinnen bekamen zwar die vergleichbar höchsten Löhne in der Salinenstadt bezahlt, aber sie konnten sich nur durch ihre solidarische Haltung untereinander mit den oftmals unmenschlichen Arbeitsverhältnissen zurechtfinden. Agnes Primocic wurde zu einer vehementen Vertreterin ihrer Kolleginnen und kämpfte ab ihrem 25. Lebensjahr als Gewerkschafterin und Betriebsrätin für bessere Arbeitsbedingungen in der Fabrik. Aber sie war auch politisch tätig, trat der Kommunistischen Partei bei und beteiligte sich an der „Roten Hilfe" für in Not geratene Familien politisch Verfolgter. Dabei leistete sie auch Widerstand gegen den immer stärker werdenden Austrofaschismus, der die Kommunisten schließlich ebenso wie die Sozialdemokraten in den Untergrund trieb. Da sie bei der Organisation eines Streiks in der Tabakfabrik führend tätig war, wurde sie umgehend entlassen. Wegen des Besitzes kommunistischer Bücher und einer Flugzettelaktion ihres zwölfjährigen Sohnes wurde sie bereits vor dem „Anschluss" Österreichs an das nationalsozialistische Deutschland immer wieder eingesperrt und verbrachte insgesamt ein Jahr in Haft.

Auch nach dem Einmarsch blieb sie im Fokus der Geheimpolizei, wurde mehrfach von der Gestapo verhört und weitere drei Mal inhaftiert. Ungeachtet dessen unterstützte sie Widerstandsgruppen und sammelte Geld für die Familien politisch Verfolgter. Allein das hätte schon für ein Todesurteil gereicht. *Man muss anfangen, wenn Unrecht geschieht, denn nach dem Unrecht kommt die Gewalt.* Und mit der Gewalt kommt der Tod, hätte sie hinzufügen können, denn diese Gefahr war ihr durchaus bewusst. Mit ihrem Mut rettete sie kurz vor dem Einmarsch der Amerikaner noch 17 bereits zum Tode verurteilte Gefangene vor der Erschießung.

Bis ins hohe Alter war sie als Zeitzeugin aktiv, um junge Menschen auf die Schrecken einer Diktatur aufmerksam zu machen.

Es ist nur sechs Mal in der über 120-jährigen Geschichte des Nobelpreises vorgekommen, dass diese hohe Auszeichnung beiden Teilen eines Ehepaares zugute kam – miteinander für gemeinsame Leistungen in einem Fachgebiet oder getrennt wie im Fall **Myrdal,** wo der Ehemann Gunnar den Preis für Wirtschaftswissenschaft bekam und seine Frau **Alva** für Friedensaktivitäten. Was sie unter anderem miteinander verband, war die Tatsache, dass sie beide ab 1932 der Schwedischen Arbeiterpartei angehörten.

Die am 31. Januar 1902 in Uppsala, der alten Universitätsstadt, geborene Frau war Soziologin und Politikerin. Über die Landesgrenzen hinaus war sie schon in den 1930er-Jahren als Sozialreformerin bekannt geworden und war nach Kriegsende maßgeblich an der Gestaltung des schwedischen Wohlfahrtsstaates beteiligt. Mit ihrem Mann Gunnar schrieb sie das Buch „Die Krise in der Bevölkerungsfrage", durch das der damalige Minister für Soziale Aufgaben, Gustav Möller, angeregt wurde, die Sozialhilfe für Familien einzuführen. Gunnar Myrdal gehörte zwei Mal dem Reichstag an. Auch seine Frau vertrat die Partei im Parlament, allerdings deutlich später, und wurde 1962 zur Abgeordneten gewählt. Sie war zwischen 1945 und 1947 Herausgeberin des mehrsprachigen Flüchtlingsmagazins „Via Suecia" und der Zeitschrift „Round table on social problems".

Gunnar Myrdals bekanntestes Werk war „An American Dilemma: The Negro Problem and Modern Democracy". Darin meinte er in Richtung der amerikanischen Rassenbeziehungen, dass diese zwischen den hohen Idealen des American Dream einerseits und der unvollkommenen Verwirklichung in der gesellschaftlichen Realität zerrieben worden seien. In den Zeiten nach dem amerikanischen Bürgerkrieg, der wesentlich wegen der Sklaverei ausgetragen wurde, seien die Amerikaner unfähig gewesen, ihre Menschenrechtsideale auch für das afroamerikanische Bevölkerungszehntel umzusetzen. Das Buch wurde sogar zur Grundlage der Entscheidung des Obersten Gerichtshofs der USA von 1954, dass die Rassentrennung an öffentlichen Schulen ungesetzlich sei.

Der gemeinsame Sohn Jan wurde als bekannter Schriftsteller, der in seinem Selbstverständnis immer auf der Seite der „kleinen Leute" stand und den Eurozentrismus samt seinen globalen Folgen kritisierte. Allerdings war er mit seinen politischen Auffassungen auch heftig umstritten.

Nicht Freiheitsliebe verhindert den Bürgerkrieg, sondern Achtung vor der Demokratie

Das Land gehört neben Äthiopien zu den beiden einzigen afrikanischen Staaten, die in der Zeit des Imperialismus ihre Unabhängigkeit bewahren konnten. Liberia war zunächst das Projekt zur Ansiedelung afrikanischer Sklaven an der Küste Afrikas, und der Wahlspruch des Landes „Die Freiheitsliebe führt uns hierher" soll diesen Teil der Geschichte weiteren Generationen vermitteln. Was allerdings nicht zum Ausdruck kommt, ist der Konflikt zwischen den Neuankömmlingen und Alteingesessenen, der bis heute noch zu spüren ist. Das für afrikanische Verhältnisse mit 111.000 Quadratkilometern und 5,2 Millionen Einwohnern kleine Land wurde zwischen 1986 und 2003 von einem Bürgerkrieg erschüttert, der Hunderttausende Menschen das Leben kostete.

Leymah Roberta Gbowee, am 1. Februar 1972 in Monrovia zur Welt gekommen, ist eine Bürgerrechtlerin und Politikerin dieses Landes. Sie verbrachte ihre Kindheit im Landesinneren und kam als 17-jährige Jugendliche in die Hauptstadt zurück, als der Bürgerkrieg das Land erschütterte. Sie arbeitete in dieser Zeit als Streetworkerin und später als Beraterin des Gesundheitsministeriums, um vor allem traumatisierten Kindern und Jugendlichen zu helfen.

2003 war sie Initiatorin einer Bewegung, die sich „Women of Liberia Mass Action for Peace" nannte und mit öffentlichen Gebeten und Protestgesängen große Aufmerksamkeit in der Öffentlichkeit errang. Die Teilnehmerinnen zogen sich als gemeinsames Merkmal weiße Kleidungsstücke an, was vor allem den Friedenswillen ausdrücken sollte. Die Aktionen richteten sich gegen die brutalen Übergriffe beider Bürgerkriegsseiten. Sie hielten auch noch während der Friedensgespräche an, weshalb die Verhandlungen kurz vor dem Abbruch standen. Leymah Gbowee griff daraufhin zu einem drastischen Mittel, denn sie drohte sich vor allen Anwesenden auszuziehen. Nach afrikanischer Kultur können Männer nämlich verflucht werden, wenn sie mit ansehen müssen, wie sich eine verheiratete oder schon ältere Frau aus freien Stücken komplett auszieht. Diese Drohung verfehlte auch nicht ihre Wirkung: Wenige Tage später kam es zu einem Vertragsabschluss. Gemeinsam mit der Landsfrau Präsidentin Ellen Johnson Sirleaf erhielt sie 2011 den Friedensnobelpreis.

Zu den traurigen Realitäten Afrikas gehört, dass die Bundesrepublik Somalia, vom Anspruch her ein föderaler Staat am Horn von Afrika, aufgrund eines lang andauernden Bürgerkrieges und der dadurch entstandenen politisch-gesellschaftlichen Verwerfungen heute nicht mehr als zusammengehöriges, souveränes Gebilde existent ist.

Umso bewundernswerter sind jene Menschen, die sich aller widrigen Umstände zum Trotz um Frieden und Versöhnung bemühen. Dazu gehört die am 2. Februar 1969 in Mogadischu geborene **Fartuun Adan,** die sich gemeinsam mit ihrem Ehemann und ihrer Tochter für Friedensprojekte einsetzte. In seinem Geschäft für elektrische Generatoren beschäftigte Elman Ali Ahmad viele junge Leute, die er dadurch davor bewahrte, von irgendwelchen Warlords als Soldaten rekrutiert zu werden. 1990 gründeten die beiden die Organisation Elman Peace, und mit ihrer Initiative „Drop the Gun, Pick up the Pen" trugen sie zur Entwaffnung und Rehabilitation von Tausenden jungen Menschen bei, die aus den Klauen der Clanmilizen befreit wurden. Die zunehmende Gewalt zwang allerdings Fartuun Adan, mit ihren drei Kindern nach Kanada zu emigrieren, während ihr Gatte bei einem Anschlag ums Leben kam. 2006 kehrte Fartuun Adan wieder nach Somalia zurück, um die Arbeit fortzusetzen. Vier Jahre später schloss sich auch die Tochter Ilwad an. Elman Peace leistete in der Folge in ganz Somalia Pionierarbeit, und die beiden Frauen waren Mitbegründerinnen von „Sister Somalia", dem ersten Krisenzentrum für Vergewaltigungsopfer im Land. Für ausgesetzte Säuglinge wurden Heimplätze geschaffen, Kindersoldaten bekamen psychische Betreuung und ehemalige Kämpfer wurden in die Zivilgesellschaft wiedereingegliedert. Die Frauen sind unermüdlich tätig und es wurde mit „Peace by Africa" ein weiteres Netzwerk gemeinsam mit dem UN-Entwicklungsprogramm begründet.

Tragisch ist, dass Fartuun Adan nach ihrem Mann auch noch eine Tochter verlor, nämlich die Menschenrechtsaktivistin Almaas Elman, die am 20. November 2019 in der Nähe des Flughafens Mogadischu erschossen wurde. Sie fungierte bis zu ihrem Tod als Verbindungsperson zu Diplomaten der Europäischen Union. Ihre Schwester Iman dient nach wie vor im Militär und überlebte nur knapp, nachdem sie sich in der Nähe der Explosion von drei Straßenbomben aufgehalten hatte.

Sie ist eine der Heldinnen des Iran

Die traditionelle iranische Gesellschaft ist noch immer streng patriarchalisch; noch zu Beginn des 20. Jahrhunderts waren im iranischen Stadtbild fast ausschließlich Männer zu sehen, denn Frauen mussten in der Regel zu Hause bleiben. Das hat sich zwar in der Zwischenzeit zumindest optisch geändert, denn in den Straßen Teherans sieht man zum Beispiel viele moderne junge Frauen, die sich zum Teil auch den archaischen Bekleidungszwängen widersetzen. Die Verfassung räumt ihnen zwar prinzipiell Gleichberechtigung ein, aber unter Berücksichtigung „islamischer Grundsätze". Das bedeutet, dass sie dem Mann zum Gehorsam verpflichtet sind, nur mit Einwilligung des Mannes berufstätig sein dürfen und verreisen können. Unterliegt man aber dem Irrglauben, alle diese Einschränkungen seien bei uns schon ewig weggefallen, sei dem Gedächtnis auf die Sprünge geholfen und daran erinnert, dass erst die Gesetzesreformen der 70er-Jahre des 20. Jahrhunderts ähnliche Benachteiligungen österreichischer Frauen aufgehoben haben. Auch sie bedurften der Zustimmung des Ehemannes, um berufstätig zu sein oder den Führerschein zu machen.

Das ändert aber nichts an der Tatsache, dass iranische Frauen von der Männergesellschaft und der Theokratie des Landes in einer unerträglichen Weise behandelt und unterdrückt werden. Und es bedarf viel Mutes, sich dagegen öffentlich zur Wehr zu setzen. **Shadi Sadr** ist eine seit 2009 gezwungenermaßen im Exil lebende iranische Anwältin und Menschenrechtsaktivistin. Wegen ihrer Tätigkeit war sie in den Jahren 2007 und 2009 zwei Mal im berüchtigten Evin-Gefängnis inhaftiert. Sie äußerte sich trotz allem immer wieder öffentlich, so etwa gegen die verpflichtende Einführung des Hidschab bereits für Mädchen im Grundschulalter.

Als Anwältin verteidigte Sadr erfolgreich mehrere zum Tode verurteilte Frauen und gründete mit Raahi eine NGO zur Unterstützung hilfsbedürftiger Frauen, die allerdings von den iranischen Behörden wieder geschlossen wurde.

Nach ihrer Flucht mit Unterstützung der Heinrich-Böll-Stiftung wurde sie von einem Revolutionsgericht zu sechs Jahren Haft und 74 Peitschenhieben (!) verurteilt. Die Peitsche sagt mehr als 1000 Worte über das Regime.

Für mich zählt sie zu den Ikonen der amerikanischen Bürgerrechtsbewegung: Die am 4. Februar 1913 geborene **Rosa Louise Parks** wurde am 1. Dezember 1955 in Montgomery, Alabama, festgenommen, weil sie sich geweigert hatte, ihren Sitzplatz für einen weißen Fahrgast zu räumen. In dem Bus, in welchem Rosa Parks saß, gab es einen mittleren Abschnitt, den schwarze Personen benutzen durften, wobei die komplette Reihe dann sofort zu verlassen war, wenn ein Weißer einen Sitz beanspruchte. Als Rosa Parks sich weigerte, wieder aufzustehen, wurde sie wegen Störung der öffentlichen Ruhe festgenommen und zu einer Geldstrafe verurteilt. Auch diesen Vorfall nahm Martin Luther King zum Anlass, den Busboykott auszurufen, der später die Behörden dazu zwang, die Rassentrennung in öffentlichen Verkehrsmitteln aufzuheben. Rosa Parks wurde zur Zielscheibe ständiger Drohungen und musste nach Detroit umziehen, wo sie weiter in der Bürgerrechtsbewegung aktiv war.

Der dann folgende Busboykott war der Beginn der schwarzen Bürgerrechtsbewegung und gleichzeitig der Anfang vom Ende der sogenannten Jim-Crow-Gesetze. Diese Regeln waren nach der Abschaffung der Sklaverei 1865 getroffen worden, um den Afroamerikanern ihre in der „Reconstruction" erlangten Rechte sowie die ökonomischen und politischen Errungenschaften wieder zu nehmen. Der Namensgeber des Gesetzes, Jim Crow, ist die erfundene Figur eines stereotypen, tanzenden und singenden Schwarzen. Kern war die Rassentrennung in allen öffentlichen Einrichtungen, darunter auch im Bildungssystem und öffentlichen Personenverkehr. Weithin unbekannt ist die Tatsache, dass Nazideutschland vor der Verabschiedung der Nürnberger Rassengesetze eine Delegation von Juristen zum Studium der Rechtslage in die USA entsandte, die zum Ergebnis kam, man brauche gar nichts zu erfinden, weil schon alles vorhanden sei. Ein ganzes Jahrhundert blieben in den Südstaaten der USA diese diskriminierenden Bestimmungen aufrecht und es bedurfte des mutigen Anstoßes von Frauen wie Rosa Parks, um letztlich zumindest von Gesetzes wegen eine Änderung mit dem Civil Rights Act herbeizuführen. Die faktische Diskriminierung von Afroamerikanern ist allerdings noch heute evident und äußert sich in vielen Lebenslagen bis hin zur Anwendung von Polizeigewalt, die immer wieder Opfer fordert.

Die klagenden Mütter des Iran

Bei den klagenden Frauen handelt es sich um Mütter, deren Kinder bei verschiedenen Protesten von Agenten der Islamischen Republik getötet wurden. Dazu gehören aber auch die Mütter jener politischen Gefangenen, die hingerichtet wurden Gefangener ums Leben kamen („Mütter von Khavaran") und die Mütter jener, die während der iranischen Präsidentschaftswahlproteste 2009 getötet wurden („Mütter vom Laleh-Park"). Durch ihren Protest und die Teilnahme an verschiedenen Versammlungen fordern diese Frauen Gerechtigkeit und die Identifizierung der Täter, um Prozesse gegen sie anstrengen zu können. Dazu gehört in diesem Unrechts- und Gewaltstaat viel Mut und Opferbereitschaft, vor allem wenn sich der Protest gegen den Gottesstaat an sich wendet.

Am Vorabend der Präsidentschaftswahl 2021 gab die Mutter eines Getöteten, **Zainab Mohammadi,** in einem Video bekannt, dass sie nicht für die Islamische Republik gestimmt habe: *Wir vergeben und vergessen nicht.*

Die bemerkenswerte Kampagne „Eine Million Unterschriften für die Aufhebung diskriminierender Gesetze" wurde 2006 ins Leben gerufen, und eine weitere Aktivität war „Stoppt die Steinigung für immer".

Stellvertretend für die vielen Frauen, die sich trotz aller Repressalien engagieren, sei **Gohar Eshghi** genannt, deren Sohn im November 2012 von iranischen Sicherheitskräften getötet wurde. Nach dem Tod von Sattar Beheshti unternahm sie viele Anstrengungen, um die Mörder vor Gericht zu bringen, und machte die Medien auf die Umstände des Todes aufmerksam. Dies löste eine große Kontroverse innerhalb des politischen Systems aus. Eshghi ist eine Unterzeichnerin des „Statement of 14 Political Activists" während der iranischen Proteste 2017–2018, in denen der Rücktritt von Ali Khamenei von seinem Amt als Oberster Führer des Iran und später die Abschaffung der Islamischen Republik samt der Bildung einer demokratischen, säkularen Regierung gefordert wurde. Am 11. Dezember 2022 gab sie in einer Videobotschaft bekannt, dass sie und ihre Familie von Regierungsagenten bedroht wurden. Sie betonte, dass der Oberste Führer Ali Khamenei dafür verantwortlich sei, wenn ihr etwas zustoße: *Niemand hat Angst vor dem Tod! Drohen Sie nicht! Sie, Gohar Eshghi, und das iranische Volk ist bereit, Ali Khamenei und seine Handlanger aus dem Land zu vertreiben*, fügte sie hinzu.

Die Haftbedingungen im Himalayastaat Nepal werden in Reisehinweisen als prekär beschrieben: Überfüllte Zellen, unzulängliche hygienische Verhältnisse, langwierige Gerichtsverfahren sind die Hauptcharakteristiken. Eine Schilderung durch eine Einheimische verdeutlicht dies: *Es gab kein sauberes Wasser, wenn wir krank wurden, waren wir meistens uns selbst überlassen.* Am meisten schmerzte **Rupah Tanarg** jedoch, dass ihr dreijähriger Sohn Dipes dasselbe durchmachen musste wie sie. Das Essen habe nie gereicht und sei immer wieder verdorben gewesen. *Mein Sohn hat nie das bekommen, was er gebraucht hat. Es war erbärmlich anzusehen.*

Pushpa Basnet ist eine nepalesische Sozialarbeiterin und Gründerin des Zentrums für frühkindliche Entwicklung und von Butterfly Home, die sich für jene Kinder einsetzen, die hinter Gittern leben müssen. *Es ist nicht fair, dass diese Kinder im Gefängnis leben, weil sie nichts falsch gemacht haben. Meine Mission ist es, dafür zu sorgen, dass kein Kind hinter Gefängnismauern aufwächst.*

Als sie Sozialarbeit in Kathmandu studierte, besuchte sie im Rahmen einer Studienarbeit auch das Frauengefängnis. Sie war bestürzt, als sie sehen musste, unter welch erbärmlichen Bedingungen Kinder mit ihren Eltern hinter Gittern leben mussten. Sie sammelte Spenden und gründete eine gemeinnützige Organisation, das Early Childhood Development Center, um den Kindern zumindest ein Tagesbetreuungsprogramm anbieten zu können. Im Jahr 2007 eröffnete sie ein Wohnheim für Kinder, in dem sie das ganze Jahr über außerhalb des Gefängnisses leben und gleichzeitig ihre Mütter in den Ferien besuchen können. Zur Tagesstätte für die Kinder kam ein Wohnheim für Ältere. Sie hat auch dazu beigetragen, Frauen einen alternativen Wohnsitz, Einschulung, kostenlose Mahlzeiten und medizinische Versorgung zu ermöglichen. Mit ihrer Organisation koordiniert sie auch die einzelnen Gefängnisverwaltungen, um Kindern hinter Gittern in anderen Gebieten Nepals zu helfen, den Kreislauf von Kriminalität und Armut zu durchbrechen. Ein anderes Programm soll Eltern helfen, durch Kunsthandwerk den Lebensunterhalt zu bestreiten.

Sie kommt aus dem Armenhaus der arabischen Welt

Nicht erst seit dem katastrophalen Bürgerkrieg, der gleichzeitig ein Stellvertreterkrieg zwischen den sunnitischen Saudis und den schiitischen Mullahs im Iran ist, gilt Jemen als das ärmste Land der Arabischen Halbinsel, denn die Gründe für die katastrophale Lage sind vielfältig und komplex. Die Kaufkraft der Bevölkerung ist massiv gesunken, der Jemenitische Rial hat stark an Wert verloren und die Inflation treibt die Preise hoch. Der Zahlungsverkehr funktioniert nur sehr eingeschränkt, wodurch Einkommenstransfers in weiten Teilen des Landes ausbleiben. Gehälter öffentlich Bediensteter waren oftmals die einzige Geldquelle ganzer Großfamilien, weil mehr als die Hälfte der Einwohner keine Arbeit hat. Die Tätigkeit mutiger Männer und Frauen, die sich für den Frieden einsetzen, wird vor allem durch die Huthi-Rebellen in den von ihnen kontrollierten Gebieten erschwert. Die lokalen Zivilgesellschaften werden durch Entführungen, Folter und Drohungen eingeschüchtert. Auch Milizen und „Sicherheitskräfte" sowie fundamentalistische Akteure versuchen, das Engagement von Frauen zu begrenzen.

Eine, die immer mutig genug war, sich öffentlich zu engagieren, ist **Tawakkol Karman,** die am 7. Februar 1979 in eine Politikerfamilie geboren wurde. Ihr Vater war Justizminister unter Präsident Ali Abdullah Salih und legte sein Amt aus Protest nieder, weil Widerstand im Süden des Landes mit Waffengewalt niedergeschlagen wurde. Tawakkol Karman ist Mitglied der Oppositionspartei al-Islah, des jemenitischen Ablegers der Muslimbruderschaft. Sie gilt als eine der bekanntesten und wichtigsten Persönlichkeiten der Protestbewegung und erhielt für ihr Engagement 2011 den Friedensnobelpreis. Seit 2007 organisierte sie regelmäßig Kundgebungen, bei denen Korruption und Tyrannei angeprangert sowie die Freilassung der politischen Gefangenen und Meinungs-, Versammlungs- und Pressefreiheit gefordert wurden. Sie war mehrfach inhaftiert, protestierte jedoch ungeachtet der Repressalien weiter und rief am 3. Februar 2011 einen „Tag des Zorns" aus. Karman, die als erste arabische Frau mit dem Friedensnobelpreis ausgezeichnet wurde, erhielt ihn für den gewaltfreien Kampf für die Sicherheit der Frauen: *Wir wollen eine moderne Zivilgesellschaft, weltoffen und zukunftsorientiert.* Zu ihren politischen Vorbildern zählt sie neben Mahatma Gandhi und Nelson Mandela Martin Luther King und Hillary Clinton.

Es klingt wie ein modernes Märchen: **Marina Silva,** die Umweltministerin Brasiliens, kam in der Pfahlbausiedlung Breu Velho, die tief im Amazonasgebiet liegt, am 8. Februar 1958 zur Welt. Zu diesem Ort, nahe einer Kautschuksammlersiedlung, führte zu diesem Zeitpunkt weder eine Straße noch gab es eine Schule. Ihre Familie gehörte zu den indigenen Seringueiros, die in den Wäldern Kautschuk anzapften. Mit zwölf Jahren wurde Marina Vollzeitkautschukzapferin und drei Jahre später musste sie auch die Rolle der Mutter übernehmen, die gestorben war.

Als 16-Jährige kam sie auf der Suche nach medizinischer Behandlung nach Rio Branco, begann mit einem Alphabetisierungsprogramm ihre schulische Ausbildung und lernte über Clodovis Boff die Befreiungstheologie kennen. Innerhalb weniger Jahre erreichte sie die Hochschulreife und beendete mit 26 Jahren ihre Ausbildung als Historikerin. In der Zeit an der Universität trat sie der Kommunistischen Partei bei, die gegen die Militärdiktatur kämpfte. Später gründete sie den regionalen Zweig des linken Gewerkschaftsdachverbands und entwickelte gemeinsam mit Chico Mendes die Idee der *nachhaltigen Bewirtschaftung der Wälder*. In Sammlerreservaten sollte der Regenwald erhalten bleiben, die Kautschukzapfer sollten ihren Lebensunterhalt bestreiten können. Aus Feinden der Indigenen wurden enge Verbündete. Nach Ende der Militärdiktatur trat Marina Silva der Arbeiterpartei bei und wurde 1990 mit der höchsten Stimmenzahl als Bundesstaatsabgeordnete gewählt. Mit 36 Jahren wurde sie die bis dahin jüngste Senatorin in der Geschichte Brasiliens. Im Jahr 2003 war sie die erste Ministerin, die Lula nach gewonnener Wahl ernannte. Später gab es Konflikte mit dem Präsidenten über umweltgefährdende Projekte, 2008 trat sie deshalb zurück. Nach 24 Jahren verließ sie dann auch Lulas Partei der Arbeit, schloss sich den Grünen an und wurde bei den Präsidentschaftswahlen mit 19,9 Prozent Dritte. Mit den 20 Millionen Stimmen sicherte sich Marina Silva den größten Anteil für den Kandidaten einer grünen Partei weltweit.

Im Wahlkampf 2022 unterstützte sie wieder den linken Kandidaten Lula da Silva gegen den Rechtsfaschisten Jair Bolsonaro. Nach dessen Amtsantritt wurde sie am 4. Januar 2023 erneut zur Umweltministerin ernannt. Nicht nur das vom Völkermord bedrohte Volk der Yanomami, nicht nur der Amazonas – ganz Brasilien braucht sie dringender denn je zuvor!

Ihr Verbrechen ist *das Säen der Korruption auf Erden*

Es ist schon ungewöhnlich, wenn man sein Berufsleben darauf konzentriert, den stark bedrohten Asiatischen Geparden im Iran zu erforschen, um dann als „Spionin" bezeichnet zu werden.

Niloufar Bayani, eine Biologin und Umweltschützerin, wurde 2018 gemeinsam mit acht Kollegen von Revolutionsgardisten verhaftet, und die Staatsanwaltschaft beschuldigte sie zunächst, sie habe *Korruption auf Erden gesät,* um sie später der Kollaboration mit dem Feind (USA und Israel) anzuklagen. Im November 2019 wurde sie dann unter großer internationaler Aufmerksamkeit zu zehn (!) Jahren Haft verurteilt. Die Beschuldigung lautete letztlich: *Spionage von Militäranlagen unter dem Deckmantel des Umweltschutzes.* Dort, wo die Forscher unterwegs waren, gab es allerdings überhaupt keine militärischen Einrichtungen, die man mit den Wildkameras hätte fotografieren können. Niloufar Bayani wurde wie eine Schwerverbrecherin in Isolationshaft gehalten, der Zugang zu ihrem Rechtsbeistand wurde ihr verwehrt. Die Anklage wurde auf „Korruption" geändert, worauf im Iran die Todesstrafe steht. Auch gegen die Mitangeklagten wurde dieser abstruse Vorwurf erhoben. Nilfour Bayani wandte sich schriftlich auch an das Staatsoberhaupt Ali Kamenei und berichtet über *neun bis zwölft Stunden Verhöre pro Tag und Nacht.* In Summe sei sie 1200 Stunden (!) verhört worden, teilweise mit verbundenen Augen, stehend und ständigen Drohungen gegen ihre Familie ausgesetzt. Man drohte ihr Folter an, indem man ihr Bilder von Foltergeräten zeigte, und sie sei gefragt worden, ob sie lieber 70 Mal in zwei Tagen oder 50 Mal an einem einzigen Tag ausgepeitscht werden wolle. Sexuelle Belästigung sei an der Tagesordnung gewesen. Sie sagte auch aus, dass sie ein „Geständnis" unterschrieben habe, nachdem sie durch körperliche und psychische Folter gebrochen worden sei, dieses jedoch später widerrufen habe. Deswegen wurde sie des Saals verwiesen, da sie die Verhandlung störe. Daraufhin trat die Wissenschafterin in einen Hungerstreik. Jetzt wurde die Anklage auf Spionage geändert und es wurden langjährige Haftstrafen ausgesprochen. Jetzt, 2024, sind fünf Jahre vergangen und alle internationalen Interventionen bis zu den Vereinten Nationen blieben bisher erfolglos. Nach internationalem Druck wurde Bayani im April 2024 „begnadigt" und freigelassen. Sie ist nur eines der traurigen Beispiele, wie der Unrechtsstaat Iran mit missliebigen Menschen umgeht. Theokratie hat mit Religion und Gott nichts zu tun.

Die Rede ist von der angolanischen Widerstandskämpferin **Deolinda Rodrigues,** die am 10. Februar 1939 in Portugiesisch-Angola geboren und von der konkurrierenden Befreiungsbewegung im Alter von 28 Jahren umgebracht wurde. Als Angehörige der Movimento Popular de Libertação de Angola (MPLA) trug sie im Untergrund den Kampfnamen „Langidila".

Der portugiesische Kolonialkrieg in Angola dauerte von 1961 bis 1974, da das von Salazar autoritär geführte Land nicht bereit war, seine afrikanischen Kolonien aufzugeben, obwohl sich die anderen Kolonialmächte fast schon zur Gänze zurückgezogen hatten. Der Großteil der Länder Afrikas erhielt seine Unabhängigkeit in den 1960er-Jahren. Die Besonderheit dieses Unabhängigkeitskampfes lag in der Tatsache, dass auf der Seite des Widerstands auch eine Art Stellvertreterkrieg ausgefochten wurde. Während die USA die FNLA unterstützten (auf deren Konto die Ermordung von Deolinda Rodrigues gehen soll), war die MPLA (der sie angehörte) sozialistisch und wurde von der Sowjetunion und später auch von Kuba gefördert.

Ähnliche Konstellationen gab es auch in Mosambik und Guinea-Bissau, wo man sich durch Widerstandsgruppen von dem portugiesischen Kolonialregime befreien wollte.

Aber zurück zu Rodrigues, die sich bereits früh in der kleinen Befreiungsorganisation Partido da Luta Unida de Angola engagierte, welche sich später mit anderen Bewegungen zur MPLA zusammenschloss. Sie arbeitete als Schriftstellerin, Übersetzerin, Moderatorin und gilt als Mitbegründerin der angolanischen Frauenorganisation. Die Aktivitäten wurden zunächst von Zaire aus gesteuert, wo die MPLA ihr Hauptquartier aufgeschlagen hatte. Von Kinshasa aus entwickelten sich die Einsätze im benachbarten Angola; allerdings wurde die Zentrale nach der Ausweisung der MPLA aus Zaire in die Republik Kongo, nach Brazzaville, verlegt. Im Oktober 1966 wurde die junge Frau für ein Militärtraining ausgewählt, um sie hinter der Front gegen die portugiesischen Militärs einsetzen zu können. Am 2. März 1967 (vielleicht auch ein Jahr später) wurde sie zusammen mit vier Kameraden von Milizionären der konkurrierenden Befreiungsbewegung gefangen genommen. Im Basislager der FNLA wurde sie vermutlich gefoltert und ermordet. In Erinnerung an diese Märtyrerin des Unabhängigkeitskampfes wird der 2. März in Angola noch heute als nationaler Frauentag gefeiert.

Sie setzte rote Frauenmarkierungen

Ein alkoholkranker Weber aus Böhmen und eine Fabrikarbeiterin waren ihre Eltern – sie selbst das fünfzehnte Kind. Die Rede ist von **Adelheid Popp,** einer der beeindruckendsten Frauen, die die österreichische Arbeiterbewegung hervorgebracht hat. Sie musste bereits nach drei Jahren die Schule verlassen, arbeitete vom ersten Tag an hart – zunächst Heimarbeit, dann als Dienstmädchen und schließlich als Fabrikarbeiterin. Sie schuftete zwölf Stunden täglich in der Fabrik und lernte abends besser lesen und schreiben, um anschließend sozialistische Schriften zu lesen und Artikel über die Situation der Arbeiterinnen zu schreiben. Als in den letzten Tagen des Dezember 1888 und am 1. Januar 1889 die Sozialdemokratische Arbeiterpartei gegründet wurde, war die am 11. Februar 1869 geborene Adelheid noch keine 20 Jahre alt. In diesem Jahr wurde sie Mitglied des Wiener Arbeiterinnen-Bildungsvereins; ab 1890 sprach sie bei zahlreichen nationalen, aber auch internationalen politischen Veranstaltungen. Sie blieb den Zeitgenossinnen als lebhafte und gewinnende Rednerin in Erinnerung. Ihre erste Rede hatte sie übrigens 1886 mit nur 17 Jahren gehalten und dabei die Zuhörer verblüfft und beeindruckt.
Bereits im Jahr 1892 wurde sie Mitbegründerin und verantwortliche Redakteurin der „Arbeiterinnen-Zeitung", deren Herausgeberin sie ab 1919 war. Sie pflegte auch gute Beziehungen zu den deutschen Sozialdemokraten, vor allem zu Friedrich Engels und August Bebel, die sie beide sehr schätzten. 1893 heiratete sie Julius Popp, der ein enger Freund von Viktor Adler war und den Gründungsparteitag mit einem Schlusswort beendet hat.
Im April 1919 hielt sie als erste Frau eine Rede im Parlament und setzte sich in der Folge im Nationalrat vor allem für Frauenrechte ein. Sie forderte Gesetzesänderungen für die Reform des Wahl-, Ehe- und Arbeitsrechts, die Verbesserung der Bildungsmöglichkeiten für Frauen, stellte sich gegen den „proletarischen Antifeminismus" und trat vehement gegen das Abtreibungsstrafrecht ein. Schon 1918 war sie in den Parteivorstand gewählt worden, trat im Jahr 1933 aus Alters- und Krankheitsgründen zurück und starb knapp nach ihrem 70. Geburtstag, nachdem sie im Alter noch den Austrofaschismus, das Verbot der Sozialdemokratie nach den Februarkämpfen 1934, die Verfolgung der Gesinnungsfreunde und die Brutalität des Nationalsozialismus erleben musste. Der Zweite Weltkrieg blieb ihr erspart.

So lautet der Titel der Autobiografie der Kurdin **Sakine Cansız,** geboren in der Türkei und mit 55 Jahren am 9. Januar 2013 in Paris ermordet. Sie war Gründungs- und Führungsmitglied der Arbeiterpartei Kurdistans (PKK), einer kurdischen Untergrundorganisation mit sozialistischer Ausrichtung. Sie kämpfte in der Türkei und benachbarten Ländern für die politische Autonomie der Kurden, die seit der Proklamation des Selbstbestimmungsrechts der Völker durch US-Präsident Woodrow Wilson vor mehr als 100 Jahren vergeblich angestrebt wurde. Die PKK hat Schwesterorganisationen in Syrien, im Irak und im Iran. Es gibt auch eine Dachorganisation, Gemeinschaft der Gesellschaften Kurdistans, die sich eine Verfassung gegeben hat und eine Staatsbürgerschaft verleiht. Was bis heute allerdings fehlt, ist das Land.
Im 20. Jahrhundert gab es zwar drei Mal Anläufe zur Selbstständigkeit, die jedoch alle erfolglos waren und zum Teil blutig endeten. Innerhalb des Irak gibt es eine gewisse Autonomie der Region Kurdistan, die ein eigenes Parlament und eigene Militäreinheiten (Peschmerga) besitzt.
So weit wollen es allerdings die türkischen Politiker nicht kommen lassen. Sie bekämpfen die PKK als Terrororganisation, als welche sie in vielen Staaten der Vereinten Nationen, einschließlich der Europäischen Union, gilt.
Aber zurück zu Sakine Cansız, die an der Seite des seit vielen Jahren in der Türkei inhaftierten Kurdenführers Abdullah Öcalan kämpfte und 1979 verhaftet wurde. Sie wurde zwar zu 24 Jahren Haft verurteilt, war im Militärgefängnis von Diyarbakır eingesperrt, wurde dort gefoltert, jedoch1991 vorzeitig entlassen. Unter dem Decknamen „Sara" nahm sie am bewaffneten Kampf der PKK teil. Einer Liebesbeziehung wegen fiel sie allerdings in Ungnade, denn ihr Partner stand in Opposition zu Öcalan und wurde von der PKK in der Folge auch umgebracht.
In Frankreich erhielt sie politisches Asyl und wurde 2007 in Hamburg festgenommen, denn die Türkei hatte sie zur Verhaftung ausgeschrieben. Bald darauf kam sie wieder frei, weil die Beweislage zu dürftig war. Gemeinsam mit zwei anderen Angehörigen des kurdischen Volkes wurde sie 2013 in Paris erschossen, was zu großen Protestaktionen von Kurden in ganz Europa führte. Ein möglicher Täter wurde zwar verhaftet, aber vor Prozessbeginn tot in seiner Zelle aufgefunden. Welcher Straftaten sich Sakine Cansız schuldig gemacht haben sollte, blieb offen. Für die Türkei ist sie Terroristin – für ihre Landleute eine Heldin.

Die Damen in Weiß

Bei aller Sympathie für die Revolution in Kuba, die Battista-Bande von Mafiosi, Bordellbesitzern, Latifundieneignern, Spielhöllenbetreibern und anderen Menschen-Auspressern 1959 aus dem Land gespült hatte; bei allem Respekt vor den erbrachten Leistungen im Bildungs-, Gesundheits- und Sozialbereich; bei allem Verständnis für die Abwehrmaßnahmen gegen den USA-Boykott, der die Wirtschaft ruinierte; bei allem guten Willen, den man Castro und seinen Mitstreitern nicht absprechen kann: Die Jahrzehnte des außenpolitischen Drucks und der amerikanischen Bespitzelung, der Störmanöver von Exilkubanern, der Mordkomplotte der CIA gegen die Führung haben zu einem System der innerkubanischen Machtausübung geführt, das autoritäre Züge zeigt. Dissident zu sein, gegen die Herrschenden aufzutreten, eine andere politische Meinung zu haben wird mit Repressalien bis hin zu politisch motivierten Gefängnisstrafen beantwortet, die den Boden des Rechtsstaates verlassen haben.

Das bekam auch **Laura Pollán,** eine am 13. Februar 1948 in der Provinz Oriente geborene Mittelschullehrerin, zu spüren, deren Ehemann Héctor Maseda 2003 mit 74 weiteren Personen in einer Verhaftungswelle gegen kubanische Regierungskritiker festgenommen worden war. Mit anderen Frauen, deren Ehemänner ein gleiches Schicksal erlitten hatten, dachte sie über Möglichkeiten des gemeinsamen Protests nach und schloss sich auch einem Mütterkomitee für die Freiheit politischer Gefangener an. Man besuchte häufig die Messe in der katholischen Kirche Santa Rita, um dort auf das gemeinsame Anliegen aufmerksam zu machen und versammelte sich anschließend regelmäßig zu Schweigemärschen außerhalb der Kirche. So bildete sich die Frauengruppe „Damen in Weiß". Pollán wurde eine der prominentesten Sprecherinnen der Gruppe und war den Behörden offensichtlich ein Dorn im Auge. Sie wurde zu einem der gefährlichsten Staatsfeinde stilisiert. Als ihr Ehemann 2011 aus der Haft entlassen worden war und man ihm die Ausreise ins Exil – im Gegensatz zum Großteil der Mithäftlinge – verweigerte, wurde der Druck noch stärker. Seine Frau wurde als „ausländische Söldnerin" dargestellt, ohne jedoch einer konkreten Straftat bezichtigt zu werden. Laura Pollán erkrankte noch im selben Jahr an einer seltenen, die Atmung angreifenden Virusinfektion, an der sie am 14. Oktober 2011 verstarb. Es gibt Sympathisantinnen, die von einem staatlich legitimierten Mord ausgehen, doch dazu fehlt jeder Beweis.

Diese Aussage stammt von **Johanna Dohnal** (geboren 14. Februar 1939, gestorben 20. Februar 2010), jener Ministerin, die zur Ikone der österreichischen Frauenbewegung geworden ist, obwohl sie laut ihrer Biografie nicht ins „Fraueneck" gedrängt werden wollte. Allerdings hat sie an gesellschaftspolitischen Tabus gerüttelt und damit auch manchen Genossen vor den Kopf gestoßen, der oft mit Macho-Brettern vernagelt war. Nicht anders sind die weißen Lippen zu erklären, die manche hatten, als im Wiener Gemeinderat von Johanna Dohnal und ihren Kampfgefährtinnen der Antrag auf Errichtung von Frauenhäusern eingebracht wurde. Ich weiß aus eigener Erfahrung, dass eine ganze Reihe von heute als selbstverständlich betrachteten frauenpolitischen „Zugeständnissen" nur zustande gekommen sind, weil zuvor entsprechender Druck vonseiten der Frauen aufgebaut wurde. Der Reißverschluss bei Listenerstellungen, mit dem Ziel, den Frauenanteil in öffentlichen Körperschaften zu erhöhen, galt als ebenso utopisch wie faire Chancen für Frauen in Führungspositionen des öffentlichen Dienstes. Dazu erklärte Johanna Dohnal: *Es gibt Menschen, die im Volk die absolute Mehrheit stellen und im Parlament die wenigsten Sitze haben. Fragen Sie die Männer, warum.*

Im November 1974 gründeten die Wiener Sozialistinnen das Komitee „Helfen statt Strafen", das sich nicht nur für die Straffreiheit des Schwangerschaftsabbruchs, sondern auch für Aufklärung und Empfängnisverhütung einsetzte. Plötzlich gab es über Dohnals Initiative auch Selbstbewusstseinsseminare für Frauen und die Forderung nach Teilbarkeit der Elternkarenz. Nach unermüdlicher und unübersehbarer politischer Aktivität auf dem Feld der Gleichberechtigungspolitik holte Bruno Kreisky sie 1979 als Staatssekretärin in die Regierung, der sie ab 1991 als Ministerin für Frauenfragen angehörte, bis sie von Franz Vranitzky gegen ihren Widerstand nach 16 Jahren aus der Regierung entlassen wurde. Ihr bleibendes Verdienst sind elementare Frauenrechte, denen nicht mehr der Boden entzogen werden kann. *Ich denke, es ist Zeit, daran zu erinnern: Die Vision des Feminismus ist nicht die „weibliche Zukunft" – es ist eine menschliche Zukunft, ohne Rollenzwänge, ohne Macht- und Gewaltverhältnisse, ohne Männerbündelei und Weiblichkeitswahn.* Johanna Dohnal fehlt der österreichischen Gesellschaft, nicht nur den Frauen.

Ihr Leben spielt sich am Äquator ab

São Tomé und Príncipe ist eine aus mehreren Inseln bestehende Präsidial-republik mit annähernd 1000 Quadratkilometern und 210.000 Einwoh-nern, die sich so wie andere Teile des afrikanischen Kontinents erst durch die Nelkenrevolution der portugiesischen Armee im Jahr 1975 vom kolo-nialen Joch befreien konnte. Die südliche Spitze von São Tomé liegt nur zwei Kilometer nördlich des Äquators, während dieser die zugehörige Insel Rólas direkt durchläuft. Der Freiheitsstatus ist relativ hoch, die Korruption geringer als sonstwo in der Umgebung und die Stabilität des Landes wird durch dessen politische Organe einigermaßen gewährleistet.

Immerhin standen in der Vergangenheit schon zwei Frauen als Premier-ministerinnen an der Spitze der Regierung, die beide aus dem Finanzbereich kamen und entsprechendes Know-how besessen haben dürften. **Maria das Neves** war von 2002 bis 2004 an der Spitze der Regierung. Sie erhielt ihre Ausbildung in Kuba, arbeitete für das Finanzministerium und später für die Afrikanische Entwicklungsbank, wurde 1999 Wirtschaftsministerin, 2001 Finanzministerin und im Jahr darauf Ministerin für Handel und Tou-rismus. Während ihrer Amtszeit kam es zu einem unblutigen Militärputsch und am 16. Juli 2003 wurden sie und andere Mitglieder der Regierung von den Putschisten kurzfristig festgenommen. Der Putsch wurde nach einer Woche auf dem Verhandlungswege beendet und die Ministerpräsidentin in ihrem Amt bestätigt. Ein Jahr darauf wurde Maria das Neves allerdings wegen Korruptionsvorwürfen gegen sie und Mitglieder der Regierung ent-lassen. Nicht mundfaul, warf sie in der folgenden Debatte auch dem Prä-sidenten Bestechlichkeit vor. Auch hier scheint „Öl-Geld" nicht zu stinken, denn rund um die Inseln vermutet man große Erdöl- und Gasvorkommen. Ein Jahr nach ihrer Ablöse kam wieder eine Frau mit wirtschaftlicher Kom-petenz zum Zug, nämlich die am 14. Februar 1961 geborene **Maria do Carmo Silveira,** die nicht nur der Regierung vorstand, sondern auch Planungs- und Finanzministerin war. Sie hatte eine profunde akademische Ausbildung in Lissabon, Straßburg und an der französischen Verwaltungs-akademie ENA erhalten. Sie war in ihrer Heimat ab 1999 Gouverneurin der Zentralbank, bis sie Premierministerin wurde. Diese Funktion übte sie später noch einmal von 2011 bis 2016 aus. In der Gemeinschaft der portugiesisch-sprachigen Länder wurde sie dann zur Generalssekretärin gewählt (bis 2021).

Lidia Alma Thorpe ist eine australische Politikerin, die den Bundesstaat Victoria im Senat vertritt und außerdem eine prominente Grüne war, bevor sie wegen Meinungsverschiedenheiten über „Indigenous Voice to Parliament" aus der Partei austrat und nun als Unabhängige firmiert. Vorher war sie bereits in das Parlament ihres Bundesstaates gewählt worden und war dort die erste bekannte Aborigine-Frau. Ihre Bekanntheit und Medienaufmerksamkeit hat sie dem Umstand zu verdanken, dass sie pointierte Kritik an der Legitimität der australischen politischen Institutionen übt, weil diese ihrer Ansicht nach noch immer den Geruch des Kolonialismus in sich tragen.

Sie ist einerseits englischer und irischer Abstammung, anderseits zählen ihre Vorfahren zu den Djab Wurrung-, Gunai- und Gunditjmara-Stämmen. „Aborigines" ist nämlich eine Sammelbezeichnung für die indigenen Völker Australiens und sie sind alles andere als ein einheitliches Volk, sondern bestehen aus vielen Stämmen und Clans mit unterschiedlichen Gebräuchen und Sprachen. Ihre Vorfahren besiedelten den Kontingent vor 40.000 bis 60.000 Jahren – der Zeit der europäischen Neandertaler. Als die Europäer Australien „entdeckten", sank ihre Zahl rapide von 300.000 bis eine Million auf 60.000 im Jahr 1920. Gründe waren eingeschleppte Krankheiten, aber auch blutige Konflikte mit den Siedlern über Landrechte. Heute gibt es wieder fast eine halbe Million „Aborigines", die weithin „angepasst" sind und durch eine teilweise gewaltsame Assimilationspolitik „zurechtgebogen" wurden.

Im Mai 2018 organisierte Lidia Thorpe ein historisches Treffen der Aborigines im Parlament von Victoria, um die Clanältesten für eine einheitliche Linie gegenüber der Staatsregierung zu gewinnen: *Unsere Souveränität und jede unserer Sprachgruppen und Clans müssen anerkannt werden*, erklärte sie in diesem Zusammenhang. In ihrer Funktion als Senatorin ist sie wegen persönlicher Beziehungen und Praktiken ihres Büros sehr umstritten, musste sich im Parlament als *Schande für ihr Volk* beschimpfen lassen und verließ letztendlich auch ihre politische Basis bei den Grünen. Sie provoziert immer wieder mit harten Attacken auf die kolonialen Ursprünge des australischen Systems. Aber auch ihre sehr persönlichen Angriffe auf gegnerische Abgeordnete sorgen immer wieder für Konflikte, und das dient nicht immer den Interessen der Ureinwohner.

Für die Opfer sexueller Gewalt

Seit April 2022 ist sexuelle Gewalt in Indonesien strafbar, nachdem das Parlament ein entsprechendes Gesetz verabschiedet hat. Die Regelung sieht Haftstrafen von bis zu 15 Jahren vor. Zu den strafbaren Tatbeständen zählen physischer Missbrauch nicht nur außerhalb, sondern auch innerhalb der Ehe (obwohl Indonesien ein muslimisches Land ist!), sexuelle Ausbeutung, Zwangsheirat sowie Belästigung (!). Seit Jahren hatten indonesische Frauenrechtlerinnen ein solches Gesetz gefordert – das Vorhaben wurde jedoch immer wieder verschleppt und ohne den stetigen Kampf der Frauen, insbesondere der Opfer, wäre die Ratifizierung im Parlament nicht möglich gewesen. Gerade die konservativ-islamische Prosperous Justice Party hatte das Vorhaben abgelehnt. Bemerkenswert ist dabei, dass sich auch diese Gruppe für einen Opferschutz ausgesprochen hat, aber das Gesetz ablehnte, weil es keine Strafen für Ehebruch oder gleichgeschlechtliche Beziehungen enthält. Menschenrechtsorganisationen kritisieren seit Langem die sexuelle Gewalt in Indonesien. Wie so oft wird die Schuld den Frauen und Mädchen gegeben, weil die arglosen Männer ja geradezu provozierend aufgereizt würden. Immerhin gibt es ein indonesisches Ministerium für Frauenförderung und Kinderschutz, demzufolge allein zwischen Januar und November 2021 mindestens 8800 Fälle sexueller Gewalt bekannt wurden.

Velmariri Bambari ist eine der Aktivistinnen, die sich seit Jahren für die Rechte von Opfern sexueller Gewalt einsetzen. Sie selbst leidet an einer Einschränkung ihrer Bewegungsfreiheit und ist auf Krücken angewiesen. Die heute knapp 40-Jährige entschied sich für eine Ausbildung zum Thema Kinderschutz und Frauenförderung und ist seit 2018 aktiv, um die Situation von Opfern sexueller Gewalt in den abgelegenen Gebieten Indonesiens anzuprangern. In der indonesischen Provinz Zentral-Sulawesi war es bisher üblich, sowohl die Täter wie auch die Frauen, die sexuellen Missbrauch erlitten haben, mit Geldstrafen zu belegen. Man kann sich durchaus vorstellen, wie hoch unter solchen Voraussetzungen die Dunkelziffer ist. Für ein islamisches Land besitzt Indonesien nun eine bemerkenswert aufgeschlossene Gesetzgebung. Die Kehrseite der Medaille ist die nach wie vor bestehende (und auch exekutierte) Todesstrafe.

2022 wurde Bambari von der BBC als eine von 100 bedeutenden Frauen ausgezeichnet.

Der Begriff „Erinnerungsort" geht auf den französischen Historiker Pierre Nora zurück, und damit verbunden ist die Vorstellung, dass sich das kollektive Gedächtnis einer sozialen Gruppe an bestimmten Orten kristallisiert und als historisch-sozialer Bezugspunkt prägend für die jeweilige Erinnerungskultur ist.

Toni Morrison, geboren am 18. Februar 1931 in Lorain, Ohio, ist die einflussreichste Theoretikerin der schwarzen Vergangenheit in den USA und deren zeitgenössischer Literatur. Seit der Veröffentlichung von „Beloved" und dem dazugehörigen Essay „The Sites of Memory" im Jahr 1987 liefert die Schriftstellerin das Vokabular für diejenigen, die überzeugt sind, dass die Vergangenheit niemals vergangen ist, sondern immer gegenwärtig bleibt. 1974 hatte Random House ein Buch herausgegeben, das Morrison gemeinsam mit vier Sammlern schwarzer Erinnerungen zusammengestellt hatte. „The Black Book" war ein 200-seitiges, übergroßes Kompendium, das die Geschichte von Afrikanern und Menschen afrikanischer Abstammung in der Neuen Welt erzählt, von der Ära der Kolonialisierung über das Zeitalter der Sklaverei bis in die Tage der Jim-Crow-Gesetze. Es sind keine Texterzählungen der Ereignisse, sondern fotografische Reproduktionen spezifischer Objekte. Dieses Erinnern – das buchstäblich erneute Sammeln „schwarzer Geschichte" – nahm sie in ihrem Essay von 1987 wieder auf.

Heute zählt Toni Morrison zu den bedeutendsten Vertreterinnen der afrikanischen Literatur. Sie erhielt 1993 als erste schwarze Autorin den Literaturnobelpreis.

Ihr Vater war in Cartersville, Georgia, aufgewachsen. Als er 15 Jahre alt war, lynchten Weiße zwei schwarze Geschäftsleute, die in seiner Straße lebten. *Er hat uns nie erzählt, dass er die Leichen gesehen hatte. Aber er hatte sie gesehen. Und das war für ihn zu traumatisch*, erzählt die Tochter. Er zog nach Ohio. Als sie etwa zwei Jahre alt war, setzte der Vermieter ihrer Familie das Haus, in dem sie lebten, in Brand, weil die Eltern die Miete nicht zahlen konnten. Die Familie war zu Hause, konnte sich aus den Flammen retten und lachte über diese *bizarre Form des Bösen*, anstatt in Verzweiflung zu geraten.

Als Verlagslektorin spielte sie eine wichtige Rolle bei der Etablierung afroamerikanische Literatur, bevor sie selbst berühmt wurde. Als sie im August 2019 starb, erschien „The New Yorker" mit ihrem Porträt auf der Titelseite.

Erst Gattin des Präsidenten, dann selbst Staatsoberhaupt, schließlich Vizepräsidentin

Ihre Ausdauer ist beachtlich und ihre Avancements sind rekordverdächtig. Auch wenn sie nach Isabel Martínez de Perón die zweite Präsidentin Argentiniens ist, braucht sie keinen Vergleich zu scheuen. Die Rede ist von **Cristina Fernández de Kirchner,** die am 19. Februar 1953 in der Nähe von La Plata, Provinz Buenos Aires, zur Welt kam und so wie ihr späterer Ehemann Nestor Kirchner in Río Gallegos im Süden des Landes dem Anwaltsberuf nachging.

Erst nach der argentinischen Militärdiktatur von 1976 bis 1983 konnten sie als Peronistin politisch aktiv werden. Er als Bürgermeister in Río Gallegos; sie im Regionalparlament von Santa Cruz, dem sie ab 1989 angehörte. Die Zweite Kammer des Bundesparlaments und dann der Senat waren weitere Karriereschritte. Ihr Ehemann kandidierte erfolgreich als Staatspräsident und blieb dies bis 2007, während sie weiterhin einen Senatssitz belegte. Da Nestor Kirchner 2007 nicht mehr kandidierte, übernahm Cristina Fernández das Amt, zwar gewählt, aber gewissermaßen in peronistischer Erbfolge. Man kann sagen, dass sie die Kandidatin der Landbevölkerung war, denn in den drei größten Städten Buenos Aires, Córdoba und Rosario verlor sie die Wahl. Schon ihr Mann hatte eine eigene politische Richtung entwickelt, den „Kirchnerismo", den sie nun fortsetzen wollte. Es ging um eine importersetzende Industrialisierung, unterstützt von protektionistischen Maßnahmen, und um die Aufarbeitung der Verbrechen der Zeit der Militärdiktatur, die sie weiter vorantrieb. Während der Wahlperiode verlor sie stark an Zustimmung, als sich sogar Teile der peronistischen Bewegung gegen sie wandten. Die Einführung des Kindergeldes für Bedürftige, das nun auch an Arbeitslose und an im informellen Sektor Beschäftigte ausbezahlt wurde, wenn sie nachwiesen, dass das Kind geimpft wurde und die Schule besuchte, hatte positive Veränderungen zur Folge. Sie gewann die folgende Präsidentenwahl, regierte weitere vier Jahre und installierte 2019 ihren Vertrauten als Kandidaten für das Präsidentenamt, nicht ohne sich gleich die Vizepräsidentschaft zu sichern. Sie galt jedoch weiter als der eigentliche Kopf der Regierung, da sie die besseren Kontakte zum Volk besaß und sich ein breites Netzwerk geschaffen hatte. Am 6. Dezember 2022 wurde sie in erster Instanz zu sechs Jahren Haft wegen Veruntreuung öffentlicher Mittel verurteilt. Noch ist sie nicht Geschichte, auch wenn 2023 mit Javier Milei ein rechtsextremer Kandidat zum Zug kam.

Angelina Grimké, geboren am 21. Februar 1805 in South Carolina, war eine prononcierte Frauenrechtlerin und neben ihrer älteren Schwester Sarah Moore Grimké die einzige bekannte Frau in den Südstaaten der USA, die Teil der Abolitionismus-Bewegung war. Wahrscheinlich dürfte dazu beigetragen haben, dass sie die Tochter eines reichen und angesehenen Sklavenbesitzers war und auf diese Weise das Schicksal der Sklaven hautnah kennengelernt hatte. Ein zweites Momentum könnte gewesen sein, dass sie ebenso wie ihre Schwester im Quäkertum aktiv war – jener Religionsgemeinschaft also, die sich am vehementesten auf die Seite der Entrechteten stellte. Dafür bedurfte es allerdings bei Angelina eines Umwegs über die presbyterianische Kirche, die eine biblische Rechtfertigung für die Sklaverei gefunden hatte und lediglich verlangte, „väterlich" zu den Sklaven zu sein. Angelina dürfte von Natur aus sehr kritisch und offenherzig gewesen sein, denn sie verscherzte es sich nicht nur mit ihrer Familie, sondern stieß auch die Oberklassengesellschaft vor den Kopf. 1836 verfasste sie einen Appell an die christlichen Südstaatlerinnen mit sieben Hauptargumenten:
1. Sklaverei steht im Gegensatz zur Unabhängigkeitserklärung.
2. Sklaverei steht gegen die Menschenrechte, wie sie die Bibel enthält.
3. Es gibt keine Entschuldigung für Sklavenhalter, natürliche Rechte der Menschen zu verletzen.
4. Sklaverei sei von den Vätern der Bibel nie erlaubt worden.
5. Unter dem Gesetz der Hebräischen Bibel habe nie Sklaverei existiert
6. Durch die Sklaverei werden Menschen als Sache eingestuft.
7. Sklaverei steht im Gegensatz zur Lehre Jesu Christi und seiner Apostel.
Dieser klaren Sichtweise ist eigentlich nichts hinzuzufügen!
Berühmt wurde Grimkés veröffentlichter Briefwechsel mit Catharine Beecher, der Schwester von Harriet Beecher Stowe („Onkel Toms Hütte"). Beecher war zwar auch gegen die Sklaverei; was jedoch die Stellung der Frau dabei anbelangte, war sie gegen ein Engagement, *weil die Frauen eine den Männern gegenüber untergeordnete Stellung haben aufgrund eines gütigen und unabänderlichen göttlichen Gesetzes.* Darauf erwiderte Angelina: *Ich glaube, dass die gegenwärtigen Regelungen in der Gesellschaft zu diesem Problem eine Verletzung der Menschenrechte sind, eine schlimme Machtanmaßung, eine gewaltsame Wegnahme und Konfiskation von dem, was ihr (der Frau) in heiliger und unverletzlicher Weise gehört.*

Der Neguse Negest (König der Könige) war ihr monarchischer Vorgänger

Die Diplomatin **Sahle-Work Zewde,** am 21. Februar 1950 in Addis Abeba im damaligen Kaiserreich Abessinien zur Welt gekommen, ist seit dem 25. Oktober 2018 Präsidentin der Demokratischen Bundesrepublik Äthiopien. Gewählt wurde sie nicht durch das Volk, sondern durch das Parlament und zwar einstimmig, und das noch dazu als allererste Frau. Die Funktion ist zwar größtenteils repräsentativ, insofern vergleichbar mit dem deutschen Bundespräsidenten. Aber vielleicht ist der Mangel an tagespolitischen Kompetenzen für die Amtsinhaberin auch die Chance, ein moralisches Gewicht zu entwickeln, wie das Staatspräsidenten in ähnlich gelagerten Situationen gelingt. Denn der amtierende Ministerpräsident und damit der eigentlich starke Mann in der äthiopischen Politik, Abiy Ahmed, hat zwar (vielleicht etwas voreilig, wie früher schon passiert) den Friedensnobelpreis verliehen bekommen, befindet sich aber mitten im Krieg. Noch hat sich das zweitgrößte Land Afrikas nicht vom mörderischen Krieg um die Kontrolle der Region Tigray erholt, dem in den Jahren 2020 bis 2022 schätzungsweise 600.000 Menschen zum Opfer fielen, schon zeichnet sich ein Konflikt in Amhara, dem historischen zentraläthiopischen Kernland, ab. Aufständische Milizionäre haben mehrere Städte unter ihre Kontrolle gebracht, die Regierung hat das Kriegsrecht verhängt und betreibt die Rückeroberung, die mittlerweile erfolgreich zu sein scheint. Grundsätzlich ist das Argument des Ministerpräsidenten nicht von der Hand zu weisen, dass die Einheit der äthiopischen Nation untergraben wird, wenn jede Region ihre eigene Armee unterhält. Aber der Vielvölkerstaat mit seinen 120 Millionen Einwohnern ist ein föderaler Zusammenschluss, dessen Heterogenität nicht ohne Weiteres vom Tisch gewischt werden kann. Noch dazu war es die Amhara-Armee, die den Ministerpräsidenten gegen die Tigray-Rebellen tatkräftig und erfolgreich unterstützt hatte.

Vielleicht können gerade da die diplomatischen Qualitäten der Präsidentin von Nutzen sein, denn sie war als Botschafterin sowohl in Frankreich als auch in Dschibuti und im Senegal tätig – hat also viel Erfahrung gesammelt. Noch dazu ist ihre Muttersprache Amharisch (das auch Amtssprache ist), die Sprache jener Gruppe, die 27 Prozent der Bevölkerung stellt.

Über sieben Jahrzehnte lang war die in Minnesota lebende Schriftstellerin und Menschenrechtsaktivistin **Meridel Le Sueur** eine Stimme für unterdrückte Völker. Der zweite Mann ihrer Mutter, ein Rechtsanwalt, war sozialistischer Bürgermeister in North Dakota gewesen; durch das politische Engagement ihrer Eltern in der „Industrial Workers of the World"-Organisation sowie in der Frauenrechtsbewegung wurde sie bereits in jungen Jahren (geboren am 22. Februar 1900 in Iowa) stark geprägt.

Ab den 1920er-Jahren setzte sie sich für die Kämpfe der Arbeiter gegen die Ausbeutung in der kapitalistischen Wirtschaft, für die Bemühungen der Frauen um Gerechtigkeit und für die angestammten Rechte der indigenen Bevölkerung sowie für Umweltschutzanliegen ein. Sie war also eine durch und durch moderne Frau, die von patriarchalischen Machtdemonstrationen wenig hielt, und sie war eine ungemein produktive Schriftstellerin, die sich in Hunderten Arbeiten für die Schwächeren in der Gesellschaft einsetzte. Sie begeisterte sich aber auch für Gedichte und Geschichten, die sie von indigenen Frauen hörte, schrieb Kurzgeschichten, berichtete für Zeitungen und Magazine, schrieb Kinderbücher, Novellen, Romane und Gedichte. Während der Weltwirtschaftskrise der 1930er-Jahre setzte sie sich für die Arbeitslosen ein, marschierte mit streikenden Arbeitern und schrieb Artikel für die „Daily World", die Zeitung der Kommunistischen Partei. Eine ihrer bekanntesten Geschichten ist „ I Was Marching" – ein Bekenntnis zu Solidarität und kollektivem politischen Handeln. In der dunklen McCarthy-Ära, die bis 1955 dauerte, wurde sie auf die „schwarze Liste" gesetzt – so wie viele andere Künstler und Schriftsteller auch, die als „rot" und somit als Staatsfeinde galten. In dieser Zeit musste sie sich hauptsächlich mit dem Schreiben von Kinderbüchern über Wasser halten, da sie als Kommunistin natürlich unter besonderer Beobachtung der „Patrioten" und „Heimatschützer" stand.

In den 1970er-Jahren ließen sich linke und feministische Aktivistinnen von Le Sueur und ihren Werken inspirieren. Ihre Arbeit vereint die poetische Bildsprache der indigenen Philosophie, des Feminismus und der Kultur des Mittleren Westens – eine Mischung, wie man sie nur jenseits des Atlantiks findet. Ihr Freundin Martha Boesing schrieb ein aus Le Sueurs Leben aufgebautes Theaterstück „Hard Times Come Again No More".

Eine himmlische Regentin aus dem Lavanttal

Das heutige Myanmar wurde von den Briten nach drei blutigen Kriegen vollständig unterworfen und Britisch-Indien angegliedert. Dem massiven Widerstand der Birmanen begegnete die Kolonialverwaltung mit brutalen Vernichtungszügen gegen ganze Dörfer und Städte. Kolonialpolitik „as usual" also. 1887 übernahmen die Briten auch die Herrschaft über die Shan-Staaten, die ein Teil des Landes waren, wobei die Fürsten (sawbwa) der Einzelstaaten (Mong) ihre Macht behielten. Die Briten mischten sich recht wenig in die inneren Angelegenheiten dieser Reiche ein. 1922 wurden die Shan-Staaten in einer Föderation zusammengefasst und 1947 ein Staat daraus geschaffen. Diese Gründung war das Ergebnis einer Konferenz über die künftige „Union of Burma".

Ein paar Jahre später beginnt die Geschichte einer Österreicherin, die sowohl in ein Hochglanzmagazin als auch in „1001 Nacht" passen würde. Die Lavanttalerin **Inge Sargen**t wurde am 23. Februar 1932 in die Förster-familie Eberhard geboren und dank guter Zeugnisse erhielt sie das begehrte Fulbright-Stipendium zum Studium in den USA. Dort lernte sie den burmesischen Studenten der Montanwissenschaften Sao Kya Seng kennen, den sie 1953 in Denver heiratete. Erst bei der gemeinsamen Ankunft in Burma gab sich dieser als Prinz von Hsipaw, einem Fürstentum im Shan-Staat, zu erkennen. Es handelte sich dabei eher um eine kleine Stadt als einen Kleinstaat, denn erst heute hat der Flecken 54.000 Einwohner. Seine unbestrittene Attraktion ist der „Palast", in dem Fürst Sao Kya Seng mit seiner österreichischen „Shan-Mahadevi" (himmlische Prinzessin) lebte. Ihr Name als Prinzessin war Sao Thusandi. Gemeinsam mit ihrem Mann versuchte sie Modernisierungsschritte, nahm den Kampf gegen Kinder-sterblichkeit und Korruption auf. Am 2. März 1962 übernahm das Militär unter General Ne Win die Macht, setzte die örtlichen Fürsten ab und errichtete eine zentralistische Diktatur. Bei einer ganzen Welle an Festnah-men wurde auch der Fürst verhaftet, sein weiteres Schicksal ist unbekannt. Es steht zu befürchten, dass er so wie viele andere ermordet wurde.

Seine Ehefrau wurde zwar unter Hausarrest gestellt, konnte aber ein Jahr später mit den beiden Töchtern über Österreich in die USA flüchten. Ihre Erinnerungen hat sie in „Eine himmlische Regentin aus dem Lavanttal" zusammengefasst.

Judith Butler, geboren am 24. Februar 1956 in Cleveland, Ohio, ist eine US-amerikanische Philosophin an der berühmten University of California in Berkeley. Seit über drei Jahrzehnten gehören ihre Arbeiten zur feministischen Theorie zu den Publikationen, die weltweit Aufmerksamkeit finden. Mit ihrer Schrift „Das Unbehagen der Geschlechter" stieß sie 1990 Diskussionen über die Queer-Theorie an, die Sexualität als strukturelle Dimension des Sozialen, Politischen und Kulturellen ansieht.

Ab Ende der 1990er-Jahre und insbesondere nach den Terroranschlägen vom 11. September 2001 rückten Fragen der Ethik in den Vordergrund von Butlers Arbeiten. Aufbauend auf ihrem Werk „Hass spricht" zeichnet sie das Bild eines menschlichen Subjekts, das sich im Angesicht des anderen bewusst wird. Denn erst im Gegenüber erkennt die nicht selbstbestimmte Existenz ihr eigenes Ausgeliefertsein, die Unzulänglichkeit und Verletzbarkeit. Dadurch entstehen Anreize für Übergriffe gegen kulturell andere, für Formen von „hate speech" und ethische Gewalt. Die Beziehung von Menschen untereinander ist übertragbar auf Gruppen und Nationen, wenn *diese einander ausgeliefert und in wechselseitige Verwundbarkeitskonstellationen verwickelt sind*.

Eine „Hierarchie des Menschlichen" entsteht und Gewalt wird dann zur Frage der Gruppenzugehörigkeit: *Bestimmte Menschenleben werden in hohem Maße vor Verletzung geschützt, und die Nichtachtung ihrer Ansprüche auf Unversehrtheit reicht aus, um Kriegsgewalten zu entfesseln. Andere Menschenleben werden nicht so schnell und entschlossen Unterstützung finden und werden nicht einmal als bedauernswert gelten*. Man könnte auch sagen: als Kollateralschaden eben. Eine Gegenstrategie sieht Butler in der von ihr beschriebenen „Ethik der Gewaltlosigkeit". Konzepte von Gefährdung, Ausgeliefertsein und Verletzbarkeit sollen durch Hinwendung zum anderen durchbrochen werden. Nicht so radikal wie bei Jesus Christus *Liebet eure Feinde!*, aber in die gleiche Richtung. Da kann es nicht verwundern, dass die Jüdin Judith Butler im Palästinakonflikt für eine Einstaatenlösung eintritt (und eben nicht für eine Variante der Trennung voneinander). Sie lehnt vollkommen zu Recht Diskriminierung einzelner Personen aufgrund ihrer Staatsangehörigkeit ab und wendet sich gegen eine Sichtweise, die den Staat Israel mit dem jüdischen Volk gleichsetzt oder diesen als einzigen *politisch legitimierten Repräsentanten der Juden* begreift.

Kampf gegen Bleischmelzen und für Vergiftungsopfer

Es ist eigentlich recht ungerecht, dass stets der biblische David gegen Goliath bemüht wird, wenn es darum geht, einen Kampf zu beschreiben, in dem der vermeintlich Schwächere den Stärkeren besiegt. Zumindest müsste man auch Beispiele nehmen, wo sich Frauen durchsetzen, die oftmals nicht nur die rein physisch, sondern vor allem gesellschaftlich-strukturell, ökonomisch und politisch Schwächeren sind. Eine solche Geschichte könnte zum Beispiel „Die kleine Phyllis gegen den bleiernen Riesen" lauten und würde sich im ostafrikanischen Kenia, genauer gesagt in Mombasa, abspielen. **Phyllis Omido** hatte immerhin die Möglichkeit, Betriebswirtschaft zu studieren, und arbeitete in der Verwaltung einer Recyclinganlage in Owino Uhuru, einem Slum von Mombasa. Mombasa ist zwar nicht mehr die Hauptstadt von Kenia (sie war es in Britisch-Ostafrika), aber es ist immerhin eine Millionenstadt und der größte Hafen Ostafrikas. Entsprechend ausgebaut ist auch die Industrie mit Stahl- und Aluminiumwalzwerken. Geschlossen ist allerdings in der Zwischenzeit eine Metallhütte, deren Abgase zur Verschmutzung der Umgebung führten. Und da kommt eben Phyllis Omido ins Spiel, die 2009 einen Sohn gebar, bei dem bald eine Bleivergiftung festgestellt wurde. Die Mutter begann ihr Umweltengagement, als sie erkannte, dass sich ihre Arbeit gesundheitsschädigend auf ihre Muttermilch und somit auf ihr Kind auswirkte. Sie schloss sich mit anderen Frauen zusammen, die ein ähnliches oder gleiches Schicksal hatten, und gemeinsam erkämpften sie die Stilllegung des Betriebs. Auch ein weiterer Erfolg war ihr als Umweltaktivistin beschieden: Sie konnte für die Bewohner eines Slums in Owino Uhuru die für kenianische Verhältnisse sagenhafte Summe von 10 Millionen Euro herausschlagen. Neben einer Reihe von Auszeichnungen erhielt sie 2023 den Alternativen Nobelpreis.

Bemerkenswert ist aber auch, dass Kenia seit 2017 das schärfste Plastiktütengesetz der Welt hat und mit hohen Strafen gegen Personen vorgeht, die sich nicht an die gesetzlichen Vorgaben halten. Auch das benachbarte Ruanda setzt dieses Gesetz mit großer Konsequenz um.

Phyllis Omido hat übrigens über ihre Erfahrungen ein Buch geschrieben, das auch auf Deutsch erhältlich ist: „Mit der Wut einer Mutter."

Helen Clark, geboren am 26. Februar 1950, war zwar nicht die erste Premierministerin Neuseelands, jedoch hat sie mit acht Jahren eine der längsten Amtszeiten vorzuweisen. Das politische Ende ihrer Vorgängerin Jenny Shipley von der National Party hatte einen eher seltsamen Hintergrund, weshalb er auch erwähnenswert ist. Es begann mit einer Diskussion über eine neue Nationalflagge Neuseelands, die nicht mehr den Union Jack enthalten sollte. Eine Idee, die von der Premierministerin unterstützt wurde. Als sich herausstellte, dass sie mit dem Chef der Herstellerfirma für Flaggen sehr gut bekannt war, kam es zu Diskussionen, die ihr Ansehen entscheidend schädigten. Jedenfalls kam es bei der folgenden Wahl zu einer Ablöse durch die Labour Party, für die Helen Clark schon mehrere Ministerämter bekleidet hatte und später auch Vizepremierministerin war. Zur Wahl im Jahr 1999 trat sie dann als Oppositionsführerin an und konnte diese wie auch die folgenden zwei Wahlgänge für sich entscheiden. Sie begann die vorangegangenen Privatisierungen vorsichtig zurückzunehmen, da diese ebenso wie Deregulierungsmaßnahmen keinen wirtschaftlichen Erfolg gebracht hatten. Im Gegenteil – so manches Desaster zwang den Staat, Eisenbahn- und Fluggesellschaften zurückzukaufen. Private Konzerne hatten über Jahre nur Profite abgezogen und keine Investitionen vorgenommen. Das sei in vielen anderen Fällen das Gleiche gewesen, sodass man gezwungen sei, das Rad wieder zurückzudrehen, argumentierte die Premierministerin.

Helen Clarks Regierungskonstellation verlor zwar die Wahl im Jahre 2008, doch bald darauf wurde sie Leiterin des Entwicklungsprogramms der Vereinten Nationen und bekleidete damit das dritthöchste Amt der UN. Bemerkenswert ist, dass sie sich gegen die Kandidaten durchsetzen konnte, die von der US-Administration bevorzugt wurden. 2016 gab sie ihre Kandidatur für das Amt des Generalsekretärs bekannt, das allerdings dem Europäer Guterres zufiel.

Im Zuge der Coronapandemie 2020/2021 arbeitete sie im Auftrag der WHO zusammen mit Ellen Johnson Sirleaf, der früheren Präsidentin von Liberia, an einer Optimierung der Pandemiestrategie. Schon 2002 erhielt sie den Nuclear Free Future Award und später auch den Champions of Earth Award.

Allen Widrigkeiten zum Trotz –
die Iranerinnen drängen auf Veränderung

In ihrem Blog zieht **Sussan Tahmasebi** Bilanz über die Zeit eines aus dem Amt scheidenden Präsidenten des Iran mit folgenden Worten: *Er löste sein kühnes Versprechen, mehr für die Frauenrechte zu tun, nicht ein. Die nächste Regierung wird erst recht nicht gesetzliche Reformen vorantreiben oder soziale und wirtschaftliche Chancen für Frauen schaffen. Doch die Frauen Irans werden nichtsdestotrotz für mehr Rechte und Gleichheit kämpfen.*

Die Rahmenbedingungen dafür sind schlecht, denn die mangelnde Präsenz einer unabhängigen Frauenbewegung auf der politischen Bühne führt dazu, dass es nur Einzelstimmen gegen das Regime gibt. Ursächlich sind Repression und Marginalisierung, die einhergehen mit Desillusionierung, Hoffnungslosigkeit und Apathie in einem politischen Prozess, der Frauen am liebsten überhaupt ausblendet. Es ist eine Konsequenz des brutalen Vorgehens des Staates gegen DemonstrantInnen im Dezember 2017 und November 2019. Sussan Tahmasebi schrieb diese Einschätzung 2021, also vor dem Tod der 22-jährigen Mahsa Amini im Gewahrsam der iranischen „Moralpolizei" am 16. September 2022, der schnell im ganzen Land Proteste unter dem Motto „Frau, Leben, Freiheit" auslöste.

Der Tod der jungen Frau führte zu einer Bewegung, die die individuelle Freiheit von Frauen, ihre Kleidungsordnung selbst zu wählen, mit den systematischen sozialen, politischen und wirtschaftlichen Missständen verbindet und grundlegende Veränderungen fordert. Dieser Kampf unterstreiche die Kernbotschaft, dass die Menschenrechte für alle gefährdet seien, wenn die Rechte der Frauen an den Rand gedrängt würden oder gar nicht mehr existierten, meint Sussan Tahmasebi. Diese Gefahr ist sehr groß, denn seit der Wahl von Ebrahim Raisi zum Präsidenten im Jahr 2021 wurde das Land vollständig von Hardlinern kontrolliert. Deren Ideologie sieht in Frauen primär Mütter und untergeordnete Ehefrauen und sie versuchen, sie aus dem öffentlichen Leben, auch in ihrer sozialen und wirtschaftlichen Teilhabe, auszuschließen. Tahmasebi wurde wiederholt mit Reiseverboten belegt, verhört und verhaftet, weil sie sich für die Gleichstellung der Geschlechter einsetzte. Später wurde sie zu zwei Jahren Gefängnis, teils auf Bewährung, verurteilt. Sie setzt nun den Kampf vom Ausland aus fort. Man wird erst sehen, ob der neue Präsident, der als moderat gilt, daran etwas ändern kann.

Wer hat nicht eine gewisse Bewunderung übrig für das kleine gallische Dorf, das den Soldaten Cäsars trotzte. Zumindest in Comicbüchern! Diese Widerstandsfähigkeit mag auch heute noch so manchen beeindrucken, der beobachtet, wie sich die kleine Insel Kuba gegen den nördlichen Giganten zur Wehr setzt. Man muss also nicht unbedingt Kommunist sein, um Sympathien für das Land und vor allem seine Bevölkerung zu empfinden. **Ana Belén Montes,** eine US-Amerikanerin, die am 28. Februar 1957 in Nürnberg zur Welt kam, war Analystin des US-Nachrichtendienstes Defense Intelligence Agency, die zu Kuba und zu Operationen in Mittel- und Südamerika Grundlagenarbeit leistete.

Entscheidend geprägt wurde sie persönlich durch die Politik der Reagan-Regierung in Lateinamerika und die US-Unterstützung für die Contras in Nicaragua. Schon seit der Revolte Lateinamerikas gegen die spanische Krone betrachteten die unabhängig gewordenen USA die Länder südlich ihrer Grenze als ihre „Hemisphäre", in der sie jeder Staatlichkeit zum Trotz schalten und walten konnten, wie sie wollten. Regierungen wurden gestürzt, Putsche angezettelt, Söldner bezahlt, Mörder gedungen und Politiker zu Hampelmännern degradiert.

Unter Reagan waren die Übergriffe besonders dreist, die Iran-Contra-Affäre ebenso wie die Truppenlandung in dem kleinen Inselstaat Grenada sind Beispiele dafür. Kuba war stets im Fokus geblieben, wie allein schon die Dutzenden Mordanschläge der CIA gegen Fidel Castro zeigen. 1984 kam Ana Montes in Kontakt mit einem kubanischen Geheimagenten und erklärte sich spontan bereit, für Kuba zu arbeiten, um Nicaragua zu helfen. Sie war eine reine Überzeugungstäterin, weil sie für ihre Spionagetätigkeit kein Geld nahm. Nach Einschätzung von US-Sicherheitsexperten hat sie größten Schaden angerichtet und *alles – praktisch alles – kompromittiert, was die [US-Organisationen] über Kuba wussten und wie sie in Kuba operierten.* Ab 1996 hatten die Behörden in den USA erste Hinweise für ihre Tätigkeit, verhafteten sie allerdings erst 2001, als der Irankrieg bevorstand. Sie wurde zu einer Gefängnisstrafe von 25 Jahren verurteilt, von denen sie auch mehr als 20 Jahre eingesperrt war. Danach ließ sie sich in Puerto Rico, der Wahlheimat ihrer Großeltern, nieder und will nichts anderes als ein ruhiges Leben führen. So wie sie empfinde auch ich die US-Politik gegenüber Kuba als *unfair und grausam*. Ich ziehe meinen Hut!

Eine afroamerikanische Bildhauerin – so selten wie dieser Tag

Augusta Savage kam ausgerechnet an einem 29. Februar, nämlich jenem des Jahres 1892, in Florida zur Welt – als siebtes von 14 Kindern. Dass der Vater Methodistenpfarrer war, hinderte ihn nicht, seine Tochter regelmäßig zu schlagen *(er prügelte mir beinahe alle Kunst aus)*, vor allem wenn sie Tierfiguren aus Ton formte. Der Vater legte allerdings das Bilderverbot sehr streng aus und untersagte es ihr, „Götzenbilder" herzustellen. Später änderte er seine Meinung, als die junge Augusta eine von ihr gefertigte Jungfrau Maria präsentierte, die ihm so gut gefiel, dass das frühere Verbot zurückgezogen wurde.

Im Süden der Vereinigten Staaten war es für sie kaum möglich, weiterzustudieren und Aufträge zu erhalten, sodass sie mithilfe eines Förderers nach New York umzog. Ihre große Begabung verhalf ihr zu einem Stipendium und 1923 hätte sie in Frankreich weiterstudieren können, wurde aber abgelehnt, weil sich die weißen Mitstudentinnen weigerten, mit einem „farbigen Mädchen" zu reisen. Zornig schrieb sie: *[...] einer der Gründe, warum nicht mehr meiner Rasse nach höherer Bildung streben, ist, dass, sobald einer von uns den Kopf über die Masse erhebt, Millionen Füße bereit sind, ihn wieder hinab auf die tote Ebene der Gewöhnlichkeit zu treten, was eine rassistische Kulturgrenze in unserer Republik erschafft.* Später wurde doch eine Möglichkeit gefunden, ihr zu einem Studium in Paris zu verhelfen. Ihre Arbeiten wurden auch ausgestellt und verschafften ihr internationale Anerkennung. 1937 wurde ihre zunächst in einem Kellerstudio untergebrachte Schule in Harlem in Anwesenheit von Eleanor Roosevelt mit über 1000 Studenten eröffnet. Augusta selbst wurde die erste Direktorin der Schule, sie beeinflusste zahlreiche afroamerikanische Künstler. 1934 wurde sie als erste afroamerikanische Frau in die National Association of Women Painters and Sculptors gewählt und erhielt schließlich den Auftrag, eine Skulptur für die Weltausstellung des Jahres 1939 beizusteuern, die den Beitrag der Afroamerikaner zur amerikanischer Musik symbolisieren sollte. Wahrscheinlich war diese Arbeit ihr größter, auch öffentlichkeitswirksamer Erfolg. Doch künstlerische Anerkennung allein ist kein Überlebenselixier und 1945 zog die Künstlerin schließlich aufs Land, wo sie in eher ärmlichen Verhältnissen lebte und keine Werke mehr anfertigte.

Wenn das Wort „Anarchie" fällt, denkt man augenblicklich an Chaos, Unordnung und Rechtlosigkeit und zu „Anarchist" fällt einem sofort der Mörder von Kaiserin Sisi ein. Weniger bekannt ist, dass auch Dario Fo, ein satirischer Theaterautor und Literaturnobelpreisträger, als Anarchist galt, ebenso Henry David Thoreau, dessen Werk „Über die Pflicht zum Ungehorsam gegen den Staat" heute noch oft zitiert wird und als Beispiel für Zivilcourage gilt. Dabei verbindet sich jenseits von Terror und Chaos mit dem Begriff „Anarchismus" durchaus eine positive Vorstellung – nämlich jene von Herrschaftsfreiheit und für ein Leben in Assoziationen, Kooperationen und Genossenschaften, kurz gesagt, für ein selbstbestimmtes Leben in Freiheit. *Keine Macht für Niemand,* so sang in den 1970er-Jahren die Anarchoband Ton Steine Scherben. Herrschaftsfreiheit hieß aber auch, frei von Gesellschaftsmodellen konservativer, liberaler oder sozialistischer Art zu sein, und Herrschaftsfreiheit bedeutet auch die absolute Gleichstellung von Mann und Frau. So wurde im Programm, an dem der russische Anarchist Michail Bakunin federführend mitgearbeitet hatte, explizit und mehrfach die Freiheit von Frauen und Männern erwähnt.

Marie-Louise Berneri, am 1. März 1918 in Arezzo zur Welt gekommen, stammt aus einer ursprünglich sozialistischen Familie, der Vater wurde jedoch nach dem Aufkommen des italienischen Faschismus ein bekannter Anarchist. Mit der Familie nach Frankreich emigriert, nahm er in den Internationalen Brigaden am spanischen Bürgerkrieg teil und wurde von Stalinisten in Barcelona anlässlich einer „Säuberungsmaßnahme" erschossen. Marie-Louise wurde anarchistische Redakteurin und half Opfern des Bürgerkriegs, ehe sie erst 31-jährig im Wochenbett starb.

In ihrem Buch „Reise durch Utopia" setzte sie sich kritisch mit verschiedenen Utopien auseinander: *Utopien, die diese Probe bestehen, sind gegen die Konzeption eines zentralisierten Staates, sind für die Vereinigung freier Gemeinschaften, wo das Individuum seine Persönlichkeit entfalten kann, ohne der Zensur oder einem künstlerischen Kodex unterworfen zu sein, wo die Freiheit nicht nur ein abstrakter Begriff ist, sondern in konkreter Arbeit deutlich wird [...] Nur wenn die Utopie auf ein ideales Leben weist, ohne zum Plan, das heißt zur leblosen Maschine zu werden, die dem Lebendigen übergestülpt wird, so wird sie tatsächlich zur Verwirklichung des Fortschritts.*

Was uns genommen wurde, sind unsere Lieben – ein Teil unseres Lebens und unseres Glücks

Sandya Eknaligoda ist eine srilankische Menschenrechtsaktivistin, die sich für Tausende von vermissten Personen in Sri Lanka einsetzte und 2017 mit dem International Women of Courage Award ausgezeichnet wurde. 2022 bezeichnete sie BBC als eine der 100 führenden Frauen. Sie ist mit dem Journalisten Prageeth Eknaligoda verheiratet, der am 24. Januar 2010 verschwand. Selbst der UN-Generalsekretär Ban Ki-moon erhielt keinerlei Informationen von der Regierung, geschweige denn, ein Ergebnis von Nachforschungen.

Seiner Frau hatte er erzählt, dass er auf der Abschussliste stehe und Drohungen erhalte, als Warnung, mit dem Schreiben aufzuhören. Er recherchierte über den mutmaßlichen Einsatz chemischer Waffen gegen Zivilisten durch die srilankische Armee im Kampf gegen die tamilischen Rebellen. Von 1983 bis 2009 befand sich Sri Lanka im Bürgerkrieg; das Volk der Tamilen forderte Unabhängigkeit, die ihnen die singhalesische Mehrheit nicht einräumen wollte. In der über zweitausendjährigen Geschichte dieser beiden Völker auf der Insel gab es immer wieder gleichzeitig tamilische und singhalesische Königreiche. Die einen waren Hinduisten (Tamilen), die anderen Buddhisten, doch die meiste Zeit herrschte friedliche Koexistenz. Die Divide-et-impera-Politik der britischen Kolonialherren führte dann allerdings zu ersten Spannungen wegen des unterschiedlichen Glaubens. In den Jahrzehnten nach der Unabhängigkeitserklärung vom 4. Februar 1948 kam es im Zuge einer „Singhalisierung" immer wieder zu Ausschreitungen gegen die Tamilen, wobei die Armee auch Massaker verübte. Die fortschreitende Benachteiligung von Tamilen in vielen Bereichen führte auch zu Anschlägen auf Einrichtungen des Staates, die letztendlich den Bürgerkrieg auslösten. Bis zur Jahresmitte 2009 verübten beide Seiten zahllose Kriegsverbrechen und Menschenrechtsverletzungen, die nicht aufgearbeitet sind. Zigtausend Tote unter den Kämpfern, aber vor allem in der Zivilbevölkerung sind eine Hinterlassenschaft dieses Krieges.

Sandya Eknaligoda ist nach 14 Jahren immer noch auf der Suche nach ihrem Mann. Ihr Kampf um Gerechtigkeit geht weiter, trotz der Empfehlung der Kommission, die verdächtigen Militärs im Zusammenhang mit dem Verschwinden ihres Mannes freizusprechen. Im September 2022 ergriff sie das Wort im UN-Ausschuss für gewaltsames Verschwindenlassen in Genf.

Im alten Japan konnten Autoritätspersonen diejenigen, die wegen eines Verbrechens verurteilt wurden, noch darüber hinaus bestrafen. Dies wurde als „Shikei" bezeichnet, was übersetzt „private Bestrafung" heißt. Eine solche Folter war „Kusuguri-Zeme" und bedeutete „gnadenloses Kitzeln". Ähnliches soll es auch im alten England gegeben haben.

Davon dürfte allerdings **Zéna MDéré,** eine mayottische Freiheitskämpferin und Frauenrechtlerin, nichts gewusst haben, als sie im gewaltfreien Widerstand den „Kitzelkampf" als Waffe einsetzte. In den 60er-Jahren des 20. Jahrhunderts geschah derartiges auf der winzigen Insel Mayotte im Indischen Ozean, wo große Gruppen von Frauen unter der Führung MDérés ihren Gegnern auflauerten, sie bedrängten, ihnen die Kleider auszogen und sie so lange kitzelten, bis diese gedemütigt das Feld räumten und zum Teil fluchtartig die Insel verließen.

Das klingt zwar alles recht lustig, aber es war ein jahrelanger, erbittert geführter Kampf, denn unter dem Motto *Wir wollen französisch sein, um frei zu sein*, beharrten die Frauen darauf, dass die Insel Mayotte bei Frankreich verblieb und sich nicht den unabhängig werdenden Komoren anschloss. Eines der Motive war, dass sich auf den benachbarten Inseln zunehmend islamistische Tendenzen durchsetzten. Sie selbst war eine geachtete „Fimdi" (Lehrerin), die eine eigene Koranschule eröffnete. An der Spitze der „Chatouilleuses" („Kitzlerinnen"), führte sie eine Reihe provokanter Maßnahmen durch, und der Revolte der Frauen folgte die Gründung einer Partei, die schließlich das 1975 ausgesetzte Referendum gewann. Die anderen Inseln schlossen sich zu einer „Islamischen Republik" zusammen, während Mayotte laizistisch blieb.

Die Geschichte der selbstständigen Komoren verlief wechselvoll mit Putschen und Sezessionsbestrebungen. An den Revolten war maßgeblich ein französischer Söldner beteiligt, der die Wirtschaft des Landes kontrollierte. Das aktuelle Regime weist autoritäre Züge auf und das Land ist nicht sehr frei, dafür aber umso korrupter. Mayotte geht es im Vergleich wirtschaftlich sehr gut. Was auffällt, ist die relativ starke Position der Frauen in der mahorischen Gesellschaft. Sie sind traditionell Hausbesitzerinnen, zu denen die Männer ziehen, und die Häuser werden von den Müttern an die Töchter vererbt. Jeder Mann muss aber für seine Töchter bauen. Kein Wunder, dass sich die Frauen um Zéna MDéré durchgesetzt haben.

Sie starb am Vortag ihres 43. Geburtstags

Berta Cáceres war eine honduranische Menschenrechts- und Umweltaktivistin (geboren am 4. März 1973), die am 3. März 2016 in ihrem Haus von mehreren Bewaffneten ermordet wurde.

Honduras hatte viele Jahre hindurch weltweit die höchste Mordrate: 82 pro 100.000 Einwohner im Jahr 2010 und weiter ansteigend auf über 90 in den folgenden Jahren. Das würde in einer Stadt wie Salzburg einen Mord alle drei Tage bedeuten. Zu der hohen Zahl führen die allgemeine Straflosigkeit (nur zwei bis fünf Prozent aller Fälle werden aufgeklärt) und ein hohes Maß an organisierter Kriminalität. Cáceres war Mitbegründerin einer Organisation, die sich für die Rechte indigener Völker und den Erhalt ihrer natürlichen Umwelt in Honduras einsetzte. Sie entstammte einer indigenen Gruppe, nämlich den Lenca. Ihre Kampagnen richteten sich gegen illegale Bauprojekte und Plantagenbesitzer, und so wurde sie immer wieder zum Ziel von sexuellen Angriffen, Entführungs- und Morddrohungen, die letztlich auch zu ihrem frühen Tod führten. Sie selbst sagte: *Die Armee hat eine Todesliste, auf der Namen von 18 Menschenrechtsaktivisten stehen – mein Name steht an der Spitze. Ich möchte leben [...], aber ich habe nicht ein einziges Mal überlegt, den Kampf [...] aufzugeben [...]. Wenn sie mich töten wollen, dann werden sie es tun*. Im gleichen Jahr wurden weitere 13 Umwelt- und Landrechtsaktivisten ermordet.

Die Familie und die Organisation, für die sie arbeitete, beauftragten eine unabhängige Kommission, die zur Einschätzung kam, dass der Mord von Unternehmern und staatlichen Sicherheitskräften gemeinsam geplant worden war. Polizeiliche Ermittler wurden festgenommen, weil sie durch Fälschung von Beweismaterial die Ermittlungen in eine falsche Richtung lenken wollten. Anklage wurde schließlich gegen einen ehemaligen Militär erhoben, der mittlerweile Chef einer Firma geworden war, die an einem Staudammprojekt beteiligt war. Gegen diesen rechtswidrigen Bau hatte sich Berta Cáceres eingesetzt und damit offensichtlich ihr Leben verwirkt. Noch immer ist das Land von einer Bandengewalt geprägt, deren Ausmaß fast einen kriegsähnlichen Zustand erreicht hat. Das Land verfügt zwar über ein Mehrparteiensystem, jedoch werden Demokratie und Freiheit durch Korruption, Gewalt und institutionelle Schwäche bedroht. Da nutzt es nichts, Berta Cáceres 2022 durch das Parlament zur Nationalheldin zu erheben. Die Wahl von Xiomara Castro als Präsidentin macht Hoffnung.

Sie war eine großartige Sängerin und engagierte Menschenrechtlerin

Noch heute habe ich „Pata Pata" in den Ohren, wenn ich an die südafrika-nische Sängerin **Miriam Makeba** denke. Sie war eine Vertreterin der Welt-musik und für mich mit ihrem menschenrechtlichen Engagement das weibliche Pendant zu Harry Belafonte. Am 4. März 1932 in einem Johannes-burger Slum zur Welt gekommen, war sie bereits wenige Wochen später unfreiwillige Gefängnisinsassin, denn ihre Mutter musste eine sechsmo-natige Strafe verbüßen. Miriam war die Tochter einer Swasi-Heilerin und eines Xhosa-Lehrers. Sie war das jüngste Kind der Familie und hatte vier Geschwister. Unmittelbar nach dem Grundschulbesuch arbeitete sie als Haushaltshilfe bei Weißen.

Ihre ersten musikalischen Gehversuche und kleinen Erfolge feierte sie, als sie Mitte zwanzig war. 1959 spielte sie dann eine kleine Rolle in dem Anti-Apartheid-Film „Come Back, Africa", der internationales Aufsehen erregte. Sie war zur Filmpremiere nach Venedig eingeladen, flog anschließend in die USA, und als ihre Mutter bald darauf verstarb, verweigerten die süd-afrikanischen Behörden ihr die Einreise in ihr Heimatland. Harry Belafonte half ihr in dieser Zeit entscheidend, und damit begann ihre Weltkarriere.

1963 sprach sie erstmals vor der Vollversammlung der Vereinten Nationen und verlangte den Boykott des Apartheid-Regimes. In der Folge wurde ihr von den Machthabern in Südafrika die Staatsbürgerschaft aberkannt, und nachdem sie 1968 den Bürgerrechtler und Black Panther Aktivisten Stokely Carmichael geheiratet hatte, wurde sie ständig vom FBI überwacht. Die Platten- und Tourneeverträge wurden gekündigt, sodass das Ehepaar nach Guinea auswanderte, wo Makeba bereits 1963 nach der Ausbürgerung aus Südafrika die Staatsbürgerschaft verliehen worden war. Dort wurden sie und ihr Mann gute Freunde des Präsidenten Ahmed Sékou Touré und seiner Frau.

Nach drei Jahrzehnten Exil in den USA, Guinea und Belgien kehrte Makeba im Juni 1990 auf Bitte von Nelson Mandela nach Südafrika zurück und lebte wieder in Johannesburg. Sie wurde zur Goodwill-Botschafterin Südafrikas bei den Vereinten Nationen ernannt. Eine Stiftung, die sie gründete, führt eine Einrichtung, die missbrauchten Mädchen Schutz bietet. Am 9. Novem-ber 2008 trat sie noch bei einem Benefizkonzert für einen von der Camorra bedrohten Journalisten in Italien auf und starb am nächsten Tag an einem Herzinfarkt. Ihre Asche wurde im Meer verstreut.

Auch wir sind Russland

So heißt das aktuelle Buch von **Swetlana Gannuschkina,** das sie im Widerstand gegen Putins neue Weltordnung geschrieben hat. Es ist einerseits eine Biografie und andererseits eine Deutung der aktuellen Situation eines Landes, das möglicherweise infolge ethnischer und regionaler Spannungen zerfallen wird. Die Mathematikdozentin, geboren am 6. März 1942 in Moskau, ist Leiterin der Flüchtlingshilfsorganisation „Bürgerunterstützung" und des Netzwerks „Migration und Recht". Seit Ende der 1980er-Jahre, als das Sowjetimperium sich aufzulösen begann, setzte sie sich für Binnenflüchtlinge und Vertriebene ein. Sie gründete die erste Menschenrechtsorganisation in den Sowjetstaaten. Es wird juristischer Beistand geboten und bei den Behördengängen geholfen. Medizinische und psychologische Hilfe gehört zum Programm, ebenso wie Unterstützung bei der Arbeitssuche. Seit 1994 galt Gannuschkinas besonderes Augenmerk den systematischen Verletzungen der Menschenrechte in Tschetschenien, von wo aus viele Menschen in andere Teile Russlands flüchteten.

1996 gründete sie dann das Netzwerk „Migration und Recht", in welchem Rechtsanwälte aus ganz Russland zusammengeschlossen sind.

Von 2002 bis 2012 gehörte sie einer Kommission an, die mit Abgeordneten der Russischen Duma zusammenarbeitete, wenn es um Gesetze bezüglich der Rechte von Flüchtlingen ging.

Spätestens als sie 2010 eine Petition unterschrieb, die den Titel „Putin muss gehen" trug, geriet sie ins Fadenkreuz der putintreuen Geheimdienste und am 6. März 2022 (ausgerechnet an ihrem 80. Geburtstag – denn die russische Polizei hat einen feinen Humor) wurde sie festgenommen, weil sie am 27. Februar an einer „nicht erlaubten öffentlichen Aktion" teilgenommen habe. Sie hat sich jedoch niemals einschüchtern lassen. In dem Buch erzählt die enge Freundin der ermordeten Journalistin Anna Politkowskaja über ihren Kampf gegen Unrecht und Unterdrückung. Sie analysiert ein korruptes Rechtssystem, prangert die Annexion der Krim und den Überfall auf die Ukraine an und schildert die Methoden der Regierung, den Terrorismus im Land mit Terror zu bekämpfen. Sie zeigt ein Land, in dem die politischen Zustände kriminellen Strukturen ähneln, Unschuldige im Strafvollzug gefoltert werden und die Fremdenfeindlichkeit bedrohlich wächst. Gannuschkina riskiert ständig ihre eigene Sicherheit, um aufzurütteln und zu helfen. Das ist für mich wahres Heldentum!

Seit Januar 2023 gehört sie als Ministerin für indigene Völker dem Kabinett von Lula da Silva an. **Sônia Guajajara** ist am 6. März 1974 im Schutzgebiet Araribóia zur Welt gekommen und gehört neben dem ermordeten Kaziken Jorginho Guajajara und dem ebenfalls getöteten Umweltaktivisten Paulo Paulino Guajajara zu den Stammesführern des Volkes der Guajajara, die hauptsächlich im Bundesstaat Maranhão leben und mit 20.000 Angehörigen zu den größten indigenen Gruppen Brasiliens zählen. Sie ist überhaupt die erste Ministerin des erst geschaffenen Ministeriums für indigene Völker, was die Bedeutung unterstreicht, die der brasilianische Präsident Lula da Silva diesem Thema gibt. Aus einem „WELT-BLICKE"-Interview: _Das hat nicht nur symbolischen Charakter, wie viele behaupten. Die Menschen müssen verstehen, dass wir Indigenen nicht minderwertig oder weniger wichtig sind, sondern einfach aus anderen Kulturen stammen. Auch ist unsere Lebensweise von fundamentaler Bedeutung, wenn es darum geht, die Klimakrise zu bewältigen, denn wir schützen die Umwelt und die biologische Vielfalt. […] Die indigenen Völker kämpfen schon immer gegen die Abholzung, auch wenn sie dafür keine ausreichende Organisation haben. Unsere Beziehung zur Natur, die sich aus jahrtausendalten Kulturen und unserem Wissen ergibt, zeigt uns, wie wir die biologische Vielfalt am besten schützen und die Ernährung einer ganzen Gemeinschaft sichern können. Wir können die Welt viel lehren, und das ist dringend notwendig._ Was sie nicht dazugesagt hat: Diese Welt muss auch bereit sein, von Völkern zu lernen, die sie in ihrer Arroganz allzu lange als Primitive bezeichnet hat. In Brasilien leben 1,7 Millionen Indigene in etwa 350 Völkern, das sind 0,8 Prozent der Bevölkerung dieses Landes. Die Regierung hat bisher 690 Gebiete als indigene Territorien anerkannt, die gemeinsam etwa 13 Prozent der brasilianischen Landfläche ausmachen. Sie liegen zu 98,5 Prozent im Amazonasgebiet. Nur 1,5 Prozent liegen außerhalb Amazoniens, obwohl dort die Hälfte aller Indigenen lebt. Heute sind die Guarani mit 51.000 Angehörigen das größte indigene Volk. Während der letzten 100 Jahre wurde ihnen nahezu ihr gesamtes Gebiet geraubt. Darauf entstanden riesige Viehfarmen, Soja- und Zuckerrohrplantagen. Indigene Völker spielen eine zentrale Rolle in der Bewahrung der biologischen Vielfalt des Landes. Davi Kopenawa Yanomami: _Warum ist so viel Zeit notwendig, um zu verstehen, dass wir uns selbst schaden, wenn wir die Natur zerstören?_

Belutschistan und Britanniens Kolonialpolitik

Karima Baloch war eine Menschenrechtsaktivistin, die am 8. März 1983 zur Welt kam und sich für die Unabhängigkeit Belutschistans von Pakistan einsetzte. Belutschistan ist eine 700.000 Quadratkilometer große Region, die sich über den Osten Irans, den Süden Afghanistans und den Südwesten Pakistans erstreckt. Die pakistanische Provinz der Belutschen ist mit 348.000 Quadratkilometern die größte, hat allerdings nur 15 Millionen Einwohner. Die Grenzen wurden im 19. Jahrhundert von der britischen Kolonialmacht ohne Rücksicht auf Ethnien gezogen. Als 1947 die Briten bei ihrem Abzug den Muslimstaat Pakistan schufen, stand der Großteil Belutschistans nur unter indirekter britischer Kontrolle und unter der Herrschaft einheimischer Fürstendynastien. Schon damals bedurfte es erheblichen Drucks, damit sie sich dem pakistanischen Staatsverband anschlossen. Rebellen forderten jedoch weiterhin die Unabhängigkeit. Die Zivilgesellschaft ist sehr schwach ausgeprägt, staatliche Repressionen sind allgegenwärtig und Menschenrechtsverletzungen an der Tagesordnung. Karima Baloch gehörte zu jenen mutigen Frauen, die auch öffentlich immer wieder protestierten und vor allem das gewaltsame Verschwinden von Menschen anprangerten. In einem Zeitungsartikel über sie heißt es: *In Islamabad, der Hauptstadt Pakistans, gilt Karima als gefährliche politische Akteurin und Bedrohung für die Sicherheit des Landes. Unterdessen ist sie tausend Kilometer südwestlich, tief im Inneren Belutschistans, eine Lokalmatadorin und ein Leuchtturm von Hoffnung.* Sie selbst sagte einmal: *Für uns ist der friedliche Kampf zu einem tödlichen Gift geworden. In den letzten drei Jahren wurden viele unserer Mitglieder brutal getötet und Tausende entführt.*

2015 ging sie ins Exil, nachdem der pakistanische Staat Terrorismusvorwürfe gegen sie erhoben hatte. 2016 erhielt sie Asyl in Kanada. Im Jahr 2018 brachte sie im Menschenrechtsrat der Vereinten Nationen Fragen im Zusammenhang mit der Ungleichheit der Geschlechter in Pakistan zur Sprache und wandte sich an den indischen Premier Narendra Modi, einen Hindunationalisten und „Feind" Pakistans. In den Augen der pakistanischen Staatsmacht war sie also eine lästige Unruhestifterin.

Am 22. Dezember 2022 wurde ihre Leiche an der Toronto Waterfront aufgefunden.

Vielleicht ist es naiv und blauäugig, rund um den Weltfrauentag die Frage zu stellen, ob es ein Paradies für Frauen geben kann und wird. Vor allem dann, wenn es um die Welt geht, in der wir leben, in der Gleichberechtigung von Mann und Frau oft nur auf dem Papier steht und Geschlechtergerechtigkeit allenfalls ein Traum für eine ferne Zukunft ist. Es gibt alle möglichen Indikatoren, an denen die Möglichkeiten und Chancen von Männern und Frauen gemessen werden können. Und es verwundert nicht, wenn bei solchen Messlatten skandinavische Länder, dazu vielleicht noch Neuseeland (die USA meistens nicht) ganz oben angesiedelt sind. Aber dass ein Bürgerkriegsland wie Ruanda (so haben wir es in blutiger Erinnerung) deutlich vor Deutschland zu liegen kommt, irritiert doch sehr. *Es ist sicherlich nicht alles perfekt hier, aber ich glaube, dass Ruanda in Sachen Frauenpolitik mit gutem Beispiel vorangeht*, sagte **Natacha Umutoni** 2019 in einem Gespräch mit der „Deutschen Welle". 25 Jahre nach dem Genozid liegt das Land in einer Studie des Weltwirtschaftsforums zur Gleichstellung von Frauen und Männern weltweit auf Platz sechs.

Bereits 2005 war ein Quotensystem eingeführt worden, damit mehr Frauen in Führungspositionen aufsteigen können. 30 Prozent aller Stellen im öffentlichen Dienst sind für sie reserviert. Im Parlament stellen Frauen sogar 61,3 Prozent – ein Weltrekord. Politisch macht sich der hohe Frauenanteil in der gesetzgebenden Körperschaft durchaus bemerkbar, weil immer mehr Gesetze Frauenrechte schützen. Aber auch andere afrikanische Länder haben (im Gegensatz zu europäischen) die Zeichen der Zeit erkannt: In Namibia sind es 46,2, in Südafrika 42,7, im Senegal 41,8 und in Mosambik 39,6 Prozent Frauen, die die Politik in den nationalen Parlamenten mitbestimmen. Trotzdem mahnt Natacha Umutoni, die Unternehmerin aus Kigala, berechtigterweise: *Wir sollten nicht vergessen, dass wir seit jeher in einem patriarchalischen System leben. Es gibt immer noch viele Leute, die mit der Genderfrage nichts anfangen können. Gegen diese Widerstände müssen wir Frauen in Ruanda immer noch ankämpfen. Nach dem Blutbad mit einer Million Toten (!) waren viele Frauen gezwungen, sich ohne Männer durchzuschlagen und das Land wieder aufzubauen, um zu überleben*. Natürlich ist nicht alles im Reinen, vor allem, wenn es um den autoritären Präsidenten geht.

Eine kämpferische und rastlose Verfechterin des jesidischen Volkes

Die Jesiden sind eine ethnisch-religiöse Gruppe mit etwa einer Million Angehörigen, deren ursprüngliche Hauptsiedlungsgebiete im Irak, in Syrien und der Türkei liegen. Manche Jesiden betrachten sich als eigenständige Ethnie, andere wiederum zählen sich zu den Kurden. In den Vereinten Nationen gelten sie als selbstständige Gruppe. Ihre Verfolgung hat leider eine traurige Tradition, die bis ins 19. Jahrhundert zurückreicht. Das Jesidentum ist eine monotheistische, nicht auf einer heiligen Schrift beruhende synkretistische Religion. Ihre Mitgliedschaft ergibt sich ausschließlich durch die Geburt, wenn beide Elternteile jesidischer Abstammung sind – die Regeln sind also noch strenger als etwa im Judentum. Heiratet ein Jeside oder eine Jesidin außerhalb der religiösen Ethnie, hat das den Ausschluss aus der Gemeinschaft zur Folge.

Seit August 2014 wurden die Jesiden Opfer eines brutalen Völkermordes, begangen durch den Islamischen Staat (IS), weil sie als „Ungläubige" gelten. Manches erinnert an die Drusen, die ebenfalls rund eine Million Angehörige haben und in Syrien, im Libanon und Israel leben. Auch hier spricht man von einer eigenen Religionsgemeinschaft, denn Drusen haben eine allegorische Interpretation des Koran mit einer eigenen Doktrin. Mission und Konvertierung gibt es bei den Drusen nicht, die Eheregeln sind ähnlich streng wie bei den Jesiden. Der wesentliche Unterschied ist, dass sie keinen Verfolgungen ausgesetzt sind.

Die Jesidin **Nadia Murad,** geboren am 10. März 1993 im Irak, verlor bei einem Überfall des „IS" auf ihr Dorf die Mutter und sechs Brüder. Insgesamt starben 18 Familienmitglieder, während sie selbst entführt, versklavt, vergewaltigt und gefoltert wurde. Mithilfe einer muslimischen Familie gelang ihr von Mossul aus die Flucht in ein Lager im kurdischen Grenzgebiet. Bereits früh sprach sie öffentlich über das Erlebte und das Schicksal ihres Volkes, darunter auch vor dem Sicherheitsrat der Vereinten Nationen, deren damaliger Generalsekretär Ban Ki-moon sie als *kämpferische und rastlose Verfechterin des jesidischen Volkes* auszeichnete und zur Sonderbotschafterin für die Würde der Überlebenden von Menschenhandel ernannte. Bei ihrer weltweiten Agitation für jesidische Opfer wird sie von ihrer Anwältin Amal Clooney unterstützt. 2018 wurde der damals 25-Jährigen der Friedensnobelpreis zugesprochen. Im gleichen Jahr hatte sie ein Gespräch mit dem Papst – ihr Buch hat ihn zu seiner Irakreise inspiriert.

„First Lady of Ghana" ist tatsächlich der öffentlich angeordnete Titel der Gattin des jeweiligen amtierenden Präsidenten Ghanas. Wenn erstmals eine Frau das Präsidentenamt bekleiden wird – und das wäre in Afrika mittlerweile nicht ungewöhnlich –, wird sich weisen, wie das ghanaische Protokoll darauf reagiert. Mit einem „First Husband" vielleicht? Jedenfalls eines ist schon jetzt klar – diese First Lady ist tatsächlich eine Lady: von ihrem Charakter und ihrer Haltung her.

Rebecca Akufo-Addo ist die Tochter eines Richters, der auch einmal Parlamentspräsident war, sie wurde am 12. März 1951 geboren. Als Präsidentengattin hat sie öffentlich erklärt, dass sie sich für den noch immer wichtigen Kampf gegen die Malaria einsetzt. Sie wurde auch zu einer Vorkämpferin gegen die Unterernährung von Kindern und Jugendlichen, aber auch für Maßnahmen gegen die Kindersterblichkeit.

Malaria ist eine tropentypische Krankheit und weltweit eine der am verbreitetsten Infektionskrankheiten. 90 Prozent der Erkrankten leben auf dem afrikanischen Kontinent, das sind zwischen 200 und 300 Millionen Menschen, von denen jährlich noch immer 500.000 sterben. Ein Impfstoff ist zwar in Entwicklung, aber da es sich um eine meist mit Armut einhergehende Krankheit handelt, ist das Interesse der Pharmaindustrie nicht allzu ausgeprägt. Wissenschaftler wie Jeffrey Sachs sehen direkte Zusammenhänge zwischen Armut und der Krankheit, die bekämpft werden müsse (mit Moskitonetzen zum Beispiel). Das Sterben (weit) vor der Zeit hat seinen Wohnort in Schwarzafrika.

Die Präsidentengattin ist Schirmherrin von „Infanta Malaria", einer Organisation, die gefährdete Gruppen betreut, nämlich arme, schwangere Frauen und Kinder unter fünf Jahren.

2019 startete sie die Kampagne „Zero Malaria Starts with Me". Sie sensibilisiert außerdem für den Kampf gegen Mangelernährung und fordert entsprechende Bildungs- und Erziehungsmaßnahmen an den Schulen. Aber auch das von der Rebecca Foundation in die Wege geleitete Projekt „Lesen lernen" wendet sich an die Kinder in den Schulen, und zu den Zielen gehört der Bau von Bibliotheken im ganzen Land.

Als Imelda Marcos, die Frau des philippinischen Präsidenten, das Land verlassen musste, besaß sie die wohl größte Schuhsammlung der Welt. Mit derartigen Problemen setzt sich ihre Kollegin in Ghana nicht auseinander.

Die Zeit der Schmetterlinge

Die Dominikanische Republik liegt gewissermaßen im Hinterhof der USA, wo es zwar ruhig schmutzig sein konnte, aber dafür dem Hausherrn gefolgt wurde. Weil er dies zumindest in den ersten Jahrzehnten auch zur Zufriedenheit der Herren in Washington tat, blieb Diktator Rafael Trujillo sonst recht unbehelligt. Will heißen, dass er – so wie Haitis François Duvalier in der Nachbarschaft mit den Tonton Macoutes, einer berüchtigten Bande von Geheimpolizisten – eigentlich schalten und walten konnte, wie er wollte. Das bekamen die Menschen auf brutalste Art zu spüren – vor allem Frauen, wenn sie dem „Ziegenbock" nicht willig waren.

Minerva Mirabal (geboren am 12. März 1926) war die dritte der Mirabal-Schwestern. Alle drei sollen sehr schön, intelligent und lebensfroh gewesen sein. Minerva kam das „Privileg" zu, dem Bock ins Auge gestochen zu sein, und es konnte aus seinem Blickwinkel nur Bösartigkeit gepaart mit schlechtem Geschmack gewesen sein, dass sie seine sexuellen Annäherungsversuche zurückwies. Viele Bürger der Dominikanischen Republik, darunter auch die Mirabal-Schwestern, schlossen sich Widerstandsbewegungen gegen den Diktator an. Minerva und ihr Mann Manolo waren dabei Pioniere und gründeten Anfang der 1960er-Jahre die „Bewegung des 14. Juni" – benannt nach einem gescheiterten Aufstand. Die Folge waren eine Unmenge an Verhaftungen, von denen auch die Mirabal-Schwestern und deren Ehemänner betroffen waren. Am 25. November 1960 wurden die scheinbar als Geste der Milde freigelassenen Schwestern Minerva, Patria und María Terese sowie ihr Fahrer von Trujillos Geheimpolizei getötet. Sie wurden während einer Fahrt angehalten, geschlagen und erdrosselt. Anschließend versuchte man, einen Autounfall vorzutäuschen. Die Ermordung der drei Schwestern, die landesweit als „die Schmetterlinge" bekannt waren, wirkte als Katalysator für den Sturz des Trujillo-Regimes, das schließlich dem „Paten" in Washington zu lästig geworden war. Und so ereilte ihn am 30. Mai 1961 ein angemessenes Schicksal: Ein siebenköpfiges Kommando erschoss ihn in seinem Auto auf der Fahrt in seinen Heimatort. Der Tyrannenmord beseitigte allerdings nicht die Diktatur, denn zunächst übernahm Sohn Ramfis, ein aus Paris nach Hause geeilter Lebemann, das Kommando. Nach einer Militärrevolte griff Präsident Kennedy ein; die Familie musste außer Landes. Der Todestag der Schwestern wurde von der UNO zum Internationalen Tag zur Beseitigung von Gewalt gegen Frauen erklärt.

Das ist der Wahlspruch für das südpazifische Königreich, das aus 172 Inseln mit einer Landfläche von nur 747 Quadratkilometern besteht. Von den 102.000 Einwohnern sind fast alle Polynesier. Nach unzähligen Stammesfehden wurden die Inseln Tongas 1845 zum ältesten polynesischen Königreich vereint. Durch kluge Diplomatie des Königs gelang es, die Einverleibung in das Englische oder Deutsche Kolonialreich zu verhindern, und auch ein Anschluss an Neuseeland konnte vermieden werden. Diesem weisen Herrscher folgte die am 13. März 1900 geborene **Salote Tupou III.** als Regentin. Sie stand von 1918 bis zum ihrem Tod 1965 an der Spitze des Inselreichs. Im Jahr 1917 heiratete sie einen wichtigen tongaischen Häuptling – ein politischer Schachzug, da durch die Ehe alle Häuptlingslinien verbunden wurden und damit Salotes Herrschaft abgesichert wurde. Bekannt wurde sie durch ihre Unterstützung von britischen Archäologen und Historikern, durch eigene Schriften, die sie in traditioneller Form verfasste, und verschiedene Reformen, die der Modernisierung des Landes dienten. Auch war sie 1924 Gründerin der Freien Wesleyanischen Kirche von Tonga, die den Methodisten angehört. Sie hat ihren Hauptsitz in der Hauptstadt Nuku'alofa und bildet mit einem Anteil an Gläubigen von fast 36 Prozent die größte Konfession im Land. Der bis 1791 lebende John Wesley hat keine eigenständige Theologie entwickelt, aber für ihn gehörte soziales Engagement unverzichtbar zum Christsein und zur Kirche.

Noch etwas zeichnete die Königin aus: Westlichen Einflüssen und Modernisierung gegenüber war sie durchaus aufgeschlossen, verstand diese in die Tradition ihres Landes einzubinden und so die Identität des Volkes zu bewahren.

Schon in ihren ersten Regierungsjahren konnte sie sich durchaus Respekt verschaffen, indem sie sich weder durch feindlich gesinnte, einflussreiche Aristokraten noch durch britische Regierungsbeamte einschüchtern ließ und auf die ihr zustehenden Rechte pochte.

Besondere mediale Aufmerksamkeit erregte sie beim Besuch Londons anlässlich der Krönung von Elizabeth II. Als einzige Person innerhalb des Commonwealth war auch sie eine Königin, außerdem überragte sie mit ihren 1,90 Metern damals den Großteil der Festgäste.

Bereits im Alter von 30 Jahren wurde sie krebsoperiert und starb an dieser Krankheit im Alter von 65 Jahren.

Ich habe geweint, ich fühle mich hilflos

Das sagt **Irom Chanu Sharmila,** geboren am 14. März 1972 in Manipur (Indien), und setzt fort: *Die Haltung in Manipur ist, dass Frauen Eigentum des Staates sind*. Frauen schreien Parolen während einer Protestaktion, nachdem im Juli 2023 ein Video aufgetaucht ist, das zeigt, wie zwei Frauen aus verfeindeten Gemeinden von einigen Männern nackt vorgeführt werden. *Nichts kann die schiere Unmenschlichkeit dessen, was geschehen ist, rechtfertigen. Der Vorfall bringt einige tiefere Probleme ans Licht. In Manipur spielen Frauen eine wichtige symbolische Rolle im öffentlichen Leben und bei Protesten – seien es die Imas von Ima Keithel (dem Frauenmarkt) [...] oder sogar die Frauen, die den Nupi Lan (Frauenkrieg) gegen die Briten anführten. Die gelebte Realität vor Ort sieht jedoch anders aus und Frauen im Staat sind einer tiefen Unterdrückung ausgesetzt*, schreibt die Menschenrechtlerin Chanu im „Indian Express".

Manipur ist ein indischer Bundesstaat mit 22.000 Quadratkilometer und 2,7 Millionen Einwohnern, also vergleichsweise klein und liegt an der Grenze zu Myanmar. Erstaunlich ist, dass Hindus und Christen mit jeweils 41 Prozent die größten Bevölkerungsgruppen darstellen. Im Jahr 2023 brachen Unruhen aus, bei denen 237 Kirchen zerstört, 100 Menschen getötet, 140 Dörfer niedergebrannt und 50.000 Christen vertrieben wurden. Bemerkenswert dabei ist, dass gleichzeitig die bis dahin unbedeutende hindunationalistische Partei zur stärksten Kraft wurde.

Chanu arbeitete schon um die Jahrtausendwende für eine Nichtregierungsorganisation, für die sie Gewaltakte des Militärs untersuchen sollte. In Manipur hatten sich Berichte darüber gehäuft, weil in Unruhegebieten Hausdurchsuchungen, Verhaftungen und Gewaltanwendung gang und gäbe waren.

Am 2. November 2000 nahm sie an einem Friedensmarsch teil. Am selben Abend erschoss eine Anti-Terror-Truppe zehn Zivilisten. Chanu trat daraufhin in einen Hungerstreik. Sie wurde verhaftet und zu Gefängnis verurteilt. Weil sie aber ihren Streik nicht beenden wollte, wurde sie 15 Jahre (!) lang im Krankenhaus über eine Magensonde zwangsernährt und isoliert. Im Januar 2015 wurde sie entlassen, weil Suizid in Indien nicht mehr strafbar ist. Am 26. Juli 2016 verkündete sie dann, ihren Hungerstreik zu beenden, um bei den Wahlen anzutreten und somit ihren „Kampf" in der Politik fortzusetzen.

Frauen stellen die Hälfte der Weltbevölkerung, leisten zwei Drittel der Arbeit, bekommen ein Zehntel des Einkommens

Als Urheberin dieses markanten Zitates gilt **Krishna Ahooja-Patel,** eine indische Gewerkschafterin, Frauenrechtlerin und Pazifistin, die in verschiedenen UN-Organisationen tätig war. Geboren wurde sie am 15. März 1929 im indischen Amritsar, lebte aber bereits im Jugendalter mit ihren Eltern in Bombay, dem heutigen Mumbai. Später ging sie nach London, studierte Jura und arbeitete als Journalistin. Ganze 25 Jahre war sie dann für die Internationale Arbeitsorganisation (ILO) tätig, wo sie lange Zeit für die Belange der weiblichen Arbeiter zuständig war. 1995 reiste sie mit einem von der Women's International League for Peace and Freedom organisierten Friedenszug zur UN-Weltfrauenkonferenz in Peking und schloss sich dieser Organisation an. Ein großes Anliegen war ihr ab 2000 die weltweite Akzeptanz der UN-Resolution 1325, die die wichtige Rolle der Frauen bei der Vermeidung und Lösung von Konflikten sowie bei Friedensprozessen betont. Weitere zentrale Themen dieser Internationalen Liga der Frauen sind Friedenserziehung, Frauenrechte, Abrüstung und die Stärkung der Vereinten Nationen. 2001 wurde Ahooja-Patel zur ersten nicht weißen Präsidentin gewählt. 2002 erlebte sie hautnah die Unruhen zwischen Hindus und Muslimen im indischen Bundesstaat Gujarat mit, denen mehr als 1000 Menschen zum Opfer fielen. Am 27. Februar 2002 wurden bei einem Anschlag auf einen Zug mit hinduistischen Pilgern 57 Menschen getötet, darunter 25 Frauen und 15 Kinder. Gewalttätige Ausschreitungen, die zu den brutalsten und schlimmsten seit der Unabhängigkeit von Großbritannien zählen, waren die unmittelbare Folge. Insbesondere Frauen wurden Opfer von Verstümmelungen, Folter und Massenvergewaltigungen.

Gujarat ist der westlichste Bundesstaat Indiens. Mit seinen 196.000 Quadratkilometern und über 63 Millionen Einwohnern gehört er zu den größeren Staaten. Zehn Prozent der Bewohner sind Muslime.

Schon als 13-jährige Schülerin hatte Ahooja-Patel eine Rede von Mahatma Gandhi gehört, die sie nicht nur tief beeindruckte, sondern auch ein Leben lang leitete. Und so organisierte sie nach den Unruhen 2003 ein Seminar für Frieden und Versöhnung zwischen Hindus und Muslimen und leitete gemeinsam mit ihrem Ehemann das Institute for Economic, Justice and Development an der Gujarat-Universität.

Am 27. Dezember 2018 starb Krishna Ahooja-Patel nach kurzer Krankheit in einer kanadischen Senioreneinrichtung.

Für die Mapuche bedeutet es verletzter Fluss

Daniela Catrileo, die am 16. März 1987 geboren wurde, ist Chilenin, trägt einen spanischen Namen und gehört zu einem Volk der indigenen Mapuche. Und so ist „Catrileo" eine hispanisierte Form des Mapuche-Wortes „katrü lewfü", das „verletzter Fluss" oder auf Spanisch „río herido" bedeutet. Auf ihn geht der Titel des ersten Gedichtbandes zurück, den Daniela mit 29 Jahren veröffentlicht hat. Seither ist sie als Schriftstellerin vor allem mit ihrem lyrischen Werk in Erscheinung getreten. Sie absolvierte zunächst das Studium der Pädagogik und Philosophie und organisiert auch heute noch literarische Workshops. Sie ist aktives Mitglied des Mapuche-Kollektivs „Rangintülewfü" und engagiert sich für die Rechte der indigenen Bevölkerung Chiles. So hat sie gemeinsam mit anderen Aktivisten eine mehrteilige Intervention mit dem Titel „Mari pura warangka küla pataka-mari meli: 18.314" realisiert. Die Arbeit thematisiert die Ungerechtigkeit, die den Mapuche durch das 1984 während der Pinochet-Diktatur erlassene Antiterrorismusgesetz 18.314 widerfahren ist.

Ihre jüngste Publikation „Pinen" (übersetzt: Schmutz, der am Körper haftet) erzählt in drei Prosaarbeiten über die „Peripherie der Peripherie von Santiago" und eine postdiktatorische, kapitalistisch zugerichtete Gesellschaft. Es geht um Tod und Gewalt, allgegenwärtigen Rassismus und Missbrauch, Ungleichheit und weibliche Mapuche-Identität. Die Historikerin Claudia Zapata Silva beschreibt diese Prosa als *ein literarisches Werk aus den Schützengräben der Gegenkultur*. Die Texte sind noch vor den chilenischen Protesten im Oktober 2019 entstanden und nehmen einiges davon vorweg. „The Writing of the River" spielt an der Mündung des Aconcagua-Flusses:

> *Ich habe nichts als einen Fluss.*
> *Kann der Fluss uns retten?*
> *Zeit stromabwärts ist auch horizontal.*
> *Ich höre den Rhythmus der Wellen*
> *an ihrem Rücken.*
> *Wir springen ein paar Mal*
> *um den Raum nicht zu durchnässen*
> *von Steinen*
> *die Lücke nicht füllen*
> *an Tagen, die im Feuer ertrinken.*

Die Aktivistin stellt sich vor: *Mein Name ist **Sevidzem Ernestine Leikeki**. Ich bin eine Klimaaktivistin aus der Nordwestregion Kameruns. Mein Fokus liegt auf zwei Sachen: Umweltschutz und den nächsten Generationen beizubringen, dasselbe zu machen. Wir können den Klimanotstand nicht ändern, ohne unser Land zu schützen und es zu regenerieren. Das ist der Grund, warum meine Kollegen und ich bei Cameroon Gender and Environment Watch uns für die Regenerierung des 20.000 Hektar großen Kilum-Ijim-Waldes engagieren. Meine Gemeinde von 300.000 Menschen ist für ihren Unterhalt von der Natur abhängig. Wir finden täglich Lösungen in unseren Wäldern und Äckern. Jedoch stehen unsere Naturschützer vor vielen Herausforderungen: Entwaldung, übermäßige Ausbeutung, Missbrauch und schlechter Bodenschutz. Und das wird alles verschlimmert durch Geschlechterungleichheit, kulturelle Barrieren und wenig oder gar kein Wissen über die Güte der Natur. Das Schlimmste sind die verheerenden Buschbrände. Um sicherzustellen, dass die Wälder in Zukunft weiterleben können, müssen wir unsere Kinder unterrichten, dass sie die Wälder beschützen, von ihnen wiederum beschützt werden. […] Ich nenne das: eine Waldgeneration aufziehen.*

Leikeki wurde 1985 geboren und hat selbst vier Kinder. Ihre Gemeinde liegt in einem Wald- und Ackerlandgebiet, das Brennholz liefert, aber unter Armut leidet. Zu ihren Aktivitäten gehört das Pflanzen von Bäumen, Aufklärung über die Gewinnung von Bienenwachs und die Herstellung von Honigwein sowie Reinigungsmitteln und Lotionen. Sie sagt: *Honig ist gleichbedeutend mit Geschlechtergleichheit, gleichbedeutend mit Naturschutz.* Bis 2020 hatte ihre Organisation 86.000 Bäume gepflanzt. Ihr Projekt zielt darauf ab, die sozioökonomischen und ökologischen Rechte von Frauen und Mädchen zu unterstützen. In Kamerun existieren noch zahlreiche tropische Naturwälder. Sie sind traditionell wichtige Ressourcen für den Lebensunterhalt der lokalen Bevölkerung. Faktoren wie Migration, Bevölkerungswachstum, gestiegener Bedarf an Feuerholz, expansive Landwirtschaft gefährden die Funktionen der Waldökosysteme. Dazu kommen illegaler Holzschlag und Wilderei, was die Situation noch verschärft. Menschen wie Leikeki sind daher unentbehrlich, wenn man einer zukünftigen ökologischen Katastrophe entgegenwirken will.

Sie war französische Diplomatin und ist georgische Staatspräsidentin

Solche Geschichten kommen nur selten vor und können gar nicht erfunden werden. Da flieht eine georgische Familie nach der Februarrevolution 1917 vor der sowjetischen Roten Armee nach Paris und am 18. März 1952 kommt dort eine Tochter zur Welt, die den Namen **Salome** erhält. Ihr Vater Levan **Surabischwili** war Gründer einer georgisch-orthodoxen Kirche in der französischen Hauptstadt und Vorsitzender eines georgischen Freundeskreises. Salome trat in den diplomatischen Dienst Frankreichs und vertrat das Land in den USA, Italien und im Tschad sowie bei der UNO, der NATO und in der OSZE. 2003 wurde sie dann Botschafterin in Tiflis. Als der georgische Präsident Michail Saakaschwili Frankreichs Präsidenten Jacques Chirac im Jahr 2004 besuchte, bat er ihn, die Diplomatin für das Amt der georgischen Außenministerin freizustellen. Sie erhielt in der Folge auch die georgische Staatsbürgerschaft, ergriff scharfe Maßnahmen gegen Korruption in der Visa- und Passabteilung und handelte mit Moskau 2005 einen Abzugsplan für die in Georgien stationierte Truppe aus. Natürlich schuf sie sich im mächtigen Apparat Feinde und erklärte ganz offen, von Vertretern der Regierungspartei vom ersten Tag an gemobbt worden zu sein. Clanhäuptlinge hätten absichtlich politische Minen gelegt, um sie aus dem Weg zu räumen. Ihre Entlassung verursachte prompt eine Regierungskrise, weil sie auch entsprechende Befürworter hatte, die in ihr *die erfolgreichste Außenministerin Georgiens* sahen. In der Folge gründete sie eine Mitte-rechts-Partei, den „Georgischen Weg", und wandte sich auch gegen jenen Präsidenten, der sie ins Amt geholt hatte. Sie kritisierte, dass er sich von der Rosenrevolution abgewandt habe. Später verschärfte sie die Angriffe noch und warf dem Präsidenten vor, eine KGB-Schule besucht zu haben und stalinistische Machttechniken anzuwenden.

Sie wollte 2013 zur Präsidentschaftswahl antreten, wurde aber wegen ihrer doppelten Staatsbürgerschaft nicht zugelassen.

2016 kandidierte sie als unabhängige Kandidatin für das Parlament, wurde von dem Parteienbündnis „Georgischer Traum" unterstützt und gewann ihren Sitz. Als sie 2018 wieder zur Präsidentenwahl antreten wollte, setzte der „Georgische Traum" ein Gesetzesänderung durch, der zufolge ihre Kandidatur mit zwei Staatsbürgerschaften erlaubt war, sobald sie die Abgabe der zweiten beantragt hatte. Am 16. Dezember 2018 wurde sie nach erfolgreicher Wahl als Präsidentin vereidigt.

So müsste die Überschrift eines Regierungsprogramms von Madagaskar lauten. Die Republik ist nach Indonesien der zweitgrößte Inselstaat der Erde und von Gegensätzen geprägt. Kilometerlange Sandstrände, Regenwälder, aber auch Trockensteppen und Wüstenebenen – Madagaskar hat atemberaubende Landschaften zu bieten, doch für LandwirtInnen sind die Lebensumstände weniger paradiesisch. Madagaskar zählt neben Bangladesch und Indien zu den drei Ländern, die am stärksten von den Auswirkungen des Klimawandels betroffen sind. Wirbelstürme, Dürren, Überschwemmungen, Buschfeuer und Wanderheuschrecken vernichten immer wieder die mageren Ernten der Inselbewohner. Trotz der reichhaltigen natürlichen Ressourcen lebt der überwiegende Teil der Menschen unter der Armutsgrenze. Da praktisch für alles zu wenig (öffentliches) Geld vorhanden ist, wird die Unterstützung durch AktivistInnen umso wertvoller.

Zu ihnen zählt die 35-jährige **Marie Christina Kolo,** die nicht nur Klimaaktivistin, sondern auch Ökofeministin ist. Schon als kleines Kind nahm sie die Umweltauswirkungen, die auf das Konto der Textilfabriken in der Nähe ihres Hauses gingen, wahr und verlangte als Heranwachsende, die Verschmutzung zu stoppen. 2015 wurde sie in der Klimaarbeit aktiv, als sie als Freiwillige der Vereinten Nationen in der dürregefährdeten Region Androy arbeitete.

Während dieser Zeit war Kolo auch eine Mitbegründerin des Indian Ocean Climate Network für Jugendliche in Madagaskar, Mauritius, Réunion und den Seychellen. Diese Plattform organisierte 3000 Teilnehmer am ersten madagassischen Klimaprotestmarsch im Jahr 2015. Sie gründete auch ein Sozialunternehmen für recycelte Materialien, stellte aus gebrauchtem Speiseöl eine umweltfreundliche Handwaschseife her und initiierte die Organisation „Reisen ohne Angst" gegen sexuelle Belästigung in Bussen. Im Jahr 2019 nahm sie an der Klimakonferenz der Vereinten Nationen teil, bekam ein Jahr später einen Preis für die Bekämpfung sexueller Übergriffe und geschlechtsspezifischer Gewalt. In einem virtuellen Gespräch mit dem UN-Generalsekretär sprach sie über die Auswirkungen des Klimawandels und von Covid-19 auf Madagaskar, deren Konsequenz die folgende Hungersnot war.

Mit großer Berechtigung gehört sie zu den „100 Women der BBC" des Jahres 2023.

Unsere Aufgabe war nie einfach

Es war nicht mit Rosen gepflastert, sondern mit Kugeln und Soldaten, ängstlichen Müttern und verängstigten Kindern, deren Wunden noch nicht verheilt sind, vermint.

Die da spricht, ist die Jüdin **Arna Mer Khamis,** geboren am 20. März 1929, der im Jahr 1993 der Right Livelihood Award, geläufiger als Alternativer Nobelpreis, verliehen wurde.

Ich wurde vor über sechzig Jahren in einer kleine Gemeinde in Palästina geboren, im jüdischen Moshava Rosh Pina und im arabischen Dorf Ja'ouni. [...] Seit 1948 ist das jüdische Rosha Pina gewachsen und hat sich entwickelt, während das Dorf Ja'ouni vom Erdboden verschwunden ist. Seine Bewohner wurden zu dem, was wir die palästinensischen Flüchtlinge nennen, die aus ihrer Heimat vertrieben und in Lagern eingesperrt wurden. Sogar das Land, die Quelle des Lebensunterhalts und die Grundlage einer ganzen Kultur, ging durch den puren Raub oder die Zwangsumsiedlung in die Hände anderer über. [...] In diesem Land wurden die Samen von Rassismus und Leid, Kriegen, Tod und Schmerz gesät. Vor uns steht eine ganze Nation ohne Menschenrechte, in der Kinder, umgeben von Bildern von Soldaten, Steinen und Waffen aufwachsen. Sie haben Angst, sie werden bedroht, sie sind verletzlich. Und ihre Leidensschreie werden von Lautsprechern übertönt, die über Recht, Ordnung, Sicherheit und Fortschritt schreien. Das ist vor 30 Jahren ausgesprochen worden und noch heute so beklemmend aktuell. Dass es von der israelischen Jüdin Arna Mer Khamis gesagt werden konnte, ohne dafür mit Konsequenzen in ihrem Land rechnen zu müssen, spricht für eine weithin funktionierende Demokratie, die die arabischen Nachbarn nicht in Anspruch nehmen können. Arna hatte selbst auch für das Existenzrecht Israels gekämpft, und zwar mit dem Palmach und den Streitkräften des jungen Staates. Der Palmach war die Elitetruppe der Hagana, der Untergrundarmee des Jischuw (der jüdischen Gemeinde) während der britischen Besatzung. Eine positive Haltung zu ihrer Heimat kann man ihr ebenso wenig absprechen wie die Sehnsucht nach friedlichem Zusammenleben und Fairness gegenüber der palästinensischen Minderheit. Während der ersten Intifada gründete sie Organisationen, die sich insbesondere für die arabischen Kinder im Westjordanland und in Flüchtlingslagern einsetzten. Einer ihrer Söhne war ebenfalls Friedensaktivist und wurde ermordet. Sie starb am 15. Februar 1995 nach einer Krebserkrankung.

Die Bewegung heißt „Black Lives Matter", was bedeutet, dass „schwarze Leben" zählen. Sie zählen, weil jedes Menschenleben zählt, weil Pigmentierung der Haut nicht zählt. Das sollte jeden Tag gelten, aber am 21. März sollte es besonders betont werden, weil es der Internationale Tag gegen Rassismus ist. Etwa neun Minuten hat der Todeskampf von George Floyd am 25. Mai 2020 gedauert. Dann hat der weiße Polizist den schwarzen US-Amerikaner endgültig erstickt. Das Video, das die Tat zeigt, ging mit „Black Lives Matter" um die ganze Welt. Mit einer noch nicht gesehenen Protestwelle gegen rassistische Polizeigewalt. Die Bewegung war schon sieben Jahre zuvor von drei „women of color" gegründet worden: **Alicia Garza – Opal Tometi – Patrisse Cullors.**

Anlass war der Freispruch eines Weißen namens George Zimmerman nach dem Todesfall des afroamerikanischen Teenagers Trayvon Martin. Nationale Bekanntheit bekam „Black Lives Matter" (BLM) durch Demonstrationen, die auf die Todesfälle zweier Afroamerikaner 2014 folgten: Michael Brown und Eric Garner.

BLM ließ sich von der US-Bürgerrechtsbewegung der 1960er-Jahre ebenso inspirieren wie von „Black Power", der „Black Feminism"-Bewegung der 1980er-Jahre, und einigen anderen Aktivitäten. Die Gründerin Alicia Garza fasst die Philosophie wie folgt zusammen: *Wenn wir sagen, Black Lives Matter, sprechen wir über die Art und Weise, wie wir Schwarze grundlegender Menschenrechte und Menschenwürde beraubt werden. Damit wird bestätigt, dass die Armut unter Schwarzen und Genozid staatlich sanktionierte Gewalt sind. Es wird bestätigt, dass eine Million schwarzer Menschen, die in diesem Land in Käfige eingesperrt sind – die Hälfte aller Menschen in Gefängnissen – Ausdruck staatlich sanktionierter Gewalt ist. Es wird bestätigt, dass schwarze Frauen weiterhin die Bürde eines unerbittlichen Angriffs auf unsere Kinder und Familien tragen, und dass dieser Angriff staatliche Gewalt ist.*

Die 52-jährige Alicia Garza studierte in Kalifornien Anthropologie und Soziologie und wurde 2011 Vorsitzende der Organisation Right to the City Alliance, die sich in Oakland gegen Gentrifizierung (im Jargon auch Yuppisierung) und Polizeigewalt einsetzt. *Und die Tatsache, dass die Leben Schwarzer, nicht die Leben ALLER, unter diesen Bedingungen existieren, ist das Resultat von staatlich sanktionierter Gewalt,* setzt sie fort.

Die erste Frau, die in Südamerika wählte

Als die Südamerikaner sich von der spanischen Krone befreiten und unabhängig wurden, waren es die Männer wie San Martín und Símon Bolívar, die vor den Vorhang traten, der nationalen Ruhm verhieß. Wie viele Indigene und Schwarze für die weiße Oberschicht kämpften, ist genauso verborgen geblieben wie die Rolle der Frauen, die sie vor und nach der Trennung vom spanischen Herrschertum spielten. Einige wenige Ausnahmen, wie etwa Manuela Sáenz, bestätigen höchstens die Regel. Mein Kalendarium will ein wenig mehr Licht ins Dunkel bringen, wie etwa durch **Julieta Lanteri,** eine italienisch-argentinische Ärztin, Sozialreformerin und Frauenrechtlerin. Sie wurde am 22. März 1873 noch in Italien geboren, als sie sechs Jahre alt war, emigrierte ihre Familie nach La Plata. Sie war dort die erste Frau, die das Colegio Nacional besuchte. Später war sie eine der ersten Frauen, die in Argentinien ein Medizinstudium absolvierten. Als Ärztin arbeitete sie an Gesundheitsreformen, um die Versorgung von Frauen und Kindern, vor allem auch unverheirateter Mütter, zu verbessern. 1909 gründete sie die Nationale Liga der Freidenkerinnen, ein internationaler Frauenkongress und ein nationaler Kongress für Kinder wurden ebenfalls mit ihrer Hilfe möglich.

Nachdem sie die argentinische Staatsbürgerschaft erlangt hatte, erstritt Lanteri vor Gericht das Recht, bei den Kommunalwahlen abstimmen zu dürfen. Am 26. November 1911 gab sie als erste Frau in Südamerika ihre Stimme ab. In Europa war nur Finnland (1906) früher dran, während Liechtenstein im Jahr 1984 das Schlusslicht bildete. Die argentinischen Männer wussten sich zu helfen, und so wurde die Ableistung des Militärdienstes als Voraussetzung für die Ausübung des Wahlrechts zu einer für Frauen unüberwindbaren Hürde.

Aber Lanteri war auch sonst überaus umtriebig für die damalige Zeit: Sie gründete eine Feministische Partei, forderte ein allgemeines Wahlrecht, die Gleichstellung von Männern und Frauen, Gesetze zur Regelung der Arbeitszeit, des Mutterschaftsgeldes und des Schutzes von Frauen und Kindern. Daneben waren eine Gefängnisreform, die Abschaffung der Todesstrafe, Sozialhygiene und größere Sicherheitsvorschriften in Fabriken wichtige Themen, derer sie sich annahm.

Im Alter von 59 Jahren wurde sie von einem Auto überfahren – der Fahrerflüchtige konnte nie ausgeforscht werden.

Als Pinochet vor 50 Jahren gegen den demokratisch gewählten Präsidenten Allende putschte, begannen unmittelbar darauf Verhaftungen von mutmaßlichen Gegnern, also hauptsächlich Linken der verschiedensten Fraktionen, mit daran anschließenden Mordserien, denn auf ordentliche Gerichte wollte man nicht angewiesen sein. Als Todesurteil genügte, links und populär zu sein, wie der im Volk ungemein beliebte Sänger (und Kommunist) Víctor Jara. Noch heute ist das Schicksal von mehr als 1000 Menschen ungeklärt. Der lange Schatten des Schlächters liegt noch immer über dem Land, sei es bei einem Referendum zur Abschaffung seiner Verfassung, sei es bei einem Gedenkmarsch zur Erinnerung an die Tage nach dem 11. September 1973. Ein Augenzeuge: *Kurz nach Beginn des Marsches fährt die Polizei mit schweren Einsatzwagen und Wasserwerfern vor, schneidet den friedlich Demonstrierenden, darunter viele alte Leute und Kinder, immer wieder den Weg ab.* Ein Demonstrant zu einem ARD-Team: *Sie wollen uns Angst machen, wie damals 1973, als sie Allendes Politik boykottiert haben, nun blockieren sie die Boric-Regierung.*

Es gehörte nach dem Putsch vor 50 Jahren viel Mut dazu, Widerstand gegen die Pinochet-Diktatur zu leisten, weil man das Schicksal derer kannte, die aufgeflogen waren.

Die chilenische Anwältin **Elena Caffarena,** geboren am 23. März 1903, war nicht nur Begründerin der Bewegung für die Emanzipation chilenischer Frauen und der chilenischen Föderation der Fraueninstitutionen sowie der Stiftung zum Schutz von Kindern, sondern auch aktiv an der Unterstützung von Unterdrückten der Pinochet-Diktatur beteiligt. Ab 1926 war sie Anwältin und damit eine der ersten chilenischen Juristinnen. Überdies war sie mit einem kommunistischen Anwalt verheiratet. 1938 gründete sie mit Olga Poblete die Pro-Emanzipations-Bewegung chilenischer Frauen und kämpfte für erweiterte Frauenrechte. In diesem Jahr bekam sie vom damaligen Präsidenten den Auftrag, einen Entwurf für das Frauenwahlrecht auszuarbeiten, der jedoch erst 1949 verwirklicht wurde, weil der Präsident starb. Während der dunklen Jahre der Diktatur koordinierte sie weiterhin feministische Aktionen, die oft in ihrem eigenen Haus organisiert wurden. Ziel zweier Organisationen, die sie ebenfalls – obwohl schon über 70 Jahre alt – ins Leben rief, war, Unterdrückten dieser Zeit zu helfen und sie zu schützen. Sie war eine Volksheldin, die 100-jährig starb.

Asylansuchen wegen sexueller Veranlagung

Vielfach wird die Tatsache, dass Homosexualität in Afrika zum Teil mit drakonischen Strafen verfolgt wird, auf alte Traditionen und daraus erwachsende Homophobie zurückgeführt. Das ist zumindest zum Teil unzutreffend, da homosexuelle Aktivitäten bei verschiedenen Völkern dokumentiert sind, wie zum Beispiel den Khoikhoi, Ndebele, Shona und San. So ist bekannt, dass das San-Volk, das seit Tausenden Jahren im südlichen Afrika lebt, homosexuelle Praktiken ausführte, denn ein Felsgemälde zeigt Männer beim Analverkehr. Bei den Khoikhoi weiß man auch von Beziehungen zwischen Frauen.

Gesetze gegen gleichgeschlechtliche sexuelle Aktivitäten stammten erst aus dem Jahr 1891, als die British South Africa Company dem späteren Rhodesien das am Kap der Guten Hoffnung bereits angewandte Gesetz auferlegte. Mehr als hundert Jahre später wurden Gesetze verabschiedet, die alle als homosexuell wahrgenommene Handlungen unter Strafe stellten. Der Langzeitpräsident von Simbabwe, wie Rhodesien mittlerweile hieß, Robert Mugabe, verkündete etwa: *Es beeinträchtigt die Menschenwürde. Das ist unnatürlich, und es steht außer Frage, diesen Menschen jemals zu erlauben, sich schlimmer zu benehmen als Hunde und Schweine.* Mugabe machte außerdem Schwule für viele Probleme Simbabwes verantwortlich und betonte entgegen historischem Wissen, Homosexualität sei unafrikanisch und sei eine unmoralische Kultur, die von den Kolonialisten eingeführt worden sei. Nach seiner erzwungenen Absetzung scheinen sich „windows of opportunity" zu öffnen und man erlebt einen Rückgang von homophoben Hassreden.

Moud Goba ist eine simbabwische Frau, die in Harare aufwuchs, jedoch aus dem Land floh, weil auch sie als Lesbierin von Schikanen und Strafen bedroht war. In den zwei Jahren, die sie in London warten musste, bis ihr Asylantrag genehmigt war, arbeitete sie ehrenamtlich für LGBTI-Organisationen und war eines der Gründungsmitglieder von UK-Black-Pride, einer schwarzen Gay-Pride-Veranstaltung in London, die seit 2005 stattfindet. Derzeit arbeitet sie als Projektmanagerin für Micro Rainbow International, eine Wohltätigkeitsorganisation, die obdachlose und asylsuchende LGBTI-Personen unterstützt. 2023 wurde sie aufgrund ihrer Arbeit in die Aktivistenliste von Global Citizen aufgenommen, einer Organisation, die gegen Armut und für soziale Gerechtigkeit kämpft.

In ihrer Sprache existierte kein eigenständiges Wort für Religion, denn in ihrer Weltsicht gab es keinen Unterschied zwischen einer diesseitigen und einer jenseitigen Welt. Von den ersten Besiedlern stammt die animistische Auffassung von der göttlichen Beseeltheit der ganzen Welt. Ahnenkult hatte große Bedeutung, die Betrachtung des Menschen war von einem Körper und einer davon getrennten Seele ausgegangen. Von den Ahnen erbten sie die göttliche Kraft Mana, diese nahmen auch durch Zeichen oder Träume unmittelbar Einfluss auf das Leben des Einzelnen.

Das Wort „Tabu" hat seinen Ursprung in „Tapu", was so viel wie unantastbar, unverletzlich, geheiligt bedeutet und in der Religion eine Rolle spielt. Obwohl die Ureinwohner heute zumeist Christen sind, sind „Mana" und „Tabu" Begriffe, die für sie noch heute von Bedeutung sind. Die Rede ist von den Maori in Neuseeland, die aus Polynesien einwanderten – denn bis dahin war diese Inselwelt unbewohnt. Maori erleben ihre Identität nicht in erster Linie genetisch festgelegt, sondern im kulturellen Zugehörigsein. Das bedeutet: Maori ist, wer sich als Maori identifiziert, denn das heißt „ursprünglich" und „einheimisch" und gilt für etwa 15 Prozent der neuseeländischen Bevölkerung.

Während sie heute mehr Rechte genießen, als es Indigenen in anderen Ländern durchzusetzen gelungen ist, gibt es nichtsdestotrotz vor allem soziale Probleme mit entwurzelten, ihrer Identität beraubten Menschen. Ab den 1960er-Jahren erlebte ihre Kultur einen beachtlichen Aufschwung, denn die Regierung erkannte die Maori als politische Kraft an, und seither sind Vertreter der Maori Party im Parlament aktiv.

Eine davon ist **Marama Fox,** die von 2014 bis 2018 auch Co-Vorsitzende ihrer Partei war. Nach ihrer Ausbildung unterrichtete sie an Maori-Sprachschulen mit dem Ziel, das Verständnis für die Sprache, Kultur und Weisheit der Maori zu fördern. Später stellte sie ihr Wissen auch dem Bildungsministerium zur Verfügung und wurde ins Parlament gewählt. 2018 schied sie aus dem Parlament aus, trat als Co-Vorsitzende ihrer Partei zurück und verließ ihr Zuhause in Masterton. Ebenfalls in diesem Jahr brach ihr Beratungsunternehmen zusammen, weil die Schulden zu hoch geworden waren. Sie tauchte unter, um sich juristischen Verfolgungen zu entziehen. Damit endet ihre Geschichte, die nicht alltäglich ist.

Man nannte sie den Engel von Auschwitz

Wir haben Schreckliches über sie gehört: die Schlächter, Mörder, Peiniger, Sadisten, die im KZ Auschwitz ihr Unwesen getrieben haben. Ihre Geschichten ähneln denen in den anderen Brutstätten des Bösen in Nazideutschland. Aber es gab auch die anderen, die Hoffnung auf das Gute aufkommen ließen, Wärme in die menschliche Kälte brachten, Lichter im Dunklen zündeten. Bücher sind ihrer Erinnerung gewidmet, in hohen Ehren werden sie heute gehalten. „Niemals vergessen" hat auch eine herzerwärmende Seite, denn es schließt ja auch die Heldinnen und Helden von damals ein.

Stellvertretend für sie alle sei an diesem 26. März an die am gleichen Tag geborene **Angela Maria Autsch** erinnert, die als Nonne des Trinitarierordens im KZ sterben sollte. Es ist aber auch der Tag ihres Eintreffens in Auschwitz, wovon ein Foto zeugt. Das Unglaubliche dabei ist, dass sie in die Kamera lächelt, mit einer Zuversicht und Leichtigkeit, wie sie nur durch den Glauben vermittelt werden können – *Ich weiß auch in der dunkelsten Stunde Gott bei mir.* Dabei war ihr frühes Leben eher gewöhnlich: mit 15 Jahren Kindermädchen, dann Verkäuferin in einem Modegeschäft. 1930 der Einschnitt: Als sich ihr Verlobter erhängte, zog sie fort und kam in Kontakt mit dem Trinitarierorden. 1938 fand sie Aufnahme in das Tiroler Kloster Mötz, rettete dieses vor dem Zugriff der Nationalsozialisten, indem sie argumentierte, das Kloster sei spanisches Eigentum. Ab diesem Zeitpunkt befand sie sich im Fokus der Gestapo. Eine anonyme Denunziation gab dann auch eine Begründung fürs Einschreiten: Sie hatte Hitler als Unglück für Europa bezeichnet und nannte ihn in ihrem Tagebuch „Geißel Europas". Wegen „Führerbeleidigung und Wehrkraftzersetzung" wurde sie in das KZ Ravensbrück eingeliefert und musste den roten Winkel der politischen Gefangenen tragen. Als sie ins Krankenrevier versetzt wurde, nutzte sie die Gelegenheit, heimlich Medikamente und Seife an Mitgefangene weiterzugeben. Auch hier war sie in der Krankenbetreuung tätig, wo sie am 23. Dezember 1944 nach einem Bombenangriff der Alliierten an einem Granatsplitter starb, der sie in die Lunge traf.

Es war insbesondere eine jüdisch-slowakische Ärztin, die die Geschichte der Ordensfrau und ihrer aufopferungsvollen Hilfsbereitschaft überlieferte. In rund 100 Briefen hatte Schwester Angela ihren tiefen Glauben während der Haftzeit bezeugt, „Engel von Auschwitz" ist ein Ehrentitel, den auch alle respektieren, denen himmlische Wesen ansonsten eher fremd sind.

Amira Osman Hamed ist eine sudanesische Frauenrechtlerin, die mit anderen Frauen die Initiative „Nein zur Unterdrückung von Frauen" begründete. Sie hat sich ebenso konsequent für Demokratie und allgemeine Menschenrechte eingesetzt, was unter dem Langzeitdiktator Umar al-Baschir als Kampfansage gegen das Regime betrachtet wurde. Und so wurde sie schon 2002 verhaftet, weil sie in der Öffentlichkeit Hosen trug. Sie ließ sich aber nicht entmutigen und gründete 2009 die genannte Organisation, die die Rechte der Frauen einfordert und sich für Reformen im Rechts- und Justizwesen einsetzt.

Bis zur Abspaltung des Südens war der Sudan das flächengrößte Land Afrikas mit 47 Millionen Einwohnern. 1989 war al-Baschir durch einen Putsch an die Macht gekommen und setzte den im Süden tobenden Bürgerkrieg bis 2005 fort, ehe es zur Abspaltung kam. Erst 2019 wurde al-Baschir im Zuge eines neuerlichen Militärputsches gestürzt und es gab die Hoffnung auf eine Demokratisierung im Land, bis das Militär am 25. Oktober 2021 wieder putschte.

Am 15. April 2023 brachen landesweit Kämpfe zwischen den sudanischen Streitkräften und den Rapid Support Forces aus. Das System ist fragil, der Demokratieindex im Keller, von Freiheit keine Spur und Korruption allgegenwärtig. Die Kämpfe dauern an, ohne dass davon allzu viel Notiz genommen wird.

Amira Osman hat sich die ganzen Jahre hindurch von ihrer Mission nicht abhalten lassen und wurde 2013 zwei Mal verhaftet, weil sie sich weigerte, ein Kopftuch zu tragen, das ihr Haar bedecken sollte. 2022 wurde sie bei einer Razzia in ihrem Haus festgenommen. Erst die Mobilisierung internationaler Organisationen bewirkte ihre Freilassung nach zwei Wochen Isolationshaft. Dennoch wollte sie weiter aktiv bleiben und beteiligte sich an einer Demonstration vor einem Frauengefängnis.

Das alles erinnert auch an die Journalistin **Lubna el-Hussein,** die 2009 ebenfalls wegen des Tragens von Hosen verhaftet worden war. Sie war außerdem für ihre öffentliche Kritik an der Behandlung von Frauen durch die Verwaltung bekannt. Das damalige Strafrecht verbot „unanständige" Kleidung in der Öffentlichkeit und ahndete diese „Vergehen" mit 40 (!) Peitschenhieben und einer Geldstrafe. Auf Druck der Vereinten Nationen, für die sie arbeitete, wurde sie dann lediglich zu einer Geldstrafe verurteilt.

Ihr Mi'kmaq-Name war Naguset Eask

Die Mi'kmaq sind ein Volk, das im östlichen Nordamerika lebt und von dem es in Kanada 29 „First Nations" gibt (so werden dort die indigenen Völker bezeichnet). Sie umfassen um die 60.000 Angehörige. **Anna Mae Aquash,** die den Mi'kmaq-Namen Naguset Eask trug, wurde am 27. März 1945 in Nova Scotia geboren und im Alter von 30 Jahren in der Pine Ridge Reservation ermordet. Dazwischen lag ein bewegtes Leben, vor allem als prominentes Mitglied des American Indian Movement (AIM). So nahm sie an Protesten der indigenen Bevölkerung gegen die 350-Jahr-Feier der Ankunft der Pilgrim Fathers im Bostoner Hafen teil. Aktivisten enterten den Nachbau der „Mayflower" am Thanksgiving-Tag 1970.

1973 reiste sie mit dem kanadischen Ojibwa (Stammesname) Nogeeshik Aquash nach Pine Ridge und nahm an der Besetzung von Wounded Knee durch die AIM teil. An diesem Ort in South Dakota war am 29. Dezember 1890 ein Massaker durch die Angehörigen eines US-Regiments verübt worden, bei dem 300 Angehörige der Sioux-Stämme einfach ermordet worden waren. Ohne Gnade wurde auf Frauen, Kinder und Flüchtende geschossen – der Fluss färbte sich rot vom Blut der Massakrierten. Sowohl im Jahr 1974 als auch 1975 nahm sie an zum Teil spektakulären Aktionen teil und begann innerhalb der AIM eine prominente weibliche Rolle zu spielen. Einige Monate nach dem Schusswechsel auf einer Ranch, bei der zwei FBI-Agenten und ein AIM-Aktivist erschossen wurden, geriet die Frau unter den Verdacht, der Polizei zuzuarbeiten. AIM-Vertraute unterzogen sie anschließend „Verhören"; Anfang 1976 wurde ihre entstellte Leiche gefunden und zunächst als „nicht identifiziert" begraben, obwohl Polizeibeamte anwesend waren, die sie persönlich gekannt hatten. Bis heute gibt es unterschiedliche Theorien und Vermutungen über Motiv und Hergang der Tat, doch dürfte sicher sein, dass der oder die Mörder aus den Reihen des AIM kamen, da man davon ausging, dass Anna Aquash alle Details des Todes der FBI-Agenten kannte. Eine Aktivistin beschrieb sie posthum: *Sie war unter anderem deshalb so wichtig, weil sie sehr symbolisch war, eine hart arbeitende Frau. Sie widmete ihr Leben der Bewegung, der Beseitigung aller Ungerechtigkeiten [...] man muss sich die Tausenden Frauen ansehen und bedenken, dass es bei der AIM hauptsächlich Frauen waren [...]*

Was fehlende Militärherrschaft oder ausbleibende zivile Diktatur im Positiven bedeuten, zeigt das mittelamerikanische Land Costa Rica, das seit 1948 keine gewaltsame Auseinandersetzung mehr kennt. Damals tobte sechs Wochen lang ein Bürgerkrieg mit 2000 Toten. Man lernte daraus: 1949 wurde eine neue Verfassung eingeführt und das Militär abgeschafft. In den folgenden Jahrzehnten war Costa Rica von Frieden und Wohlstand geprägt. Es wurde ein umfassendes Sozialpaket geschnürt und ein vorbildliches Bildungssystem eingerichtet. Das Land ist heute stabil, hat eine hohe Bewertung, was die demokratische Praxis anbelangt, einen hohen Freiheitsstatus, der auch der Presse zugutekommt, und eine (für lateinamerikanische Verhältnisse) niedrige Korruptionsstufe. Sieht man sich die prekäre Situation in Guatemala, Honduras, El Salvador und Nicaragua an, kann man nur sagen: *Von Costa Rica lernen*. Man soll zwar Ursachen mit Wirkung nicht verwechseln, aber es ist auffällig, dass sich die Vereinigten Staaten in Costa Rica im Vergleich zu den anderen Ländern vergleichsweise wenig in die Politik eingemischt haben. Ein ruhiges Eck im Hinterhof gewissermaßen.

Das ermöglichte eine Politik, die Jahrzehnte hindurch berechenbar war und keine spektakulären Ausschläge aufwies. 1983 wurde die dauernde aktive und unbewaffnete Neutralität des Landes verkündet.

Die am 28. März 1959 geborene Politikwissenschafterin **Laura Chinchilla Miranda** wurde am 8. Mai 2010 Staatspräsidentin und übte das Amt genau vier Jahre hindurch aus. Sie gehörte der sozialdemokratischen Partido Liberación Nacional an und war die erste Frau im höchsten Amt. Schon in den 1990er-Jahren hatte sie Ministerfunktionen ausgeübt und zwar im Bereich der Justiz und der öffentlichen Sicherheit. Nach dem Sieg ihrer Partei bei den Präsidentschaftswahlen 2006 wurde sie die erste Vizepräsidentin Costa Ricas. 2012 setzte sie gegen viel Widerstand durch, dass die Bestimmungen von Artenschutzgesetzen effektiv angewendet und eingehalten werden. Sie setzte sich auch für ein Ehegesetz ein, welches sich auf *soziale Rechte und Vorteile einer zivilen Gemeinschaft, frei von Diskriminierung* bezieht und somit eine gleichgeschlechtliche Beziehung erlaubt. Die Einstimmigkeit der Verabschiedung klingt wie ein Wunder, ist aber nach dem Eingeständnis der konservativen Rechten dem Umstand zuzuschreiben, dass sie die geänderte Fassung einfach nicht gelesen hatten.

Es gibt noch Abolitionistinnen, weil die Sklaverei weiter existiert

„Abolitio" heißt auf Latein „Abschaffung" und war eine Bewegung gegen die Sklaverei. Christentum und Aufklärung hatten entdeckt, dass es sowohl göttlichem wie auch Menschenrecht widersprach, Menschen als Sachen zu behandeln, die beliebig vermarktet werden könnten. Dennoch gab es genügend „aufrechte" Christenmenschen, die sich darum nicht scherten, und auch prominente Aufklärer, die vom einschlägigen Handel profitierten. Das hat sich bis heute nicht geändert, und so gibt es auch jetzt noch Sklaverei in Form von Zwangsprostitution oder Zwangsarbeit, wo nicht das Recht, sondern die Macht des Faktischen regiert. Offiziell ist die Sklaverei zwar auf der ganzen Welt abgeschafft, aber Schätzungen zufolge leben noch immer 50 Millionen Menschen in sklavenähnlichen Abhängigkeiten und Zuständen – Tendenz steigend.

Bemerkenswert ist, dass Saudi-Arabien erst 1962 und Mauretanien 1980 die Sklaverei offiziell verboten. Im Niger wurde Sklaverei 2003 zu einem Straftatbestand, jedoch wurden nur einige Hundert Sklaven freigelassen, während vermutlich noch Zehntausende – auch Kinder – als Haussklaven gehalten werden. Der Staat schützt seine Bürger noch immer zu wenig, denn die Sklaverei ist nach wie vor fester Bestandteil der dortigen Kultur.

Hadizatou Mani, Tochter einer solchen Sklavin, wurde 1996 im Alter von zwölf Jahren an einen 60 Jahre alten Mann verkauft, der sie zu landwirtschaftlichen Arbeiten zwang, sie schlug, vergewaltigte und drei Mal schwängerte. Die Tatsache, dass die Sklaverei in Niger seit 2003 verboten war, wurde ihr verheimlicht, und der alte Mann versuchte, die Dorfautoritäten davon zu überzeugen, dass sie keine Sklavin, sondern eine seiner Ehefrauen sei.

Mani kam 2005 aber doch frei und heiratete anschließend einen Mann ihrer Wahl. Der alte Vergewaltiger besaß daraufhin die Frechheit, sie wegen Bigamie zu klagen, und in der Tat wurde sie zu sechs Monaten Gefängnis verurteilt. Mit Unterstützung einer nigrischen und später auch einer englischen Organisation verklagte Hadizatou Mani daraufhin die Regierung Nigers vor dem Gerichtshof der Westafrikanischen Wirtschaftsgemeinschaft. Dieser gab Mani recht und verurteilte die Regierung zu einer hohen Entschädigungszahlung. 2009 wurde ihr der International Women of Courage Award durch die damalige First Lady Michelle Obama und Außenministerin Hillary Clinton verliehen.

Der Tod einer Journalistin ist der Angriff auf die Wahrheit selbst

Wenn aus den nordirischen Krisengebieten wie Derry oder Belfast berichtet wird, dass sich Katholiken und Protestanten blutige Kämpfe geliefert haben, dann ist das nur die halbe Wahrheit: Denn die Auseinandersetzung, die scheinbar zwischen zwei Religionsgemeinschaften ausgetragen wurde – wie das in Europa in mehreren blutigen und zum Teil lang andauernden Kriegen der Fall war –, ist ein Konflikt zwischen zwei Ethnien: den katholischen und traditionell armen irischen Bauern und den protestantischen Siedlern und Kaufleuten, die mit den englischen Eroberern kamen. Die einen sind nach der Abspaltung vom Königreich im frühen 20. Jahrhundert Republikaner, die anderen noch immer königstreu.

Die Anfänge des Konflikts liegen in der Mitte der 1960er-Jahre, als radikale Protestanten glaubten, die IRA (Irisch Republikanische Armee) werde anlässlich des 50. Jahrestages des Osteraufstands (Beginn der Trennung der Insel vom Königreich) den Kampf wiederaufnehmen und gewissermaßen prohibitiv aufrüsteten. Bis es dann zum Karfreitagsabkommen 1998 kam, waren etwa 3500 Menschen getötet worden und tiefe Gräben zwischen den Gruppen aufgerissen. Das Morden hatte zwar ein Ende, das Misstrauen blieb jedoch bestehen, und durch den Brexit entstand neuerlich eine schwierige Situation, weil die Grenzen zwischen der EU und Großbritannien nun im Norden Irlands verlaufen.

Die am 31. März 1990 geborene Journalistin **Lyra McKee** sollte Opfer dieses neuerlich aufflammenden Konflikts werden, denn sie wurde am 18. April 2019 während Unruhen im Stadtteil Creggan in Derry erschossen. Die Gewalt brach aus, weil die Polizei im Vorfeld der Gedenkparade zum Osteraufstand Munition beschlagnahmt hatte. Nach Polizeiangaben feuerte ein Unbekannter Schüsse auf die Polizisten ab. McKee, die in der Nähe des gepanzerten Fahrzeugs stand, wurde dabei getroffen und starb im Krankenhaus. Überwachungsvideos zeigen einen maskierten Schützen, der Polizeiangaben zufolge der Neuen IRA zugeschrieben wird. Tatsächlich übernahm ein paar Tage später die Neue IRA die Verantwortung für den Mord an der Journalistin und erklärte: *Sie wurde tragischerweise getötet, als sie neben feindlichen Kräften stand.* Der Premier der Republik Irland sagte daraufhin: *Wir können nicht zulassen, dass diejenigen, die Gewalt, Hass und Angst propagieren wollen, uns in die Vergangenheit zurückziehen.*

Ihr Vermächtnis sind 45 Millionen Bäume

Im Jahr 2004 erhielt der Friedensnobelpreis, die wohl weltweit am meisten beachtete Auszeichnung, eine neue Dimension, denn er wurde für herausragende Umweltschutzaktivitäten verliehen. Bei der Verleihung des Preises betonte der Chef des Nobelkomitees, Ole Danbolt Mjøs: *Frieden auf Erden hängt von unseren Fähigkeiten zur Bewahrung einer lebendigen Umwelt ab*. Im Umkehrschluss wurde damit die Gefahr ausgesprochen, dass fehlender Umweltschutz zu Gewalt und Kriegen führen kann, wenn beispielsweise durch Dürreperioden Hungersnöte ausgelöst werden, die wieder Flüchtlingsströme provozieren.

Aber noch etwas war bemerkenswert: Der Preis ging zum ersten Mal an eine Afrikanerin. Die dermaßen Ausgezeichnete war die am 1. April 1940 in Kenia geborene **Wangari Maathai,** die sowohl in der Wissenschaft als auch in der Politik ihres Landes aktiv war. Sie sah in der zielstrebigen Förderung von afrikanischer Frauenpolitik die beste Vorbeugung gegen Wasserprobleme und andere Umweltschäden. Charakteristisch ist auch das Scheidungsbegehren ihres Mannes und dessen Begründung: Sie sei zu gebildet, zu stark, zu erfolgreich, zu eigensinnig und zu schwer zu kontrollieren. Das denken sich wohl viele Männer – nur sagen sie es nicht. Vielleicht schlagen sie dann ganz einfach zu.

Aber zurück zu der Frau, um die es geht: 1971 erwarb sie als erste Frau einen Doktorgrad an der Universität Nairobi und sechs Jahre später, als Umweltschutz noch eher ein Fremdwort war, rief sie das Aufforstungsprojekt „Green Belt Movement" ins Leben. Daraus wurde im Lauf der Jahre eine nationenübergreifende Bewegung, die in 13 Ländern aktiv ist, etwa 600 Baumschulen gründete und zum Schutz vor Erosion Millionen Bäume pflanzte.

Im heimischen Kisuaheli heißt sie seither liebevoll „Mama Miti" – die „Mutter der Bäume".

Maathai wurde zur zentralen Identifikationsfigur der Frauenbewegung in Kenia. In den 1990er-Jahren wurde sie mehrfach inhaftiert und auch misshandelt. Ihr Engagement für Umweltschutz und Frauenrechte hat sie immer wieder in Konfrontation zum Staatschef Daniel arap Moi gebracht. Die National Rainbow Coalition löste den Präsidenten schließlich ab und der Neue ernannte Wangari Maathai zur stellvertretenden Ministerin für Umweltschutz. Sie starb am 25. September 2011.

Die im April 1950 im senegalischen Dakar geborene **Awa Thiam** ist Schriftstellerin, Anthropologin, Politikerin und feministische Aktivistin. Eine sehr vielseitige Frau, die schon im Alter von 28 Jahren Pionierarbeit leistete: sie veröffentlichte das Buch „La parole aux négresses" (auf Deutsch: „Die Stimme der schwarzen Frau"), welches überhaupt der erste afrikanische Text war, in dem Vielehe, Brautkauf und Genitalverstümmelung offen angeprangert wurden. Awa Thiam suchte sich Gesprächspartnerinnen nicht nur aus dem eigenen Land, sondern auch aus Mali und Guinea, wo Frauen sehr authentisch über Frauen berichten. Es geht um das Leben von Frauen ganz allgemein und wie sie mit den gewalttätigen Traditionen der Genitalverstümmelung (von der es verschiedene Abstufungen und Praktiken gibt) und institutionalisierter Polygamie umgehen. Darauf aufbauend wird die Situation schwarzer Frauen analysiert und die Besonderheit des Kampfes dargestellt, die durch ihre kulturelle, religiöse und soziale Herkunft bestimmt ist.

Da bis dahin – und das ist immerhin keine 50 Jahre her – gerade die Praktiken der Genitalverstümmelung verschwiegen wurden und deshalb weitgehend unbekannt waren, kann man durchaus von einer wichtigen Pionierarbeit sprechen, die da geleistet wurde. Mit vollem Recht ist sie daher auch Präsidentin der 1982 gegründeten Kommission zur Abschaffung der Genitalverstümmelung.

Awa Thiam war auch die Erste, die die drei Systeme der Unterdrückung afrikanischer Frauen identifizierte: Sexismus, Rassismus und Traditionalismus. Dadurch wurde auch eine Diskriminierung sozialer Schichten gerechtfertigt, wie sie eben der Kolonialismus mit sich gebracht hat.

Ishraga Mustafa Hamid, eine schwarze Menschenrechtlerin, fällt mir ein, wenn ich an Awa Thiams Schreiben denke: *Wenn sich Schwarzsein und Lyrik verzahnen, ergibt das einen leidenschaftlichen Widerstand. Es bedeutet, dass unsere Geschichten als schwarze Menschen auch nach Generationen und Generationen fortwährend überleben.* Ganz nach dem Gedicht der herausragenden Maya Angelou: *Just like suns and like moons. With the certainty of tides. Just like hopes springing high. Still I'll rise.*

Gestorben bei der Ausübung des Berufs

Am 14. Oktober 1923 war den Zeitungen zu entnehmen, dass in den wenigen Wochen, die der Krieg zwischen Israel und der Hamas zu diesem Zeitpunkt gedauert hatte, bereits mindestens elf Journalisten getötet wurden, zwei gelten als vermisst. Unter den Toten sind neun Palästinenser und ein Libanese. *Wir sind sehr besorgt darüber, dass klar identifizierbare Journalisten getötet und verletzt wurden, als sie ihre Arbeit machten*, erklärte AFP-Informationsdirektor Phil Chetwynd.

Zum jetzigen Zeitpunkt ist überhaupt nicht absehbar, wie der Konflikt im Nahen Osten ausgehen wird, aber zu befürchten ist, dass es infolge der Verhältnisse in Gaza, der Enge des Raums, der Nahkämpfe und der Bombardements wegen noch viele zivile Opfer, darunter auch JournalistInnen, geben wird. Was aber besonders schlimm ist, ist der Umstand, dass Menschen nicht nur in Ausübung ihres Berufs sterben, sondern dass immer wieder der Verdacht auf gezielte Tötung im Raum steht. Die Presse hat nun einmal die vornehmliche Aufgabe, ein realistisches Bild aus Kampfgebieten zu vermitteln, und sollte nicht für Propagandazwecke herhalten – und zwar auf keiner Seite. Wenn Berichte oder Bildaufnahmen die Öffentlichkeit schockieren, dann dient das oft der einen Seite und schadet der anderen. Damit stehen Journalisten leider eben nicht nur im Kreuzfeuer der Kritik. Und das trifft nicht nur in „heißen Phasen" wie dem aktuellen Krieg zu.

Die am 3. April 1971 in Jerusalem geborene **Shireen Abu Akleh** war eine palästinensische Journalistin, die 25 Jahre lang für den arabischen Sender „Al Jazeera" berichtete, bevor sie am 11. Mai 2022 bei der Berichterstattung über eine Operation der israelischen Armee in Dschenin im Westjordanland getötet wurde. Unabhängige Untersuchungen deuten daraufhin, dass Abu Akleh von israelischen Soldaten erschossen wurde. Das israelische Militär akzeptierte die hohe Wahrscheinlichkeit eines solchen Vorgangs, sah aber keinen Hinweis auf eine Straftat! Eine externe Untersuchung wurde vom israelischen Verteidigungsminister verweigert, nachdem das FBI (Abu Akleh war auch US-Bürgerin) im November 2022 eine solche einleiten wollte. Das dürfte das FBI nicht allzu sehr verwundert haben, denn die US-Militärs hätten genauso reagiert. Laut Reporter ohne Grenzen wurden 2023 (bis November) insgesamt 36 JournalistInnen getötet, die meisten waren es 2007 – 112 einschließlich der Medienmitarbeiter.

So heißt der erste Teil der Biografie von **Maya Angelou** (geboren am 4. April 1928 in St. Louis, Missouri), einer herausragenden US-amerikanischen Schriftstellerin und Professorin. Außerdem war sie eine wichtige Vertreterin der Bürgerrechtsbewegung der Afroamerikaner in den Vereinigten Staaten. Ihren Namen Maya bekam sie vom älteren Bruder, der sie so nannte, weil sie „my sister" (meine Schwester) für ihn war. Sie wurde im Alter von acht (!) Jahren vom Freund der Mutter vergewaltigt, der zu einem Jahr (!) Gefängnis verurteilt wurde. Allerdings wurde er erschlagen, bevor er die Haftstrafe antreten konnte. Maya wurde daraufhin stumm, denn *Die Kraft meiner Worte führte zu jemandes Tod*. Erst vier Jahre später gelang es einer Lehrerin, sie wieder zum Sprechen zu bringen. In ihren Erinnerungen zitierte Maya diese Lehrerin: *Du liebst die Poesie nicht. Du wirst sie nie lieben, bis du sie sprichst. Bis sie über deine Zunge durch deine Zähne über deine Lippen kommt, wirst du die Poesie nie lieben.* Zunächst zitierte Maya für sich allein und später begann sie wieder zu sprechen.

Besonders beeindruckt war Angelou von William Shakespeare, und hier wieder vor allem von seinem „Sonett 29", welches mit den Worten beginnt: *Wenn ich von Gott und Menschen übersehen, Mir wie ein Ausgestoßener erscheine, Und, da der Himmel nicht erhört mein Flehen, Dem Schicksal fluche und mein Los beweine*. Die junge Frau erkannte sich in dem Sonett selbst wieder und erzählte: *Ich dachte, Shakespeare ist ein schwarzes Mädchen*.

Mit 17 Jahren war sie die erste afroamerikanische Straßenbahnschaffnerin in San Francisco, kellnerte in Nachtklubs, wurde Calypso Tänzerin, tourte als Sängerin und Tänzerin mit „Porgy and Bess" durch Europa. 1960 traf sie erstmals Martin Luther King, ging mit einem südafrikanischen Freiheitskämpfer nach Afrika, lebte in Kairo und Ghana, wo sie Malcolm X kennenlernte. Bald wurde er, so wie ein anderer Bürgerrechtler, mit dem sie befreundet war, ermordet und Maya war zutiefst deprimiert; erst James Baldwin gab ihr wieder Halt. Obwohl sie keinen Universitätsabschluss hatte, wurde sie als Hochschullehrerin berufen.

Maya Angelou las bei der Amtseinführung von Präsident Bill Clinton und unterstützte Barack Obama. Sie verstarb am 28. Mai 2014 . Vorher schrieb sie noch zu Nelson Mandelas Tod das Gedicht „His Day is Done". Auch ihre Tage waren bald danach vorbei – nach so viel Leben.

Einheit mag Stärke sein – Vielfalt aber bringt Farbe ins Leben

Der Wahlspruch des südostasiatischen Staates Malaysia lautet: *Einheit ist Stärke,* und in dieser Wahlmonarchie scheint das zu bedeuten, dass manche Freiheit zugunsten der (vordergründigen) Einheit nur eingeschränkt besteht. Das gilt etwa für die Presse, denn ein rigider gesetzlicher Rahmen schränkt ihre freie Entfaltung ein. Und der Innenminister gibt jährlich Lizenzen für Druckerzeugnisse heraus, die jederzeit widerrufen werden können. Die Regierung besitzt oder kontrolliert zumindest den Medienmarkt und droht mit schweren Strafen. Das gilt auch für das Intimleben der Bürger. Kein Wunder, dass in einem solchen regulierten System Lesben, Schwule, Bisexuelle und Transgender mit Bedrohungen leben, die für die sonstige Bevölkerung nicht bestehen. Sodomie (darunter wird hier Geschlechtsverkehr unter Männern verstanden) ist ein Verbrechen und die Gesetze werden strikt durchgesetzt. In diesem Land kam es vielfach auch zu Morden an Menschen der LGBTI-Gemeinschaft. Im Jahr 2023 stufte der Global Trans Rights Index Malaysia als zweitschlechtestes Land der Welt in Bezug auf Transgender-Rechte gleich hinter Guayana ein.

Umso bemerkenswerter sind die Aktivitäten von **Nisha Ayub** (geboren am 5. April 1979 in Malakka), die sich für Transgender-Menschen einsetzt. Noch dazu in einem Land mit muslimischer und homophober Mehrheit. Im Alter von 21 Jahren wurde sie verhaftet, weil sie sich als Frau gekleidet hatte. Sie musste drei Monate in einem Männergefängnis verbringen, wo sie sexuell missbraucht wurde. Trotz aller Drohungen und Belastungen, denen Nisha ausgesetzt ist, kämpft sie beharrlich für die Rechte von LGBTI-Personen in ihrem Heimatland. Sie ist Mitbegründerin diverser NGOs, die Transgender Personen, sozial Ausgegrenzte und marginalisierte Gemeinschaften unterstützen, sichere Räume schaffen und Rechtshilfe leisten. 2015 begann sie eine Kampagne zur Imageförderung von Transgender-Personen und leitete Workshops zu sexueller Orientierung.

Das in einem Staat, in dem die Polizei noch 2023 regenbogenfarbene Uhren von Swatch aus der Pride-Kollektion beschlagnahmte und Swatch-Filialen im ganzen Land durchsuchte.

Aber die Regierung ist davon überzeugt, dass man mittels „Umerziehungsmethoden" aus LGBTI-„Gelichter" richtige Menschen machen kann, die wieder jener Einheit angehören, aus der bekanntlich Stärke erwächst.

Die gerade einmal 43.000 Einwohner dieses kleinen Inselstaates glauben daran, dass sie „Vollendung durch gemeinsames Wirken" erzielen. Zumindest steht es so im Wahlspruch der Marshallinseln geschrieben. Noch eindrucksvoller ist allerdings ihr ursprünglicher Name, bevor die Europäer sie für sich entdeckten. „Jolet jen Anij" – ein „Geschenk von Gott" sind sie in den Augen ihrer ursprünglichen Bewohner. Bis zu ihrer Unabhängigkeit im Jahr 1986 waren die Inseln ein von den USA kontrolliertes UN-Treuhandgebiet auf halbem Weg zwischen Hawaii und Australien.

Die Hunderten Inseln ragen im Durchschnitt nur zwei Meter über den Meeresspiegel hinaus, weshalb sie sehr anfällig für den durch den Klimawandel verursachten Anstieg des Wassers sind.

Ihre frühere Gefährdung wurde allerdings durch Kernwaffentests der Amerikaner auf dem Eniwetok- und dem Bikini-Atoll bewirkt. Dabei war die Wasserstoffbombe „BRAVO" (!!) die stärkste Bombe, die die USA jemals zündeten: 1000 Mal Hiroshima auf einmal. Darauf ein resignativ sarkastisches Bravo!

Die USA sollten zwar Entschädigungszahlungen an die vertriebenen Bikianer leisten, doch mangels eines von ihnen anerkannten Gerichtsurteils haben sie sich geweigert, dies zu tun.

Die Regierung des kleinen Landes besteht aus der Präsidentin (oder dem Präsidenten) als Staats- und Regierungschef und einem Kabinett von zehn Ministern, denen diverse Ministerien unterstehen.

Von 2016 bis 2020 war **Hilda Heine** (geboren am 6. April 1951) Präsidentin. Sie war die erste Frau in diesem Amt, zudem die erste promovierte Marshallerin und eine von drei Frauen im Parlament – Nitijela –, das 33 Mitglieder hat. Es wählt auch den Präsidenten oder wie bei Heine die Präsidentin. Sie ist von Berufs wegen Lehrerin und gründete 2000 die Frauenrechtsorganisation Women United Together Marshall Islands. Sie nahm auch die Funktion einer Bildungsministerin wahr. Das amerikanische „Time Magazine" bezeichnete sie 2019 als eine von 15 Frauen, die den Kampf gegen den Klimawandel anführen. Vor dem EU-Parlament erklärte sie: *Der Ozean war immer unser Lebensraum, heute ist er unser Albtraum.* Wo immer man in ihrem Lande stehe, sehe man Meer. *Wir können nirgendwohin rennen und uns nirgendwo verstecken* – und so werden die Inseln womöglich absaufen. Seit 3. Januar 2024 ist sie erneut Präsidentin.

Ihre Asche ruht auf der Plaza de Mayo

Die Plaza de Mayo ist unbestritten der wichtigste Platz der Stadt Buenos Aires. Auf der einen Seite steht die Casa Rosada, der Präsidentenpalast, ihm gegenüber das historische Cabildo (Sitz des Stadtrates). Die andere Seite wird von der Hauptstadt-Kathedrale dominiert und eine ganze Reihe wichtiger Institutionen haben ebenfalls hier ihren Sitz. Und in der Mitte des Platzes steht die Pirámide de Mayo – dort, wo sich die „Mütter der Plaza de Mayo" trafen. Jene Mütter also, die nach den „Desaparecidos" – den verschwundenen Söhnen und Töchtern suchen, die Argentiniens „schmutzigem Krieg", sprich seiner letzten Militärdiktatur, zum Opfer gefallen sind. Es waren mutige, entschlossene Frauen, die sich da versammelten, obwohl sie sich des brutalen, ja mörderischen Charakters der Offiziersclique an der Spitze bewusst waren. Aber größer als die Angst waren die Sorge um die Kinder und die Hoffnung, etwas über deren Schicksal erfahren zu können.

Azucena Villaflor, geboren am 7. April 1924, war eine der Gründerinnen dieser Gruppe, in den Augen des Militärs also eine der Rädelsführerinnen. Sie kam aus der Arbeiterklasse, arbeitete als Telefonistin in einer Firma für Haushaltsgeräte und heiratete einen Gewerkschaftssekretär, mit dem sie vier Kinder bekam.

Am 30. November 1976, acht Monate nach Beginn der Militärdiktatur, die sich Nationaler Reorganisationsprozess nannte, wurde einer der Söhne mit seiner Frau entführt. Bei der Suche nach den beiden stieß Villaflor auf andere Frauen, die ebenfalls Verwandte vermissten. Nach einem halben Jahr des erfolglosen Nachfragens begann Villaflor mit Demonstrationen, um öffentlich bemerkt zu werden. Am 30. April 1977 traf sie sich mit 13 Frauen auf der Plaza de Mayo. Nachdem die Polizei ihnen befohlen hatte, „weiterzugehen", umrundeten sie den Platz, was ja nicht verboten war. Dem ersten Protest folgten weitere und man einigte sich auf einen fixen Termin: Donnerstag, um 15.30 Uhr. Am Internationalen Tag der Menschenrechte veröffentlichten die Frauen eine Zeitungsannonce mit den Namen der verschwundenen Kinder. Noch am selben Abend wurde Azucena Villaflor abgeholt und 28 Jahre später wurde ihre Leiche identifiziert. Ihre Asche wurde auf der Plaza de Mayo eingegraben. Ihre Tochter Cäcilia schreibt: *Hier auf diesem Platz begann das öffentliche Leben meiner Mutter und hier soll sie für immer bleiben. Sie soll für alle bleiben.*

Nomarussia Bonase wurde im Jahr 1966 in ein Südafrika der totalen Apartheid geboren. Aber sie war noch nicht einmal auf diese Welt gekommen, als sie zum ersten Mal die Auswirkungen von Gewalt spüren musste. Ihr Vater war Bergarbeiter nahe Johannesburg und da die Bewegungsfreiheit der Schwarzen massiv eingeschränkt war, musste sich die Mutter bei Farmarbeitern verstecken, wenn sie ihren Mann besuchen wollte. Eines Nachts stürmte die Polizei die Farm und entdeckte die hochschwangere Frau. Nach einer brutalen Vergewaltigung ließen sie die Frau in ihrem Blut auf dem Boden liegen, wo sie eine Frühgeburt hatte. Die Eltern gaben dem Kind einen Namen, der unter der Anti-Apartheid-Aktivisten nicht selten war: Nomarussia bedeutet „Ende der Unterdrückung", weil *die Russen uns im Widerstand gegen die Apartheid unterstützt haben.*

Als sie acht Jahre alt war, wusste sie, dass sie würde kämpfen müssen, denn sie sah, wie die Menschen von weißen Polizisten niedergeknüppelt wurden. Ihr Bruder wurde bei einer Demonstration erschossen, was die Familie zufällig im Fernsehen verfolgte.

Als die „Wahrheitskommission", die im Zuge des Übergangs zur Demokratie eingerichtet wurde, das Schicksal von vergewaltigten Frauen links liegen ließ, wurde Nomarussia Bonase aktiv. *Darüber wurde geschwiegen. Frauen galten als Personen, die um ihre Männer und Söhne weinen sollten.* Die Tatsache, dass sie selbst und ihre Töchter Opfer waren, wurde ausgeblendet. Als bei einem Massaker 34 streikende Bergleute erschossen wurden, begann sie, die Angst dieser Frauen zu verstehen und ihnen zu helfen, wenn es galt, Menschenrechte von den Minengesellschaften einzufordern. *Wir werden uns Gehör verschaffen*, ermutigten sie die traumatisierten Frauen. Aber sie bekämpfte auch den Rassismus, der noch immer nicht gänzlich ausgelöscht ist, wenngleich er sich vorsichtig versteckt.

Eine Kollegin beschreibt Nomarussia Bonase: *Eine Frau, die Möglichkeiten für eine gleichberechtigte Zukunft aufzeigt, die Männer dazu inspiriert, sich zu engagieren und eine Welt zu schaffen, die sicher für Männer und Frauen und jüngere Leute ist. Eine Frau, die mit solcher Intensität zuhört, dass sie die Fähigkeit der Menschen, ihre Stimme zu finden, mobilisiert. Ich werde diese Arbeit bis zu meinem Tod weitermachen. Wir werden Südafrika zu einem besseren Land machen.* Viel Erfolg aus ganzem Herzen!

9 Marisol Macías Castañeda – vom mexikanischen Drogenkartell enthauptet

Marisol Macías Castañeda war Redaktionsleiterin der Zeitung „Primera Hora" in der mexikanischen Grenzstadt Nuevo Laredo und wurde enthauptet neben einem Schild aufgefunden, auf dem geschrieben stand, dass sie wegen ihrer Beiträge auf einer Social-Networking-Seite getötet wurde. Auf der Website „Nuevo Laredo en Vivo" gab es einen Bereich, wo man sich über Standorte von Beobachtungsposten und Verkaufsstellen von Drogenbanden informieren konnte, um die verdeckten Geschäfte zu veröffentlichen. Macías berichtete auf dieser Internetsite über die Drogenkartelle, ohne ihre Identität preiszugeben. Wahrscheinlich war es die Bande Los Zetas, die ihre Spur aufnahm, und der brutale Mord sollte Warnung für andere sein, ihr Wissen preiszugeben. Ihr Tod am 24. September 2011 ist der erste dokumentierte Mord durch ein Drogenkartell als Vergeltung für journalistische Tätigkeit im Internet.

„Nuevo Laredo en Vivo" war zu einer Website geworden, auf der Menschen andere über Gefahren von Drogengewalt informieren und die Polizei verständigen konnten.

Während Macías in ihrer Zeitung eher einen Verwaltungsposten, dann eine redaktionelle Aufgabe innehatte, bediente sie sich der Anonymität des Internets, um Informationen über kriminelle Drogenbanden weiterzuleiten. Wie es dem Kartell gelang ihre Identität herauszufinden, blieb unbekannt. Die Zetas hinterließen jedenfalls eine Notiz neben ihrem Körper, die lautete: *Ich bin Nena de Laredo* (Anm.: ihr Online-Name) *und ich bin wegen meiner Berichte hier [...] Für diejenigen, die nicht glauben, dass mir das aufgrund meiner Taten passiert ist, für ihr Vertrauen in die Armee und die Marines [...].*

Mexiko gilt heute als das gefährlichste Land für JournalistInnen weltweit. Ein Jahr vor dem Ende der Amtszeit von Präsident López Obrador waren die Angriffe auf die Medienschaffenden um 85 Prozent gegenüber der Periode seines Vorgängers gestiegen. Schon Ende 2023 sind es 37 MedienmitarbeiterInnen, die ermordet wurden. Vor allem der Lokaljournalismus leidet darunter. Es gibt sogenannte Schweigezonen, wo überhaupt nicht mehr über kriminelle Aktivitäten und die Verbindung zu Politikern berichtet wird. Die website „Nuevo Laredo en Vivo" schuf ihr ein Denkmal, indem sie ein Banner mit ihrem Benutzernamen und der Nachricht *Du wirst immer präsent sein* veröffentlichte.

Gerade in den Tagen, in denen der Krieg Israels gegen die Hamas im Gazastreifen noch immer tobt, bekommt das Schicksal von **Rachel Corrie** beklemmende Aktualität.

Die am 10. April 1979 in den USA geborene Aktivistin des propalästinensischen International Solidarity Movement (ISM) wurde am 16. März 2023 in Rafah bei einer von israelischen Streitkräften vorgenommenen Hauszerstörung tödlich verletzt. Über die näheren Umstände ihres Todes wurde nichts bekannt, eine objektive und zentrale Untersuchung hätte vielleicht eine Klärung liefern können. Jedenfalls starb sie bei dem Versuch, die Zerstörung eines palästinensischen Hauses durch eine gepanzerte Planierraupe der israelischen Streitkräfte zu verhindern. Nach Angaben der israelischen Armee war der Bereich zuvor für Zivilisten gesperrt worden. Neben Corrie waren sieben weitere britische und amerikanische Aktivisten vor Ort und das Militär gab Warnschüsse ab, als es die Demonstranten bemerkte. Corrie trug dabei eine leuchtend orange Jacke und war schwerlich zu übersehen.

Zum Ablauf der Geschehnisse, die zu ihrem Tod führten, gibt es divergierende Aussagen: So sahen die israelischen Streitkräfte in Corries Tod einen tragischen Unfall, denn der Planierraupenfahrer habe sie überhört und übersehen, anschließend hätten herunterfallende Trümmerteile ihren Tod verursacht. Das Militär dreht den Spieß ganz einfach um und machte dem ISM den Vorwurf, die Aktivisten mutwillig in Gefahr zu bringen, wenn sich diese in einem Kampfgebiet aufhielten.

Die anderen ISM-Aktivisten widersprachen der Darstellung des Militärs und gaben an, dass Corrie auf einen Erdhügel gestiegen sei, um vom Fahrer gesehen zu werden. Dabei sei ihr Fuß eingeklemmt worden, woraufhin sie überrollt worden sei, obwohl der Fahrer sie auf alle Fälle hätte sehen müssen. In einem nahe gelegenen Krankenhaus konnte nur noch der Tod der 24-Jährigen festgestellt werden. Einer Mitstudentin hatte sie mitgeteilt, sie wolle die Privilegien als US-Bürgerin nutzen, um Palästinensern gegen die Besatzung zu helfen. Als Studentin hatte sie schon ehrenamtlich für den Umweltschutz gearbeitet, jahrelang Besuche in einem Spital gemacht und ein Brieffreundschaftsprogramm mit Kindern aus Palästina initiiert. Eine junge, idealistische Frau, die etwas zum Guten verändern wollte, und keine Terrorunterstützerin, las die sie Rechtskonservative heruntermachten.

Sie hat dem türkischen Despoten den Kampf angesagt

Seit über 40 Jahren kämpft die Juristin **Cânân Arın** für Frauenrechte in der Türkei und gegen Männergewalt an Frauen.

Schon zu Hause in ihrer Familie war sie im Geiste des Kemalismus erzogen worden, was auch bedeutet, dass sie ihren Brüdern gegenüber gleichberechtigt war. Sie studierte Rechts- und Politikwissenschaften, wurde Rechtsanwältin in Istanbul und nach dem Militärputsch 1980 gehörte sie zu den Initiatorinnen einer oppositionellen türkischen Frauenbewegung. Zehn Jahre später folgte die erste Frauenhausstiftung in der Türkei. Mit einer eigenen Organisation unterstützte und ermunterte sie Kandidatinnen verschiedener Parteien bei ihren politischen Ambitionen. Aus Gegnerschaft zum tradierten türkischen Familienrecht, welches Tätern bei einem sogenannten Ehrenmord innerhalb der Ehe Straferlass in Aussicht stellte, blieb Arın unverheiratet.

Arıns beruflicher und politischer Schwerpunkt liegt nach wie vor in der Verhinderung, Aufdeckung und Anklage von Gewalttaten gegen Frauen. Dem türkischen Präsidenten Erdoğan warf sie immer wieder vor, patriarchalische Strukturen und Bräuche zu etablieren und Gewalt gegen Frauen zu verharmlosen. Durch seine konservative Einstellung würden auch Frauen diskriminiert, die kein Kopftuch tragen.

Im Deutschlandfunk wurde sie deutlich, was die Haltung des Präsidenten anbelangt: *Solange Erdoğan öffentlich Dinge sagt wie, Frauen und Männer sind nicht gleich, das widerspricht der Natur! Solange die AKP-Regierung Paare ermutigt, so früh wie möglich zu heiraten. Und solange die Frau weiter ausschließlich als heilige Mutterfigur dargestellt wird, wird sich die Gewalt in diesem Land nicht stoppen lassen. Sie wird nicht aufhören, solange der Regierung der politische Wille fehlt, auf diesem Gebiet wirklich etwas zu verändern.* Die Zusammenarbeit von Kurdinnen und Alevitinnen mit Kemalistinnen könnten in Arıns Augen die türkische Frauenbewegung ermächtigen, ideologische, religiöse und kulturelle Grenzen zu überwinden. Auch gegen die Kinderheirat hat sie immer wieder öffentlich Stellung bezogen und dabei auch eine Strafverfolgung in Kauf genommen, als sie eine Ehefrau Mohammeds als Beispiel nannte. Darin erkannte man im konservativen Lager der Türkei eine Herabwürdigung religiöser Werte. Internationale Frauenproteste verhinderten allerdings eine Verhaftung. Sie ist ein Symbol der modernen Türkei – wie sie Kemal Atatürk gestalten wollte.

Der Malawisee, der früher einmal als Njassasee bezeichnet wurde (weil „njassa" in einer der Landessprachen „See" heißt) ist der drittgrößte See Afrikas und liegt entlang des ostafrikanischen Grabenbruchs. Er hat seinen Namen gleich einem der Anrainerstaaten, zu dessen Gebiet er auch mehrheitlich gehört: Malawi. Dieses Land mit seinen über 20 Millionen Einwohnern erlangte am 6. Juli 1964 seine Unabhängigkeit und wurde exakt zwei Jahre später zur Republik. Erst mit der Unabhängigkeit konnte das unbeschränkte Frauenwahlrecht eingeführt werden. Das Land wurde von seinem ersten Präsidenten diktatorisch geführt, bis 1993 ein friedlich verlaufendes Referendum stattfand, das ein Jahr später in freie Wahlen mündete. So blieb dem Land ein Bürgerkrieg erspart. Trotzdem ist es ein recht fragiles Staatsgebilde mit einem mittleren Wert beim Demokratieindex; Reporter ohne Grenzen sieht darüber hinaus erkennbare Probleme bei der Pressefreiheit; Korruption ist ein beachtliches Problem und weite Teile der Bevölkerung sind von Armut bedroht. Laut einer Studie von Credit Suisse aus dem Jahre 2017 ist Malawi das Land mit dem geringsten Vermögen je Einwohner – 45 Dollar für jede erwachsene Person im Median! Jedenfalls gibt es mittlerweile ein einigermaßen funktionierendes Mehrparteiensystem mit einem Präsidenten an der Spitze, der alle fünf Jahre gewählt wird.

Die am 12. April 1950 geborene **Joyce Banda,** eine Politikerin der People's Party war von 2012 bis 2014 Staatspräsidentin und damit erste Frau im Amt. Zuvor war sie ab 2004 bis 2009 in mehreren Ministerämtern tätig und wurde dann Vizepräsidentin des gewählten dritten Präsidenten Malawis, Bingu wa Mutharika. Es kam zu einer Auseinandersetzung zwischen den beiden, weil dieser für die Neuwahl seinen Bruder Peter im Auge hatte. Als der amtierende Präsident 2012 an einem Herzinfarkt starb, folgte ihm Joyce Banda im Amt. In einer ihrer ersten Amtshandlungen verkaufte sie die Mercedes-Flotte der Regierung und auch den Präsidentenjet. Außerdem setzte sie sämtliche Gesetze zu Homosexualität außer Kraft. In ihrer Amtszeit wurde ein anderer sexueller Missbrauch verboten: nämlich die aufgrund fragwürdiger Traditionen von der eigenen Familie beauftragte Vergewaltigung einer jungen Frau nach ihrer ersten Monatsblutung. 2014 verlor sie die Wahl gegen Peter Mutharika.

Die „Nacht der Bleistifte"

Der Zeitpunkt eines Putsches gegen die unglücklich agierende Präsidentin Isabell Martínez de Perón war von langer Hand geplant, am 24. März 1976 wurde sie auf einem kleinen Inlandsflughafen verhaftet. Mit welcher Brutalität die Militärs vorgehen würden, hatte man schon ein halbes Jahr vorher ahnen können. Bereits damals äußerte General Videla (der spätere Juntachef) vor amerikanischen Militärs: *In Argentinien müssen so viele Personen sterben, wie nötig sind, um den Frieden zu erreichen.* Damit war wohl eher „Friedhofsruhe" gemeint und mindestens 30.000 Menschen verschwanden, wurden gefoltert und ermordet. Viele von ihnen wurden einfach aus Flugzeugen gestoßen und fielen bewusstlos ins Meer.

Die damals 23-jährige **Marlene Kegler Krug** (geboren am 13. April 1953), Tochter einer deutschstämmigen Familie, studierte in La Plata Medizin, als zwei wissenschaftliche Mitarbeiter durch die rechtsradikale Todesschwadron „Triple A" ermordet wurden. Die Beerdigung wurde zu einer Demonstration gegen Gewalt, die von der Polizei brutal niedergeschlagen wurde. Marlene schloss sich daraufhin einer Studierendengruppe an, die einer „Front für den Sozialismus" nahestand und in einer evangelischen Kirche zusammentraf.

Am 16. September 1976, also sechs Monate nach dem Militärputsch, kam es in der Provinz Buenos Aires zur „Nacht der Bleistifte", einer polizeilichen Kommandoaktion, bei der politisch engagierte Schüler und Studenten verschleppt wurden. Wiederum acht Tage später verließ Marlene ihre Wohnung, um zur Universität zu gehen. An einer Bushaltestelle wurde sie von drei bewaffneten Männern in einen Pkw gezerrt, wobei ihr mehrere Passanten helfen wollten. Die Entführer schossen über die Köpfe hinweg und schmissen die junge Frau in den Kofferraum. Wahrscheinlich war sie als Mitglied einer Untergrundgruppe denunziert worden und deshalb in die Fänge einer geheimen Abteilung geraten, denn kurz darauf kam eine Armeeeinheit und bemächtigte sich des Polizeiausweises, den einer der Entführer verloren hatte.

Es gibt Zeugenaussagen, die belegen, dass Marlene in verschiedenen Folterlagern festgehalten wurde: *Sie schrie und schrie, man hörte ihre Schreie. Dann wurde es still und dann kam einer, der sagte: „Sie ist hinüber, wirf sie den Hunden hin."* Eine Zeugin sagte im Prozess gegen einen Polizeioffizier 30 Jahre später aus: *Sie ist im* (Lager) *Arana gekreuzigt worden.*

Zehn Jahre dauerte der gewaltsame Konflikt zwischen der Regierung Nepals und der Kommunistischen Partei samt ihrem militanten Arm, der maoistischen Volksarmee. Als schließlich wegen einer gewaltfreien Demokratiebewegung der König 2006 abdankte, war der Weg frei für ein Friedensabkommen. Wiederum zehn Jahre später kam es zur Verabschiedung einer neuen Verfassung, welche die Diskriminierung aufgrund der Klasse, der Kaste, Landesregion, Sprache, Religion und Geschlecht beenden sollte.

Dessen ungeachtet, ist die Diskriminierung und Ausbeutung von Minderheiten, unteren Kasten und Kastenlosen, Frauen und Kindern immer noch weit verbreitet unter den fast 30 Millionen Einwohnern.

Für internationale Proteste sorgte auch das gewaltsame Vorgehen der Polizei gegen Homosexuelle und Transvestiten. Am 28. Juni 2023 wurde daraufhin die *einstweilige Öffnung der Ehe für alle Menschen* angeordnet.

Anuradha Koirala wurde am 14. April 1949 in eine Familie der oberen und gebildeten Mittelschicht geboren, bekam eine gediegene schulische Ausbildung und war 20 Jahre als Lehrerin in Kathmandu tätig, bevor sie „Maiti-Nepal" gründete („Maiti" bedeutet auf Nepali „Mutterheim"), eine gemeinnützige Organisation, die sich der Unterstützung von Opfern im Sexhandel widmet.

Unter den armen Entwicklungsländern in Südostasien ist Nepal das ärmste. 82 Prozent der Bevölkerung haben weniger als zwei Dollar pro Tag zur Verfügung. Für viele ist der Einstieg in die Sexindustrie die einzige Möglichkeit, wirtschaftlich zu überleben. Daher fallen auch viele Frauen dem Sexhandel zum Opfer. Derartige Praktiken sind zwar illegal, werden aber aus rein wirtschaftlichen Gründen hingenommen. Dagegen wendet sich Anuradha Koirala mit ihrer Einrichtung. „Maiti" betreibt ein Rehabilitationszentrum in Kathmandu sowie Durchgangsheime in den indisch-nepalesischen Grenzstädten und Präventionsheime auf dem Land. Es ist also auch ein Zufluchtsort für Frauen, die aus den Bordellen in Indien gerettet wurden. Die Frauen können in den von „Maiti" geführten Heimen bleiben, bis sie in ihre Häuser zurückkehren können. Wenn sie von den Eltern und der Gesellschaft nicht akzeptiert werden, bleiben sie, bis sie allein leben können. Zwischen 1993 und 2022 wurde auf diese Weise zur Rehabilitation von über 50.000 Frauen beigetragen. Kein Wunder, dass sie „Mutter Teresa Nepals" genannt wird.

Sie war das erste weibliche Staatsoberhaupt weltweit

Auf der Insel mitten im Atlantik leben zwar nur 360.000 Einwohner, aber es ist erstaunlich, mit welchen hervorragenden Leistungen das kleine Land aufwarten kann.

Die „Edda" ist eine einzigartige Quelle der alten nordischen Mythologie, mit den „Isländersagas" schrieb man sich in das literarische Weltkulturerbe ein. Heute kann das Land mit einem Literaturnobelpreisträger, Halldór Laxness, aufwarten. Island zählt zu den stabilsten Staaten weltweit, ist im Demokratieindex die Nummer drei unter 167 bewerteten Ländern. Das ist auch Garant für Pressefreiheit, Korruption spielt eine untergeordnete Rolle. Eine fantastische Landschaft, Vulkane und Geysire tragen das Übrige bei, die langen dunklen Winternächte sind einer der wenigen Wermutstropfen. Kein Land ist in Sachen Gleichstellung von Männern und Frauen so weit wie diese Insel. 40 Prozent der Parlamentsmitglieder und die Hälfte der Ministerposten sind weiblich besetzt. Auf 101 Frauen mit Hochschulabschluss kommen ganze 57 Männer.

Da wundert es nicht, dass Island auf einen weiteren „Rekord" hinweisen kann: Mit **Vigdís Finnbogadóttir** stellte man weltweit die erste Frau, die zum Staatsoberhaupt eines Landes gewählt wurde. Sie war als 50-Jährige (geboren am 15. April 1930) nominiert worden und die Frauen Islands hatten in Erinnerung, dass sie fünf Jahre vorher an einem Generalstreik der Frauen für „gleichen Lohn für gleiche Arbeit" beteiligt war, an dem jede fünfte Isländerin teilgenommen hatte. Gegen ihre Erfolgschancen sprach, dass sie sich als Pazifistin für den Abzug der US-Streitkräfte eingesetzt und auch dafür demonstriert hatte. Dabei ging es vor allem um den bedeutenden Wirtschaftsfaktor, den die US-Armee darstellte. Sie blieb dann nach einer denkbar knappen Wahl bis 1996 im Amt, wo sie nach vier gewonnenen Abstimmungen nicht mehr antrat. Wichtig waren ihr die Bewegung für Frauenrechte, ein Aufforstungsprogramm und die Unterstützung der isländischen Sprache und Traditionen.

Die Premierministerin Katrin Jakobsdóttir, (im Amt bis April 2024), die aus der links-grünen Bewegung kommt, will sich nicht auf den Lorbeeren guter internationaler Vergleiche ausruhen, denn: *Frauen haben noch nicht die gleiche Macht in der Geschäfts- und Finanzwelt und wir haben ebenfalls ein ernsthaftes Problem mit geschlechterspezifischer Gewalt, sexueller Gewalt und Belästigung in Island.*

War die Isländerin Vigdís Finnbogadóttir die weltweit erste gewählte Staatschefin, so kam **Sirimavo Bandaranaike** das Prädikat zu, die weltweit erste gewählte Regierungschefin zu sein. Geboren am 17. April 1916 war sie eine sri-lankische Politikerin aus der Bevölkerungsmehrheit der Singhalesen. Ihr Ehemann war Premierminister, nach seiner Ermordung durch einen radikalen buddhistischen Mönch im September 1959 kam es zunächst zu einer Phase politischer Instabilität. Diese wurde beendet, als am 20. Juli 1960 die Sri Lanka Freedom Party unter der Führung von Bandaranaike als klare Siegerin der Wahlen hervorging und sie Premierministerin wurde. Den Vorsitz in ihrer Partei sollte sie dann bis an ihr Lebensende – also noch 40 Jahre – behalten.

Sie setzte die Politik ihres Ehemannes fort und verstaatlichte Unternehmen in wirtschaftlichen Schlüsselsektoren wie dem Banken- und Versicherungsbereich.

Als sie entschied, als Amtssprache nur noch Sinhala, die Sprache der singhalesischen Bevölkerungsmehrheit, zuzulassen, entstand der Konflikt mit den Tamilen, die die Sprachgesetze nicht nur als diskriminierend betrachteten, sondern auch ihre Position in der Verwaltung gefährdet sahen. Später sollte sich daraus der Bürgerkrieg entwickeln. Als Bandaranaike ausländische Unternehmungen verstaatlichte, kam es zu Embargos, vor allem von Großbritannien und den USA. Trotz der westlichen Befürchtungen blieb das Land blockfrei und Bandaranaike wurde 1976 sogar zur Vorsitzenden der Bewegung blockfreier Staaten gewählt.

1963 konnte sie einen Militärputsch abwehren, verlor ein Jahr später die Wahlen, kehrte allerdings 1970 nach einem Wahlsieg ins Amt zurück. Fast wäre sie in dieser Phase durch einen bewaffneten Aufstand linksgerichteter Truppen gestürzt worden, doch Indien und Pakistan schickten Truppen zur Niederschlagung der Revolte nach Colombo.

Die Wahlen 1977 verlor sie wieder krachend und blieb in Opposition, bis sie 1994 wieder in das Amt kam. Gleichzeitig wurde ihre Tochter Präsidentin des Landes. In ihrer dritten Amtszeit blieb sie an der Macht bis zwei Monate vor ihrem Tod, der sie dann im Jahr 2000 endgültig besiegte. Familiendynastien beherrschten in der früheren Phase der Unabhängigkeit also nicht nur Indien, sondern auch Ceylon, wie das Land ursprünglich hieß.

Sie sorgte für Gerechtigkeit zwischen Asylen da und dort

Der Tschad kann mit einer Reihe von Superlativen aufwarten, die allerdings recht fragwürdig sind: Es ist das ärmste Land der Welt, hat einen der niedrigsten Indices der menschlichen Entwicklung weltweit und ist noch dazu eines der korruptesten Länder. Die Stabilität des Landes ist fragwürdig, denn kontinuierlich ist nur die Abfolge von Diktaturen.

Von 1960 bis 1990 herrschten im Land chaotische Zustände, die durch ein Wechselspiel von Kräften ausgelöst wurden. Muammar al-Gaddafi hatte dabei regen Anteil und besetzte zeitweise einen Teil des südlich von Libyen gelegenen Landes mit seinen Truppen. Es wurde sogar der Zusammenschluss der beiden Länder erwogen. Eine Konstante im Tschad war der in verschiedenen Rollen auftretende Hissène Habré, der sich aber durchwegs als Menschenschlächter erwies. Eine Untersuchungskommission bezichtigte in später, für 40.000 politisch motivierte Morde verantwortlich gewesen zu sein.

Unter Idriss Déby wurde es allerdings nicht besser und es folgte ein Bürgerkrieg bis 2010. Der Machthaber konnte sich bis 2021 halten, seit seinem Tod amtiert sein Adoptivsohn, der an der Spitze eines Militärrates steht.

Ungeachtet dieser Verwerfungen betätigt sich die am 17. April 1957 geborene **Jacqueline Moudeina** als Anwältin und Menschenrechtsaktivistin. Zwischenzeitig mussten sie und ihr Mann von 1982 bis 1994 im Exil in Brazzaville (Republik Kongo) leben, nachdem sie der Schreckensherrschaft von Hissène Habré entkommen konnten.

Nach der Rückkehr in ihr Heimatland begann sie als eine der ersten Frauen als Rechtsreferendarin zu arbeiten. Sie setzt sich seitdem vor allem für die Rechte von Frauen, Kindern und benachteiligten Bevölkerungsgruppen ein, kämpft gegen die Ignoranz der Regierung und gegen die Straffreiheit von Menschenrechtsverletzungen. Seit dem Jahr 2000 ist sie Anwältin der Opfer des Habré-Regimes. 1990 war der Diktator in den Senegal geflohen, wo er jahrelang ungehindert ein Luxusleben führte.

Moudeina führte einen langen und zähen, zunächst erfolglosen Kampf um Gerechtigkeit, sowohl vor einem belgischen als auch einem senegalischen Gericht und letztlich wurde Habré am 30. Mai 2016 wegen Vergewaltigung, sexueller Sklaverei und illegalen Tötungen zu einer lebenslangen Freiheitsstrafe verurteilt.

Die Feststellung, bei welchen Völkern Afrikas es sich um indigene handelt, ist schwierig und die Erkenntnis daraus relativ neu. Trotzdem gibt es Gruppen ursprünglicher Einwohner, die sich wirtschaftlich, sozial und kulturell erheblich von der heutigen (später eingewanderten) Mehrheitsbevölkerung unterscheiden. Die Lebens- und Wirtschaftsweisen dieser Gruppen sind durch Jagen, Sammeln, Nomadismus und mobile Tierhaltung geprägt. Oftmals werden sie auch von der (ansässigen, sesshaft gewordenen) Bevölkerung vertrieben, wie etwa 600.000 Betroffene im Tschad. Die Fulani Mbororo sind die Ureinwohner des Tschad und siedeln hauptsächlich in ariden Gebieten in der Mitte und im tropischen Süden des Landes, wo Weideflächen zu finden sind, die sie für ihre Subsistenzlandwirtschaft nutzen. Noch bei der Volkszählung 1993 wurde ihre Zahl auf etwas 250.000 geschätzt, doch flohen permanent Angehörige der Fulani Mbororo in die benachbarten Länder wie Niger und Kamerun.

Neben andauernder sozialen Diskriminierung sind vor allem Armut und eine Analphabetenrate von 99 Prozent die Hauptprobleme dieser Minderheit. Die Frau, die uns dieses Wissen vermittelt, ist eine Angehörige dieser indigenen Gruppe und heißt **Hindou Oumarou Ibrahim.** Sie hatte allerdings im Gegensatz zu den meisten anderen die Chance eines Schulbesuchs, weil sich ihre Eltern in der Hauptstadt N'Djamena niederließen.

Heute nimmt sie als Vertreterin indigener Menschen regelmäßig an den UN-Klimakonferenzen teil. Sie beschreibt, dass die Klimakrise in ihrer Heimat kein Problem der Zukunft, sondern schon heute grausame Realität ist. Die Fulani Mbororo haben nämlich im Einklang mit der Natur und den natürlichen Ressourcen gelebt. Sie zogen je nach Jahreszeit von einem Ort zum anderen. In der Trockenzeit zu Stellen, wo das Wasser ganzjährig zugänglich ist, während der Regenzeit kehrten sie an ihre ursprünglichen Plätze zurück. Allerdings haben sich die Jahreszeiten stark verändert. Steigende Temperaturen und Änderung der Windgeschwindigkeit haben einen negativen Einfluss auf die Qualität des Weidelandes. So breitet sich die Sahara weiter aus, während die großen Binnengewässer wie der Tschadsee dramatisch schrumpfen. Diese geänderten Bedingungen verschärfen die Ungleichheit und sind Nährboden für terroristische Organisationen wie Boko Haram. Hindou Oumarou Ibrahim: *Boko Haram garantiert den Menschen dort vor Ort das Überleben, wo es die Regierung nicht schafft*.

Friedensprozess in Libyen – Ohne Frauen wird es nichts

Menschenrechtlerinnen wie **Rida al-Tubuly** leben gefährlich in Libyen, denn immer wieder verlieren sie ihr Leben wie **Hanan al-Barassi.** Die Anwältin kämpfte um Demokratie und Menschenrechte, nannte sich „Mutter Libyens" und wurde erschossen, als sie mit ihrer Tochter einkaufen ging. Sie war nicht davor zurückgeschreckt, sich mit den Mächtigen im Staat anzulegen – mit den Offizieren der Libyschen Nationalen Armee einerseits und auf der anderen Seite mit dem Herrscher über Bengasi, Warlord Khalifa Haftar, und dessen Gefolgsleuten.

Al-Barassi hatte in einem Video nur einen Tag vor ihrem Tod ihre Kritik an Haftar erneuert. *Ich werde mich nicht beugen [...] Wenn ich sterbe, dann ist das so. Nur durch den Tod bin ich zum Schweigen zu bringen.*

Libyen befindet sich seit der Flucht und dem Tod von Langzeitmachthaber Muammar al-Gaddafi in einem ständigen Bürgerkrieg, wo die eine Seite von der UNO anerkannt und die andere von Frankreich ebenso wie von Russland unterstützt wird.

Schon vor al-Barassis Tod wurde die Parlamentsabgeordnete Siham Sergiwa verschleppt. Von ihr fehlt bis heute jede Spur; auf einer Wand ihres Hauses stand geschrieben: *Die Armee ist die rote Linie.* In Libyen sei es so, sagt Rida al-Tubuly: Männer werden auf die wichtigen Positionen gehievt, weil sie ihren Anhängern Vorteile versprechen. Frauen hingegen appellieren an Dinge wie Menschenrechte und Rechtsstaatlichkeit. Und dafür werden sie bedroht. Und das überall im Land. Rida al-Tubuly weiß, was das heißt. Die 57-jährige Menschenrechtsaktivistin ist Professorin für Pharmakologie an der Universität Tripolis und setzt sich seit Jahrzehnten für die Gleichstellung von Mann und Frau ein. 2011 hat sie mit Studentinnen die Organisation „Together We Build It" gegründet, die versucht, Frauen in Politik und Gesellschaft einzubinden, vor allem im Hinblick auf die bewaffneten Auseinandersetzungen im Land. Konkret geht es um die Umsetzung einer Resolution des UN-Sicherheitsrates von 2000: *Frauen in Kriegsgebieten soll bei der Friedenssicherung und Friedenserhaltung eine aktive Rolle zukommen.* Al-Tubuly sprach vor dem UN-Sicherheitsrat über die schwierige Lage der Libyerinnen und über die Morde an Aktivistinnen, die zum libyschen Alltag gehören. Dafür wurde sie in ihrer Heimat mit dem Tod bedroht. Allen Gefahren zum Trotz macht sie weiter, denn *es gibt keine Stabilität, wenn die Frauen nicht direkt eingebunden werden.*

Borneo ist eine Insel in Südostasien und nach Grönland und Neuguinea die drittgrößte der Welt. Das kleinste Gemeinwesen – nämlich Brunei – liegt zur Gänze auf der Insel, während der zweitgrößte Teil zusammen mit Gebieten auf dem Festland zu Malaysia gehört. Der größte allerdings wird als Kalimantan bezeichnet und ist der Oberbegriff für die fünf indonesischen Provinzen auf der Insel.

Vornehmlich in Westkalimantan lebt ein Stamm der indigenen Dayak, nämlich die Pompakng, denen **Mina Susana Setra** angehört. Sie ist bekannt geworden als Umwelt- und Landrechtsaktivistin, die sich für die Indigenous People's Alliance of the Archipelago engagiert. Sie war maßgeblich an einem Urteil des dortigen Verfassungsgerichtshofs beteiligt, das die gewohnheitsmäßigen Landrechte indigener Bewohner und Völker anerkennt. Auslöser für ihr Engagement war, dass das Grundstück, das ihre Eltern bewirtschafteten, in eine Palmölplantage umgewandelt wurde, was sowohl die Umgebung als auch die Zusammensetzung der örtlichen Gemeinschaft veränderte. Unter den Dayak haben bedauerlicherweise „Segnungen" der Zivilisation wie Alkoholkonsum, Glückspiel und Prostitution zugenommen. Zwang und Gewalt samt unzureichender Entschädigung für die Vertreibung haben zu Armut und Verlust der kulturellen Identität geführt.

Zwischen 1967 und 2000 wuchs die Anbaufläche für Palmöl in Indonesien von weniger als 2000 auf über 30.000 Quadratkilometer, also mindestens das 15-Fache. Die Entwaldung und der damit verbundene illegale Holzeinschlag schreiten schnell voran, ein Bericht des Umweltprogramms der Vereinten Nationen besagt, dass in wenigen Jahrzehnten weite Waldflächen zerstört sein könnten.

Setras Aktivitätenschwerpunkt liegt in der Umsetzung von Richtlinien, die die Rechte der indigenen Bevölkerung und ihre Umwelt schützen. Sie hat am globalen Programm „Reducing Emissions from Deforestation and Forest Degradation" mitgearbeitet.

Im Jahr 2012 leitete sie ein ganzes Team von Advokaten, das dem Verfassungsgericht eine Überprüfung des Forstgesetzes vorlegte, um die Gewohnheitsrechte der indigenen Bevölkerung anzuerkennen. Zwei Jahre später wurde sie auch in ein wichtiges Amt für die Vertretung indigener Interessen gewählt.

Frauen! Leben! Freiheit! Wie wir unsere Stimmen erheben

Noch immer gilt der Nobelpreis als der wichtigste Preis der Welt und da wiederum ist die Frage, wer sich um den Frieden in der Welt besonders verdient gemacht hat, von ganz besonderer Bedeutung. Ist doch mit ihrer Beantwortung eine politische Botschaft verbunden, die nicht nur Akzeptanz und Unterstützung findet, sondern oft genug auch zornigen Widerspruch auslöst. Wenn jemand wie die iranische Menschenrechtsaktivistin **Narges Mohammadi** 2023 den Preis für ein Vierteljahrhundert Auflehnung gegen die islamische Theokratie bekommt, muss das zwangsläufig bei den angeprangerten Mullahs und sonstigen „Hütern der Revolution" zu frostigen Reaktionen führen. Die hohe Auszeichnung für eine im berüchtigten Evin-Gefängnis einsitzende Frau – das ist auch mit Angst um sie verbunden. Angst um ihr Leben, denn die Schergen eines Regimes, das sich auf Gott beruft, sind wieder einmal bloßgestellt – und das ausgerechnet durch eine Frau. Man kann nur die Hoffnung haben, dass die größte internationale Aufmerksamkeit eine Art Schutzschirm bildet, denn auch die alten Männer in Teheran sind auf Kontakte und Lieferverbindungen angewiesen.

Narges Mohammadi, am 21. April 1972 zur Welt gekommen, hatte sich schon in ihrer Studentenzeit für Frauenrechte eingesetzt und wurde bereits damals mehrfach verhaftet. Im Jahr 2003 schloss sie sich dem Defenders of Human Rights Center an, das von der Nobelpreisträgerin Shirin Ebadi geleitet wird, um später auch Vizepräsidentin dieser Organisation zu werden. 1999 heiratete sie den reformorientierten Journalisten Taghi Rahmani, der 2012 nach Frankreich emigrierte, nachdem er insgesamt 14 Jahre in Haft verbüßt hatte.

Auch Mohammadi wurde wiederholt verhaftet, dann immer wieder freigelassen, um anschließend wieder vor ein Revolutionsgericht gestellt zu werden. Am 27. Februar 2021 veröffentlichte sie ein Video, in welchem sie den sexuellen Missbrauch und die Misshandlungen beschreibt, denen sie selbst und andere Frauen in den Gefängnissen ausgesetzt waren. Selbst neuerlich in Haft, schrieb sie im Dezember 2022 in einem von der BBC veröffentlichten Bericht über die Misshandlungen von inhaftierten Frauen. Regimetreue Medien identifizierten sie nach der Nobelpreisverkündung sofort als Sicherheitsrisiko. Das Buch „Frauen! Leben! Freiheit!" erzählt von ihren Jahren im Gefängnis.

Trinidad und Tobago ist ein aus zwei Inseln bestehender Staat, der vor der Küste Venezuelas liegt und zu den Kleinen Antillen gehört. Die knapp 1,5 Millionen Einwohner haben etwas mehr als 5000 Quadratkilometer zur Verfügung, was die hohe Bevölkerungsdichte erklärt.

Nachdem die Abschaffung der Sklaverei dazu führte, dass die Afrikaner durch indische Kontraktarbeiter ergänzt wurden – denen übrigens ein ähnlich grausames Leben beschieden war –, sind heute etwa ein Drittel der Einwohner afrikanisch und ein Drittel indischstämmig.

Das Land, das schon in seinem Wahlspruch die „Gemeinsamkeit" betont, ist eine weitgehend stabile Demokratie mit einem relativ hohen Freiheitsstatus (gilt auch für die Presse) und dem üblichen karibischen Korruptionsfaktor. Größter Mangel ist die Aufrechterhaltung der Todesstrafe, die allerdings in diesem Jahrhundert nicht mehr vollzogen wurde. Die Inseln haben unter einer relativ hohen Mordrate zu leiden, die zu großen Teilen auf Drogen- und Bandenkriminalität zurückzuführen ist. Trinidad und Tobago gilt als Umschlagplatz für Drogen, insbesondere Kokain, die von Südamerika nach Nordamerika transportiert werden sollen. Es gibt wiederholt von Amnesty International bestätigte Berichte über Tötungen durch die Polizei, deren Umstände zumindest fragwürdig sind.

Auch in der Politik spiegelt sich die Abstammung wider, denn von 2010 bis 2015 war die indischstämmige, am 22. April 1954 geborene **Kamla Persad-Bissessar** Premierministerin, während seither Keith Rowley amtiert, dessen Vorfahren aus Afrika stammen. Kamla Persad-Bissessar saß schon seit 1995 als Abgeordnete im Parlament und war auch zwei Mal Attorney General des Landes. 2010 gewann sie bei den Wahlen mit einer Fünf-Parteien-Koalition, der People's Partnership.

Trinidad ist die am intensivsten industrialisierte Insel der Karibik, was zu einem erheblichen Teil auf die Förderung von Erdöl und die Verflüssigung von Erdgas zurückzuführen ist. Daraus erklärt sich auch die Tatsache, dass die Insel eines der höchsten Pro-Kopf-Einkommen des gesamten Doppelkontinents besitzt.

Der Schriftsteller Martin Walser hat dem Land ein Buch gewidmet, „Variationen eines Würgegriffs. Bericht über Trinidad und Tobago". Vidiadhar Surajprasad Naipaul, ein 1932 auf den Inseln geborener Schriftsteller mit indischen Wurzeln, erhielt 2001 den Literaturnobelpreis, er starb 2018.

May Our Daughter Return Home

Ciudad Juárez galt viele Jahre hindurch als die gefährlichste Stadt der Welt. Auch wenn sie die eine oder andere mexikanische Häuserwüste mittlerweile abgelöst hat, ist die tagtäglich herrschende Gewalt für einen Mitteleuropäer noch immer unvorstellbar. Zuletzt hatte die berühmt-berüchtigte Grenzstadt Tijuana diese mehr als fragwürdige Spitzenstellung, aber mit 105 Morden pro 100.000 Einwohner braucht sich auch Juárez nicht zu verstecken. Juárez ist ein Epizentrum des Drogenkrieges und auch abseits der Szene ist Gewalt an der Tagesordnung.

Lilia Alejandra García Andrade verschwand am Valentinstag des Jahres 2001 und eine Woche später wurde ihre Leiche in eine Decke gewickelt aufgefunden. An ihrem Körper waren Spuren von Gewalt und sexuellem Missbrauch zu erkennen. Ihre Mutter Norma ist mittlerweile eines der Gründungsmitglieder eines gemeinnützigen Vereins von Frauen, deren Töchter Opfer von Gewalt geworden sind.

Am 2. Dezember 2011 wurde sie von einer Gruppe bewaffneter Männer angeschossen, zwei Monate später fügte ihr ein Angreifer eine tiefe Schnittwunde im Gesicht zu. Dem vorangegangen waren Morddrohungen und Anrufe in der Schule, wo sie beschäftigt war. Offensichtlich wollte man sie einschüchtern und dazu bewegen, ihre Tätigkeit bei Nuestra Hijas de Regreso a Casa (May Our Daughters Return Home) einzustellen. Auch ihre andere Tochter Malú García Andrade war bedroht worden und dadurch zum Umzug nach Mexico City gezwungen. Die Menschenrechtsverteidigerin und Anwältin unterstützt die Familien verschwundener und ermordeter Töchter und fordert von den Behörden eigentlich nur Selbstverständliches: nämlich, dass die Morde aufgeklärt und die Verantwortlichen vor Gericht gestellt werden.

Mexiko ist nach wie vor ein von patriarchalischen Strukturen und Korruption geprägtes Land, in dem jeden Tag durchschnittlich zehn Frauen und Mädchen ermordet werden. „Femizid" ist jener Begriff, der systematische Misshandlungen und Morde an Frauen beschreibt, so wie das in Mexiko 2020 3723 Mal der Fall war.

Malú García Andrade: *Überall auf der Welt werden Frauen ermordet und verschwinden, doch Mexiko sticht durch die Straflosigkeit hervor, die daraus erfolgt. Aus diesem Grund muss Mexiko die für die Aufklärung der Verbrechen zuständigen Behörden vor Gericht stellen.*

Bevor wir Mitteleuropäer uns allzu schnell über Araber, die angeblich noch im Mittelalter leben – das aber in Saus und Braus –, lustig machen, sollten wir den Dreck vor unserer eigenen Türe kehren. Vor allem dann, wenn das Erinnerungsvermögen unsere eigene Geschichte so sehr schönt, wie das bei den Frauenrechten der Fall ist. Ich zitiere die Situation in Deutschland, weil es größer ist und Österreichs Frauen auch nicht besser dran waren. Wollte eine Frau vor 50 (!) Jahren arbeiten, musste ihr das der Ehemann erlauben. Auch konnte er den Anstellungsvertrag der Frau ohne ihre Zustimmung kündigen, war die Frau berufstätig, verwaltete der Mann den Lohn – sprich, er verfügte darüber. Den Führerschein durfte sie nur dann machen, wenn es der Mann erlaubte. Auch die Geschäftsfähigkeit einer Frau ist eine junge Errungenschaft.

Als **Manal al-Sharif** am 25. April 1979 in Mekka, Saudi-Arabien, zur Welt kam, waren manche „Zugeständnisse" – wie Männer Rechte der Frauen empfanden – auch in Europa taufrisch. International bekannt wurde sie, als sie für Frauen das Recht einforderte, in Saudi-Arabien Auto fahren zu dürfen. Dazu entwickelte die IT-Beraterin die Kampagne „Woman 2 Drive". Sie hatte in Dschidda Informatik studiert und arbeitete anschließend als eine der ersten Frauen beim staatlichen Ölkonzern Aramco in einem gemischten Arbeitsumfeld mit Männern. Als sie im Rahmen eines Austauschprogramms in die USA kam, machte sie auch den Führerschein. Wieder zurückgekehrt, ließ sie sich am 19. Mai 2011 am Steuer eines Wagens filmen und veröffentlichte das Video im Internet. Drei Tage später wurde sie wegen *Aufwiegelns der öffentlichen Meinung gegen den Staat* verhaftet. Sie wurde zwar eine Woche später wieder freigelassen, musste aber nach Morddrohungen (!) Saudi-Arabien umgehend verlassen.

Seitdem tritt sie weltweit für die Rechte der Frauen in der islamischen Welt ein. Ihre Heimat ist mittlerweile in Sachen Gleichberechtigung einen kleinen Schritte vorangekommen. Seit 24. Juni 2018 dürfen Frauen auch hier einen Führerschein machen. Ein bezeichnendes (Luxus-)Detail am Rande. Laut „auto-motor-sport" hat das Vorstandsmitglied der (exklusiven) saudi-arabischen Motorsportvereinigung, Aseel Al-Hamad, den Anfang gemacht. Sie fuhr am offiziellen F1-Renntag mit einem Formel-1-Boliden aus dem Hause Renault noch vor der F1-Elite über den Rundkurs von Le Castellet. Noblesse oblige.

Das „Zeichen des Respekts" ist ausgeblieben

Sie war bereits zwischen 2003 und 2006 für die Labour Party Mitglied im Parlament von New South Wales, und das als erste indigene Vertreterin! **Linda Burney** stammt aus dem Aborigine-Clan der Wiradjuri und wurde am 25. April 1957 geboren. Schon zu einem frühen Zeitpunkt war sie für Bildungsfragen der Ureinwohner in ihrem Heimatstaat zuständig und wechselte 1998 ins Ministerium für die Angelegenheiten der Aborigines in New South Wales. In den darauffolgenden Jahren war sie nicht nur Abgeordnete in ihrem Bundesstaat, sondern bekleidete auch verschiedene regionale Ministerämter, bis sie 2016 erstmals zum Mitglied des australischen Repräsentantenhaus gewählt wurde. Nach dem Sieg der Labour Party bei der Parlamentswahl 2022 wurde Linda Burney als Bundesministerin für indigene Bevölkerungen ins Kabinett berufen. Die größte Herausforderung in ihrer Karriere bildete ein Verfassungsreferendum, bei dem am 14. Oktober 2023 darüber entschieden wurde, ob Australiens Indigene künftig mehr Mitspracherecht bekommen. „The Voice", wie sie in Australien genannt wird – „die Stimme" – also sollte ein Gremium Indigener werden, das das Parlament bei Themen berät, die die Ureinwohner betreffen. 1967 war in einer Volksabstimmung befunden worden, dass bei Volkszählungen die indigene Bevölkerung mitzuzählen sei. Damit wurden dieser Gruppe erstmals von den weißen Eroberern Bürgerrechte eingeräumt.

Wie isoliert die Aborigines sind, zeigt die Tatsache, dass rund 80 Prozent der Australier noch nie einen Ureinwohner persönlich kennengelernt haben. Sie machen, mit Ausnahme des fast menschenleeren Northern Territory ja auch nirgends mehr als zwei bis drei Prozent aus – in Summe höchstens einige 100.000. Auch mangelt es bei vielen Australiern an Wissen über die Geschichte, vor allem jene der Aborigines. Dabei bräuchte die indigene Bevölkerung dringend Verbesserungen in den Bereichen Bildung, Beschäftigung, Gesundheit und Wohnen. Auch die Suizidraten sind nach wie vor hoch. Ein Ja wäre deshalb auch ein *Zeichen des Respekts, eine Geste der Liebe* gewesen, wie Kirstie Parker, eine indigene Aktivistin, betonte. Leider half das alles nichts und das Referendum scheitere, weil alte Kolonialgedanken heraufdämmerten und übler Rassismus wucherte. So sagte ein ehemaliger konservativer Minister (!), *das Ganze sei ein Greifen nach der Macht, und die Aborigines seien eine organisierte Lobbygruppe, die durch Canberra kriecht und den Weißen eins auswischen will.*

Das sagte die 26-jährige afghanische Frauenrechtlerin **Tamana Zaryab Paryani,** die wegen ihrer mutigen Proteste gegen die Taliban bekannt wurde und aus Sorge um ihr physisches Überleben mittlerweile nach Deutschland flüchten musste. Ihre Stimme erhebt sie auch im Exil und gilt weithin als Symbol des Frauenkampfs in ihrer Heimat.

Ende 2022 wurde die Frauen- und Menschenrechtlerin in Kabul verhaftet und ins Gefängnis gesteckt. Drei Wochen lang wurde sie brutal gefoltert, misshandelt und verhört, wie sie der Deutschen Welle erzählt. Mit ihr im Gefängnis landeten auch ihre drei jüngeren Schwestern. *Mir wurde der Mund verbunden, Füße und Hände wurden gefesselt. Man hielt meine Beine fest und einer der Gefängniswärter schlug mit einem Kabel auf meine Fußsohlen. Manchmal steckten sie meine Füße ins Wasser und versetzten mir mit Elektrokabeln Stromstöße, bis ich bewusstlos wurde. Auch stülpten sie mir eine Plastiktüte über den Kopf, die sie dann erst kurz vor meinem Erstickungstod wegnahmen.*

Die Taliban antworteten auf diese brutale Art und Weise auf die Verbrennung einer Burka als Protest gegen die neuen Gesetze.

Seit August 2021 sind in Afghanistan die Möglichkeiten der Frauen, am gesellschaftlichen Leben teilzunehmen, stark eingeschränkt. Schrittweise wurden ihnen Rechte aberkannt und beispielsweise die Bildungschancen zunichtegemacht, zuletzt durch das Verbot, Universitäten zu besuchen. Alle Frauen müssen sich verschleiern und auf Plakaten werden unverschleierte Frauen mit Tieren verglichen.

Das Ganze hat mit Religion nur wenig, dafür aber alles mit primitivem männlichen Machtgehabe zu tun. Dafür wird dann noch scheinbar „Tradition" bemüht. Viele der im Gefängnis sexuell missbrauchten Mädchen haben aus Angst um ihren Ruf und dem ihrer Familie Suizid begangen.

Tamana fürchtet, dass die Spirale der Gewalt und die Dämonen des Schreckens sich noch steigern werden und damit verbunden eine noch brutalere Talibanherrschaft.

Obwohl die Taliban ihr die Ausreise verboten hatten, reiste Tamana zusammen mit ihren Schwestern im August 2022 nach Pakistan. In Deutschland ist sie vergleichbar sicher, sieht aber den Hass in den Augen derer, die das Vorgehen der Taliban mehr oder weniger offen unterstützen.

Als Journalistin lebt es sich gefährlich in Kolumbien

Jineth Bedoya Lima, eine kolumbianische Journalistin, wurde von Paramilitärs entführt, gefoltert, vergewaltigt. Sie blieb trotzdem Kriegsreporterin und gewann einen Prozess gegen den eigenen Staat. Doch die Hintermänner der Attacke sind noch immer frei, schreibt der „Spiegel" in einem Bericht aus Bogatá vom 17. Februar 2023.

Die Entführungen liegen mittlerweile mehr als zwei Jahrzehnte zurück (Mai 2002 und August 2003) und hatten mit dem Krieg Kolumbiens gegen den im Land herrschenden Terrorismus zu tun.

Zum Zeitpunkt der Entführung recherchierte Bedoya Lima über einen Waffenhandel, in den sowohl Staatsbeamte als auch die rechtsextreme paramilitärische Gruppe United Self-Defense Forces of Colombia verwickelt waren. Als ihr im Gefängnis ein Interview mit einem der paramilitärischen Führer versprochen worden war, vermutete sie zwar eine mögliche Falle, konnte aber trotzdem von drei Männern entführt werden. Sie vergewaltigten Bedoya mehrfach, bestanden aber dabei perfiderweise darauf, dass sich das Opfer auf die Botschaft konzentriere, die man mitzugeben entschlossen war: Sie richtete sich gegen die Presse insgesamt und einer Kollegin wurde die Ermordung angedroht. 20 Jahre später befand ein regionales Menschenrechtsgericht, dass in letzter Konsequenz der Staat für Bedoyas Leidensweg verantwortlich sei.

2003 waren es dann nicht die Rechtsextremen, sondern eine linke Gruppe der Revolutionären Streitkräfte Kolumbiens (FARC), die sich ihr mit Gewalt näherten. Offensichtlich war ihnen ein beabsichtigter Bericht über die zwangsweise Kokainproduktion in einer kleinen Stadt so unangenehm, dass man nicht vor Menschenraub zurückschreckte. Nachdem aber Stadtbewohner den regionalen FARC-Kommandeur auf die Entführung aufmerksam gemacht hatten, wurde sie samt ihrem Fotografen schnell freigelassen. Der Kommandant bot ihnen sogar eine Entschädigung an, was impliziert, dass die Aktion durch die FARC-Führung nicht gedeckt war.

Weitere Recherchen ihrerseits führten allerdings zu dem Vorwurf der revolutionären Gruppe, sie sei eine Agentin des militärischen Geheimdienstes. Die kolumbianische Regierung nahm die Drohungen so ernst, dass man drei Leibwächter mit einem kugelsicheren Auto abstellte.

Für ihren Mut erhielt Bedoya im Laufe der folgenden Jahre eine Mehrzahl an Preisen, zuletzt 2020 den Golden Pen of Freedom Award.

Es gibt eine Schätzung der Vereinten Nationen, wonach Jahr für Jahr mindestens 5000 Frauen und Mädchen Ehrenmorden zum Opfer fallen. Auch wenn das angesichts einiger Milliarden Frauen als eine geringe Zahl erscheint, sind es Tausende Frauen, denen nur deshalb tödliche Gewalt angetan wird, weil sie sich geweigert haben, einen ihnen vorbestimmten Mann zu heiraten, weil sie sich selbst ihren Bräutigam gesucht haben oder auch nur, weil sie ein Verhalten an den Tag gelegt haben, das als „unsittlich" gilt und gesellschaftliche Schande über die Familie bringt. Und weil damit immer wieder arabische Länder, aber auch die Türkei und der Iran in Verbindung gebracht werden, ist es auch eine probate Möglichkeit, dem Islam zu unterstellen, er sei Auslöser solcher Gewalt an Frauen. Dass weder der Koran noch die Scharia dafür einen geeigneten Anhaltspunkt bieten, spielt da keine Rolle, sondern es passt so schön ins Bild von primitiven Gesellschaften, die von einer blutrünstigen Religion geleitet werden.

Ein Anthropologe, Sharif Kanaana, erhellt in diesem Kontext: *Ein kompliziertes Thema, das tief in die Geschichte der islamischen Gesellschaften eingreift. […] Worüber die Männer der Familie, des Clans oder des Stammes in einer patrilinearen Gesellschaft die Kontrolle anstreben, ist die Fortpflanzungskraft. Frauen galten für den Stamm als Fabrik zur Herstellung von Männern.*

Außerdem bedeutet die Einhaltung moralischer Standards in vielen Gemeinschaften ein unterschiedliches Verhalten von Männern und Frauen, einschließlich strenger Keuschheitsstandards für Frauen. Dabei wird in vielen Familien das Ehrmotiv von Männern als Vorwand genutzt, um die Rechte der Frauen einzuschränken. Ganz im Sinne des römischen „Quod licet Jovi, non licet bovi", oder etwas anders ausgedrückt: „Was der jupitergleiche Mann darf, ist der ochsenähnlichen Frau noch lange nicht erlaubt."

Die Wissenschafterin **Tahira Shahid Khan:** *Frauen gelten als Eigentum der Männer in der Familie […] Der Eigentümer hat das Recht, über sein Eigentum zu entscheiden. Das Konzept des Eigentums hat Frauen zu einer Ware gemacht, die getauscht werden kann, gekauft oder verkauft.*

Alanoud Alsharekh ist eine kuwaitische Frauenrechtsaktivistin und Gründungsmitglied von „Abolish 153", einer Kampagne gegen sogenannte Ehrenmorde. Sie hat für ihre Courage viele Auszeichnungen bekommen. Als Genderberaterin hat sie für die UN Women gearbeitet.

Kein Südseetraum, sondern Zeitgeschichte

Wenige Flecken auf der Erde verkörpern so sehr den Südseetraum wie das Inselreich Samoa. Auf den beiden größten Inseln, die zusammen keine 3000 Quadratkilometer ausmachen, leben fast alle der 200.000 Samoaner. Nach der 1962 in Kraft getretenen Verfassung ist Samoa eine parlamentarische Demokratie und Mitglied des Commonwealth.

Erst 1948, damals noch unter neuseeländischer Verwaltung, erhielten Frauen ein eingeschränktes Wahlrecht, das nur Clanoberhäuptern (den Matai) und Nichtsamoanerinnen (europäischer oder chinesischer Abstammung) zustand. Die große Mehrheit der Matai waren immer Männer, was im Umkehrschluss bedeutete, dass zwar eine neuseeländische Kaufmannsgattin, nicht aber der Großteil der Frauen wählen durfte. Seit den 1960er-Jahren hat sich allerdings die Zahl der weiblichen Matai als Folge höherer Bildungsabschlüsse und Qualifikationen vergrößert. Nur eine sehr kleine Zahl von Frauen war in diese gesetzgebende Versammlung gewählt worden und erst nach einem Referendum vom Oktober 1990 wurde das allgemeine Wahlrecht eingeführt.

Umso erfreulicher und erstaunlicher zugleich ist die Tatsache, dass seit dem 24. Mai 2021 **Fiamē Naomi Mata'afa,** geboren am 29. April 1957, als Premierministerin agiert. Sie war auch schon Samoas erste Kabinettsministerin und von 2016 bis 2020 die erste stellvertretende Premierministerin Samoas. Schon bei den Wahlen 1985 wurde sie in die Legislativversammlung gewählt, der sie dann durch Wiederwahl ununterbrochen angehörte. Nach einem Kopf-an-Kopf-Rennen bei den Wahlen 2021, bei dem auch nach der Wahl keine klaren Verhältnisse bestanden, konnte sich Mata'afa in einer operettenhaften Inszenierung doch durchsetzen. Nachdem die bisherige Regierungspartei, die sich mit Zähnen und Klauen an die Insignien der Macht klammerte, den Zugang zum Parlamentsgebäude versperrt hatte, wurde Mata'afa in einem Zelt vor dem Gebäude als neue Premierministerin vereidigt. Jetzt war sie dort angelangt, wo sie nach Ansicht vieler Samoaner hingehörte, denn ihr Vater war nicht nur der „Oberhäuptling", sondern auch der erste Premierminister und die Mutter Abgeordnete im Parlament gewesen – oberster Politadel gewissermaßen, angereichert durch eine solide Universitätsausbildung in Neuseeland. Sie ist Mitglied der Congregational Christian Church of Samoa, die sich für die „soziale Erlösung der Menschheit" einsetzt.

Säure rettet den Männern nicht das Gesicht – sie zerstört das der Frauen

Säureattentate sind im Indien der ehemaligen britischen Grenzen, das heißt einschließlich Pakistan und Bangladesch, keine Seltenheit. Auch dieses Verbrechen ist weiblich – nicht der Täter, sondern der Opfer wegen, da mehr als 80 Prozent der Betroffenen Frauen sind. Die häufigsten Gründe für die Verätzungen sind Streitigkeiten, aber auch Rache nach sexueller Zurückweisung und Eifersucht. Viele junge Frauen sterben an den Folgen, andere sind völlig entstellt.

Bei den Attentaten überschütten die Täter meist das Gesicht und manchmal auch den Körper von Mädchen und Frauen mit Batteriesäure, die billig und leicht erhältlich ist.

Monira Rahman ist eine bangladeschische Menschenrechtlerin und Mitbegründerin der Organisation Acid Survivors Foundation, einer 1999 gegründeten Hilfsorganisation. In diesem Jahr gab es allein in Bangladesch 200 Opfer, mehr als doppelt so viele wie im Jahr zuvor. Offenkundig hatte das schlechte Beispiel Schule gemacht. Eine Sprecherin der Organisation erklärte, die Anschläge seien oft Racheakte zurückgewiesener Männer, die sich um ihre Mitgift betrogen fühlen. Präventiv lasse sich allerdings wenig gegen das Hochschnellen der Attentatszahlen machen, denn die Täter seien fast nie zu fassen, und die Säure aus alten Autobatterien sei leicht zu bekommen.

Monira Rahman kämpft seit Jahren dafür, dass diese Verbrechen geächtet werden. Nach ihrem Studium arbeitete sie ursprünglich in einem Programm für Obdachlose, als sie 1997 zum ersten Mal zwei junge Überlebende von Säureangriffen sah. Diese Begegnungen haben ihr Leben verändert: Sie war geschockt, erschrocken, aber auch überrascht, denn *sie waren sehr selbstbewusste, sehr starke Mädchen. Sie hatten eine umfassende Sichtweise zum Thema Gewalt gegen Frauen und dazu was wir tun sollten*. Weit mehr als 2000 Opfer hat die Stiftung seit diesen Anfängen registriert. *Doch die Dunkelziffer ist sehr viel höher*, weiß Monira Rahman. *Wenn Männer meinen, einer Frau gegenüber ihr Gesicht zu verlieren, dann zerstören sie das Gesicht der Frau, um damit ihre eigene Ehre wiederherzustellen*.

Monira Rahman ist es gelungen, eine breite Öffentlichkeit auf diese Verbrechen aufmerksam zu machen und für ihre Aktionen eine entsprechende Unterstützung, aus der Geschäftswelt ebenso wie von Wissenschaftern und Künstlern zu erhalten.

Hier ist der Ausnahmezustand Normalität

El Salvador gehört zu den unsichersten Ländern unseres Globus. Der in Mittelamerika gelegene Staat war 2015 das Land mit der höchsten Mordrate weltweit. Schuld daran ist nicht nur die große Armut im Lande, schuld sind auch nicht allein die Maras, kriminelle Banden, die nach dem Bürgerkrieg durch massive Abschiebungen aus den USA entstanden sind, sondern maßgeblich daran beteiligt ist ein allgemeines Klima der Gewalt, das die Geschichte des Landes prägt. Bis 1980 wurde es von Oligarchen und brutalen Militärdiktaturen regiert; es folgte ein zwölfjähriger Bürgerkrieg, die dann einsetzende Demokratisierung war schleppend und die Gewalt dauerte an.

Verständlich ist daher das Bedürfnis nach Sicherheit in der Bevölkerung. Der amtierende Präsident Nayib Bukele hat das genutzt und den Ausnahmezustand verhängt. Das Vorgehen ist nicht rechtmäßig, weil es nur für nationale Krisen gedacht ist, aber es spielt dem Präsidenten in die Hände, weil er Polizei und Militär dazu befugte, Menschen ohne Haftbefehl festzunehmen, auch andere grundlegende Rechte wurden ausgesetzt. 60.000 Menschen sind seither verhaftet worden. Eine Menschenrechtlerin, die salvadorianische Juristin **Sonia Rubio Padilla,** lebt in San Salvador und prangert dieses Vorgehen als menschenrechtswidrig an: *Die wahre Gefahr geht nicht von den Banden aus, sondern von unserem eigenen Präsidenten [...] Es (das Land) hat kriminelle Gewalt gegen staatliche getauscht. [...] Heute kann man das Land allerdings kaum noch als Demokratie bezeichnen.* Wir Westler, die wir ungestraft über alles und jedes maulen und meckern können, die wir Politiker oft mit Watschenmännern verwechseln, die wir auf der Galerie als Experten für alles und jedes auftreten, wir also können uns gar nicht vorstellen, wie viel Mut und Entschlossenheit dazugehört, auch Schikanen oder viel Schlimmeres in Kauf zu nehmen, um Demokratie, Rechtsstaat und Menschenrechte in einem Land des Unrechts zu verteidigen.

Auch eine weitere Menschenrechtsanwältin, **Ruth Hurtado,** scheut sich nicht die Wahrheit, auszusprechen: *Wir haben heute kein Justizsystem, kein System der Transparenz und keine von der Regierung unabhängige Ombudsstelle für Menschenrechte. Das bedeutet einen Mangel an Schutz und Garantien für die Rechte der BürgerInnen.* Die Regierung verfolgt dabei auch ihre eigenen Interessen. Die Polizei hat es mittlerweile nicht nur auf Bandenmitglieder abgesehen, sondern gleichermaßen auf Regierungskritiker.

So poesievoll kann ein Name sein, wenn man nicht zu Maier, Müller, Huber oder Schmid verdammt ist, sondern eben **Hinuk Maxiwi-Kerenaka** heißt, as so viel bedeutet wie „Schäfchenwolke, die an Ort und Stelle schwebt". Eben nicht deutsch, sondern in der Sprache der Ho-Chunk, einer Sioux-Familie. Ho-Chunk, wie sie sich nur selbst nennen (die neuenglischen Land-räuber haben dann „Winnebago" aus ihnen gemacht, was von benachbar-ten Stämmen kam und „Menschen stinkenden Wassers" hieß,) bedeutet übrigens „Forellennation".

Etwa um 500 n. Chr. haben sie ihr Zuhause in Wisconsin gefunden. In diese indigene Umgebung wurde am 3. Mai 1871 **Angel de Cora** geboren, der von ihrer Familie der Name „Schäfchenwolke" zugedacht war. Zur Zeit ihrer Geburt war ihr Stamm von seinem Land vertrieben worden und so kam sie in der Winnebago-Reservation in Nebraska zur Welt.

Assimilationszwangsmaßnahmen der weißen Siedler bedeuteten dann für sie, dass sie mit sechs anderen Kindern im Alter von zwölf Jahren das Reservat und damit die Familie und ihre Stammestradition verlassen musste. Im Südosten von Virginia konnte sie dann weiter die Schule besu-chen, bis sie die Chance bekam, eine Kunstausbildung zu absolvieren. Das führte sie zunächst an ein College und schließlich nach Boston im Nord-osten der USA. De Cora war die erste Indigene, die am Smith College einen Abschluss machen konnte. Dort unterhielt sie auch von 1899 bis 1903 ein Atelier, um anschließend nach New York zu übersiedeln. In dieser Zeit schuf sie Illustrationen für Bücher mit indigenen Themen wie etwa „Wigwam Stories Told by North American Indians". Zwischen 1906 und 1915 unter-richtete sie an der Carlisle Indian Industrial School. Außerdem war sie für die Society of American Indians aktiv, die erste von Ureinwohnern geführte Organisation für die Rechte der Ureinwohner. „Old Indian Legends" ist eine Sammlung von Sioux-Geschichten, für die sie die Zeichnungen lieferte.

Teilweise illustrierte sie auch gemeinsam mit William Henry „Lone Star" Dietz, den sie 1907 geheiratet hatte, zum Beispiel das Buch „Yellow Star" von Elaine Goodale Eastman, einer Romancière aus Massachusetts.

Als eine der bekanntesten indigenen Künstlerinnen ihrer Zeit nutzte Angel De Cora ihre Popularität, um sich für indigene Künstler und auch den Wert indigener Kunst einzusetzen. Daher trug sie während ihrer Auftritte auch häufig Insignien im Stil der „Plains-Indianer".

Aurielle und Marielle –
Zwei Schwestern im Dienste der Menschlichkeit

Beginnen wir mit der älteren der beiden Schwestern: **Marielle Franco,** geboren in Rio de Janeiro und gestorben mit 39 Jahren ebenda als Opfer eines Attentats. Sie war Soziologin und als Mitglied der brasilianischen Partei Sozialismus und Freiheit Präsidentin des Frauenausschusses im Stadtparlament. Heimat war eine Favela namens Mare. Mit 17 Jahren begann sie, als Straßenhändlerin Geld für die Schule zu verdienen, und konnte tatsächlich auf diese Art auch ein Studium abschließen. Im Jahr 2000 verlor sie eine Freundin durch eine „verirrte Kugel" bei einem Schusswechsel zwischen Polizei und Drogenhändlern. Sie begann sich als Afro-brasilianerin für Menschenrechte zu engagieren. Dazu muss man wissen, dass die meisten Favelabewohner „Schwarze" sind. Ab 2016 gehörte sie dem Stadtparlament an, prangerte regelmäßig Polizeigewalt an und forderte eine andere Politik im Umgang mit Armut. Sie symbolisierte als schwarze, offen lesbisch lebende, feministische, antikapitalistisch orientierte Frau eine seltene Vielfalt. Am 14. März 2018 wurde sie mit ihrem Fahrer Anderson Gomes in ihrem Auto erschossen.

Ihre sechs Jahre jüngere Schwester **Anielle,** geboren, am 3. Mai 1985, begann im Alter von acht Jahren, Volleyball zu spielen, und erhielt dank ihrer sportlichen Erfolge ein Stipendium in den USA, wo sie dann auch zwölf Jahre lang lebte. Ab 2016 arbeitete sie in Rio als Englischlehrerin und unterstützte ihre Schwester, die gerade zur Stadträtin gewählt worden war. Die Ermordung von Marielle veränderte ihr Leben nachhaltig und sie schuf eine gemeinnützige Institution, die den Kampf um die Ziele der toten Schwester fortsetzen sollte.

In Rio de Janeiro wurde 1994 das vielbeachtete, großangelegte Programm Favela-Bairro initiiert, durch das die Armenviertel und Slums zu regulären Stadtvierteln werden sollten.

Auch „Mare", wo die beiden Schwestern aufwuchsen, war eine solche ursprüngliche Favela in der Nordzone der Stadt. Sie wurde im März 2014 im Vorfeld der Fußballweltmeisterschaft von 1000 Polizisten besetzt, um eine Razzia durchzuführen. Auch das hat zur Politisierung der Schwestern beigetragen.

Anielle wurde von Lula da Silva als Ministerin in das bedeutende Ressort für die Gleichstellung ethnischer Gruppen berufen.

Critical Race Theory ist eine Bewegung in den USA, die sich mit dem Zusammenhängen von Rasse, Rassismus und dessen rechtlichen Strukturen beschäftigt. Das löst intensive, ja hitzige und teils polemische Debatten aus, weil davon ausgegangen wird, dass „race" sozial konstruiert ist und keine biologische Kategorie darstellt. Dabei trägt das „Recht" zur Entstehung und Aufrechterhaltung von „race" bei, etwa durch die Klassifizierung von Menschen in „Schwarz" und „Weiß". Auch wenn „race" keine biologische oder naturwissenschaftliche Unterscheidung ermöglicht, hat die aus der Hautfarbe abgeleitete Kategorisierung weitreichende Folgen für die Gesellschaft, insbesondere für deren schwächeren Teil.

Dabei wird Rassismus nicht als Ausnahme, sondern als Norm gewertet, die tief in gesellschaftlichen Strukturen und Institutionen verankert ist und regelmäßig zur Benachteiligung von People of Colour führt. Da Rassismus die Interessen von weißen Eliten (materiell) und weißen Angehörigen der Arbeiterklasse (psychologisch) unterstützt, gibt es seitens Weißer vielfach kein oder nur wenig Interesse an der Beseitigung von Rassismushürden. Erst wenn die Interessen der Weißen und Schwarzen übereinstimmen, entstehen also Fortschritte. Rassismus kann demzufolge nicht in erster Linie als falsches Handeln oder Denken des Einzelnen betrachtet, sondern muss auf der Ebene gesellschaftlicher Strukturen und Institutionen analysiert werden.

Die US-amerikanische Juristin **Kimberlé Crenshaw,** am 5. Mai 1959 geboren, prägte den Begriff Intersektionalität, der darauf verweist, dass Identitäten vielschichtig sind. Rassismus muss daher im Zusammenwirken mit anderen Diskriminierungsformen wie Sexismus und Klassismus betrachtet werden. Der schwarze Feminismus, der die Kritik an Rassismus und Sexismus verbindet, weist darauf hin, dass es bei Menschen Diskriminierungen aus mehreren Gründen geben kann, die sich gegenseitig verstärken. Kimberlé Crenshaw, selbst Afroamerikanerin, gründete daher 1996 das African American Policy Forum, dessen Ziel es ist, Verknüpfungen zwischen verschiedenen Diskriminierungen aufzudecken und abzubauen. Sie begegnete 2014 Barack Obamas Initiative My Brother's Keeper, die auf die Erweiterung sozialer Möglichkeiten für junge schwarze Männer bedacht war, mit einer Kampagne namens„Why We Can't Wait.

Klang, der die Menschen von weither ruft

Aktuell gibt es unter den etwa 7,75 Milliarden Menschen weltweit 7139 lebende Sprachen, was im Durchschnitt bedeuten würde, dass jede einzelne von etwa einer Million Menschen beherrscht wird. Das ist natürlich blanker Unsinn, denn die meistgesprochene Sprache Englisch verwenden 1,4 Milliarden Menschen und Mandarin wird von immerhin 1,1 Milliarden Chinesen gesprochen. Unsere eigene Muttersprache belegt mit 134 Millionen übrigens nur den zwölften Platz.

Aber zurück zur Vielfalt, denn immerhin 2314 Sprachen weist Asien auf und auf dem wesentlich kleineren afrikanischen Kontinent gibt es 2158 Sprachen. Die häufigsten Sprachen werden von 88 Prozent aller Menschen gesprochen, sodass auf die restlichen zwölf Prozent fast 7000 Sprachen entfallen. Aber manches dieser Zahlenspiele hängt von den Kriterien ab, nach denen definiert wird. So hat Englisch nur 370 Millionen Muttersprachler, aber enorm viel Zweitsprachler. Bei Mandarin ist es genau umgekehrt.

Was allerdings Sorge bereiten sollte, ist die Tatsache, dass mehr als die Hälfte aller Sprachen vom Sprachtod bedroht sind. Damit bezeichnet man den Prozess des Sterbens einer Sprache, bis auch der letzte Muttersprachler weggefallen ist. In aller Regel bedeutet das den Verlust einer kulturellen Tradition – also buchstäblich „sprachlos" zu werden.

In den letzten 50 Jahren ist allein die Hälfte aller bekannten Sprachen ausgestorben – eine wurde wiederbelebt: 2000 Jahre nach dem Aussterben des Hebräischen als gesprochene Sprache ist das Ivrit zur Staatssprache Israels geworden. 2000 Jahre kultureller Entwicklung, inklusive aller Begriffe, die es vorher nicht geben konnte, weil es dafür kein Beispiel gab, mussten nachgeholt werden – aber das ist eine andere Geschichte.

Marie Smith Jones – in ihrer Muttersprache Udach'Kuqax'a'a'ch oder eben der „Klang, der die Menschen von weither ruft", geboren am 5. Mai 1918 und hochbetagt gestorben am 21. Januar 2008, war die letzte Sprecherin der Sprache der Eyak in Alaska. Sie war Häuptling und zugleich letzte Angehörige des Stammes und wies nur Eyak-Vorfahren auf. Als sie 15 Jahre alt war, wurde ihr Stamm, der nur noch aus wenigen Dutzend Mitgliedern bestand, als einer der letzten in den USA anerkannt. Jones engagierte sich in einem Projekt, das jedem die Möglichkeit geben sollte, die Eyak-Sprache zu erlernen, doch lehrte sie dann ihren eigenen Kindern Englisch, in der Annahme, dass dies für sie im Leben nützlicher sein würde.

Mai

In ihrem Heimatland Myanmar ist die heute 57-Jährige als eine führende Intellektuelle bekannt, deren Bücher sich mit der politischen Situation des Landes befassen. Ihr Pseudonym war „Mutig Reisende".

Die Reaktion der Menschen auf den Militärputsch vom 1. Februar 2021 findet **Ma Thida** ermutigend: Sie lobt den zivilen wie auch den bewaffneten Widerstand gegen die Diktatur.

Sie ist Chirurgin, Schriftstellerin, Menschenrechtsaktivistin und jahrelange politisch Gefangene. Neben dem Medizinstudium widmete sie sich dem Schreiben: *Ich wollte Schriftstellerin werden, weil ich teilen möchte, was ich um mich herum beobachte, zum Beispiel Armut.*

Im letzten Jahr ihres Medizinstudiums, als 1988 Massenproteste gegen Langzeitdiktator Ne Win ausbrachen, die einen Putsch zur Folge hatten, schloss sich Ma Thida als Sanitäterin dem Widerstand an, publizierte regimekritische Artikel und unterstützte Aung San Suu Kyi. Die „Lady" (so nennt man Aung San Suu Kyi) bezeichnete Ma Thida als „Gefangene des Applauses", weil sie die hohen und irrealen Erwartungen des Auslandes angesichts der Macht des Militärs nicht erfüllen konnte. Laut einem Urteil sollte die entmachtete Regierungschefin für 33 Jahre ins Gefängnis. Ihre Regierung war vom Militär im Jahr 2021 gestürzt worden und die von der Armee zugesagten Neuwahlen sind wiederum verschoben worden. Die Verlängerung des Ausnahmezustands und die damit verbundene Willkür hat Ma Thida jedenfalls gezwungen, ins Ausland zu gehen. Denn schon 1993 war sie vom Militär verhaftet und anschließend zu 20 Jahren Gefängnis verurteilt worden. *Kontakt zu einer illegalen Organisation, illegales Publizieren und Verstoß gegen das Notstandsgesetz* waren die Verbrechen, die man ihr zum Vorwurf machte. Statt der Bücher, die sie so sehr liebte, *las sie hinter Gefängnismauern sich selbst,* wie sie ihre Praxis der Achtsamkeitsmeditation Vipassana beschreibt. Als sie nach fünf Jahren lebensgefährlich erkrankte, wurde sie dank internationaler Interventionen freigelassen und arbeitete mehrere Jahre als Chirurgin in einem Spital, das Menschen aller Schichten und Religionen kostenlos behandelt. In ihrem Berliner Exil ist ihr bewusst: *Der Wandel muss aus dem Land selbst kommen.* Daher setzt sie sich als Vorsitzende von Writers in Prison Committee nun für andere verfolgte SchriftstellerInnen ein.

Si me permiten hablar

Das heißt so viel wie *Wenn sie mir erlauben zu sprechen* und ist das schriftliche Zeugnis einer Frau aus den Minen Boliviens. Das Buch wurde von **Domitila Barrios Cuenca** geschrieben, die am 7. Mai 1937 in der bolivianischen Provinz Potosí geboren wurde. Sie stammte aus einer Quechua-Familie, was auf ihre Sprachzugehörigkeit hinweist. Denn die indigene Bevölkerung nennt sich selbst „Runakuna" – was so viel wie „Menschen" bedeutet. Auch die Eskimovölker und die Ureinwohner Japans bezeichnen sich wie viele Indigene als Menschen (Inuit und Ainu), was nicht ungewöhnlich ist, da sie ja keine anderen Menschenwesen kannten.

Domitila war eine indigene Menschenrechtlerin, die vor allem durch ihre Rolle im Widerstand gegen die Diktatoren René Barrientos Ortuño und Hugo Banzer Suárez bekannt wurde. Ihr Vater schuftete in Schuldknechtschaft für ein Bergbauunternehmen, nachdem er als Kriegsheimkehrer mittellos gewesen war. Zu allem Überdruss musste die Familie dann auch noch übersiedeln, da der Vater wegen gewerkschaftlicher Tätigkeiten entlassen wurde.

Im Juni 1967 schickte der damalige Diktator Barrientos Ortuño Militär, um die Gewerkschaften der Bergleute zu unterdrücken – bei den folgenden frühmorgendlichen Massakern wurden über 100 Arbeiter ermordet. Domitila wurde inhaftiert und gefoltert, woraufhin sie ihr ungeborenes Kind verlor.

International bekannt wurde sie als Sprecherin des Hausfrauenkomitees der Bergleute bei einem Kongress in Mexiko. Im Dezember 1977 begannen vier Frauen einen Hungerstreik im Erzbischofsitz in La Paz, dem sich Domitila im Januar 1978 mit zwei Priestern anschloss. Innerhalb kurzer Zeit nahmen mehrere Tausend Menschen teil. Der nun amtierende Diktator Banzer sah sich gezwungen, eine Amnestie auszusprechen und Wahlen auszurichten. Bei den Wahlen trat sie zwar an, war aber mit dem Kandidaten für das Präsidentenamt, einem Bauernführer, nicht erfolgreich.

Zwei Jahre später war alles wieder beim Alten, denn ein Militärputsch beendete den Traum von demokratischen Verhältnissen.

Nach dem Sturz des Diktators konnte sie wieder nach Bolivien zurückkehren und gründete in Cochabamba die Che Guevara-Bewegung.

Als sie am 12. März 2012 starb, ordnete der damals amtierende Präsident Evo Morales eine dreitägige Staatstrauer an.

Noch heute gehört Papua-Neuguinea zu den Staaten, über die man am wenigsten hört und liest. Die exponierte Insellage hat dazugeführt, dass die zwölf Millionen Einwohner, die auf 420.000 Quadratkilometer siedeln, von Außeneinflüssen relativ unberührt bleiben. Dazu trug seinerzeit auch der Umstand bei, dass sich die Europäer wüste Geschichten über Kopfjagd und Kannibalismus erzählten, sodass Begegnungen eher vermieden wurden. Papua-Neuguinea wird oft als einer der schlimmsten Orte auf der Welt bezeichnet, wenn es um Gewalt gegen Frauen geht. Das „Zaubereigesetz" von 1971 sah eine Gefängnisstrafe von bis zu zwei Jahren für die „Ausübung schwarzer Magie" vor. Schätzungsweise 50 bis 150 angebliche Hexen werden jedes Jahr von Verwandten, Nachbarn oder Gemeindemitgliedern getötet. Erst 2013 hob die Regierung dieses Gesetz auf, das überdies den Vorwurf der Hexerei bei der Verteidigung in Mordfällen zuließ.

Umso bemerkenswerter ist das Engagement der Menschenrechtsaktivistin **Monica Paulus** aus dem Hochland der Hauptinsel. Sie ist Mitbegründerin des Highlands Women Human Rights Defenders Network und von Stop Sorcery Violence und bemüht sich vor allem um die Hilfe für Frauen, denen eben Hexerei oder Zauberei vorgeworfen wird. Sie ist Mutter von drei Kindern und war in ihrer frühen Jugend selbst erheblicher Gewalt ausgesetzt. Als ihr Vater an einem Herzinfarkt starb, beschuldigte ihr Bruder sie, seinen Tod durch Hexerei verursacht zu haben, um sich ihren Anteil am Erbe anzueignen.

Jedes Jahr werden Tausende mutmaßliche Hexen angegriffen und nur die allerwenigsten Fälle werden strafrechtlich verfolgt. Dabei gilt nach den Traditionen des Landes gemäß auch das Kind einer „Hexe" als solche.

Monica Paulus bringt viel Mut bei ihrem Engagement für solche Frauen auf, denn sowohl sie als auch ihre Kinder sind durch die Gewalt der Gemeinden, aber auch den Familien von Gewalttätern gefährdet.

Damit wir Europäer nicht allzu arrogant urteilen, sei angefügt, dass in England 1807 die letzte Frau der Hexerei bezichtigt wurde und auf dem Scheiterhaufen landete. Aber zumindest wurde zu dieser Zeit schon über die Rechtmäßigkeit von Sklavenhandel diskutiert. Mord und Folter im Namen des Herrn blieben weiter im Programm.

Die Madres de los Falsos Positivos

Wir haben bereits die Mütter der Plaza de Mayo kennengelernt, die in Buenos Aires nach ihren während der Militärdiktatur verschwundenen Kindern suchten und auch Vorbild für die Madres de los Falsos Positivos in Kolumbien geworden sind. Die wörtliche Übersetzung sagt wenig über die perfiden Vorgänge aus, die sich dahinter verbergen. Überwiegend junge Menschen aus armen Familien waren es, die im kolumbianischen Bürgerkrieg von der Armee verschleppt wurden und dann als Erschossene in Guerilla-Kleidung auftauchten. Die Soldateska präsentierte sie stolz als getötete Aufständische und rechtfertigte damit ihr brutales Vorgehen. Tausende junge KolumbianerInnen sind innerhalb weniger Jahre (2002 bis 2010) dem Ziel, schnelle Erfolge vermelden zu können, zum Opfer gefallen. Sie waren zentraler Indikator für militärischen Erfolg und Gelegenheit, Sonderurlaub oder Beförderung einzuheimsen. Zeugen in einem Verfahren gegen einen früheren Kommandanten (der im Übrigen in Fort Knox in den USA ausgebildet worden war) sagten aus, er habe *nicht Liter, sondern Ströme von Blut* gefordert. Anreiz zum Massenmord war auch der „Plan Colombia" der US-Regierung zur Drogen- und Aufstandsbekämpfung, bei dem Milliarden Dollar in Richtung des südamerikanischen Landes geflossen sind. Mindestens 6400 junge Menschen mussten der Statistiken wegen mit dem Leben bezahlen, damit irgendwelche amerikanischen Bürokraten einen Erfolgsnachweis abheften konnten.

Jacqueline Castillo Peña stammt aus einer Arbeiterfamilie in Bogotá und war die Einzige von sieben Geschwistern, die einen Schulabschluss machen konnte. 34 Jahre arbeitete sie im Gesundheitswesen als Laborantin und Krankenschwester. Im Oktober 2008 verschwand ihr Bruder Jaime, während er bei einer Straßenampel Autoscheiben putzte, um wenigstens ein paar Münzen zu verdienen. Seine Leiche wurde zusammen mit fünf weiteren unschuldigen Menschen in einem Massengrab gefunden. Daraufhin gründete Jacqueline mit anderen Frauen „Die Mütter der fälschlich positiven Resultate", weil ihre Angehörigen ja als Legitimation der Armee missbraucht und als Guerillas bezeichnet wurden. Fast 15 Jahre des Kampfes waren Jacqueline und ihre Mitkämpferinnen Morddrohungen, Schikanen und öffentlichen Beschimpfungen durch die Regierenden ausgesetzt. Der neue Präsident Gustavo Petro: *Wir hoffen, dass das Blut Ihrer Söhne ein besseres Kolumbien von morgen hervorbringt.*

Auf malaysisch heißt „orang" Mensch und „asli" bedeutet ursprünglich. „Orang Asli" sind also Ureinwohner der Halbinsel, die aus mehreren Gruppen bestehen. Dieser Begriff ist allerdings recht neu und ersetzt die ältere Bezeichnung „Sakar," was Sklave bedeutet und dementsprechend abwertend gemeint war.

Die Bevölkerung Malaysias ist multiethnisch; die etwa 32 Millionen Angehörigen dieser Wahlmonarchie sind zur Hälfte Malaien, nicht ganz ein Viertel sind Chinesen und die indigenen Völker machen immerhin elf Prozent aus. Da auch Teile der Insel Borneo zum Staat gehören, muss man auch die dort lebenden Dayak zur indigenen Bevölkerung zählen. Der Begriff kommt von „landeinwärts" und wurde von den an der Küste Borneos lebenden Malaien den Menschen im Landesinneren gegeben.

Die malaysische Menschenrechtsanwältin **Siti Kasim** (am 10. Mai 1963 geboren) erlangte Bekanntheit durch ihr Eintreten für die indigenen Minderheiten, wozu sie in der Anwaltskammer als Angehörige des Menschenrechtsausschusses Gelegenheit bekam. Sie verfolgt mit ihrer Arbeit das Ideal einer integrativen und fortschrittlichen malaysischen Gesellschaft und nimmt dafür auch Kritik und Beschimpfungen in Kauf. Aber sie muss auch um ihr Leben bangen, denn am 21. Juli 2023 wurde ein verdächtiger Gegenstand am Hinterreifen ihres Autos entdeckt, als dieses einer Wartung unterzogen wurde. Ein Polizeivertreter bestätigte, dass es sich bei dem Objekt um einen improvisierten Sprengsatz gehandelt habe.

Dass sie mit ihrer politischen Linie nicht gerade mehrheitsfähig ist, musste sie bei den letzten beiden Parlamentswahlen erfahren, als sie in ihrem Wahlkreis in Kuala Lumpur als unabhängige Kandidatin eine Abfuhr erhielt. Sie führt eine Wurzel des von ihr in der Bevölkerung registrierten Unbehagens auf eine übermäßige Verflechtung von Regierungs- und Religionsangelegenheiten zurück und macht die Trennung von Staat und Religion zu einem wesentlichen Anliegen ihres Wahlkampfs.

Schon am 23. Juli 2017 hatte sie Anzeige bei der Polizei eingereicht, nachdem im Internet Mord-, Vergewaltigungs- und Säureangriffsdrohungen gegen sie im Zusammenhang mit ihrer Arbeit für LGBTI-Rechte ausgesprochen worden waren, die sie als unteilbare Menschenrechte verteidigte.

Dass du zwei Tage schweigst unter der Folter

Das Schicksal von **Elisabeth Käsemann** hat mich, seitdem ich davon erfahren habe, immer besonders berührt. Ich kann keinen einzelnen Grund dafür nennen, weil es diesen nicht gibt. Es sind deren eine ganze Reihe: ihr Geburtsdatum 11. Mai 1947 – fünf Tage jünger als ich; ihr Sterbedatum 24. Mai 1977, da war ich gerade 30 Jahre alt geworden und dachte an alles andere, nur nicht ans Sterben. Opfer der argentinischen Militärdiktatur, weil sie sich aktiv für eine soziale Revolution einsetzte; meine Familienbeziehung zu Buenos Aires brachte es mit sich, dass ich die Vorgänge dort mit besonderer Aufmerksamkeit verfolgte, schließlich hatte ich in einem dortigen Vorort die Grundschule besucht. Die Verschleppung in ein Geheimgefängnis, wo sie zweieinhalb Monate lang unter schwerer Folter verhört und schließlich umgebracht wurde – ich kann mir das Leiden, die Angst, die Schmerzen, die Hoffnungslosigkeit, die Einsamkeit, die Verzweiflung, die damit verbunden sind, sehr intensiv vorstellen. Die Ermordung als Gegnerin des Regimes: zu aktivem Widerstand wäre ich wahrscheinlich nicht fähig gewesen, weil mich meine Angst davon abgehalten hätte; ich habe daher zeitlebens Menschen bewundert, die den dafür notwendigen Mut aufgebracht haben.

Elisabeth war das vierte und jüngste Kind des prominenten Universitätsprofessors für Evangelische Theologie Ernst Käsemann und dessen Frau Margrit. Während ihrer Studienzeit wurde sie Mitglied des Sozialistischen Deutschen Studentenbundes und gehörte zum Freundeskreis von Rudi Dutschke. Sie bereiste 1968 Lateinamerika und nach einer einjährigen Rundreise wusste sie, dass sie bleiben würde. Ab 1970 lebte sie in Buenos Aires. Sie beteiligte sich als Freiwillige an linken Sozialprojekten in den Armenvierteln der Hauptstadt, etwa mit Erwachsenenbildung und Alphabetisierungskursen. Nach dem Militärputsch 1976 lebte sie im Untergrund und nutzte den Decknamen „Cristina". Sie verliebte sich in einen Gesinnungsgenossen; beide stimmten darin überein, an einem als unmenschlich bewerteten Mordanschlag nicht teilzunehmen, weil man zwar den bewaffneten Kampf (mit ebenfalls bewaffneten Gegnern) befürworte, aber nicht bereit sei, einfach zu töten, sagte sie dazu erklärend. Ihr Freund entschied sich für die Flucht ins Ausland, während sie entschied zu bleiben: Das war ihr Todesurteil – in der Nacht vom 8. auf den 9.März 1977 wurde sie verhaftet und am 24. Mai durch Genickschuss exekutiert.

Dorothee Sölle war eine feministische evangelische Theologin und Dichterin.
in der Frauen-, Friedens- und Umweltbewegung engagiert. Sie war Schülerin
von Ernst Käsemann und widmete der Tochter Elisabeth dieses Gedicht:

Bericht aus Argentinien
D sagt mir
es ist eine regel im untergrund
dass du zwei tage schweigst unter der folter
das gibt den genossen zeit
zwei tage heißt frage ich auch zwei nächte
ja sagt sie, sie arbeiten schicht
O gott sag ich wenn ich allein bin
falls du der erinnerung fähig bist
geh zu denen unter der folter
für zwei tage und zwei nächte
mach sie stark
und erbarm dich derer
die früher sprechen
O jesus sag ich wenn wir zusammen sind
du warst donnerstag und freitag unter der folter
du hast keinen namen preisgegeben
du bist lieber gestorben
Du hast die großtechnologie des großgottes
nicht angewandt
sonst wären
alle unsere namen verraten
und macht noch immer allmacht
technologie noch immer alltechnologie
D sagt mir
es ist eine regel im untergrund
dass du zwei tage schweigst unter der folter
und was tun wir frage ich mich
zwei tage und zwei nächte
in gethsemane
und was
tun wir

Today I am a Muslim too

Brooklyn ist der wahre „Melting Pot" von New York. Dort sind die Weißen in der Unterzahl, weil Afroamerikaner, Hispanics und Asiaten einen immer stärker werdenden Anteil an der Bevölkerung stellen. Mit etwa 280.000 Juden war es lange Zeit hindurch die größte jüdische Stadt, denn sowohl Jerusalem (ohne die Araber) als auch Tel Aviv hatten deutlich weniger Einwohner. Zu den kleineren Minderheiten zählten die Araber, die, so wie die Eltern von **Linda Sarsour,** nach dem Sechs-Tage-Krieg hier eine neue Heimat gefunden haben. Das änderte nichts an der Aufrechterhaltung von Traditionen: Mit 17 Jahren wurde die junge Frau in arrangierter Ehe verheiratet, bekam drei Kinder und arbeitete als Englischlehrerin. Nach dem 11. September 2001 nahm die Polizei Muslime in ihrer Nachbarschaft fest und verdächtigte auch die damals 21-Jährige als Terrorunterstützerin. Das war der Beginn ihres Engagements für die Bürgerrechte von Einwanderern und Flüchtlingen. Sie unterstützte die von Strafverfolgung Betroffenen, wenn ihre Bürgerrechte missachtet wurden, wandte sich gegen unberechtigte Überwachung und gegen die Polizeimethode „Stop and frisk", die sich auch bei uns besonderer Beliebtheit erfreut, wenn es beispielsweise um harmlose Roma-Bettler geht. Personen werden dabei aus irgendwelchen Gründen angehalten, ihre Daten aufgenommen und sie werden womöglich auch perlustriert. *Wir haben euch im Auge – immer und überall, ihr kommt uns ohnedies nicht aus*, wird dadurch signalisiert.

Linda Sarsour machte immer wieder deutlich, dass sie nur einen gewaltfreien Widerstand der Palästinenser gegen die israelische Besatzung unterstützt, nicht aber die Hamas und auch nicht die Palästinensische Autonomiebehörde. Sie wünscht sich eine Einstaatenlösung, in der alle in Frieden, Gerechtigkeit und Gleichheit zusammenleben könnten.

Mit Recht bekämpft Sarsour Islamfeindlichkeit, die sie als „antimuslimischen Rassismus" bezeichnet. Seite an Seite mit einem Rabbiner sprach sie auf einer Solidaritätsdemonstration am Times Square: *Today I am a Muslim too.*

2011 wurde sie für ihren Einsatz gegen Rassismus und für Toleranz von Präsident Obama als „Heldin des Wandels" ausgezeichnet. Seit 2014 verbindet sie ihr Engagement auch mit Black Lives Matter.

Sie heißt **Claudia Goldin,** ist am 14. Mai 1946 in New York zur Welt gekommen und musste 77 Jahre alt werden, um einen Nobelpreis zu bekommen. Ihr Forschungsgebiet: die Rolle der Frauen auf dem Arbeitsmarkt; ihr Forschungsergebnis: Trotz steigenden Frauenanteils an der Erwerbsbevölkerung und trotz Wirtschaftswachstums habe sich die Einkommensschere kaum geschlossen und besteht nach wie vor.

Goldin erforscht aus wirtschaftsgeschichtlicher Perspektive die Rolle von Frauen am Arbeitsmarkt, die Gründe für Einkommensunterschiede und den Gender-Pay-Gap.

Dabei hat sie sich speziell mit der Geschichte der Frauen auf dem US-Arbeitsmarkt beschäftigt und dabei Themen wie Vereinbarkeit von Familie und Beruf, Einfluss der Antibabypille auf die weibliche Berufstätigkeit, Namenswahl verheirateter Frauen als Sozialindikator und die Auswirkungen der Koedukation untersucht. Sie widerspricht in ihren Arbeiten der Auffassung, dass die weibliche Erwerbstätigkeit erst im 19. Jahrhundert mit dem wirtschaftlichen Aufschwung und den Frauenrechtsbewegungen begonnen habe. In Amerika arbeiten nämlich verheiratete Frauen heute ähnlich viel wie um 1800 in der agrarisch geprägten Gesellschaft. Erst mit der Industrialisierung ist der Anteil der erwerbstätigen Frauen gesunken und mit der zunehmenden Dienstleistungsgesellschaft nach 1900 wieder gestiegen. Die Gründe für diese Entwicklung sind veränderte soziale Normen sowie die Zuständigkeit der Frauen für Haushalt und Familie. Im Laufe des 20. Jahrhunderts ist das Ausbildungsniveau von Frauen stetig gestiegen und liegt in den meisten Ländern mit hohen Einkommen über dem von Männern. Dennoch gingen weltweit nur 50 Prozent der Frauen einer bezahlten Beschäftigung nach, bei Männern seien es 80 Prozent, ergänzt eine andere Ökonomin und fügt hinzu: Und wenn Frauen arbeiteten, sei ihr Stundenlohn deutlich geringer als jener der Männer, nämlich um 13 Prozent. So verdienstlich derartige Studien auch sind, haben sie einen gewaltigen Haken: Sie bewegen sich in der „Western Hemisphere", also nicht einmal im globalen Norden, sondern nur einem Teil davon.

Einfach zum Nachdenken: Ein Drittel der Menschheit lebt an den Küsten des Indischen und Pazifischen Ozeans, also auch ein Drittel aller Frauen. Wie es um sie ökonomisch bestellt ist, können wir lediglich vereinzelten Länderberichten entnehmen. Ihre Einkommenssituation ist noch prekärer.

Die Würdige war sehr religiös

Digna Ochoa y Plácido kam am 15. Mai 1964 in Mexiko als fünftes von 13 Kindern auf die Welt. Der Name Digna bedeutet „die Würdige". In ihrer Jugend kam es zu Unruhen in der Bevölkerung, weil große Arbeitslosigkeit und damit Hunger und Not herrschten. Nach einem Tumult wurde ihr Vater von den Behörden des Mordes beschuldigt und saß 14 Monate im Gefängnis. Hier kam die junge Frau das erste Mal mit Recht und Unrecht in Berührung und entschied sich dafür, später einmal Jura zu studieren. Nach dem Studium arbeitete sie für die Menschenrechtsorganisation „Zentrum pro", eine Einrichtung, die Menschen hilft, die zu Unrecht verhaftet, bedroht, gefoltert oder verschleppt wurden. Das ist in Mexiko leider noch immer der Fall und es bedarf entsprechenden Mutes, für die Opfer solcher Gewalt einzutreten.

Am 16. August 1988 wurde sie in Jalapa, Vera Cruz, das erste Mal entführt, nachdem sie bei der Staatsanwaltschaft, für die sie Teilzeitarbeiten durchführte, schwarze Listen von Gewerkschaftsfunktionären und politischen Aktivisten gefunden hatte. Sie erklärte später, ihre Entführer seien Beamte der Staatspolizei gewesen und sie sei vergewaltigt worden. Bezeichnend ist, dass es keine Untersuchung zu ihren Vorwürfen gab.

Im Alter von 27 Jahren trat sie, die sehr gläubig war, in ein Dominikanerinnenkloster ein, das sie nach acht Jahren wieder verließ, ohne ihr Gelübde abgelegt zu haben.

Im Jahr 1999 wurde sie gleich zwei Mal entführt, worauf der Interamerikanische Gerichtshof für Menschenrechte empfahl, ihr persönlichen Schutz zur Seite zu stellen. Im darauffolgenden Jahr ging sie zur Sicherheit in die USA, kehrte aber 2001 wieder zurück und der gerichtlich angeordnete Schutz wurde wieder aufgehoben.

Bei ihrer neuerlichen Tätigkeit als Menschenrechtsanwältin vertrat sie Dissidenten, erhob Vorwürfe wegen Menschenrechtsverletzungen und Folter durch Regierungsbehörden, wobei sie immer wieder die Armee im Fokus hatte.

Am 19. Oktober 2001, ein halbes Jahr nach ihrer Rückkehr aus den USA, war sie offensichtlich zu unbequem geworden, denn sie wurde in ihrem Büro im Roma-Viertel von Mexiko City ermordet. Bei ihrer Leiche wurde eine Warnung gefunden, dass dasselbe auch anderen Mitarbeitern des Menschenrechtszentrums zustoßen könnte.

„Dominica" ist nicht eine Kurzform für die Dominikanische Republik, sondern ein Inselstaat in den Kleinen Antillen, der sich selbst einen großen Anspruch verleiht: *Nach Gott das Land*, sagt zumindest der Wahlspruch. Gewissermaßen eingekreist ist Dominica von zwei Übersee-Departements der Franzosen (so heißen heute die meisten kolonialen Überreste), nämlich Guadeloupe im Norden und Martinique im Süden – beides klingende Namen in der Karibikgeschichte. Die 72.000 Einwohner Dominicas haben ganze 750 Quadratkilometer zur Verfügung und leben in einer parlamentarischen Republik innerhalb des Commonwealth. Nicht der Tourismus, wie man annehmen könnte, ist die Haupterwerbsquelle, sondern die Landwirtschaft, denn Dominica ist eine Bananenrepublik.

Das Land besitzt mit **Sylvanie Burton** neuerdings eine Präsidentin (gewählt im Oktober 2023), die nicht nur das erste weibliche Staatsoberhaupt der Inselrepublik, sondern auch indigener Abstammung ist. Die Kalinago sind Kariben und bilden mit 2,9 Prozent Bevölkerungsanteil nur mehr eine kleine Minderheit gegenüber 96 Prozent Schwarzen und Mulatten. Auch die frühere Premierministerin **Mary Eugenia Charles** (am 15. Mai 1919 geboren) war nicht nur die erste Regierungschefin in ihrem Land, sondern gleich in der ganzen Region. Sie begann ihre politische Karriere in den 1960er-Jahren als engagierte Friedensbefürworterin, war Mitbegründerin sowie 25 Jahre Vorsitzende der Dominica Freedom Party. Ab 21. Juli 1980 war sie Premierministerin, zeitweise auch gleichzeitig Außenministerin. 1983 unterstützte sie die (international heftig kritisierte) US-Invasion in Grenada nach der Ermordung des dortigen Premierministers Maurice Bishop. Später wurde aufgedeckt, dass sie verdeckte CIA-Gelder für eine „geheime Operation" erhalten hatte. Dies offensichtlich in ihrer Eigenschaft als Vorsitzende der Organisation Ostkaribischer Staaten. Der damalige US-Präsident Ronald Reagan belog in diesem Zusammenhang auch Margaret Thatcher, wie er später zugab. Eine Invasion in einem Commonwealth-Staat (wie es Grenada war) ohne Absprache mit dem Verbündeten Großbritannien musste auf Protest stoßen. Mary Eugenia Charles war da wohl anderer Meinung. Am 14. Juni 1995, kurz nach ihrem 76. Geburtstag, zog sie sich aus der Politik zurück. Sie starb am 6. September 2005.

Vietnams Bloggerinnen leben gefährlich, wenn sie mehr als Beauty im Kopf haben

Sie setzte sich in ihrer Heimat für Umweltschutz und Menschenrechte ein, solange sie das unter den misstrauischen Augen der Behörden überhaupt konnte. **Nguyen Ngoc Nhu Quynh** ist eine Bloggerin, die sich eben nicht der „Beauty", sondern wichtigen gesellschaftlichen Anliegen verschrieben hat. Es stört und irritiert die Staatsorgane dann ganz besonders, wenn man beim Bloggen Tafeln in die Kamera hält, auf denen geschrieben steht: *I support Human Rights because: Only with Human Rights (that) we are able to empower our own individuals and our communities*. So jemanden sperrt man entweder einfach weg oder – wenn die internationalen Proteste das Geschäft stören – bürgert man ihn aus. „Mutter Pilz," wie sie von den Followern genannt wird, wandte sich bald sozialen Problemen, Missmanagement durch die Regierung und Umweltverschmutzung zu. Aber mehr noch: sie wurde Mitbegründerin eines unabhängigen Netzwerks vietnamesischer Blogger, die Pressefreiheit einfordern und dazu ermutigen, *die Rechte und Freiheiten der Menschen vor Einschränkungen zu schützen.* Polizeibrutalität, inhaftierte politische Gefangene, mögliche Korruption – das sind Tabus der Autokraten. So wurde Nguyen vor ihrer Festnahme häufig schikaniert und im Juni 2017 wegen Verleumdung des Regimes und Propaganda gegen den Staat zu zehn Jahren Haft verurteilt. Ein Jahr später wurde sie aus der Haft entlassen und konnte mit ihrer Familie in die USA ausreisen.

Verschiedene internationale Preise sind die Anerkennung für ihren Mut und die Unerschütterlichkeit, mit der sie ihre Ziele verfolgte.

Ein ähnliches Schicksal droht der Bloggerin **Pham Doan Trang,** die sich ebenfalls schon lange an friedlichen Protesten gegen die Regierungspolitik beteiligt. Am 7. Oktober 2020 wurde sie von der Polizei in Hanoi verhaftet, weil sie *Informationen, Materialien und Gegenstände hergestellt, gelagert und verbreitet hat, um sich dem Staat der Sozialistischen Republik Vietnam zu widersetzen*. Ende 2021 wurde sie zu neun Jahren Haft verurteilt. In anderen Ländern wurde sie ausgezeichnet, weil sie *mit klaren Worten den Mangel an Freiheit, Korruption und Despotismus des kommunistischen Regimes bekämpft*.

Die Geber und Handelspartner des Landes wie die USA, die EU, Australien und Japan müssen aufhören, die systemischen Verstöße Vietnams gegen die Menschenrechte unter den Teppich zu kehren, sagt ein Aktivist.

Schon im Alter von elf Jahren war die am 18. Mai 1998 geborene **Brianna Fruean** Gründungsmitglied von „350. Samoa" und Leiterin der Umweltgruppe „Future Rush". In einem Alter, wenn andere noch mit Puppen spielen, setzte sie sich bereits für die Bekämpfung der globalen Erwärmung ein und unterstützte Achtsamkeitsprogramme in Schulen und dörflichen Gemeinschaften Samoas. 2011, da war sie 13, nahm sie an der UN Small Island Developing State Conference als Delegierte der Young Women's Christian Association (YWCA) teil; heute gehört die 25-Jährige zum Vorstand der Klimaschutzbewegung Pacific Climate Warriors. Sie war Mitglied der Ozeanien-Delegation bei der UN-Klimakonferenz und führte mit Wolfgang Machreich von der „Furche" ein Gespräch, in dem sie unter anderem ausführte:

Für uns Inselbewohner ist das 1,5-Grad-Ziel nichts Abstraktes, sondern es bedeutet unser Leben. 1,5 Grad Erwärmung sind für die Pazifikinseln die rote Linie, die wir nicht überschreiten dürfen. Wenn wir dieses Ziel aufgeben, geben wir auch die Pazifikinseln auf. […] Wenn wir einmal akzeptieren, ein Land zu verlieren, wie geht es dann weiter? […] Unser Ziel muss doch sein, den ganzen Planeten zu retten.

Von diesem Denken sind große Teile der Welt und der Weltbevölkerung noch weit entfernt. Verheerende Dürreperioden, Starkregen, der die Humusschicht wegschwemmt, Hurrikans, die ganze Landstriche entvölkern – die Klimawandelignoranten und -leugner lassen sich davon nicht beeindrucken. Der höhnische Gesichtsausdruck von Donald Trump angesichts einer Kältewelle, als er in die Kamera jammert und angesichts der Schneemengen spöttisch das Wort „Klimawandel" in den Mund nimmt, spricht da Bände. „Big bargain" läuft munter weiter und die Südseeinsulaner sollen eben schwimmen lernen statt jammern.

Aber junge Menschen wie Brianna Fruean lassen Hoffnung aufkommen, weil sie einerseits aussprechen, was ist, aber nicht in Weltuntergangsszenarien versinken, sondern positive Momente sehen: *Gleichzeitig trete ich dafür ein, den Klimawandel nicht als Ende, sondern als Anfang zu sehen. Als Beginn einer Umwelt-Renaissance. Als eine Zeit, in der wir den Weg zurück in ein Leben in Balance mit der Natur anfangen. […] Viel besser ist, wenn wir unsere Zeit als Chance für einen Neubeginn sehen.*

Das schreibt uns eine 24-jährige Samoanerin ins Stammbuch!

Groß-Simbabwe wurde von Frauen erbaut

Jeden ersten Freitag im März feiern Menschen in mehr als 170 Ländern einen Ökumenischen Weltgebetstag, wobei jedes Jahr Frauen aus einem anderen Land den Gottesdienst vorbereiten. Im Jahr 2020 waren es die Frauen von Simbabwe, denen diese Aufgabe zufiel. Sie kümmern sich um die Kinder, aber auch um die Alten, sie müssen oft dafür Sorge tragen, dass es Wasser und auch etwas zu essen für alle gibt. *Männer gehen einfach weg, suchen sich Arbeit in der Stadt oder in einem Nachbarland und lassen uns zurück.* Geraten die Gesundheitsversorgung und das Schulsystem ins Wanken, *sind ebenfalls die Frauen davon am meisten betroffen, da ihnen die Verantwortung über die Kinder obliegt*, so eine Protagonistin bei der Vorbereitung des Weltgebetstages.

Allerdings haben die Frauen seit der Unabhängigkeit auch mehr Rechte, auf die sie zunehmend selbstbewusst bestehen. Die Absenkung der Volljährigkeit auf 18 Jahre für alle war das erste Anzeichen für eine Gleichstellung der Frauen. Als dann in den 1990er-Jahren das Erbrecht angepasst wurde, erhielten die Frauen zum ersten Mal das Recht zugesprochen, Land zu besitzen.

Die Frauenrechtlerin **Kuda Chitsike** erinnert daran, dass Great Zimbabwe von Frauen erbaut wurde: Die Männer waren dafür verantwortlich, dass genügend Steine als Baumaterial vorhanden waren, die Frauen erbauten dann die Häuser. Der Kolonialismus, so erzählt die Frauenrechtlerin weiter, sei besonders schädlich für die Frauen gewesen, denn das patriarchale System der Kolonialherren passte den einheimischen Männern gut ins Konzept. So konnten sie wenigsten die Herrschaft über die Frauen behalten, wenn schon nicht über das ganze Land.

Frauen waren aber auch als Freiheitskämpferinnen präsent, wie Robert Mugabes erste Frau **Sally Francesca Hayfron,** die auch die erste Parteisekretärin der Frauenliga war. Nach der Wahl Mugabes zum Präsidenten im Jahr 1980 war sie First Lady des Landes.

Oder auch **Joice Mujuru,** die den Namen „Teurai Ropa" („Blut vergießen") trug und dem Generalstab der Befreiungsarmee angehörte. Von 2004 bis 2014 war sie als Vizepräsidentin die Stellvertreterin Mugabes. Schon bei der Revolte gegen die British South Africa Company von Cecil Rhodes spielte eine Frau eine entscheidende Rolle: **Mbuya Nehanda** – dafür bezahlte sie mit ihrem Leben.

Die Goldfields-Esperance-Region ist ein riesiges Gebiet Westaustraliens mit einer Fläche von 770.000 Quadratkilometern, auf der allerdings nur knapp 60.000 Menschen leben – ein Einwohner auf etwa 4 × 3 Kilometern! Davon sind immerhin zehn Prozent Aborigines, also Ureinwohner, die hauptsächlich den Clans der Wangkatha angehören. Wangkatha umschreibt die „schönsten Wanderungen" und heute beherrschen nur noch 200 bis 300 Menschen diese Sprache. Für die weißen Abenteurer war das Land insofern von Interesse, als man dort Gold vermutete und teilweise auch fand. Es war der Ire Paddy Hannan, dem die Einheimischen zu seinem ersten Goldnugget verhalfen. Später kämpften die Aborigines wiederholt gegen weiße Siedler, die in den 1890er-Jahren auf der Suche nach Gold kamen. Anfang des 20. Jahrhunderts galten die Wangkatha daher als die „wildesten und unbezähmbarsten" aller Aborigines in Westaustralien.

Weiße Missionare gründeten dann eine Station in einem Gebiet, das heute als Mount Margaret Aboriginal Community bekannt ist. Alle Aborigines, die in Mount Margaret untergebracht wurden, erhielten eine westliche Ausbildung und wurden außerdem „christlich" erzogen. Sie sollten also mehr oder weniger zwangsassimiliert werden, ohne allerdings mit den entsprechenden Rechten ausgestattet zu sein.

Auch die am 20. Mai 1932 zur Welt gekommene **May Lorna O'Brien** wurde im Alter von fünf Jahren an die Mission abgegeben und später an der Perth Girls School weiter ausgebildet.

Im Alter von 21 Jahren hatte sie ein Lehrerzertifikat in den Händen und war 1953 die erste Aborigine-Frau in Westaustralien, die einen Hochschulabschluss besaß. Nach 25 Jahren Unterrichtspraxis wechselte sie in das regionale Bildungsministerium und wurde Superintendent of Aboriginal Education. Sie starb am 1. März 2020 im Alter von 87 Jahren in Perth.

Aber das Volk der Wangakatha brachte noch eine ganze Reihe weiterer erstaunlicher Frauenpersönlichkeiten hervor:

Sadie Canning war die erste Krankenschwester, **Gloria Brannon** die erste Aborigine-Absolventin der University of Western Australia und das noch dazu mit Auszeichnung, **Annette Stokes** wurde für ihren Beitrag zur Gesundheitsforschung ausgezeichnet und **Geraldine Hogarth** bemühte sich um die Bewahrung eines wichtigen Dialekts.

Sie alle verdienen es, als Wangkatha in Erinnerung behalten zu werden.

Máire Mhic Róibín und Máire Pádraigín Mhic Ghiolla Líosa

Sie waren 21 Jahre hindurch – von 1990 bis 2011 – Staatspräsidentinnen der Republik Irland, international bekannt allerdings unter den Namen **Mary Robinson** und **Mary McAleese,** also in der Sprache der ehemaligen Kolonialmacht und eben nicht der irischen Heimat.

Die Ältere von ihnen, Mary Robinson, geboren am 21. Mai 1944, studierte Rechtswissenschaft am Trinity College in Dublin, wo sie schon mit 25 Jahren eine Professur erlangte. Gleichzeitig war sie Abgeordnete des irischen Oberhauses, dem sie 20 Jahre hindurch, von 1969 bis 1989, angehörte. Als sie 1990 die Präsidentenwahl gewann, war sie nicht nur die erste Frau an der Spitze Irlands, sondern als Mitglied der Labour Party auch die erste Kandidatin, die nicht von der (fast) allmächtigen Fianna Fáil unterstützt worden war.

Nach ihrer Wahlperiode wurde sie Hochkommissarin für Menschenrechte der Vereinten Nationen. Ihren kämpferischen Charakter und ihre weltanschauliche Position offenbarte sie 2004 und 2005, als sie die Gegenveranstaltung „Public Eyes on Davos" während des Weltwirtschaftsforums in Davos eröffnete. Der Widerstand auf der Straße sei legitim, weil schließlich auch die Menschenrechte dort erkämpft worden seien, war ihre Rechtfertigung. Sie setzte sich aber ebenso energisch für Klimagerechtigkeit ein und gründete zur Verfolgung dieses Ziels die Climate Justice Foundation. Im Juli 2014 ernannte sie der damalige UN-Generalsekretär Ban Ki-moon zur Sondergesandten für den Klimawandel. *Extreme Armut* ist für sie der schlimmste menschenrechtsverletzende Zustand in der Welt von heute und sie sieht die Hauptaufgabe in einer *menschlichen Globalisierung*. Dass die Irinnen sich heute scheiden lassen können, Kondome benutzen dürfen und die Abtreibung bis zur zwölften Schwangerschaftswoche straffrei ist, haben sie dem Zutun dieser Präsidentin zu verdanken.

Auch ihre sieben Jahre jüngere Nachfolgerin hatte eine Professur am Trinity College in Dublin inne, war aber auch als Journalistin tätig.

Innerhalb der Fianna Fáil, der größten irischen Partei, entschied sie die Vorwahl immerhin gegen den ehemaligen „Taoiseach" (= Ministerpräsident) für sich. Für ihren Mut in gesellschaftspolitischen Fragen spricht, dass sie im streng katholischen Irland Mitgründerin der Kampagne für Gesetzesreformen zugunsten Homosexueller war. Sie war übrigens als Präsidentin die erste Amtsinhaberin, die aus Nordirland stammte.

Die Farbe Orange löst in Nordirland sehr unterschiedliche Empfindungen aus. Am 11. Juli 1690 hatte der protestantische Oranier-König Wilhelm den katholischen König James besiegt und damit die Vorherrschaft der Protestanten auch in Irland gesichert, obwohl die überwiegende Mehrheit der Bevölkerung katholisch war. In dieser Nacht, nach langen Aufmärschen, die Triumphzügen gleichen, lodern die protestantischen Freudenfeuer und die Farbe Orange dominiert überall. Der Orange Day, der jährlich am 25. November abgehalten wird, ist allerdings ein Tag von der UN proklamiert, um die weltweite Gewalt gegen Frauen zu bekämpfen. Die Farbe Orange symbolisiert dabei eine Zukunft ohne Gewalt.

Auf dieser Kalenderseite geht es aber in erster Linie um die Gewalt, die sich Katholiken und Protestanten gegenseitig angetan haben. Eine Gewalt, die Familien zerstört, Beziehungen gebrochen und Tausende Menschen getötet hat. Dagegen aufzutreten erforderte in den heißen Phasen des sinnlosen Tötens viel Mut und Risikobereitschaft.

Die Friedensaktivistinnen **Betty Williams** (geboren am 22. Mai 1943) und **Mairead Corrigan** (am 27. Januar 1944 zur Welt gekommen), beide aus Belfast, waren Begründerinnen der einflussreichsten Friedensbewegung in Nordirland – der Community of Peace People. Dafür erhielten sie 1976 gemeinsam den Friedensnobelpreis.

Betty Williams hatte einen protestantischen Vater, eine katholische Mutter und einen jüdischen Großvater. Dadurch und durch ihre eigene interkonfessionelle Ehe war sie schon früh sensibilisiert, aber auch politisiert für die Vorgänge in Nordirland. Von einem traumatischen persönlichen Erlebnis mit drei toten Kindern motiviert, begann sie, gegen diese sinnlose Gewalt aufzutreten. Ihre ersten Mitstreiterinnen waren Mairead Corrigan und die Tanten der drei getöteten Kinder. Das Ergebnis war eine Demonstration am 14. August 1976, an der etwa 10.000 Menschen, alt und jung, weiblich und männlich, katholisch wie protestantisch teilnahmen und gegen die herrschende Gewalt protestierten. Es folgte die sogenannte Peace Rallye, Friedensdemonstrationen überall in Nordirland. Einen derartig breiten Protest hatte das Land bis dahin nicht gekannt. Als die beiden Frauen im Jahr darauf den Friedensnobelpreis erhielten, sagte Mairead Corrigan: *Für mich bedeutet der Nobelpreis, dass wir die Welt durch Gewaltlosigkeit verändern können, und viele Menschen haben genau wie ich diese Vision.*

Sie war eine Hutu, die ethnische Quotensysteme ablehnte

Das Grauen, das sich über das Land legte, musste **Agathe Uwilingiyimana,** die Premierministerin ihres Landes, nicht mehr erleben, denn der Tag ihrer Ermordung, der 7. April 1994, gilt als der Tag, an dem der Völkermord in Ruanda begann und innerhalb von drei Monaten 800.000 bis eine Million Menschen das Leben kostete. In dieser Zeit töteten Angehörige der Hutu-Mehrheit etwa drei Viertel der im Land lebenden Tutsi.

Ein Blick 100 Jahre zurück zeigt ein Königreich, das weitgehend zentralisiert und in seinen Grenzen gefestigt war und in dem die Tutsi, die vornehmlich Vieh züchteten, zunehmend die Oberhand gegenüber den Ackerbau betreibenden Hutu gewannen. Das änderte sich auch nicht in der deutschen Kolonie und unter belgischer Herrschaft bis zur Revolution der Hutu, die die Belgier damit beantworteten, dass in der Verwaltung die Hälfte der Tutsi durch Hutu ersetzt wurde. Nach der Unabhängigkeit wurde der Druck auf die Tutsi-Minderheit immer stärker, vor allem als im Nachbarland Burundi 100.000 bis 150.000 Hutu durch Tutsi umgebracht worden waren. Die am 23. Mai 1953 geborene Agathe war zu dieser Zeit 20 Jahre alt, hatte ein Studium absolviert und arbeitete als Mathematiklehrerin. Zehn Jahre später lehrte sie Chemie an der Nationaluniversität Ruanda. In dieser Zeit gründete sie eine Spar- und Kreditkooperative, fand Beachtung in der Hauptstadt Kigali, kam in das Handelsministerium und wurde etwas später sogar Bildungsministerin. Als solche schaffte sie das Quotensystem im akademischen Bereich ab und zog sich dadurch die Feindschaft diverser Hutu-Gruppen zu. Auf der anderen Seite wurde von Tausenden Studenten und Müttern für ihre Politik demonstriert. Am 18. Juli 1993 wurde sie als erste Frau Premierministerin ihres Landes.

Wenige Wochen später wurde zwischen Präsident Juvénal Habyarimana und Tutsikräften das Arusha-Abkommen abgeschlossen, welches friedensstiftend wirken sollte.

Am 6. April 1994 wurde das Flugzeug des Präsidenten von einer Rakete abgeschossen. In ihren letzten dokumentierten Worten sagte Agathe Uwilingiyimana: *Es wird geschossen, Menschen werden terrorisiert, sie liegen in ihren Häusern auf dem Boden.* Ihr Haus wurde zwar von UN-Friedenstruppen geschützt, trotzdem wurden sie, ihr Mann und zwei Begleiter ermordet. Zuvor war sie noch Opfer sexualisierter Gewalt in besonders brutaler Form geworden.

Wie sie wirklich hieß, wissen wir nicht. Wann genau sie geboren wurde, entzieht sich unserer Kenntnis – es wird um 1753 gewesen sein. Wo sie auf die Welt kam, können wir nur vermuten – wahrscheinlich in der Region Senegambia. Was sie auszeichnet, ist bemerkenswert: Sie war die erste afroamerikanische Dichterin, deren Werke veröffentlicht wurden, und diente Voltaire als Gegenbeweis für die rassistische Behauptung, es gebe keine schwarzen Dichter.

Sie war um die sieben Jahre alt, als sie in die Sklaverei verkauft wurde. Dabei hätte sie es schlechter erwischen können, denn sie wurde von dem Bostoner Schneider John Wheatley als Geschenk für seine Frau Susanna gekauft. Weil man sich ja schon alles andere geschenkt hat, was zu einem besonderen Anlass infrage kommt, und Susanna war womöglich entzückt vom Zuwachs im Haushalt. Nach dem Schiff, das sie brachte, wurde sie als christlicher Neuerwerb **Phyllis** genannt. Offensichtlich war die junge Frau begabt und intelligent, erhielt eine „klassische" Ausbildung mit Unterricht in Latein, Griechisch, Mythologie und Geschichte. Sie hatte es vergleichsweise gut erwischt, denn die Wheatleys und andere christliche Sklavenbesitzer in Neuengland betrachteten Sklaven fast als Familienmitglieder und erlaubten ihnen das Lesen und Schreiben. Von ihren Besitzern wurde sie schließlich sogar zum Dichten ermutigt; ihre ausschmückenden Erzählungen aus Ovids „Metamorphosen" sollten später sogar veröffentlicht werden. Mit ihrem ersten auch veröffentlichten Gedicht, das dem Tod des Pastors gewidmet war, gewann sie die Aufmerksamkeit literarischer Kreise sowohl in Boston wie auch in England. 1773 reiste sie mit dem Sohn der Wheatleys nach London, wo sie als Kuriosität durch die Salons der literarisch interessierten Aristokratie gereicht wurde. Man wird an Angelo Soliman erinnert, der um die gleiche Zeit in Wien eine Berühmtheit darstellte und sogar in eine Freimaurerloge aufgenommen wurde. Durch die erste Veröffentlichung in London wurde Phyllis sogar zu einer literarischen Berühmtheit. Rassistischen Widerständen war es zuzuschreiben, dass die Veröffentlichung des zweiten Buches unterbunden wurde. *Manche betrachten unsere schwarze Rasse mit Verachtung. Ihre Farbe ist teuflisch. Bedenket, Christen: Neger, schwarz wie Kain, können veredelt werden und sich dem Engelszug anschließen,* heißt es in einem ihrer Gedichte.

Dieser weibliche Häuptling lässt sich auch festnehmen

Übersetzt heißt Wet'suwet'en so viel wie die „Menschen des Wa-Dzun-Kwuh-Flusses" – sie sind indigene Einwohner im Landesinneren von British Columbia. In ihrer traditionellen Struktur gibt es fünf Clans, wobei die Zugehörigkeit matrilinear von der Mutter auf die Kinder übertragen wird. Ihre Gesamtbevölkerung zählt etwas über 3000 Einwohner, die sich seit Jahren gegen den Bau der Coastal GasLink Pipeline zur Wehr setzen, weil diese das Wet'suwet'en-Gebiet in zwei Teile trennen würde. Die fünf Clans besitzen Titel und Rechte an ihrem 22.000 Quadratkilometer großen Territorium und ihre Häuptlinge sagen, sie hätten gemäß ihren Gesetzen und Gepflogenheiten der Pipeline nicht zugestimmt, allerdings eine alternative Route vorgeschlagen, um ihren guten Willen zu zeigen – dies sei von der Pipeline-Gesellschaft aus Kostengründen abgelehnt worden.

Die Provinzregierung von British Columbia war die Clan-Häuptlinge bewusst umgangen, indem sie eine Vereinbarung mit einem Leitungsgremium aller indigenen Völker traf. Diese Spaltungspolitik der Behörden erinnerte die Häuptlinge an frühere koloniale Unterdrückung und die damit verbundenen gewalttätigen Reaktionen. Bei drei großen Polizeirazzien (Januar 2019, Februar 2020, November 2021) wurden insgesamt 74 Personen inhaftiert und in weiterer Folge Dutzende von ihnen angeklagt.

Freda Huson, geboren am 24. Mai 1964, ist nicht nur Umweltaktivistin, sondern auch eines der weiblichen Oberhäupter der Wet'suwet'en. Zwar ist sie Ökonomin, hat aber einen sehr naturverbundenen und auch spirituellen Ansatz in ihrer Tätigkeit. Schon im Jahre 2009 war sie in ein Waldgebiet ihres Stammes am Morice River gezogen und gründete dort ein Protestcamp gegen die Pipeline. Mit einer befreundeten Psychologin errichtete sie aber auch ein Gesundheitszentrum, das Traumata bewältigen helfen soll, indem man sich in die Stille der Wälder zurückzieht.

Auch sie gehört zu der Gruppe jener Demonstranten, die inhaftiert wurden. In einer Zeit der wachsenden Klimakrise und immer dramatischer werdender Prognosen, wie weit die Klimaziele verfehlt werden, tragen indigene Völker ihren besonderen Teil zur Bekämpfung des Klimawandels bei, indem sie ihre heiligen Rechte verteidigen und sich erforderlichenfalls auch kriminalisieren lassen. Wie in vielen anderen Fällen auch stehen Frauen an der Spitze des Protests und verdienen Solidarität. Der Alternative Nobelpreis, verliehen 2021 an Freda Huson, ist ein solches Zeichen.

Exponiert man sich im politischen Ausnahmezustand und *löckt wider den Stachel* der Mächtigen, so erregt man deren Zorn und sie reagieren mit Gewalt. Das Bibelwort wirkt hier in seiner unmittelbaren Bedeutung, *wenn der Ochse ausschlägt und sich damit dem Stachelstock des Viehtreibers widersetzt.* Besonders in einem Land wie der Türkei, wo schon ein Einspruch gegen Behördenentscheidungen mit Anklagen und der abstrusen Erklärung quittiert wird, bei der Beschwerdeführerin handle es sich allein schon deshalb um eine Staatsfeindin. Die am 24. Mai 1959 in Bursa zur Welt gekommene **Eren Keskin** ist vieles auf einmal: Menschenrechtsanwältin, oppositionelle Türkin und Kurdin noch dazu. Die in Istanbul praktizierende Anwältin ist eine Kritikerin des Staates und seines Rechtssystems und setzt sich insbesondere für das kurdische Volk und Frauen ein. 1997 gründete sie ein Rechtshilfeprojekt, das schon allein seines Zieles wegen in den Fokus des Staatsapparats gelangen musste: *Rechtliche Hilfe für Frauen, die von staatlichen Sicherheitskräften vergewaltigt oder auf andere Weise sexuell missbraucht wurden.* Zeitweiliges Berufsverbot, aber vor allem unverhüllte Morddrohungen waren die Folge, etwa von der ultranationalistischen Türkischen Rachebrigade. Zeitweise musste sie sich selbst in bis zu 140 Strafverfahren rechtfertigen. Sie wurde immer wieder verhaftet und auch verurteilt, vor allem wenn ihre Vorwürfe Gewaltanwendung gegen Kurden betrafen. Als sie die türkische Armee wegen des sexuellen Missbrauchs von Frauen bei der Bekämpfung der PKK anklagte (bei ihr handelt es sich um eine bewaffnete Organisation, der auch Terror unterstellt wird), wurde sie zu einer Haftstrafe verurteilt, *weil es sich um eine Beleidigung des Türkentums, der Republik und der Institutionen und Organe des Staates* handle. In einer Gerichtsverhandlung erklärte sie: *Es ist meine Überzeugung, dass das Militär die Demokratisierung der Türkei behindert. Ich bin der Ansicht, dass das Militär zu großen Einfluss auf Justiz und Politik der Türkei ausübt, und dass es sich daraus zurückzuziehen sollte.* In einem Porträt von Alexandra Wach wird sie als „weiblicher Sisyphus" beschrieben, der nicht anders kann, als den Stein immer wieder aufs Neue den Berg hochzurollen, stets die Angst im Nacken, dass sie die Nächste sein könnte, die spurlos verschwindet. Ein Dutzend Preise von internationalen Organisationen sind zwar persönliche Anerkennung, können aber die Angst nicht vertreiben.

Mit leiser Stimme –
so war ihre Poesie, aber nicht ihr Leben

José Carlos Mariátegui, der peruanische Marxist, Philosoph, Autor und Politiker bezeichnete sie als „primera poetisa del Perú". Vor allem war sie jedoch die erste Vertreterin eines geradezu militanten Feminismus in Peru. Als solche gehörte sie auch zu den GründerInnen einer politischen Partei, der Alianza Popular Revolucionaria Americana. Beschrieben sind damit einige Facetten einer Frau, von der man auch sagte, sie sei schön gewesen, von zierlicher Statur mit blauen Augen und lockigem, rötlichem Haar. Sie soll einen unternehmungslustigen, auch ungestümen Charakter gehabt haben, was im Widerspruch zu dem Kosenamen steht, den ihr damalige Freunde gegeben haben „La muñeca" (die Puppe).

Magda Portal, so die Kurzform ihres Namens, kam am 27. Mai 1900 in Lima zur Welt und wurde bereits mit fünf Jahren Halbwaise, als ihr Vater plötzlich starb. Für die Familie begann eine schwierige Zeit – die Mutter musste den Lebensunterhalt mit Näharbeiten bestreiten und das Wohnhaus wurde gepfändet. Für Magda war es eine Erfahrung von Ungerechtigkeit, die ihr Leben prägte. 1920 erschien in der Zeitschrift „Mundial" ihr erstes Gedicht „Mit leiser Stimme". In den 1920er-Jahren musste sie, so wie viele andere politisch Engagierte, ins Exil, zunächst nach Kuba, dann nach Mexiko. Reisen führten sie zu den Antillen, nach Kolumbien und Chile, um politische Eindrücke zu gewinnen und den Aprismus voranzutreiben. Darunter verstand man den antiimperialistischen, nationalen Weg, den die APRA, die Alianza Popular Revolucionaria Americana, für Lateinamerika propagierte. 1930 kehrte sie nach Lima zurück, widmete sich der Arbeit in ihrer Partei, wurde 1934 verhaftet und verbrachte 500 Tage im Gefängnis. Da 1945 das Verbot der APRA-Partei in Peru aufgehoben wurde, wurde sie mit hochrangigen Funktionen betraut, darunter der einer Präsidentin der Frauenorganisation. Die Partei begann allerdings nach rechts zu driften und als sich die politischen Auffassungen immer weiter auseinanderbewegten, trat sie schließlich aus.

Als die Partei 1985 an die Macht kam und sie zur Rückkehr eingeladen wurde, lehnte sie mit den Worten *Ich gehe vorwärts, nicht rückwärts* ab und engagierte sich weiterhin in der feministischen Bewegung und als Präsidentin der Nationalen Vereinigung der Schriftsteller und Künstler.

Sie starb im Alter von 89 Jahren, ihre sterblichen Überreste wurden eingeäschert. Die leise Stimme ihrer Poesie verwehte im Meer.

Manchen gilt sie sogar als eine der wichtigsten Personen des 20. Jahrhunderts und ihr Hauptwerk „Silent Spring" als Beginn der Umweltbewegung in den Vereinigten Staaten. Die je nach Standpunkt gepriesene wie kritisierte Zoologin, Biologin, Wissenschaftsjournalistin und Sachbuchautorin **Rachel Carson** war am 27. Mai 1907 in Pennsylvania zur Welt gekommen und wuchs in bescheidenen, finanziell immer wieder sehr beengten Verhältnissen auf. Nach dem Studium war sie vor allem mit Tätigkeiten für die Fischereibehörde beschäftigt, wandte sich aber immer mehr dem allgemeinen Naturschutz zu: *Das Bewahren wilder Lebewesen und ihrer Lebensräume bedeutet auch die Bewahrung der natürlichen Ressourcen, auf die der Mensch nicht weniger als Tiere angewiesen ist, um überleben zu können. Tier und Pflanzenwelt, Wasser, Wald und Prärie sind alles Bestandteile einer für den Menschen essentiellen Umwelt [...]*, schrieb sie zu einer Zeit, da die meisten Amerikaner glaubten, die Atombombe und der Kampf gegen den Kommunismus seien die besonderen Herausforderungen für das Bewahren ihres „way of life". Nach einer Reihe erfolgreicher Veröffentlichungen untersuchte sie die Folgen des Einsatzes von DDT, dem Standardinsektizid Dichlordiphenyltrichlorethan. Nach umfangreichen Recherchen, die immerhin vier Jahre in Anspruch nahmen, war der Buchtext abgeschlossen und sowohl Carson wie der Verlag erwarteten heftige Kritik. Sie waren besorgt, wegen Verleumdung und Geschäftsschädigung verklagt werden zu können. Und so erschien zunächst eine Artikelserie im Magazin „The New Yorker", die großes Aufsehen erregte, aber mehrheitlich positive Reaktionen zeigte. Die „New York Times" schrieben daraufhin, *dass der stille Frühling nun ein lauter Sommer ist*. Auch der damalige Präsident John F. Kennedy reagierte positiv, da er sich bereits ein Jahr zuvor für den Schutz natürlicher Ressourcen ausgesprochen hatte. Trotzdem blieb der Widerstand der chemischen Industrie nicht aus. Es wurde sogar angedeutet, dass Rachel Carson Teil einer amerikanischen Verschwörung sein könnte, die so der Lebensmittelproduktion in den USA schaden wolle. Monsanto veröffentlichte sogar die Satire „Das trostlose Jahr", die ein Leben ohne Pestizide ausmalte. Ein wissenschaftliches Beratergremium des Präsidenten bestätigte 1963 Carsons Warnungen. Rachel Carsons Buch wurde eine Wirkkraft auf Umweltangelegenheiten zugeschrieben, ähnlich der Auswirkungen auf die Sklaverei, die H. B. Stowes „Onkel Toms Hütte" seinerzeit hervorrief.

Haft, Konto- und Ausreisesperre, Abhörsoftware und Erpresservideos: Journalistin soll gefügig gemacht werden

Journalistin in einer Autokratie mit de facto totalitären Zügen zu sein verlangt Mut und Stehvermögen. Aserbaidschan mit seinen 10 Millionen Einwohnern ist seit seiner Unabhängigkeit von der Sowjetunion im Jahr 1991 ein unfreies Land mit einem autoritären Regime, hoher Korruption und einer gleichgeschalteten Presse ohne Spielraum. Bezeichnend ist, dass dem verstorbenen Präsidenten in einer Art Erbfolge der Sohn gefolgt ist, dessen Ehefrau der Einfachheit halber auf dem Sessel des Vizepräsidenten Platz genommen hat. Das Verhältnis zu Russland ist eher angespannt, jenes zur Türkei aus ethnischen und sprachlichen Gründen als näher zu bezeichnen. Es zeichnete sich sogar einmal so etwas wie eine West-Ost-Achse mit US/Türkei/Georgien/Israel gegenüber einer Nord-Süd-Achse Russland/Armenien/Iran ab, doch der Bergkarabach-Konflikt und vor allem der Nahost-Krieg verschieben die Interessensphären wiederum.

Im Jahr 2017 erhielt die aserbaidschanische Journalistin **Khadija Ismayilova** (geboren am 27. Mai 1976 in Baku) den Alternativen Nobelpreis *für ihre mutige Aufdeckung von Korruption auf höchster Regierungsebene, die sie auch ins Gefängnis brachte*. Das war eine mehr als verdiente Auszeichnung für eine Frau, die bereits seit 2012 Recherchen über Korruption und unsaubere Geschäfte der Präsidentenfamilie veröffentlicht hatte.

In diesem Jahr wurde sie in üblicher KGB-Manier mit einem Sexvideo erpresst, das sie mit ihrem Freund zeigte. Sie ließ sich von den Drohungen nicht einschüchtern, woraufhin der Film ins Internet gestellt wurde. Ein Jahr später wurde sie verurteilt, weil sie sich geweigert hatte, eine Strafe für die Teilnahme an einer nicht genehmigten Demonstration zu bezahlen. 2014 wurde sie verhaftet und im September 2015 zu siebeneinhalb Jahren Gefängnis verurteilt. Nach internationalen Protesten wurde sie zwar freigelassen, ihre Strafe aber nur zur Bewährung ausgesetzt, um weiter ein Druckmittel gegen sie in der Hand zu haben. Eine Ausreisesperre und das Einfrieren ihrer Bankkonten gehörten ebenso zum Repressionskatalog des Regimes. Mittlerweile wurde auch offenkundig, dass sie mit einer Spyware, die den vollständigen Zugriff auf Mobiltelefone ermöglicht, angegriffen wurde. Diese wurde von der israelischen NSO-Group an Regierungen verkauft – damit Terror und schwere Kriminalität bekämpft werden können, wie man blauäugig erklärt. Ein Dienst und Segen für die Menschlichkeit also – sie heißt ganz unverfänglich „Pegasus".

Gesucht: **Nasrin Sotoudeh,** geboren am 30. Mai 1963
Verhaftet: 13. Juni 2018
Anklage: Anstiftung zur Korruption und Prostitution, offenes sündhaftes Auftreten in der Öffentlichkeit ohne Kopftuch
Tatort: Teheran, Störung der öffentlichen Ordnung
Urteil: 38 Jahre Haft (davon 12 vollstreckbar als tatsächliches Mindestmaß) 148 Peitschenhiebe (!)

Seit 2021 gewährte man ihr zwar medizinischen Hafturlaub, wofür sie vorübergehend aus dem Gefängnis entlassen, aber am 29. Oktober 2023 erneut verhaftet wurde.

Nasrin schloss 1995 ein Jurastudium ab. Acht Jahre ließen sich die Behörden damit Zeit, sie als Anwältin zuzulassen. In dieser Zeit schrieb sie für reformorientierte Zeitungen vor allem über Frauenrechte – nicht gerade eine Empfehlung an die Obrigkeit.

Als Rechtsanwältin verteidigte sie Frauen, die gegen den Kopftuchzwang protestierten, Dissidenten und religiöse Minderheiten. Drei weitere Gründe für die Obrigkeit, ein aufmerksames Auge auf sie zu werfen. Auch minderjährige Straftäter in den Todeszellen konnten damit rechnen, von ihr verteidigt zu werden. Ein Mandant, der wegen „Kriegs gegen Gott" die Todesstrafe erhielt, wurde erhängt, ohne dass seiner Anwältin Sotoudeh erlaubt wurde, rechtlichen Beistand zu leisten. Im September 2010 wurde sie schließlich verhaftet und wegen „Angriffe auf die nationale Sicherheit, Propaganda gegen die Staatsführung, Mitgliedschaft im Zentrum der Verfechter der Menschenrechte und Verstoßes gegen die islamischen Kleidervorschriften" in einer Videobotschaft zu elf Jahren Gefängnis verurteilt. Ein 20-jähriges Berufs- und Ausreiseverbot „garnierte" das Urteil.

Der internationale Druck, der danach einsetzte, war beachtlich, und ein Berufungsgericht reduzierte die Strafe auf sechs Jahre. Im Jahr 2013 wurde sie vorzeitig entlassen, weil der damalige Präsident Hassan Rohani eine diplomatische Initiative bei den Vereinten Nationen plante. Eine neuerliche Verhaftung im Jahr 2018 stand offensichtlich im Zusammenhang mit der Verteidigung zweier Frauen, die gegen den Kopftuchzwang verstoßen hatten. Aber hauptsächlich will man eine unbequeme Kritikerin mundtot machen – das alles hat mit dem Islam rein gar nichts, aber sehr viel mit brutaler Machtdemonstration zu tun.

Zwei Frauen kämpfen um die Macht in Peru

An und für sich wäre es ein Grund für durchaus positive Berichterstattung – seit 7. Dezember 2022 hat Peru erstmals eine Frau als Präsidentin, was in den lateinamerikanischen Ländern noch immer eine Ausnahme darstellt. Getrübt wird die Freude darüber allerdings durch die Vorgänge vorher und die Entwicklungen danach. Ihr Vorgänger Pedro Castillo war ein Lehrer aus einer der ärmsten Regionen Perus, der zwar die Wahl gegen seine japanstämmige Kontrahentin Keiko Fujimori, Tochter eines früheren und zu Gefängnis verurteilten Präsidenten, gewann, aber vom ersten Tag an gegen massive gesellschaftliche Widerstände zu kämpfen hatte. Amtsenthebungsverfahren waren die Folge, seine eigene Partei entzog ihm das Vertrauen und er ging daraufhin verfassungswidrig gegen den Kongress vor. Dieser entzog ihm mit großer Mehrheit wegen „moralischer Unfähigkeit" das Vertrauen und setzte seine Vizepräsidentin, die ebenfalls der linken Partei Perú Libre angehörte, ins Präsidentenamt ein. **Dina Boluarte,** geboren am 31. Mai 1962, ist eine Rechtsanwältin, die auch das Ministeramt für soziale Inklusion ausübte. Sie hatte ihre politischen Wurzeln ebenfalls in der Linken, wandte sich aber nach ihrer Ernennung zur Präsidentin von ihrer politischen Heimat ab und stützt sich nun auf die Eliten des Landes sowie konservative wie rechte Kräfte. Dabei legt sie zunehmend einen Hang zu Autoritarismus an den Tag. Unmittelbar nach ihrer Bestellung kam es zu Protesten, die sehr bald auch Menschenleben forderten. So am 9. Januar 2023, als in Juliaca 18 Menschen erschossen wurden. Zehn Tage später wurde eine Großdemonstration abgehalten und zwei Tage danach die Universität besetzt, die daraufhin mit Panzern gestürmt wurde.

Mittlerweile sind von der Staatsanwaltschaft Ermittlungsverfahren gegen die Präsidentin eingeleitet worden, da ihr vorgeworfen wird, für den Tod von 49 Menschen verantwortlich zu sein, die bei den Massenprotesten ums Leben kamen. Die Präsidentin schweigt zu den Vorwürfen, obwohl die Interamerikanische Menschenrechtskommission das Vorgehen des peruanischen Staates als *unverhältnismäßig, wahllos und von tödlicher Gewaltanwendung geprägt* bezeichnet hat. Laut Meinungsumfragen lehnen mittlerweile bis zu 90 Prozent der PeruanerInnen Regierung, Präsidentin und Kongress ab.

Keiko Fujimori scharrt schon in den Startlöchern – sie will den vielen Jahren Haft entgehen, die auf sie warten. Als Präsidentin wäre sie vorerst immun!

Das Kastensystem in Indien scheint aus der Zeit gefallen und so ganz anders als gesellschaftliche Verhältnisse des Westens zu sein. Zumindest auf den ersten Blick. „Unberührbare" gibt es bei uns nicht, wird man schnell als Reaktion bekommen. Sieht man sich das Ganze etwas näher an, verschwimmen die Grenzen. Priester an der Spitze der Pyramide: Noch heute gelten Begrüßungsfloskeln in katholischen Ländern zuerst der „hohen Geistlichkeit" und dann den staatlichen Würdenträgern samt der Beamtenschaft. Dem entsprechen Brahmanen und Kshatriyas – oberste und zweite Kaste. Es folgen Bauern und Kaufleute – also Landbesitzer und Bürgertum, die Vaishyas. Und schließlich die Shudras – Knechte, Dienstleister, Arbeitnehmer also. Die Parias, auch als Dalits bezeichnet, befinden sich außerhalb des Systems der Kasten – sie sind „outcasts", „Unberührbare", weil unrein. Das können dann auch Bettler und Flüchtlinge sein.

Am schlimmsten trifft das die Frauen, die oft mehrfach betroffen sind. Ihre Diskriminierung gilt dann ihrem Geschlecht an sich, ihrer Zugehörigkeit zur untersten Gruppe und der Tatsache, dass sie zur ärmsten Schicht der indischen Bevölkerung gehören.

Ruth Manorama ist eine über 70-jährige Frauenrechtsaktivistin, die 1975 einen Universitätsabschluss in Sozialarbeit erreichte und sich seither für die Rechte „unberührbarer" Frauen einsetzt. Ihre Eltern und sie konvertierten zum Christentum, um zumindest teilweise der Benachteiligung des Kastensystems zu entkommen. Laut indischer Verfassung sind zwar alle Menschen gleich – und doch prägt das jahrtausendealte Kastenwesen noch viele Bereiche des Lebens. Vor allem auf dem Land erleben Dalits Diskriminierung, Verfolgung und Gewalt, obwohl sie etwa ein Fünftel der Bevölkerung ausmachen. Sie verrichten die niedrigsten Arbeiten, reinigen Latrinen, beseitigen Müll und wohnen oft in abgesonderten Gebieten. Allerdings haben sie auch den Traum vom Tellerwäscher, der Millionär wird. Gelegentlich werden dafür auch Beispiele für derartige Avancements ins Treffen geführt. **Kumari Mayawati,** langjährige Premierministerin des bevölkerungsreichsten Staats Uttar Pradesh, entstammt einer Dalit-Familie und führte mit ihrer Steuerleistung jahrelang das Ranking indischer Politikerinnen an. Solche Beispiele erinnern allerdings an ein Sprichwort, wonach *eine Schwalbe noch keinen Sommer* macht. Außerdem ist nicht ganz klar, woher ihr ganzes Geld kommt.

Sie war eine revolutionäre Feministin

Als **Hermila Galindo** am 2. Juni 1886 geboren wurde, stand die Phase der autoritären Regentschaft von Porfirio Díaz in Mexiko, die 23 Jahre andauern sollte, kurz bevor. Es war zwar eine Zeit der Modernisierung des Landes, in der allerdings die erwerbstätigen Armen immer weniger in der Lage waren, ihre Familien zu ernähren. Ganz im Gegenteil: Der Großgrundbesitz nahm zu, ausländische Gesellschaften häuften riesige Flächen an, sodass am Ende 97 Prozent des Ackerlandes einem Prozent der Bevölkerung gehörten. Als sich Díaz durch Wahlbetrug 1910 als Präsident an der Macht halten wollte, brach die Revolution aus und es wechselten die mexikanischen Führungspersönlichkeiten im Jahrestakt.

So wie in der spanischen Kolonialepoche wurde auch in der Zeit der Unabhängigkeit von Frauen erwartet, dass sie sich auf die Führung des Haushalts und die Kindererziehung beschränken.

Galindos Widerstandsgeist gegen Subordination war schon in frühen Jahren geweckt worden, und so trat sie, kaum in Mexiko-Stadt angekommen, dem Liberalen Club bei.

Sehr bald war sie Vertraute von Venustiano Carranza, unter dessen Präsidentschaft 1917 jene Verfassung Mexikos zustande kam, die heute noch gültig ist. Ihr gelang es, eine Zeitschrift mit dem Titel „Die moderne Frau" auf die Beine zu stellen, mit der sie auch Carranza politisch unterstützte. Sie war eine der ersten Feministinnen, die sich kritisch über die katholische Kirche und deren Ansicht über Frauen äußerte. Auf dem Feministinnenkongress 1916 wurde in einer Schrift Galindos die männliche Doppelmoral angegriffen, was konservative Frauengruppen in die Defensive gehen ließ, um die traditionelle Rolle der Frau in der Gesellschaft zu unterstützen.

Carranza ermöglichte seiner Vertrauten, dem Verfassungskongress einen Vorschlag für die Gleichberechtigung der Frauen vorzulegen, doch wurde dieser Punkt wieder gestrichen und Carranza gelang der versprochene Wandel nicht. 1917 kandidierte Galindo für ein Abgeordnetenmandat, erhielt auch die Mehrheit der Stimmen, wurde aber dann abgelehnt, da es noch kein Wahlrecht für Frauen gab. Die Provokation war aber insofern erfolgreich, als sie zeigte, dass auch Frauen eine Stimmenmehrheit erlangen könnten, wenn sie zu Wahlen zugelassen wären.

Galindo sprach sich auch für Sexualkundeunterricht in den Schulen aus und forderte ein staatliches Scheidungsrecht.

Sie heißt **Betssy Betzabet Chávez Chino** und war kurzzeitig peruanische Premierministerin während der mehr als instabilen Präsidentschaft von Pedro Castillo.

Die am 3. Juni 1989 zur Welt gekommene Tochter eines Sozialarbeiters, die nach ihren eigenen Aussagen durch die Arbeit des Vaters politisiert wurde, studierte zunächst Rechtswissenschaften und war anschließend sowohl als Anwältin tätig als auch im Kongress beschäftigt. Chávez war der fünfte Premier, der von Castillo ernannt wurde – ihre Amtszeit betrug nicht einmal zwei Wochen, wobei sie zuvor zwei Ministerämter, nämlich für Arbeit und für Kultur, bekleidet hatte und bereits von Juni 2021 an Mitglied des Kongresses war.

Als sie am 7. Dezember 2022 das Amt des Premierministers aufgab, war dies die Folge des gescheiterten Versuchs von Präsident Pedro Castillo, sich mittels Notverordnungsrechts des Parlaments zu entledigen. In Folge des Putschversuchs von oben wurde er in Haft genommen und seine Vizepräsidentin Dina Boluarte vom Kongress ins Amt berufen.

In der Zwischenzeit wurde Betssy Chávez in Untersuchungshaft genommen, weil sie eine der OrganisatorInnen des Verfassungsputsches gewesen sein soll. Sie selbst stilisierte sich schon vorher zum Opfer und verwies auf Nelson Mandela, der jahrzehntelang im Gefängnis gewesen sei, um dann selbst Präsident zu werden. Betssy Chávez bestritt vor der Staatsanwaltschaft, dass sie den Inhalt der Rede von Pedro Castillo am 7. Dezember 2022 bereits vorher gekannt oder gar verfasst habe. Einige Fakten widersprechen allerdings der Version: Eine Stunde vor der Präsidentenrede hatte Chávez in einer WhatsApp-Nachricht *um Einheit und Zusammenhalt an einem historischen Tag* gebeten, was darauf schließen lässt, dass sie den Redeinhalt bereits kannte.

Dem gescheiterten Präsidenten wurde schon vor dem Antritt seines Wahlamtes Unfähigkeit unterstellt wurde. Sein chaotischer Amtsstil ließ auch die eigenen Parteigänger zunehmend an den Fähigkeiten des Präsidenten zweifeln. Leidtragend sind nach wie vor die Armen im Lande, auf deren (meist indigenen) Rücken Machtpolitik betrieben wird. Daran hat sich nichts geändert, obwohl gerade Castillo mit dem Anspruch angetreten war, ihr Los zu verbessern.

Die Mutter der Müllhaldenfamilien

Magda Gobran wurde 1949 in einem wohlhabenden Stadtviertel Kairos geboren und wuchs dort abgeschirmt vom Elend und der Armut der weiteren Umgebung wohlbehütet und gut umsorgt auf. Das Leben der Menschen in den Müllslums sah sie erstmals während eines Ostereinsatzes, bei dem Lebensmittel und Kleider an Familien verteilt wurden. Im Alter von 40 Jahren gab sie daher ihren Beruf als Informatikprofessorin auf und widmete sich nur noch sozialen Aufgaben. Es war das Leid dieser Menschen – unter denen so wie sie selbst viele koptische Christen sind –, das sie bewegt hat, die Wohlfahrtsorganisation Stephen's Children zu gründen. Die koptisch-orthodoxe Kirche ist in Ägypten entstanden und gilt als eine der ältesten Kirchen der Welt. Die koptische Sprache entwickelte sich im dritten nachchristlichen Jahrhundert aus dem Ägyptischen. Mit der zunehmenden Arabisierung und Islamisierung des früheren Pharaonenreichs wurde der Begriff „Kopten" immer mehr für Christen verwendet. Sie repräsentieren heute acht bis zehn Prozent der Gesamtbevölkerung und sind einmal mehr, einmal weniger Diskriminierung durch die islamische Mehrheit ausgesetzt. Da ist es der Stimmung im Land nicht gerade förderlich, wenn ein Exilkopte einen Mohammed-Schmähfilm „Innocence of Muslims" produziert und auf die Lebenssituation seiner koptischen Landsleute keine Rücksicht nimmt. Der ägyptische Präsident Abdel Fattah al-Sisi beschwört zwar stets die Einheit von Christen und Muslimen im Land, kann aber nicht verhindern, dass die Kirchen immer wieder Ziel von Anschlägen sind. Hetze gegen Christen wird nur selten juristisch verfolgt. Auch in den Schulen wird der Islam bevorzugt, nicht nur im Religionsunterricht, sondern auch im Geschichte-Lehrstoff.

Wir sollten uns die Frage stellen, ob das bei uns in Europa wirklich vollkommen anders ist oder der Islam nicht auch immer wieder diskreditiert wird. Maggie Gobran jedenfalls ist nicht nur Koptin, sondern auch unermüdliche Helferin, deren Fokus auf Menschen liegt, die in verarmten Gegenden ums Überleben kämpfen. Rund 32.000 Familien erhalten dort Lebensmittel, medizinische Hilfe und Ausbildung. Deshalb wird sie auch „Mutter Teresa von Kairo" genannt. Auch äußerlich ähnelt sie der Friedensnobelpreisträgerin – ist aber keine Ordensangehörige. Die zierliche Frau, die mit leiser Stimme spricht, trägt immer ein weißes Gewand und ein gut sichtbares Holzkreuz.

Wenn man den Begriff „Cox's Bazar" hört, kann man sich darunter alles Mögliche vorstellen, nur nicht eine Stadt im Golf von Bengalen. Aber nicht genug damit: Noch dazu befindet sich im bitterarmen Bangladesch auch das größte Flüchtlingslager der Welt mit 640.000 Bewohnern – das ist fast das Dreifache der dortigen Stadteinwohner. Es sind muslimische Rohingya, die vor den Repressalien im buddhistischen Myanmar geflohen sind und die eine ungewisse Zukunft erwartet. Die Vereinten Nationen stufen sie mittlerweile als die am stärksten verfolgte Minderheit der Welt ein und vor dem Internationalen Strafgerichtshof wird wegen Völkermords ermittelt. Man kann sich also die Verzweiflung, das Elend und die Hoffnungslosigkeit vorstellen, die in Kutupalong – so heißt das Flüchtlingslager – herrschen. „Spiegel"-Reporter schilderten ihre Eindrücke so: *eine kahle Landschaft, voll mit Hütten bis zum Horizont, [...] eine Siedlung aus Plastikplanen und Bambusstangen, ohne Strom oder solide Kanalisation. Und über diesen Moloch fegt nun der Monsun hinweg.* Und gerade dort hilft die 22-jährige Frauenrechtsaktivistin **Rima Sultana Rimu** und setzt sich für geschlechtergerechte humanitäre Maßnahmen ein. Sie schloss sich 2018 der Organisation Young Women Leaders for Peace an und half beim Aufbau von Bildungseinrichtungen, nachdem festgestellt worden war, dass die Hälfte der Kinder unter zwölf Jahren überhaupt keine Bildungsmöglichkeit hatte. Einen besonderen Einsatz braucht es auch zur Bewältigung der Spannungen zwischen den Flüchtlingen und den eingesessenen Einwohnern angesichts der ohnehin großen Armut, die in der Region herrscht.

Ihre Initiative gilt aber auch der häuslichen Gewalt, der Kinderheirat und dem Wesen der Mitgift, wo sie versucht, den Standpunkt der Frauen zu vermitteln und deren Interessen zu vertreten. So wie Rima Sultana Rimu wurde auch **Rina Akter** von der BBC in die Liste der 100 Frauen weltweit aufgenommen, die 2020 besonders ins Auge gestochen sind. Sie war mit etwa zehn Jahren an ein Bordell verkauft worden, dort organisierte sie Mahlzeiten für arbeitslose Sexarbeiterinnen während der Covid-19-Pandemie. Außerdem bereitete sie für diese Frauen Nähkurse als bezahlte Arbeiten vor, um ihnen das Betteln zu ersparen. In den Geschichtsbüchern werden solche Frauen zwar fehlen – hier sei ihnen die gebührende Anerkennung als Heldinnen des Alltags ausgesprochen.

Der Aufstand des weiblichen Geschlechts

So könnte man „Pussy Riot" übersetzen, wenn man das Wort „Pussy" nicht provokant-ordinär verstehen will. Aber um Provokation als Aufforderung zum Nachdenken und Mitmachen ist es dem Frauenkollektiv wohl gegangen, das sich russisch, feministisch, kirchen- und regierungskritisch sieht. Ihre Verhaftung im Jahre 2012 fand international Beachtung und löste zahlreiche Debatten über Kunst, Religion und Politik aus. Die Gruppe wurde auch gegen die frauenfeindliche Politik unter Putin – wie etwa rechtliche Beschränkungen von Abtreibungen, mangelnde Auseinandersetzung mit Gewalt an Frauen und Stimmungsmache gegen LGBTI-Rechte – gegründet. **Marija Wladimirowna Aljochina** (geboren am 6. Juni 1988 in Moskau) ist eine der Aktivistinnen des Kollektivs. Sie hat sich auch für Greenpeace engagiert, als es darum ging, ein großes Waldgebiet in der Umgebung Moskaus gegen einen Autobahnbau zu schützen. Sie trat am 21. Februar 2012 beim „Punk-Gebet" in der Christ-Erlöser-Kathedrale in Moskau aktiv gegen den russischen Patriarchen Kyrill I. und Putin auf. Daraufhin wurde gegen drei Aktivistinnen Anklage wegen „Rowdytums aus religiösem Hass" erhoben. Trotz vieler Solidaritätskundgebungen war die russische Öffentlichkeit schon so sehr mit negativen Informationen versorgt, dass das Vorgehen der Behörden gegen die Frauen überwiegend zustimmend aufgenommen wurde. Dazu kommt ein weitverbreitetes, tradiertes Gesellschaftsbild, demzufolge sich der Mann eine Frau nimmt und diese hinter ihm zu stehen hat – als Ehefrau und Mutter. Das weiß Putin und inszeniert sich gerne als Alphamännchen mit nacktem Oberkörper auf dem Pferd sitzend, beim Eishockey oder Fischen. Man verweist zwar gerne auf die gesetzliche Gleichstellung zwischen den Geschlechtern, aber wie es mit der gleichen Behandlung bestellt ist, ist eine andere Frage. Und so verdienen Frauen in Russland in vergleichbaren Positionen um 30 Prozent weniger als die Männer. Bei einer Vergewaltigung sucht man gerne die Schuld bei der Frau – die sich ja ganz offensichtlich nicht wie eine solche verhalten hat, denn sonst wäre es ja gar nicht so weit gekommen! Vergewaltigung in der Ehe kann keine Straftat sein, ist es doch „Pflicht" der Frau, den Wünschen des Mannes nachzukommen. Alles nicht neu, alles nicht einzigartig, alles nicht „typisch russisch", aber Teil der grassierenden Männertümelei.

470 Millionen Menschen gehören weltweit indigenen Gemeinschaften an (das ist etwa die Einwohnerzahl der EU), sind also Angehörige der Urbevölkerung. Wenn man von acht Milliarden Erdbewohnern insgesamt ausgeht, heißt das auch, dass etwa 7,5 Milliarden Menschen auf „Zugewanderte" zurückzuführen sind. Und wenn zutrifft, dass die ersten Menschen irgendwo in Ostafrika gelebt haben, dann sind fast alle „Ausgewanderte". Jetzt geht es aber nicht ums Wandern und die Migration, sondern um die „Eingeborenen", die „Daheimgebliebenen", speziell wiederum die, die im Regenwald zu Hause sind. Und da treffen wir auf Brasiliens bekannteste Influencerin, die am 7. Juni 2001 zur Welt gekommene **Alice Pataxó,** die eigentlich **Alice Maciel de Souza** heißt und dem Volk der Pataxó entstammt. Ihr Verlautbarungsinstrument ist technisch auf neuestem Stand, denn als „Sprachrohr" bedient sie sich eines Smartphones und informiert damit über indigene Kultur und Rechte, die Abholzung am Amazonas und die Ungerechtigkeit, die Indigenen auf der ganzen Welt widerfährt.

2021 packte sie Federschmuck, Glasperlenkette, bunte Kleider und Farben in ihren Koffer, um gemeinsam mit 40 anderen Indigenen an der Klimakonferenz in Glasgow teilzunehmen. Das Wichtigste im Gepäck waren ihre Anklagen gegen die Regierenden und Geschäftemacher, denen der Klimawandel gleichgültig ist, solange die Kassa stimmt.

Als Alice 15 Jahre alt war, wurden die Familien aus ihrem Dorf von der Polizei mit Bulldozern vertrieben. Farmer wollten das Land für Ackerbau und Viehweiden. Inzwischen konnten die vertriebenen Pataxó zwar zurückkehren, aber das Gebiet rund um ihr Reservat ist abgeholzt. Nur dort, wo ihr Land beginnt, gibt es noch gesunden Wald. *Man sieht hier klar, dass wir Indigene den Urwald besser schützen als andere, damit unser Territorium erhalten bleibt.* Denn mit ihrer naturnahen Lebensweise haben die Ureinwohner ihrem Wald immer nur so viel entnomôen, wie sie gebraucht haben.

Eine weitere indigene Kämpferin ist **Tejubi Uru Eu Wau Wau** aus Rondônia im Westen Brasiliens. Sie nahm an der Konferenz in Berlin für ein starkes EU-Lieferkettengesetz teil, die unter dem Motto „Our food, our future" stand. Tejubi: *Der illegale Holzschlag und die Rinderzucht rücken immer näher, bis in die Schutzgebiete hinein. [...] Hinzu kommt, dass sie auch Bäume fällen, deren Früchte wir nutzen und teilweise auch verkaufen, wie Nussbäume.*

8 Ein Samenkorn für Guatemala

In einer Dokumentation des Forschungszentrums Chile-Lateinamerika e. V. ist nachzulesen, dass sich mehr als zwei Dutzend ehemalige AmtsträgerInnen des guatemaltekischen Justizsystems im Exil befinden, andere wiederum in Haft oder Hausarrest. Alles eine Folge der Demontage der Rechtsstaatlichkeit in diesem Land. Während einer kurzen Phase des demokratischen Frühlings von 1944 bis 1954 wurden zwar Maßnahmen zu einer gesellschaftlichen Veränderung ergriffen, das gewalttätige Ende dieses demokratischen Jahrzehnts mündete allerdings in einen Bürgerkrieg, der bis in die 1990er-Jahre andauerte. Die kriminellen Strukturen, die Korruption im Lande, die Macht der Eliten überdauerten alle Friedensverträge. Jetzt keimt ein Körnchen Hoffnung: Am 14. Januar 2024 wurde der Sozialdemokrat Bernardo Arévalo als gewähltes Staatsoberhaupt angelobt – 61 Prozent der WählerInnen stimmten am 23. August 2023 für ihn und seine Samenkorn-Bewegung. Er gewann gegen das Establishment, gegen den „Pakt der Korrupten" – einen Sumpf aus PolitikerInnen, Militärs, einflussreichen UnternehmerInnen und käuflichen RichterInnen.

Arévalos Vater war der erste demokratisch gewählte Präsident Guatemalas (1945–1951), der Agrarreformen beabsichtigte. Ihm folgte dann Jacobo Arbenz Guzmán, der durch einen CIA-Putsch gestürzt wurde. Die United Fruit Company ließ nicht nur Willige mit Dollars grüßen, sondern auch Störendes beseitigen!

Arévalo junior kann sich bei seinem Kampf gegen Korruption und Kriminalität auf eine Reihe mutiger Anwältinnen berufen, die bisher (vergeblich) versucht haben, ihre Funktion für den Rechtsstaat zu nutzen.

Die am 7. Juni 1966 geborene **Claudia Paz y Paz** war die erste weibliche gewählte Generalstaatsanwältin, zuvor war sie Menschenrechtsanwältin. Sie leitete mehrere Nachforschungen zu den Verbrechen, die während des Bürgerkriegs begangen worden waren. Allgemeine Bekanntheit erlangte sie durch die Untersuchungen gegen den ehemaligen Präsidenten Efraín Ríos Montt, der unter Hausarrest gestellt wurde. Die Aufklärungsrate von frauenfeindlichen Gewalttaten und Tötungsdelikten lag bei ihr zehn Mal so hoch wie unter früheren Amtsinhabern. Auch ihre Nachfolgerin als Generalstaatsanwältin, **Thelma Aldana,** setzte sich für die Rechte von Frauen und Minderheiten ein. Beim Kampf gegen die Korruption ermittelte sie auch gegen Präsident Otto Pérez Molina und weitere Regierungsmitglieder.

Im Jahr 1889, als sie ihren pazifistischen Roman veröffentlichte, war die am 9. Juni 1843 in Prag geborene **Gräfin Kinsky von Wchinitz und Tettau** gerade 46 Jahre alt. Bekannt in aller Welt wurde sie als **Bertha von Suttner**, die 16 Jahre später als erste Frau den Friedensnobelpreis erhalten sollte. Sie wurde dadurch zu einer der prominentesten Vertreterinnen der Friedensbewegung, die den Frieden als naturrechtlichen „Normalzustand" beschrieb, dem der Krieg als Konsequenz menschlichen „Irrwahns" gegenüberstehe. 1891 rief sie zum Friedenskongress in Rom auf und wurde bei dieser Gelegenheit zur Vizepräsidentin des internationalen Friedenbüros gewählt. Acht Jahre darauf war sie an den Vorbereitungen der ersten Haager Friedenskonferenz beteiligt. 1905 erhielt sie schließlich den Friedensnobelpreis, bei dessen Verleihung sie folgende Vorschläge für die Überwindung von Konflikten zwischen Staaten machte:

1. Schiedsgerichtsverträge, um Konflikte friedlich beizulegen
2. eine Friedensunion aller Staaten, um Angriffe untereinander mit gemeinschaftlicher Kraft zurückzuweisen
3. eine internationale Institution, als Gerichtshof im Namen aller Völker

Es bedurfte zweier Weltkriege, um diese zukunftsweisenden Vorschläge in einigermaßen praktikable Vereinbarungen umzusetzen!

Aber Bertha von Suttner machte auch immer wieder auf die Gefahren der internationalen Aufrüstung aufmerksam und prangerte die Interessen der Rüstungsindustrie an. Schon 1908 ahnte sie, welche Art Krieg bevorstehen könnte: *Wir sind im Besitze von so gewaltigen Vernichtungskräften, dass jeder von zwei Gegnern geführte Kampf nur Doppelselbstmord wäre. Wenn man mit einem Druck auf einen Knopf, auf jede beliebige Distanz hin, jede beliebige Menschen- oder Häusermasse pulverisieren kann, so weiß ich nicht, nach welchen taktischen und strategischen Regeln man mit solchen Mitteln noch ein Völkerduell austragen könnte.* Und bei anderer Gelegenheit: *Nein, humanisieren lässt sich bei den heutigen und morgigen Kriegsmitteln [...] der Krieg nicht mehr; vergebens ist es, ihn den Gesetzen der steigenden Kultur und der erwachenden Menschlichkeit anpassen zu wollen; nur zweierlei ist möglich: dass die Zivilisation den Krieg vernichtet, oder dass im Zukunftskrieg die Zivilisation zugrunde geht.* Bertha von Suttner starb wenige Wochen vor dem Beginn des Ersten Weltkriegs. Ihre letzten Worte *Die Waffen nieder! Sag's vielen – vielen!*

Die erste Ärztin Uruguays

Um die Jahrhundertwende begann die 1875 in Colón, Argentinien gebo-rene Tochter eines italienischen Emigranten und einer polnischen Exilantin, die in Frankreich gelebt, gearbeitet und geheiratet hatten und danach aus-gewandert waren, als erste uruguayische Frau ein Medizinstudium. 1908 erhielt **Paulina Luisi** den Doktorgrad der Medizin und spezialisierte sich in Haut- und Geschlechtskrankheiten. Ein Aufenthalt in Frankreich brachte sie in Kontakt mit der Präsidentin des Frauenrates und sie interessierte sich für den Kampf gegen Gesetze, die auf eine soziale und gesundheits-politische Kontrolle von weiblicher Prostitution zielten und allein diese, nicht aber ihre männlichen Kunden, für die Ausbreitung von Geschlechts-krankheiten verantwortlich machten. Hauptbetreiberin dieser vor allem in Großbritannien geführten Auseinandersetzung war Josephine Butler, mit deren Kampagne soziale und sexuelle Konventionen hinterfragt wur-den, die nie zuvor öffentlich diskutiert worden waren.

Als Paulina Luisi nach Uruguay zurückgekehrt war, setzte sie sich aufgrund der gemachten Erfahrungen gegen Frauenhandel, Zuhälterei und Prosti-tution ein. Äußerst fortschrittlich für die damalige Zeit forderte sie, Sexual-erziehung in die Bildungsaufgaben einzubinden, da sowohl Männer als auch Frauen für die Vermeidung von Geschlechtskrankheiten verantwort-lich seien.

1910 trat sie der Sozialistischen Partei Uruguays bei, um für die politischen und bürgerlichen Rechte der Frauen zu kämpfen, und sie setzte sich ins-besondere für das Frauenwahlrecht ein. Die neue Verfassung, die gleiche Rechte für Männer und Frauen vorsah, wurde zwar 1917 durch Volksab-stimmung angenommen, aber erst 1938 konnten die Frauen von ihrem Wahlrecht tatsächlich bei Parlamentswahlen Gebrauch machen.

Schon 1922 war Paulina Luisi Vertreterin Uruguays in der Beratenden Kom-mission des Völkerbundes gegen Frauen- und Kinderhandel. Auch bei Abrüstungskonferenzen wurde sie aktiv und in den 1930er-Jahren war sie Mitglied eines Komitees zur Bekämpfung von Faschismus und Krieg. Als Aktivistin für den Weltfrieden nahm sie als nur eine von fünf Frauen an der internationalen Abrüstungskonferenz des Jahres 1932 in Genf teil. Das Bestreben, Abrüstung und Rüstungsbeschränkung zu vereinbaren, schei-terte an den Interessen der damaligen Großmächte.

Sumaya Farhat-Naser, geboren am 11. Juni 1948 in der Nähe von Ramallah im Westjordanland, ist eine palästinensische Christin, die die Möglichkeit hatte, an einer Internatsschule der Deutschen Diakonissen das Abitur zu machen und anschließend in Hamburg Biologie, Geografie und Erziehungs-wissenschaften zu studieren. Nach Jahren an einer palästinensischen Universität wurde sie Leiterin des palästinensischen Jerusalem Center for Women, das sich gemeinsam mit der israelischen Gruppierung Bat Shalom für den Frieden engagiert. Diese nationale feministische Basis-organisation jüdischer und palästinensischer Frauen in Israel, die gemeinsam für einen echten Frieden arbeiten, sucht nach einer gerechten Lösung des Konflikts zwischen den beiden Völkern, wirbt um die Achtung der Men-schenrechte und fordert eine gleichberechtigte Stimme für jüdische und arabische Frauen in der israelischen Gesellschaft. *Friedensarbeit ist viel schwieriger, als Krieg zu führen, weil es um die Mühen der Ebene geht und nicht um einen Gipfelsieg*, so die Überzeugung dieser Aktivistinnen.

Im zweiten Fall sprechen hauptsächlich Waffen, im ersten kommt es auf die Kraft der Argumente an. Krieg zerstört brutal und schnell, während Friedensarbeit bedeutet, geduldig ein Mosaik zusammenzufügen, dessen Schönheit erst im Ganzen ersichtlich wird. Sumaya Farhat-Naser ist sich dessen voll bewusst und lässt sich trotzdem nicht entmutigen. In Schulen, Frauengruppen und Kirchengemeinden lehrt sie seit vielen Jahren mit großem Engagement gewaltfreie Kommunikation und den Umgang mit Konflikten, unermüdlich kämpft sie gegen Hoffnungslosigkeit und Re-signation.

Gerade angesichts der neuerlichen Eskalation an Gewalt braucht es solche Frauen, die das Trennende überwinden können, denn es ist einfach zu gefährlich, das Schicksal der Menschen in Nahost grimmig dreinblickenden Männern zu überlassen. Ja – auch Margaret Thatcher und Golda Meir haben Kriege geführt, aber Männer sind die zweifelhaften Helden der Kriege. Die Kriegerdenkmäler sind voll davon und verschweigen, dass die wahren Helden immer die Helden des Lebens sind. Die Helden der Denk-mäler sind meist die bedauernswerten Opfer von Macht, Wahn, Geltungs-sucht und Irrsinn irgendwelcher Männer, die sich siegreich in den Annalen wiederfinden wollen. Sumaya Farhat-Naser wird in ihrer Friedensarbeit seit Jahren vom Weltgebetstag Österreich unterstützt.

Ihr Engagement galt der Friedens- und Bürgerrechtspolitik

Jeannette Rankin, geboren am 11. Juni 1880 im Montana-Territorium, war eine US-amerikanische Politikerin, Frauenrechtlerin und Friedensaktivistin. Vor allem aber war sie die erste Frau, die in das US-Repräsentantenhaus gewählt wurde. Nach einem Biologiestudium, einer Tätigkeit als Sozialarbeiterin in New York und einem weiteren Studium schloss sie sich der Frauenrechtsbewegung an und spielte eine wichtige Rolle bei der Durchsetzung des Frauenwahlrechts in Montana, welches am 7. November 1914 beschlossen wurde. Zwei Jahre später wurde sie als Vertreterin Montanas in das US-Repräsentantenhaus gewählt. Als solche stimmte sie gegen den Kriegseintritt gegen Deutschland im Ersten Weltkrieg, weil sie dahinter vor allem wirtschaftliche Interessen sah. In den 1920er- und 1930er-Jahren entwickelte sie eine intensive Vortragstätigkeit in allen Teilen der USA, nahm an vielen Kampagnen teil und wirkte an verschiedenen Friedensaktivitäten mit. Das verschaffte ihr in der US-Gesellschaft den Ehrentitel, das „Gewissen Amerikas" zu sein. Sie wurde 1940 wieder in den Kongress der Vereinigten Staaten gewählt und stimmte nach dem Angriff auf Pearl Harbour als einzige Abgeordnete gegen die Kriegserklärung gegen Japan. Erst dieser aggressive Akt seitens der Japaner hatte zu einem Stimmungsumschwung in den USA geführt. Mit Rücksicht auf die Mehrheit der Amerikaner, die isolationistisch eingestellt war, hatte Präsident Roosevelt gezögert, die offizielle Neutralität aufzugeben und in das Kriegsgeschehen direkt einzugreifen. Da Japan mit Deutschland vertraglich verbunden war, brachte die US-Kriegserklärung auch Deutschland und Italien in eine Gegnerschaft zu den Vereinigten Staaten. Damit war die entscheidende Wende eingeleitet.

Jeannette Rankin dachte in diesem Sinn nicht politisch, sondern idealistisch, als sie nach der Abstimmung sagte: *Als Frau kann ich nicht in den Krieg ziehen und lehne es ab, irgendjemand anderen dorthin zu schicken.* Eine amerikanische Zeitung schrieb daraufhin: *Wenn man in hundert Jahren Courage, pure Courage in diesem Lande feiern sollte, wird man den Namen Jeannette Rankin in die Bronze eines Monuments schreiben.* Im Alter von 88 Jahren führte sie mit mehr als 5000 Frauen die Jeannette Rankin Brigade an, die am Kapitol gegen den Vietnamkrieg protestierte. Sie starb am 18. Mai 1978.

Laos mit seinen etwas mehr als sieben Millionen Einwohnern ist nicht nur das kleinste Land Südostasiens, sondern auch sein einziger Binnenstaat und neben Vietnam und China das dritte asiatische Land, das kommunistisch regiert wird.

Von Unabhängigkeit der Gerichte kann ebenso wenig die Rede sein wie von Pressefreiheit, und Parteien sind Patronage-Organisationen von Familien. Laos hat daher nicht nur sehr geringe Freiheitsindizes, auch Korruption und Abhängigkeit der Richter bringen eine negative Bewertung der Rechtsstaatlichkeit mit sich. Staats- und Parteienstrukturen werden von Unternehmern und Familienclans beherrscht. Die Akha sind eine ethnische Minderheit, die im nördlichen Südostasien angesiedelt ist und in Laos als „Lao Sung" (Hochland-Lao) bezeichnet wird. Sie leben in einem patrilinearen Verwandtschaftssystem, das bestimmt, welche Gruppen oder welcher Clan Ehefrauen „bereitstellt" oder „annimmt". Die Partnerwahl ist dadurch naturgemäß sehr beschränkt und eine Art „negative" Gleichberechtigung, weil sie Männer wie Frauen betrifft. **Bouavanh Manichanh** ist eine Akha und arbeitet bei CARE International für eine Verbesserung der Gesundheitssituation, vor allem ethnischer Minderheiten. Sie verweist darauf, dass Akha-Frauen nicht gleichberechtigt sind: *Frauen haben einfach keinen Zugang zu Bildung und fordern das auch nicht ein. Von den 35 Schülerinnen in meiner Volksschule bin ich die einzige, die eine Ausbildung abgeschlossen hat.* Und weiter: *Ich will erfolgreich sein, um Frauen zu zeigen, dass es möglich ist, diese Normen zu durchbrechen. Akha-Frauen haben etwas zu sagen! Ich will zur Veränderung unserer Kultur beitragen.*

Die laotische Konstitution garantiert zwar die Gleichstellung der Geschlechter, aber vieles ist nur Theorie. Auch wenn Rollen und Status von Frauen in Laos in verschiedenen ethnischen Gruppen variieren, werden sie im Großen und Ganzen als minderwertig gegenüber Männern angesehen. Der laotische Buddhismus, dem die meisten Einwohner anhängen, lehrt, dass Frauen als Männer wiedergeboren werden müssen, bevor sie das Nirwana erreichen können.

In zumindest einer Beziehung herrscht schon fast Gleichberechtigung: Immerhin sind 78 Prozent der Frauen erwerbstätig (und 81 Prozent Männer). Sie werden allerdings „gleich behandelt" wie Frauen auch anderswo und haben im Geschlechtervergleich 20 Prozent weniger Einkommen!

Onkel Toms Hütte

Selten in der Geschichte hat ein literarisches Werk eine so breite und nachhaltige Wirkung erzielt wie **Harriet Beecher Stowes** Roman „Onkel Toms Hütte", der ein Appell gegen die Sklaverei war. Ein Theaterstück dazu und die Berichterstattung zogen dies- und jenseits des Atlantiks ein Millionenpublikum an. Bereits im Erscheinungsjahr 1852 wurden 300.000 Exemplare in Amerika und eine unglaubliche Million in Großbritannien verkauft. Wer also war die Frau, der dieser „Bestseller" für damalige Zeit gelang? Am 14. Juni 1811 in Connecticut zur Welt gekommen, wuchs sie als jüngste Tochter und siebtes von 13 Kindern eines presbyterianischen Pfarrers ohne Mutter auf. Sie war fünf Jahre alt, als die Mutter starb. Die Familie zeichnete aus, dass alle ihre Mitglieder entschiedene Abolitionisten waren, sich also für die Sklavenbefreiung einsetzten. Das Thema war auch im Norden der Staaten von heftigen Auseinandersetzungen der Befürworter und Gegner geprägt, die auch vor den Kirchen nicht haltmachten. Abraham Lincoln soll gegenüber Beecher-Stowe zehn Jahre nach der Veröffentlichung des Romans und ein Jahr nach Beginn des Sezessionskriegs bei einer Begegnung gesagt haben: *Sie sind also die kleine Frau, deren Buch diesen großen Krieg verursacht hat!* Dass es ihr nicht nur um Worte, sondern auch um Taten ging, zeigte sich in ihrer Beteiligung an der „Underground Railroad", einem geheimen Fluchtnetzwerk, das vielen Sklaven die Flucht in den Norden ermöglichte. Auf wiederholten Reisen in den Süden hatte sie das Los der Sklaven auch unmittelbar auf den Pflanzungen, den „Sklavenzüchtereien" und „Negermärkten" kennengelernt und ihre Eindrücke anschließend in „Onkel Toms Hütte" verarbeitet. Grundlage waren außerdem die niedergeschriebenen Erinnerungen eines ehemaligen Sklaven, der nach Kanada flüchten konnte. Ihr Text erschien zunächst in der Abolitionisten-Zeitung „National Era" in 40 Fortsetzungen, ehe er in Boston als Buch aufgelegt wurde. Vielleicht noch breiter war der Erfolg des von ihr erarbeiteten Theaterstücks „A Christian Slave", das in diversen Bearbeitungen jahrzehntelang lief. 1890 waren rund 100 Theatergruppen allein damit auf Tournee.

Harriet Beecher Stowe hatte auch Kontakt mit den Frauenrechtlerinnen Elizabeth Cady Stanton und Susan B. Anthony, für deren Zeitschrift sie einen Fortsetzungsroman über Frauenrechte schreiben sollte, was nicht zustande kam.

Pok Panhavichetr, von der dieses Bekenntnis stammt, ist Leiterin von Cambodian Women's Crisis Center: *Es gibt so wenige Frauen in Führungspositionen, sie sind schlechter ausgebildet, werden am Arbeitsplatz nicht gefördert, und viele werden von ihren Ehemännern misshandelt.* Deshalb hat sie an der Grenze zu Thailand ein Frauenhaus errichtet, das sowohl von Gewalt betroffenen Frauen als auch Migrantinnen Schutz bietet.

In Kambodscha mit seinen 17 Millionen Einwohnern sind seit der umstrittenen Parlamentswahl 2018 alle Abgeordnetenplätze von der Volkspartei besetzt; nach internationaler Einschätzung befindet sich das ganze Land im „Abwärtsstrudel".

Eine der wenigen GegnerInnen des autoritären Regierungsstils war die Abgeordnete der mittlerweile aufgelösten und aus dem Parlament geflogenen Nationalen Rettungspartei, **Mu Sochua.** Sie war auch Ministerin für Frauenangelegenheiten, ein von ihr betriebenes Gesetz gilt als Meilenstein bei der Verankerung von Frauenrechten in Kambodscha. Die Volkspartei mit ihrer autoritären Machtfülle ist aus dem marxistisch-leninistischen Zweig der Roten Khmer hervorgegangen, daher ist die Schreckensherrschaft von Pol Pot und seinen Terrorgenossen noch immer nicht gänzlich aufgearbeitet. Es gab zwar eine Reihe von Verurteilungen, aber der „starke Mann" des Landes durch die letzten vier Jahrzehnte, Hun Sen, behindert die Arbeit des eingesetzten Tribunals, angeblich um einen neuen Bürgerkrieg zu verhindern.

Pok Panhavichetr, die Kämpferin für benachteiligte Frauen und Gewaltopfer, war selbst Opfer dieser Terrororganisation und überlebte nur durch Zufall die Gewaltorgie. Einzig ihre Mutter konnte den Mörderbanden auch entkommen – ihr Vater und ihre elf Geschwister waren verhungert oder wurden umgebracht. *Ich möchte nicht, dass Frauen im Schatten leben. Ich möchte, dass sie aufstehen und für ihre Rechte kämpfen*, sagte sie zu ihrer künftigen Herausforderung.

Suyheang Kry ist Leiterin der Organisation Women Peace Makers: *Unser Startpunkt […] war der gravierende Anstieg von Gewalt gegen Frauen seit 2003. Die Zeit der Roten Khmer und der Völkermord hatten die Kultur, Wirtschaft und Gesellschaft regelrecht verwüstet. Danach nahmen die Frauen kaum an öffentlichen, sozialen Aktionen und der Friedensarbeit teil, trotz ihres enormen Beitrags am Wiederaufbau des Landes.*

Wir müssen vom Rücksitz aussteigen

Die Highlands Regional Catholic Women Association ist eine katholische Frauenvereinigung im Hochland Papua-Neuguineas, ihre Leiterin heißt **Anna Kombuk,** die sich recht ungewöhnlicher, aber anschaulicher Vergleiche bedient: *Die Männer sitzen bei allen Entscheidungen auf dem Fahrersitz, wir auf dem Rücksitz. Also müssen wir vom Rücksitz aussteigen und selbst was ändern.* Und Änderungen in der Einstellung, im Verhalten der Männer sind dringend notwendig. 85 (!) Prozent der Mädchen und Frauen in Papua-Neuguinea leiden unter Familienstreitigkeiten, die in Schießereien ausarten können, erleben häusliche Gewalt, Vergewaltigung, werden Opfer von Menschenhandel, als angebliche Hexen gefoltert oder sind zumindest Analphabetinnen, so das Päpstliche Missionswerk in einer aktuellen Situationsschilderung.

Anna Kombuk organisiert Familiengruppen, in denen Männer lernen sollen, wie sie Gewalt in der Ehe vermeiden können, warum die Würde der Frau unantastbar und ihre Selbstständigkeit positiv für die gesamte Familie ist. Generell ist die Lage der Menschenrechte in dem Zehn-Millionen-Einwohner-Land äußerst kritisch. Körperliche Misshandlungen in den Gefängnissen seien nicht ungewöhnlich und Frauen würden auch häufig sexuell missbraucht, berichtet Amnesty International. Auch der Glaube an Hexen ist weit verbreitet, immer wieder werden deshalb Frauen beschuldigt, gefoltert und auch getötet. Dass die Pressefreiheit vor allem dann eingeschränkt ist, wenn es um politische und wirtschaftliche Eliten geht; dass Korruption omnipräsent ist in dem armen Land; dass trotz Commonwealth-Zugehörigkeit die Institutionen der Demokratie unterentwickelt sind und die Stabilität des Landes eher fragil ist, gehört zu den negativen Rahmenbedingungen, die die schwächeren Glieder der Gesellschaft umso mehr betreffen. Die für Übertreibungen nicht gerade bekannte „Neue Zürcher Zeitung" schreibt unter dem Titel „Papua-Neuguinea ist das gefährlichste Land für Frauen", dass in dem pazifischen Inselstaat vier von fünf Frauen von ihren Ehemännern misshandelt würden und die Täter immer davon kämen. *Es ist die Mischung aus einer männerdominierten Kultur und der weit verbreiteten Armut, die Ursachen für die Gewalt gegen Mädchen und Frauen sind*, sagt **Maggie Tine,** die als Koordinatorin für die gleiche Organisation tätig ist wie Anna Kombuk. *Wir ziehen das Ding durch, wir machen gegen alle Widerstände immer weiter*, so ihre „Mission".

Die Omaha gehören zur Sioux-Sprachfamilie, ihr Name bedeutet „gegen den Wind laufen". Das mussten sie auch, denn ihre Lebensgrundlage, der Bison, wurde in den 1870er-Jahren fast ausgerottet und das Volk konnte nur mit Regierungshilfe überleben.

Susan La Flesche Picotte, geboren am 17. Juni 1865, war die Tochter des letzten anerkannten Häuptlings Joseph La Flesche, bekannt als „Iron Eye". Der europäische Name ist darauf zurückzuführen, dass der Großvater väterlicherseits ein französischer Pelzhändler war. Als erste Angehörige eines indigenen Volks konnte Susan ein Medizinstudium absolvieren und engagierte sich für die Abstinenzbewegung, eine bessere Hygiene und mehr Rechte ihres Volkes. Bei der Eroberung indigener Siedlungsgebiete setzten die Europäer gezielt Alkohol als Waffe gegen die „Indianer" ein, da die ursprünglich aus Ostasien stammenden Ureinwohner auf das Zellgift Alkohol genetisch bedingt empfindlicher reagieren. Abstinenz war daher eine Frage des Überlebens der indigenen Völker, ebenso wie Bildung. *Wir, die wir gebildet sind, müssen Pioniere der indianischen Zivilisation sein. Die Weißen haben einen hohen Grad der Zivilisation erreicht, doch wie viele Jahre haben sie dafür benötigt? Wir stehen eben erst am Anfang, daher versucht nicht uns zu unterdrücken, sondern helft uns, höher aufzusteigen. Gebt uns eine Chance,* sagte sie bei ihrer Abschlussrede an der Schule. Im Alter von 24 Jahren schloss sie ihr Medizinstudium als beste von 36 jungen Frauen ab und praktizierte als Ärztin in Nebraska. Sie, die besonders dem Alkoholmissbrauch den Kampf angesagt hatte, weil sie darin den Hauptgrund für die soziale Verelendung sah, musste tragischerweise erleben, dass der eigene Ehemann an dieser Abhängigkeit zugrunde ging. Sie kämpfte für ein Alkoholverbot in den Reservaten und konnte zumindest erreichen, dass hochprozentige Getränke nicht mehr an „Indianer" verkauft werden durften. Sie setzte sich aber auch gegenüber den Bundesstellen in Washington für die Rechte ihres Volkes ein und konnte durchsetzen, dass die Omaha für kompetent genug gehalten wurden, Stammesgelder zu bekommen und Land zu pachten. Sie konnte nach Jahren der unermüdlichen Lobbyarbeit auch ein Krankenhaus eröffnen, das ohne Regierungshilfe erbaut worden war. Auch das war ein Schritt der Emanzipation ihres Volkes, von dem heute etwa 5000 Angehörige in Nebraska leben.

Im Rückwärtsgang

In den Jahren nach der Diktatur von Präsident Suharto schien es so, dass das verletzbare Pflänzlein eines demokratischen Rechtsstaates in dem größten islamischen Land der Welt (230 Millionen der 280 Millionen Indonesier sind Muslime) heranreift, obwohl es immer wieder Vorstöße gegeben hat, zumindest Teile der Scharia einzuführen. Ende 2022 kam jedoch für einheimische wie internationale Menschenrechtsorganisationen die Ernüchterung, als das neue Strafgesetzbuch unter anderem vorsah, dass Paare strafrechtlich verfolgt werden können, wenn sie außerehelichen Sex haben oder vor der Ehe zusammenleben. Auch Ehebruch gilt als strafwürdiges Vergehen. Zeugenaussagen bestätigen außerdem, dass Frauen gemobbt, bedroht oder diskriminiert werden, wenn sie sich weigerten, einen Hijab zu tragen.

Die freie Meinungsäußerung wird zunehmend eingeschränkt, und so standen **Fatia Maulidiyanti** und **Haris Azhar** wegen Verleumdung vor Gericht, weil sie die Ergebnisse eines Berichts präsentiert hatten, der einen Zusammenhang zwischen Konzessionserteilungen der indonesischen Regierung und dem rechtswidrigen Einsatz von Militär in Papua herstellt. Ein ehemaliger General und jetziger Minister sei Minderheitsaktionär von einem der genannten Unternehmen, heißt es darin weiter. Der Staatsanwalt verlangte daraufhin mehrjährige Haftstrafen für beide, die allerdings nach zweijährigem Prozess freigesprochen wurden.

Manche erinnern sich an das mutige Auftreten von **Carmel Budiardjo,** einer britischen Menschenrechtsaktivistin, die aus einer jüdischen Familie stammte und am 18. Juni 1925 in London geboren wurde. Sie heiratete mit 25 Jahren einen indonesischen Studenten, mit dem sie nach Jakarta zog. Dort gehörte sie später zum Stab von Präsident Sukarno, für den sie die Reden schrieb.

Nachdem General Suharto 1966 die Macht ergriffen hatte, wurde ihr Ehemann verhaftet und zwölf Jahre eingesperrt. Sie selbst wurde zwei Jahre später festgenommen und blieb drei Jahre in Haft, bevor sie ausgewiesen wurde. Anschließend gründete sie die Organisation Tapol (kommt vom indonesischen „tahanan politik", was „politischer Gefangener" heißt).

Weltweit bekannt wurde die Initiative, als sie Menschenrechtsverletzungen in Osttimor anprangerte. Carmel Budiardjo wurde mit dem Alternativen Nobelpreis ausgezeichnet und starb 2021 im Alter von 96 Jahren.

Aung San Suu Kyi, geboren am 19. Juni 1945 im damals britischen Birma, war keine zwei Jahre alt, als ihr Vater starb. Er und sechs weitere Mitglieder des Exekutivrates (eine Führungsinstitution vor der Unabhängigkeit Birmas, die am 4. Januar 1948 erreicht wurde) wurden während einer Kabinettsitzung erschossen und Aung San ist heute einer der Nationalhelden im birmesischen Kampf um Eigenständigkeit. Die Tochter setzte sich seit den 1980er-Jahren für eine gewaltlose Demokratisierung ihrer vom Militär diktatorisch unterdrückten Heimatlandes Myanmar ein und wurde dafür bis 1995 in Hausarrest gehalten. Dass das Militär nicht noch schärfer gegen sie vorging, hatte sie wohl dem Status einer Heldentochter zu verdanken. Schon 1991 hatte sie für ihren Kampf um Freiheit und soziale Gerechtigkeit den Friedensnobelpreis erhalten, dem sich noch eine ganze Reihe anderer internationaler Auszeichnungen anschließen sollte.

Am 1. April 2012 fanden Nachwahlen zum myanmarischen Parlament statt, bei denen Aung San Suu Kyi und ihre MitkämpferInnen einen großen Erfolg errangen und drei Jahre später die absolute Mehrheit erreichten. Sie wurde daraufhin Ministerpräsidentin und Außenministerin. Allerdings hatte sich das Militär schon im Vorfeld der Wahl ein Viertel der Parlamentssitze gesichert. Ein ehemaliger Beauftragter der deutschen Bundesregierung für Menschenrechtspolitik äußerte sich dazu: *Das Militär hat nach wie vor das Geld, Gewehre und Infrastruktur. Aung San Suu Kyi versucht unter der Aufsicht der Generäle mit einer Truppe von Leuten ohne Regierungserfahrung Myanmar in eine Demokratie umzubauen.* Bei der Parlamentswahl im Jahr 2020 erreichte sie wiederum die absolute Mehrheit, worauf das Militär prompt von Wahlbetrug sprach und einen neuerlichen Putsch unternahm. Ihre Verhaftung war der Auftakt für eine ganze Prozessserie, bei der sie zu einer Gesamtstrafe von 33 Jahren Gefängnis verurteilt wurde. Ende Juli 2023 kündigte die Militärjunta an, die Haftstrafe zu reduzieren.

Der Schatten, der über dieser mutigen Frau bestehen bleibt, ist ihr Schweigen zum Schicksal der Rohingya und zu Gräueltaten des Militärs. So wurden Journalisten, nachdem sie über die Erschießungen von Rohingya berichtet hatten, wegen Landesverrats inhaftiert. Die Ministerpräsidentin hatte zwar 2018 Fehler in der Rohingya-Politik eingeräumt, aber offensichtlich eine Konfrontation mit dem Militär vermeiden wollen.

Nepals Frauen: ein weiter Weg zu gleichen Rechten

Nepal gilt als Himalayastaat schlechthin, wenngleich fast die Hälfte der 30 Millionen Einwohner in der Ganges-Tiefebene lebt, die nur 14 Prozent des Staatsgebietes ausmacht. Trotz einer schrittweisen Demokratisierung ist die Diskriminierung und Ausbeutung von Minderheiten, unteren Kasten, Kastenlosen, Frauen und Kindern noch immer weit verbreitet. Vor allem der Schutz der Mädchen ist eine vorrangige Aufgabe, weil jährlich 20.000 von ihnen im Alter von acht bis 18 Jahren verkauft werden und meist im Sexgewerbe landen. Ein Schritt in eine offenere Gesellschaft wurde am 28. Juni 2023 getan, als die Ehe für alle Menschen legalisiert wurde.

Einiges davon ist der am 19. Juni 1961 geborenen Nepalesin **Bidhya Devi Bhandari** zuzuschreiben, die von 2015 bis 2023 Staatspräsidentin und die erste Frau im Amt war. Sie kommt politisch aus der Jugendorganisation der Kommunistischen Partei, gehörte einer linken Studentenorganisation an und arbeitete nach ihrem Abschluss für den Gewerkschaftsverband.

Nach Ausrufung der Republik hatte sie das Amt der Verteidigungsministerin inne. Ihre Funktionen in Partei und Parlament legte sie allerdings nach ihrer Wahl zur Staatspräsidentin nieder.

Als Politikerin hat sie sich insbesondere für Frauenrechte engagiert und vor allem eine Frauenquote von 33 Prozent im Parlament durchgesetzt. Allerdings stimmte sie auch für ein frauenfeindliches Staatsbürgerschaftsgesetz, das den Männern mehr Rechte einräumt. Zu den negativen gesellschaftlichen Entwicklungen hat die Coronakrise insoferne einen Beitrag geleistet, als die Familien noch enger zusammenrücken mussten, die Gewaltbereitschaft stieg und die Ausweichmöglichkeiten für Frauen noch geringer geworden sind. Der Leidensdruck, dem eine Frau ausgesetzt ist, bis sie es wagt, mit einem Hilfstelefon Kontakt aufzunehmen, ist enorm. In Kathmandu gibt es zumindest die Einrichtung Casa Nepal, die in solchen Fällen Frauen Schutz bietet, sie dort wohnen lässt und für psychologische Betreuung sorgt.

Wenigstens hat die nepalesische Regierung auf die Gewalt an Frauen reagiert und in der Hauptstadt sogenannte Awareness Banners aufhängen lassen, damit Menschen aufeinander achtgeben und bei Übergriffen, vor allem, wenn Frauen betroffen sind, entsprechend Hilfe leisten. Außerdem wurde eine Polizeistaffel nur aus Frauen gegründet, die Polizistinnen nehmen sich gezielt gefährdeter Frauen an.

Sie war schon zwei Mal Ministerpräsidentin ihres Landes gewesen und wollte es nach dem Exil ein drittes Mal werden. Schon ihre Rückkehr war unter keinem guten Stern gestanden, denn ein Selbstmordattentat in diesem Zusammenhang hatte weit mehr als hundert Todesopfer gefordert. Die noch amtierende Regierung Pakistans hielt sie gewaltsam von Veranstaltungen fern oder verbot diese, um, wie man argumentierte, ihr Leben nicht zu gefährden. **Benazir Bhutto,** die acht Jahre im Ausland verbracht hatte, ließ sich allerdings nicht einschüchtern, da sie überzeugt war, in weiten Teilen der Bevölkerung großes Ansehen zu genießen. Schon zwei Mal hatte sie ihr Ziel, Regierungschefin zu sein, erreicht – beide Male wurde sie aber wegen angeblicher Korruption aus dem Amt geworfen.

Sie selbst bestritt diese Vorwürfe kategorisch, doch mutete es eigenartig an, dass sie ein Schweizer Gericht 2003 zu sechs Monaten Gefängnis und zur Rückerstattung von 11,9 Millionen Dollar an den Staat Pakistan verurteilte. Bhutto legte zwar Berufung gegen das Urteil ein; in Pakistan selbst wurde nie Anklage gegen sie erhoben, der Schatten jedoch bleibt.

Aber sie verstand die Massen zu mobilisieren, und bei ihrer Rückkehr hatte sie gute Chancen auf einen Wahlerfolg.

Zwei Wochen vor der für den 8. Januar 2008 angesetzten Abstimmung wurde die am 21. Juni 1953 in Karatschi geborene Tochter aus einer Politikerdynastie bei einem Attentat getötet. Ihre Pakistanische Volkspartei gewann trotzdem die Wahl und übernahm die Regierung.

Schon ihr Vater Zulfikar Ali Bhutto war pakistanischer Premierminister gewesen, wurde 1977 durch einen Putsch abgesetzt und zwei Jahre später gehängt. Seine Tochter wurde bereits damals unter Hausarrest gestellt. In seiner Ägide war Pakistan zur Atommacht aufgestiegen und er verstaatlichte eine Reihe von Schlüsselindustrien. Gleichzeitig begann allerdings auch die Islamisierung Pakistans. Sein Todesurteil bezog sich auf eine angebliche Anstiftung zum Mord, die er auch vor dem Galgen dementierte. Seine letzten Worte waren: *Allah sei mir gnädig – ich sterbe unschuldig.*

Benazirs Mann Asif Ali Zardari wurde nach ihrem Tod gewissermaßen ihr „politischer Erbe" und bekleidete von 2008 bis 2013 das Amt des Staatspräsidenten. Also alles auch eine Familienangelegenheit.

Sie stammt von den Ureinwohnern und schaffte es an Indiens Spitze

Sie ist zwar nur die zweite Frau, die auf dem indischen Präsidentensessel sitzt, aber die erste Indigene, der diese Auszeichnung zukommt. Bevor **Draupardi Murmu,** die am 20. Juni 1958 geboren wurde, in die Politik wechselte, hatte sie als Lehrerin gearbeitet. Die 66-Jährige gehört dem Volk der Santhal an und zählt damit zu den 8,6 Prozent Ureinwohnern Indiens, die nach wie vor verschiedene Benachteiligungen erfahren. Insgesamt organisieren sich die Ureinwohner in 700 anerkannten Stammesgemeinschaften; die Santhal sind mit 6,6 Millionen Angehörigen eine der größten Gruppen. Viele bezeichnen sich als Adivasi, um ihren Anspruch als ursprüngliche Bewohner des Subkontinents zu unterstreichen.

Natürlich ist mit Draupadi Murmus Amtsantritt die Hoffnung verbunden, dass sich die soziale und gesellschaftliche Situation dieser Minderheiten, die immerhin so viele Angehörige haben wie andere große Länder Einwohner (Äthiopien, Philippinen, Mexiko etwa) verbessern wird. Jedenfalls fühlen sich die Santhal durch diese Frau an der Spitze vertreten und setzen sich für die Anerkennung von „Sarna Dharma", ein Religionskodex der Adivasi – Wälder und Natur gelten ihnen als heilig. Ihr Vorgänger im Präsidentenamt, Ram Nath Kovind, allerdings war ein Dalit („Unberührbarer"), ohne dass sich deren Situation in seiner Amtszeit wesentlich verbessert hätte.

Zumindest kann Draupadi Murmu für sich in Anspruch nehmen, dass sie nicht nur als erste Frau auf den Gouverneursposten von Jharkhand berufen wurde, sondern zwei Gesetzesvorschläge betreffend Landbesitz zurückgewiesen hat, gegen die es Widerstand von Adivasi-Gruppen gab. Auch wurde sie für ihren Einsatz in relevanten sozialen Fragen bekannt und geschätzt. Wie wirksam Benachteiligungen der Urbevölkerung nach wie vor sind, zeigt die Tatsache, dass ihr Heimatdorf erst elektrifiziert wurde, als sie zur Präsidentschaftskandidatin ernannt worden war. Ihre Wahl zur Präsidentin dürfte auch Teil des Machtspiels des amtierenden Premiers Narendra Modi sein, der sich mit seiner Zustimmung die Sympathien der Ureinwohner sichern wollte. Murmu ist Mitglied von Modis Bharatiya Janata Party.

Die erste Präsidentin des Landes, die von 2007 bis 2012 das Amt ausübte, **Pratibha Patil,** war Vertraute der „Kongresspartei", die durch Jahrzehnte von der Nehru-Gandhi-Familie beherrscht wurde.

Sie ist schon gewöhnt, die Erste zu sein. Das war bereits 1969 so, als **Shirin Ebadi,** geboren am 21. Juni 1947, ihr Studium der Rechtswissenschaften an der Universität Teheran abschloss und zur ersten Richterin in der Geschichte des Iran avancierte.

Fünf Jahre später war sie bereits Gerichtspräsidentin am Teheraner Stadtgericht. Begeistert nahm sie trotz ihrer Funktion an Studentenprotesten gegen den Schah teil und trat für den Revolutionsführer Ayatollah Khomeini ein, dessen Radioansprachen sie im Pariser Exil verfolgte. Freie Wahlen und Pressefreiheit waren zwei Hoffnungen, die sie damals mit einem Regimewechsel verband.

Aber kaum hatte der geistliche Führer seinen Fuß auf iranischen Boden gesetzt, wurde Shirin Ebadi aus ihrem Richteramt entfernt und musste ihren Lebensunterhalt als Bürokraft bestreiten. Später wurde sie Anwältin und beteiligte sich an der Gründung einer Kinderrechtsorganisation, die die Erhöhung des Strafmündigkeitsalters fordert, weil dieses für Mädchen bei neun (!) und Jungen bei 15 Jahren liegt. Ebadi ist trotz allem eine gläubige Muslimin, aber auch eine moderne Frau und Demokratin, die sich für eine gleichberechtigte Rolle der Frauen im öffentlichen Leben, für die Rechte von Kindern und für eine Reform des archaischen Strafrechts einsetzt. Eine Steinigung von Menschen betrachtet sie als Missbrauch der Religion und Fehlinterpretation der Scharia.

Ab 1992 übernimmt sie unbezahlte Pro-Bono-Fälle, vertritt misshandelte Kinder, StudentInnen, RegimegegnerInnen und setzt sich für Frauenrechte und politische Gefangene ein. Zwar kann sie weder gerechte Prozesse noch Urteile erzwingen, aber zumindest eine gewisse Öffentlichkeit für begangenes Unrecht herbeiführen. Der Gottesstaat antwortet mit Überwachung, Schikanen, Morddrohungen und Einzelhaft im berüchtigten Evin-Gefängnis. Als das alles nichts nützt, nimmt sich der Geheimdienst ihren Ehemann vor, beschlagnahmt den Besitz der Familie, setzt ihn unter Druck.

2003 wird Shirin Ebadi für ihre Bemühungen um Demokratie und Menschenrechte der Friedensnobelpreis verliehen. Wiederum war sie die Erste: Vor ihr hatte noch keine Muslimin diese Auszeichnung erhalten. Trotz aller Schikanen blieb sie noch sechs Jahre im Land und betrieb das von ihr gegründete Zentrum für Menschenrechte. Seit Ende 2009 lebt Shirin Ebadi im Exil in London.

Zwei Frauen und ein Präsidentenamt

Mexiko ist das bevölkerungsreichste spanischsprachige Land und mit 126 Millionen Einwohnern nach Brasilien die zweitgrößte Volkswirtschaft Lateinamerikas. Die Hauptstadt Mexico-City ist mit rund neun Millionen Einwohnern im Stadtgebiet und mehr als 20 Millionen im Großraum eine der bevölkerungsreichsten Agglomerationen auf der ganzen Welt. Unter der von 2018 bis 2023 amtierenden Bürgermeisterin **Claudia Sheinbaum** wurde 2019 ein Notstand wegen Gewalt gegen Frauen ausgerufen. Nach offiziellen Zahlen waren zuvor in den ersten neun Monaten des Jahres mehr als 150 Frauen in der Hauptstadt ermordet worden. Die Ausrufung des Notstandes begründete Sheinbaum, nicht nur mit diesen Tatsachen, sondern sie wolle *das Problem sichtbar machen. Jeder und jede in dieser Stadt muss stopp, Schluss sagen.* Sie werde alles in ihrer Macht Stehende tun, damit sich Frauen und Mädchen wieder sicher fühlen können, sagte sie damals. Claudia Sheinbaum, geboren am 24. Juni 1962, war die erste gewählte Frau an der Spitze der Stadtverwaltung (zuvor war bereits mit Rosario Robles eine andere Frau übergangsweise im Amt). Sie hat dieses Amt allerdings bereits am 16. Juni 2023 abgegeben, weil sie sich als Präsidentschaftskandidatin bewerben wollte.

Die studierte Physikerin hat viele Artikel und zwei Bücher zu den Themen Energie, Umwelt und nachhaltige Entwicklung geschrieben und für die Stadt einen äußerst ambitionierten Umweltplan vorgelegt, der vorsieht, 15 Millionen Bäume zu pflanzen, Einwegplastik zu verbieten, Korridore für die ausschließliche Nutzung durch O-Busse und ein Metro-Bus-System zu schaffen.

Mit **Xóchitl Gálvez** hatte Sheinbaum im Rennen um die Präsidentschaft eine Konkurrentin, die sich ebenfalls gegen die Männer in ihrer Partei durchgesetzt hatte. Die mit Sheinbaum etwa Gleichaltrige ging für ein ungewöhnliches Dreiparteienbündnis ins Rennen und musste eine sehr uneinheitliche Wählerschaft für sich gewinnen.

Sheinbaum sieht sich als Feministin, setzt sich für kulturelle Vielfalt, Umwelt und die indigenen Völker ein. Das Duell um das Präsidentenamt, das letztlich Sheinbaum mit großem Vorsprung gewann, wurde so zu einer Win-win-Situation für Mexikos Frauen.

... sie ist auch das Symbol der Frauen in einem bitterarmen Land und hat einen hohen emotionalen Wert.

Gleichgültig, wie man rechnet, welche Indizien man heranzieht, das Ergebnis bleibt das Gleiche: Diese Republik, seit bald einem halben Jahrhundert von Portugal unabhängig, im Südosten Afrikas gegenüber von Madagaskar gelegen, ist nach wie vor eines der ärmsten Länder der Welt und sieht sich bezüglich der Schlusslichtfunktion in einer genauso tristen (afrikanischen) Konkurrenz. Kein Wunder: Als die Befreiungsorganisation FRELIMO 1975 die Regierungsverantwortung übernahm, waren Afrikaner nahezu vollständig aus dem modernen industriellen Sektor, aus der Verwaltung und freien Berufen ausgeschlossen. Am Tag der Unabhängigkeit gab es in Mosambik nur vier (!) einheimische Ärzte und insgesamt 18 afrikanische Akademiker. 97 Prozent der Bevölkerung waren Analphabeten. Das war Tel des traurigen Erbes, das Portugal hinterließ. Mosambiks 32 Millionen Einwohner kämpfen nicht nur ums Überleben, sondern sehen sich einem instabilen Staat ausgesetzt, dessen Polizei zum Teil brutale Gewalt anwendet. Gesellschaftliche Probleme wie häusliche Gewalt, Diskriminierung von Frauen, Missbrauch, Ausbeutung, Zwangsarbeit und Verfolgung sexueller Minderheiten sind nach wie vor weit verbreitet.

Umso bemerkenswerter sind Initiativen wie das Anti-Gewalt-Zentrum in Marracuene, über das seine Leiterin **Yolanda** Folgendes sagt: *In unserem Distrikt musst du zehn Kilometer laufen, um das nächstgelegene Spital zu erreichen, wenn du aufgrund von gewalttätigen Angriffen verletzt wurdest und Hilfe benötigst. Wenn du den Täter anzeigen willst, musst du weitere 20 Kilometer laufen, um zum Polizeirevier zu gelangen. Es ist ein unendlicher Hürdenlauf und viele Frauen lassen es sein. Aus Angst, aus Erschöpfung und vor allem, weil sie keinen Ort haben, wo sie Zuflucht finden können. Nach einer möglichen Anzeige müssen sie [...] nach Hause zurückkehren, wo die Gewalt ausgeübt wurde.*

Marracuene ist übrigens eine am Meer gelegene Kleinstadt in der Hauptstadtprovinz Maputo und 25 Kilometer von deren Zentrum entfernt. Man kann sich also die Situation in den entlegenen Teilen des Landes vorstellen.

Auch in London ist die Polizei rassistisch

So sehr kann man sich täuschen: Als eine US-Historikerin in London ein Buch suchte, das sich mit der Geschichte der Schwarzen in Britannien beschäftigte, antwortete ihr der Buchhändler: *Madam, vor 1945 gab es keine Schwarzen in England*. Dem gegenüber weist ein britischer Historiker mit nigerianischen Wurzeln nach, dass schon zu Zeiten des römischen Kaisers Hadrian Soldaten aus Nordafrika zur Besatzungsarmee gehörten und im 19. Jahrhundert waren schwarze Menschen kein unüblicher Anblick in London.

Nach 1945 waren es die Entkolonialisierung und der Nationality Act von 1948, die dazu beitrugen, dass die Black Community immer größer wurde. Viele Politiker verlangten daraufhin Gesetze zur Handhabung des „Rassen-problems" und redeten davon, dass Großbritannien „überschwemmt" werde. Gesetze gegen Diskriminierung wurden zwar zunehmend mit Strafen verbunden und ab 1968 hätte niemand mehr aufgrund seiner Rasse oder Hautfarbe Wohnung und Arbeit verwehrt werden dürfen. Das hinderte den konservativen Parlamentarier Enoch Powell allerdings nicht, seine be-rüchtigte und leider viel bejubelte „Ströme von Blut"-Rede zu halten, in der er vor ungebremster Zuwanderung warnte. In diesen Bedingungen musste sich die am 26. Juni 1952 in Jamaika geborene **Olive Morris** zu-rechtfinden, als sie mit ihren Eltern Anfang der 1960er-Jahre nach London übersiedelte. Mit 17 Jahren wurde sie Mitglied der Jugendabteilung der britischen Black-Panther-Bewegung (später Black Workers), die sich gegen den zunehmenden Rassismus zur Wehr setzte. 1969 protestierte sie gegen die Verhaftung eines nigerianischen Diplomaten wegen Falschparkens und wurde von Polizisten angegriffen, rassistisch beschimpft und verhaftet. Ihr Bruder erinnerte sich später, dass ihr Gesicht kaum wiederzuerkennen war, so heftig war sie geschlagen worden. Dieser traumatische Vorfall hatte zur Konsequenz, dass sie noch aktiver wurde und bei der Besetzung des Hauses Railton Road 121 in Brixton eine führende Rolle spielte. Dort entwickelte sich eine Drehscheibe des politischen Aktivismus. Morris übersiedelte für drei Jahre nach Manchester, um an der dortigen Universität einen Ab-schluss in Sozialwissenschaften zu erlangen. Nach London zurückgekehrt, bekämpfte sie die Auswirkungen des institutionellen Rassismus bei der Polizei, in den Bildungssystemen und Gewerkschaften, weil sie vielfach ignoriert oder kleingeredet wurden. Sie starb 27-jährig unheilbar krank.

Thailand versucht sich in der internationalen Fremdenverkehrswerbung als das gastfreundliche Gesicht Südostasiens darzustellen, das mit buddhistischer Kultur, wunderschönen Landschaften und herzlichen Menschen samt exotischer Küche um zahlungskräftige Gäste wirbt.

Das Land hat aber auch eine ganz andere Seite, die insbesondere die Einheimischen zu spüren bekommen: ein brutales Militär, das immer wieder mit Putschen in das politische Leben eingreift, eine eingeschränkte Demokratie und eine Korruption, die fast als Normalzustand betrachtet wird. Dazu kommt ein König mit Playboy-Gehabe, der sich am liebsten in Bayern aufhält und an dem Kritik abprallt, weil sie mit der ganzen Härte eines anachronistischen Gesetzes bestraft wird.

Nuttigar Woratunyawit war eine der acht Internetznutzer, die sich in den Augen der Militärputschisten Thailands eines schweren Verbrechens schuldig gemacht haben, weil sie satirische Facebook-Seiten betrieben. Ihnen wurde Beleidigung der Monarchie, Verstoß gegen den Computer Crime Act und Volksverhetzung vorgeworfen. Vor ein Militärgericht gestellt, mussten sie wegen der schwersten Anklage, das war die angebliche Majestätsbeleidigung (!) – mit bis zu 15 Jahren Gefängnis rechnen.

2016 verbrachte sie einige Monate im Gefängnis und nutzte eine Freilassung auf Kaution, um dem bevorstehenden Prozess zu entkommen und 2017 aus Thailand zu fliehen. Es dauerte drei Jahre, bis sie endlich politisches Asyl in den USA erhielt und von den unmenschlichen Bedingungen in der Haftanstalt berichten konnte. Sie engagiert sich nun von den USA aus weiter in der Demokratiebewegung und für die politisch aktive Generation von Studierenden, die einen frustrierenden, weil vielfach vergeblichen Kampf um Meinungsfreiheit, Rechtsstaatlichkeit und bürgerliche Grundrechte führt.

Mittlerweile gab es zwar am 14. Mai 2023 die zweite Parlamentswahl seit dem Militärputsch 2014, aber der Vorsitzende der linksliberalen Fortschrittspartei, der mit 36 Prozent die mit Abstand meisten Stimmen, aber keine absolute Mehrheit erhalten hat, wurde als Ministerpräsident durch die 250 Senatoren, die das Militär stellt, abgelehnt.

Der starke Mann ist nach wie vor General Prayut Chan-o-cha, Mitglied der innermilitärischen Clique „Tiger des Ostens", ehemaliger Ministerpräsident mit maßgeblicher Verantwortung für die undemokratische Entwicklung.

Wenn die Tochter die Mutter zum Premier ernennt

Es ist eine ungewöhnliche Familie mit einer ungewöhnlichen Geschichte in Zeiten des Bürgerkrieges, der von 1983 bis 2009 dauerte. So kann man die Biografie der am 29. Juni 1945 in Colombo (damals noch Ceylon) geborenen **Chandrika Bandaranaike Kumaratunga** beschreiben. Ihr Vater war zum Zeitpunkt ihrer Geburt Minister für Lokalverwaltung und ab 1956 Premierminister seines Landes, der ehemaligen britischen Kolonie Ceylon, aus der Sri Lanka werden sollte. Nach seiner Ermordung im Jahr 1959 wurde seine Ehefrau und Chandrikas Mutter Sirimavo Bandaranaike die weltweit erste Premierministerin. Die Tochter war zu diesem Zeitpunkt 14 Jahre alt, besuchte eine katholische Mädchenschule und studierte anschließend Jura.

1978 heiratete sie den Schauspieler Vijaya Kumaratunga, mit dem sie 1984 eine eigene linkssozialistische Partei gründete, die sich vom singhalesischen Nationalismus der „Mutterpartei" (im doppelten Wortsinn) distanzierte und eine Versöhnung mit den Tamilen anstrebte. 1988 fiel ihr Mann vor ihren Augen einem Attentat singhalesischer Extremisten zum Opfer. Chandrika ging daraufhin drei Jahre nach England. Nach dem Sieg eines Linksbündnisses bei der vorgezogenen Parlamentswahl 1994 wurde sie zur Premierministerin ernannt und übernahm von ihrer Mutter gleichzeitig den Parteivorsitz. Nur wenige Monate später gewann sie die Präsidentschaftswahl mit überzeugenden 62,3 Prozent der Stimmen. Nach ihrer Vereidigung ernannte sie die Mutter erneut zur Premierministerin – ein Vorgang, für den es bis dahin kein Beispiel gab und der noch immer einmalig ist.

Für Sirimavo Bandaranaike begann damit die dritte Amtszeit, in der sie zunächst einen versöhnlichen Kurs gegenüber der tamilischen Separatistenbewegung einschlug, um den Bürgerkrieg, der ja schon über ein Jahrzehnt andauerte, zu beenden. Nachdem diese Politik nicht den gewünschten Versöhnungserfolg brachte, wurde wieder stärker auf einen militärischen Erfolg gesetzt.

1999 stellte sich die Präsidentin der Wiederwahl, die von der Gewalt des Bürgerkriegs überschattet wurde. Am 18. Dezember desselben Jahres verübte eine Terroristin der Liberation Tigers of Tamil Eelam ein Selbstmordattentat, das Chandrika schwer verletzt überlebte. Der dadurch ausgelöste Sympathiebonus brachte ihr 51 Prozent der Stimmen.

Als am 13. Juli 1924 die Äußere Mongolei als erstes sowjetisches Satellitenregime zur Volksrepublik erklärt wurde, erhielt die Hauptstadt gleichzeitig den Namen Ulaanbaatar, was so viel wie „roter Held" bedeutet. Der eigentliche unsterbliche Held der Mongolei ist jedoch Dschingis Khan, der weite Teile Zentralasiens und Nordchinas eroberte. Sein moderner Nachfolger als Nationalheld ist der Revolutionsführer Damdiny Süchbaatar, der den zentralen Platz der Stadt dominiert – und zwar, wie es sich für einen Mongolen gehört, hoch zu Ross sitzend. Er verstarb allerdings bereits mit 30 Jahren und konnte die Früchte der Revolution nicht mehr genießen. Seine Witwe **Jandschmaa,** die ihn 40 Jahre überlebte, wurde zu einer der wichtigsten Führungsfiguren der Kommunisten in der Mongolei. Vom 23. September 1953 bis 7. Juli 1954 war sie sogar Staatspräsidentin, die weltweit zweite übrigens nach Chertek Antschimaa in der kurzlebigen Tuwinischen Volksrepublik.

Heute gehört die Mongolei zu den vergleichsweise stabilen Demokratien in der Region mit einem relativ hohen Freiheitsstatus, der allerdings durch die grassierende Korruption beeinträchtigt wird. Als Binnenland ist es wirtschaftlich von den beiden angrenzenden Giganten China und Russland abhängig und weist eine ebenso hohe Armutsquote wie besorgniserregenden Alkoholikeranteil auf. Das löst Gewalt und Aggressionen aus, die die Frauen zu spüren bekommen. Jede dritte Mongolin ist Opfer von Gewalt in der Ehe. Erst seit 2017 gilt häusliche Gewalt in der Mongolei als Straftat. Doch das Gesetz wird nach wie vor nur halbherzig durchgesetzt und die Strafen sind gering. *Einmal zuzuschlagen ist doch noch kein Verbrechen,* wird allzu oft argumentiert.

Die Mongolei ist noch immer ein stark patriarchalisch geprägtes Land. *Männer müssen die Familien versorgen, Männer weinen nicht*, sagt Saranzaya Gereltod von der NGO Beautiful Hearts Against Sexual Violence im „Spiegel"-Interview. *Das Problem ist, dass die Männer hier so erzogen wurden, auch sie sind Opfer.*

Baldan Shatar war als Parlamentarierin Vorsitzende des Nationalen Rates für die Gleichheit der Geschlechter und bestätigt, dass es ein mühevoller Prozess ist, nicht nur eine rechtliche, sondern auch faktische Gleichstellung herbeizuführen. In der Erziehung sind Frauen schon fast oben angelangt. Sie stellen 75 Prozent aller Lehrkräfte, Schulleiter sind meist noch Männer.

Wir wollen es versuchen

Die am 30. Juni 1963 in Libreville geborene gabunische Politikerin **Rose Christiane Raponda** gehört zu den Vorzeigefrauen ihres Landes. Vor ihren politischen Funktionen war sie Generaldirektorin für Wirtschaftsfragen und wurde am 14. Februar 2012 Ministerin für Haushalt und öffentliche Finanzen. 2014 wurde sie zur Bürgermeisterin der Hauptstadt Libreville gewählt, war seit 1956 die erste Frau, die dieses Amt innehatte und blieb bis 2019. Am 12. Februar 2019 wurde Raponda nach einem gescheiterten Putsch von Präsident Ali-Ben Bongo Ondimba zur Verteidigungsministerin ernannt, ein Jahr später war sie bereits Premierministerin und konnte sich bis 2023 im Amt halten. Eine persönliche Erfolgsgeschichte also, die ein besonderes Naheverhältnis zum Präsidenten nahegelegt. Er ist der Sohn von Omar Bongo, der das Land von 1967 bis 2009 diktatorisch regierte und damit der längstamtierende Staatschef Afrikas war. Hätte nicht der Herzstillstand Leben und Amt ein Ende gesetzt, wer weiß, wie lange er noch geblieben wäre! Die damalige Senatspräsidentin **Rose Francine Rogombé,** wurde interimsmäßig mit dem Auftrag ins Präsidentenamt bestellt, innerhalb von eineinhalb Monaten Neuwahlen zu organisieren, aus denen – was Wunder – der Sohn des bisherigen Machthabers siegreich hervorging. Bei den Wahlen 2016 wurde er mit nur einem äußerst knappen Ergebnis bestätigt, wobei durchaus Wahlbetrug angenommen werden darf, da er in seiner Heimatprovinz angeblich 95 Prozent der Stimmen bei einer Wahlbeteiligung von 99,9 Prozent erhalten hatte. Die Wahlen 2023 gewann er dann zumindest laut Wahlkommission mit 64,3 Prozent der Stimmen. Kurz danach kam es zu einem Putsch des Militärs und es wurde das Ende des Regimes „erklärt". Fast 60 Jahre der Familiendiktatur sind damit zumindest vorläufig abgeschlossen.

Ob sich Freiheitsstatus, Demokratieindex und Korruptionsneigung verbessern, bleibt abzuwarten. Aber erfreulich ist, dass sich in Gabun langsam eine Zivilgesellschaft entwickelt, die Menschenrechte einmahnt. Dafür gibt es Gründe genug, denn beispielsweise hat sich der Welt-Freiheitsindex von 2013 bis 2023 deutlich verschlechtert. In dem kleinen Land mit nicht einmal 2,5 Millionen Einwohnern arbeiten viele Kinder, die von den Menschenhändlern aus ihrer Heimat verschleppt werden, vor allem Mädchen von acht bis 15 Jahren aus Togo, Benin und Nigeria.

Gottesfürchtig zu sein und den Herrschenden Ehrerbietung zu erweisen, wie es der Wahlspruch verlangt, war den Fidschianern wohl schon vor der Kolonialisierung durch die Briten im späten 19. Jahrhundert geboten. Der späte Zeitpunkt der Landnahme durch die Europäer hat mit der exponierten Lage im Südpazifik nördlich von Neuseeland und östlich von Australien zu tun, wo auf heute 332 Inseln gerade einmal 900.000 Menschen leben. Eine knappe Mehrheit davon sind Melanesier mit polynesischem Einschlag. Eine starke Minderheit bilden Inder, die von den britischen Pflanzern als Vertragsarbeiter geholt und später sesshaft wurden. Seit der Unabhängigkeit vor etwas mehr als einem halben Jahrhundert ist der Inselstaat eine parlamentarische Republik, die zeitweise gar nicht dem Bild eines pazifischen Tropenparadieses entsprach. Militärputsche, undemokratische Verhältnisse und der hegemoniale Kampf zwischen Melanesiern und Indern bestimmten Jahrzehnte der jüngeren Geschichte. Amnesty International beklagt, dass mithilfe von repressiven Gesetzen und Verleumdungsklagen RegierungskritikerInnen mundtot gemacht werden sollen. Umso mehr sticht **Nazhat Shameem,** eine fidschianische Diplomatin und ehemalige Richterin, hervor, die von 2014 bis 2022 als ständige Vertreterin bei den Vereinten Nationen fungierte und außerdem 2022 Präsidentin des Menschenrechtsrates der Vereinten Nationen war, obwohl auf die fragwürdige Menschenrechtssituation in ihrem Heimatland hingewiesen wurde. Lange Jahre war sie zuvor die erste Frau als Richterin am Obersten Gerichtshof von Fidschi.

Ihre Schwester **Shaista Shameen,** die ebenfalls Juristin und Anwältin ist, war von 2002 bis 2009 Direktorin der Fidschi-Menschenrechtskommission. Außerdem fungierte sie als Sonderberichterstatterin der UNO für den Einsatz von Söldnern. Ihre Doktorarbeit widmete sie dem Thema „Zucker und Gewürze: Vermögensaufbau und Arbeit indischer Frauen auf Fidschi, 1897–1930." Der Vater der beiden Schwestern ist Pakistaner, während die Mutter auf Fidschi geboren wurde. Ein gutes Beispiel, wie Differenzen zwischen Ethnien befriedet werden können.

Jiko Fatafehi Luveni war Sportlerin, Zahnärztin und Politikerin, die bis zu ihrem Tod im Jahr 2018 Sprecherin des Inselparlaments war. Sie sah sich selbst als Vorreiterin für eine stärkere Rolle der Frau in Politik und Gesellschaft.

Frauen sind kompromissbereiter, friedliebender und versöhnlicher

Diese Aussage stammt von **Agnès Mukabaranga,** einem Mitglied der Christlich-Demokratischen Partei und des Panafrikanischen Parlaments sowie ehemaligem Mitglied der ruandischen Nationalversammlung und des Senats.

Die Anwältin wurde in den ersten Senat berufen, der nach dem fürchterlichen Völkermord, der das Land erschütterte, konstituiert wurde. Sie war damit eine von 39 Frauen, die ins Parlament gewählt oder ernannt wurden, demgegenüber standen 41 Männer. Aktuell ist der Frauenanteil im ruandischen Parlament sogar auf 61 Prozent gestiegen und damit weltweit am höchsten. Die Absicht, für eine Gleichstellung der Geschlechter zu sorgen, entstand nach dem Gemetzel, das Hutu unter den Tutsi verübt hatten und an dessen Ende unter anderem die Tatsache stand, dass die Überlebenden zu 70 Prozent Frauen waren, somit eine bedeutende Rolle spielten, die sie teils von den Männern übernehmen mussten. Außerdem lastete die Erkenntnis auf den Menschen, dass die Vergewaltigung von Hunderttausenden Tutsi-Frauen als Kriegswaffe gedient hatte. Dadurch sollte Macht und Kontrolle erlangt werden, bevor man sie tötet, wie es die Hutu-Ministerin für Familien- und Frauenangelegenheiten (!), **Pauline Nyiramasuhuko,** empfohlen haben soll. *Bevor ihr die Frauen tötet, müsst ihr sie vergewaltigen.* Das Einzige, was in diesem Fall tröstet, ist die Tatsache, dass diese Politikerin die erste Frau ist, die wegen Völkermordes und Vergewaltigung als Verbrechen gegen die Menschlichkeit zu einer lebenslangen Freiheitsstrafe verurteilt wurde.

Als es darum ging, die Verbrechen dieser Zeit gerichtlich aufzuarbeiten, wurden Vergewaltigungen zunächst von der Schwere der begangenen Tat her gewertet dem Diebstahl gleichgesetzt.

Die Sozialarbeiterin **Godeliève Mukasarasi,** eine ruandische Aktivistin für Menschen- und Frauenrechte, prangerte diese Ungerechtigkeit an und versammelte Überlebende, um ihre Geschichten dem Parlament vorzutragen. Durch ihr Auftreten vor dem Internationalen Strafgerichtshof bewirkte sie, dass Vergewaltigungen als Kriegsverbrechen gewertet worden sind. Sie hat auch ein Programm ins Leben gerufen, um Frauen und Kinder bei der Verarbeitung ihrer Traumata zu helfen. Frauen wie die ministerielle Kriegsverbrecherin sind hoffentlich die Ausnahme, die Mukabarangas eingangs zitierte Regel bestätigen.

In Tunesien, wo der kurzlebige Arabische Frühling seinen Ausgang nahm, konnte man die Hoffnung haben, dass wenigstens dort demokratischen Spielregeln zum Durchbruch verholfen worden wäre. Das Zwölf-Millionen-Einwohner-Land, eingezwängt zwischen Libyen im Osten und Algerien im Westen, hatte sich mit großer Mehrheit 2014 eine neue Verfassung gegeben, die die Glaubens- und Gewissensfreiheit sowie die Gleichstellung von Mann und Frau garantierte und in der arabischen Welt einzigartig war. Gleichzeitig nahm eine „Kommission für Wahrheit und Würde" ihre Arbeit auf, die Menschenrechtsverletzungen zwischen 1955 und 2013 aufarbeiten sollte. Die Plattform zur Förderung der Demokratisierung in Tunesien erhielt für ihre Bemühungen 2015 sogar den Friedensnobelpreis. Aber mittlerweile reift die Erkenntnis, dass nicht alles Gold ist, was glänzt, denn es kommt regelmäßig zu Folter durch staatliche Organe, es gibt willkürliche Verhaftungen und es herrscht eine Straflosigkeit für Menschenrechtsverletzungen, die eine Kultur der Gewalt fördert.

Seit der Machtergreifung von Präsident Kais Saied haben die Behörden weitere Unterdrückungsmaßnahmen eingeleitet, indem sie Dutzende Oppositionelle und RegierungskritikerInnen ins Gefängnis steckten und zur Diskriminierung von MigrantInnen aufriefen.

Im Juli 2023 wurde Tunesien von Menschenrechtsorganisationen kritisiert, weil Regierungsbeamte täglich Hunderte Flüchtlinge ohne Wasser in der Wüste aussetzen ließen, wo Dutzende von ihnen verdursteten.

Chaima Issa ist eine Journalistin und Menschenrechtsaktivistin, die der Nationalen Heilsfront und damit einer Oppositionskoalition angehört. Sie wurde wegen „Verschwörung gegen die Staatssicherheit" festgenommen und vom Präsidenten als Terroristin bezeichnet. Sie ist die erste politische Gefangene unter seiner Herrschaft, und Saied drohte, dass jeder Richter, der sie freilässt, sich der Beihilfe zu ihren Verbrechen schuldig macht. Ein Militärgericht hat die mutige Frau mittlerweile für schuldig befunden, Armeeangehörige zur Befehlsverweigerung aufgefordert, Falschnachrichten verbreitet und den Präsidenten beleidigt zu haben. Wahr ist, dass sie nur von ihrem Recht auf freie Meinungsäußerung Gebrauch gemacht hat und der Präsident vor nichts zurückschreckt, um abweichende Meinungen zu unterbinden.

Der Riese unter den afrikanischen Staaten

Nigeria ist mit etwa 223 Millionen Einwohnern nicht nur das bei Weitem bevölkerungsreichste Land Afrikas, sondern könnte bis zum Ende des Jahrhunderts sogar die USA, vielleicht auch Europa überholen. Solche Modellrechnungen sind keine langfristigen Voraussagen, sondern Annahmen, wie sich die Einwohnerzahl entwickeln könnte, wenn man die bisherigen Erfahrungen zugrunde legt. Die daraus erwachsenden Herausforderungen verlangen nicht nur eine stabile wirtschaftliche Entwicklung, sondern auch starke demokratische Institutionen mit Verankerung in der Gesellschaft. Dazu gehören auch eine nicht nur verfasste Gleichberechtigung der Geschlechter, sondern eine Gleichbehandlung in der täglichen Realität.

Nach seiner Unabhängigkeit war das Land von Kriegen (Biafra) und wechselnden Diktaturen geprägt, bis sich nach der Jahrtausendwende langsam demokratische Strukturen entwickelten. Heute könnte man Nigeria als eine „gemäßigte Autokratie" bezeichnen, deren Instabilität alarmierend ist. Die Menschenrechtssituation ist unbefriedigend, polizeiliche Übergriffe und die Repressionen gegen queere Menschen fallen negativ ins Gewicht. Hohe Korruptionsneigung und eine schwierige Lage für die Presse ergänzen dieses Bild.

Umso bemerkenswerter sind Menschen wie **Josephine Obiajulu,** eine am 4. Juli 1966 geborene Menschenrechtlerin, die allein während der Militärherrschaft 17 Mal inhaftiert war. Sie war in den letzten Jahren in mehr als 2000 Fälle engagiert, in denen die Rechte einer Frau missachtet wurden. Dazu gehören Femizide, begangen von Ehemännern und anderen Familienangehörigen oder durch die Polizei. Die nötige Basis verschafft ihr dabei ihre Funktion als Präsidentin der Menschenrechtsgruppe Arise for Change Initiative.

Noch im März 2022 stimmte das Parlament gegen fünf Gesetzesentwürfe, die die Gleichstellung der Geschlechter fördern sollten, und verpflichtete sich erst nach Protesten von Frauengruppen und zivilgesellschaftlichen Organisationen, einige Entwürfe neuerlich zu prüfen.

Am 1. Mai 2022 protestierten in Abuya LGBTI-AktivistInnen gegen einen Gesetzesentwurf, der „Crossdressing" verbieten will. Im selben Jahr werden schwule Männer zum Tod verurteilt, weil sie gegen das Verbot gleichgeschlechtlicher Beziehungen verstoßen haben. Der einzige Lichtblick: Sie leben noch!

Hispania war in der Antike der lateinische Name für die Iberische Halbinsel und für Christoph Columbus Namensgeber jener Insel, die er am 5. Dezember 1492 erreichte: La Española.

Erst die Engländer verballhornten den Namen zu Hispanola, wie sie heute noch bezeichnet wird. In der Kolonialzeit wurde sie politisch getrennt in einen spanischen Ostteil, Santo Domingo genannt, und einen französischen Westteil, Saint-Domingue, dem späteren Haiti. Am 2. Oktober 1937 begann an der 300 Kilometer langen Grenze zwischen den beiden Staaten ein siebentägiger Völkermord, den der dominikanische Diktator Trujillo angezettelt hatte. Ähnlich wie Benito Mussolini und Adolf Hitler propagierte er Rassismus und Nationalismus, deren Opfer die dunkelhäutigen Haitianer werden sollten. Das dann einsetzende Massaker wurde von einem zynischen Sprachtest begleitet: Wer aussah wie ein Haitianer und das Wort „Perejil" (Petersilie) nicht richtig aussprechen konnte, wurde ermordet. Zehntausende Menschen fielen diesem Wahnsinn zum Opfer.

Sonia Pierre, eine am 4. Juli 1963 geborene dominikanische Frauenrechtlerin und Menschenrechtsaktivistin, kämpfte bis zu ihrem frühen Tod im Jahr 2011 gegen die Stigmatisierung der aus Haiti stammenden Zuwanderer und ihre wirtschaftliche, soziale und kulturelle Ausgrenzung. Schon im Alter von 20 Jahren gründete sie die Bewegung dominikanisch-haitianischer Frauen, nachdem sie in einer „Batey" aufgewachsen war – einer Baracke, in der haitianische Wanderarbeiter untergebracht wurden, die zu Hungerlöhnen auf den Zuckerrohrplantagen arbeiteten und denen sämtliche Rechte vorenthalten wurden.

Sonia Pierre und ihrer Organisation gelang es, die Aufmerksamkeit der internationalen Gemeinschaft auf die Repressalien zu lenken, die Haitianer in der Dominikanischen Republik zu erleiden haben. Für ihren unbedingten und unermüdlichen Einsatz für die Menschenrechte wurde sie mit zahlreichen internationalen Auszeichnungen geehrt. Der einzige Trost für ihren frühen Tod ist, dass sie nicht erleben musste, wie im Februar 2022 mit dem Bau einer Mauer entlang der Grenze zu Haiti begonnen wurde, um die „irreguläre" Einwanderung zu verhindern. Menschenrechtsorganisationen wiesen daraufhin, dass diese Mauer nur zu noch mehr Rassismus und Diskriminierung führen wird. Die Dominikanische Republik gilt Urlaubsparadies der Europäer, die davon nichts mitbekommen wollen und sollen.

Indigene haben eine Vertretung in den Vereinten Nationen

Kolumbien gehört weltweit zu den Ländern mit der größten indigenen Vielfalt, was sich in der großen Bandbreite an Kulturen, Sprachen, Sozialstrukturen und Lebensformen ausdrückt. Fast 1,4 Millionen indigene Menschen sind in einem Land beheimatet, das mit 47 Millionen Einwohnern nach Brasilien das bevölkerungsreichste Südamerikas ist. Die indigene Bevölkerung leidet unter dem ständigen Druck einer bewaffneten Landnahme, die ihre ursprünglichen Gebiete aus Profitinteressen immer mehr einschränkt. Tausende Angehörige wurden ermordet und viele vertrieben, weil sie auf ökonomisch ausbeutbarem Boden lebten. Die Sierra Nevada de Santa Marta im Norden Kolumbiens ist eine einzigartige Bergkette nördlich der Anden. Sie erhebt sich von den Stränden der Karibik, ihre höchsten Berggipfel sind über 5000 Meter hoch. In den unteren Regionen erstreckt sich tropischer Regenwald, der zu offener Savanne und Nebelwald wird.

Die Indigenen nennen sich „ältere Brüder" und sind überzeugt, dass sie über mystisches Wissen verfügen, das andere nicht haben. Außenstehende werden deshalb auch „jüngere Brüder" genannt. Sie glauben, dass es ihre Aufgabe ist, das Gleichgewicht des Universums zu erhalten. Eines dieser Völker sind die Arhuaco, deren Vertreter sich bei der neu gewählten Regierung unter Präsident Gustavo Petro verstärkt Verhör geschafft haben. Dies ist unter anderem der Politikerin, Schriftstellerin und Verteidigerin der Menschenrechte **Leonor Zalabata** (geboren am 5. Juli 1954) zu verdanken, die sich seit Jahrzehnten als Verteidigerin der Rechte indigener Völker in Kolumbien einen Namen gemacht hat. Ihr Ziel ist es, deren politische Vertretung zu verbessern und die kulturellen, sozialen und ökonomischen Rechte abzusichern. Zu ihren Erfolgen zählt die Konsolidierung des Arhuaco-Reservats, die Schaffung einer Nationalen Menschenrechtsorganisation und einer Kommission für die indigenen Gebiete Kolumbiens. Zu ihren spektakulärsten Aktivitäten gehört der Marsch indigener Demonstranten, den sie im Jahr 1996 anführte und der die Zentrale der kolumbianischen Bischofskonferenz in Bogotá zum Ziel hatte. Diese wurde von den Demonstranten besetzt, nach mehr als einem Monat kam es zur Einrichtung eines Beratungsgremiums mit Vertretern der Regierung. Im Jahr 2022 ernannte sie der neu gewählte Präsident zur Botschafterin bei der UNO. Sie ist die erste indigene Repräsentantin in einer derartigen Position.

Der Wahlspruch von Botswana ist denkbar einfach, aber gar nicht banal: Regen – sonst nichts. Das südliche Afrika liegt in einer Zone, die sehr anfällig für Klimaveränderungen ist. Durch die zunehmende Hitze kommt es zu geringeren Niederschlägen und längeren Dürreperioden. Die Temperatur ist in den letzten 100 Jahren um drei Grad gestiegen – das ist die höchste Zunahme in der gesamten südlichen Hemisphäre.

Daneben ist die herrschende Gewalt, die vor allem geschlechtsspezifisch bedingt ist, das zweite Megaproblem dieses Landes im Herzen des südlichen Afrikas. Im Juli 2022 gab die Polizei des Landes mit seinen 2,6 Millionen Einwohnern an, dass im ersten Vierteljahr 349 Morde gemeldet wurden. Zum Vergleich: In Österreich mit 3,5 Mal so vielen Einwohnern gab es im ganzen Jahr 2022 72 Morde, also 18 im Vierteljahresdurchschnitt.

Diese Tatsache steht in einem schroffen Gegensatz zur Rechtsstaatlichkeit, die Botswana auch international attestiert wird. Das Land hat eine vergleichsweise niedrige Korruption, die demokratischen Verhältnisse sind einigermaßen stabil, Wahlen in aller Regel fair und unbeeinflusst, der Freiheitsstatus für afrikanische Länder sehr hoch. Botswana gilt als sicheres Reiseland mit niedriger Kriminalitätsrate. Die alarmierend hohe Zahl an Morden wird augenscheinlich vom Außenministerium (von ihr stammen die Reisehinweise) nicht in Betracht gezogen, weil Ausländer offensichtlich davon nicht betroffen sind. Schlussfolgerung: Solange sie sich nur gegenseitig und ihre eigenen Frauen umbringen, kann man ruhig von niedriger Kriminalitätsrate sprechen.

Bogolo Joy Kenewendo ist eine Gender- und Jugendaktivistin, die sich mit Armut und Ungleichheit in ihrem Land beschäftigt: *Armut zieht sich durch alle Bereiche, einschließlich dem Klimawandel, der Gleichberechtigung der Geschlechter und der digitalen Kluft – den Besitzenden und den Habenichtsen in der Informations- und Kommunikationstechnologie.* Sie war bereits mit 31 Jahren Handelsministerin ihres Landes und zuvor die jüngste je gewählte Abgeordnete. Wenn sie auf ihre Jugend angesprochen wird, verweist sie auf die Geschichte: Als die afrikanischen Länder ihre Unabhängigkeit erlangt hätten, seien sie auch von Leuten um die 30 geführt worden. Im Jahr 2022 wurde sie zur Sonderberaterin der Vereinten Nationen ernannt und ist in dieser Rolle für die Transformation in Afrika im Rahmen der Klimakrise zuständig.

Den Horror erzählen

So heißt ein Beitrag im Buch „Geografie der Gewalt", das 2022 im Mandelbaum-Verlag erschienen ist. Er beschäftigt sich mit einem Gewaltthema, das auch in diesem Kalender eine traurige Rolle spielt: Zwischen 1. Februar 2000 und 31. Januar 2022 wurden 149 mexikanische JournalistInnen aufgrund der Ausübung ihres Berufs ermordet. Ein Interview für dieses Buch wurde mit der am 8. Juli 1982 geborenen mexikanischen Journalistin und Autorin **Daniela Rea Gómez** geführt, die unter anderem für die Zeitung „Reforma" arbeitete und über soziale Konflikte, Menschenrechte, Gewalt und Armut berichtete. Diese Themen prägen auch ihre Bücher, wie etwa „Wir sind nicht mehr dieselben: Und hier geht der Krieg weiter", „Die Truppe: Warum ein Soldat tötet" oder „Land der Toten: Chroniken gegen Straflosigkeit".

Sie erzählt eine „ihrer" Horrorgeschichten, die sich in Ciudad Juárez, einer Brutstätte der Gewalt, ereignete, als sie einen jugendlichen Mörder aufsuchte: *Er malte eine Heilige auf die Hauswand. Sieben Namen waren auf der Wand. Ich fragte ihn, wer sie seien: Es seien die Namen seiner Toten, ihm nahestehende Menschen, die im Laufe seiner etwas über 20 Lebensjahre umgebracht worden waren. Der erste war ein Freund gewesen, der in einem Konflikt zwischen zwei Vierteln gesteinigt worden war und dessen Leiche sie hatten abholen müssen. Der letzte war sein Bruder, ein Drogenabhängiger [...] Dieses Szenario – zum Haus des Mörders zu gehen und einen jungen Mann anzutreffen, der ein Wandbild für seine eigenen sieben Toten in seinem kurzen Leben malt – war schwer zu ertragen und sehr komplex.*

Marcela Turati ist eine mexikanische Investigativjournalistin, deren Arbeit sich überwiegend mit den Opfern und den Hintergründen des Drogenkriegs in Mexiko befasst. Sie stellte Recherchen zum San-Fernando-Massaker an, dem am 24. August 2010 72 Emigranten zum Opfer gefallen waren. Die Regierung schrieb den Massenmord einem Drogenkartell zu und die damalige Außenministerin Patricia Espinosa Cantellano sprach von einer feigen Tat, begangen an wehrlosen und hilfesuchenden Menschen. Im Juli 2021 wurde bekannt, dass Turati mit der Spionagesoftware „Pegasus" ausgespäht wurde: *Statt des eigentlichen Zwecks, Pegasus gegen organisiertes Verbrechen und Terrorismus einzusetzen, verwendete die Regierung es gegen die Zivilgesellschaft, Oppositionelle und Menschenrechtsverteidiger,* so Turati.

Die Republik der Marshallinseln befindet sich auf einem Atoll, das im Durchschnitt nur knapp einen Meter über dem Meeresspiegel liegt, und gehört zu den Ländern, die am stärksten vom Klimawandel betroffen sind. Zwei Fünftel der Gebäude der Hauptstadt werden voraussichtlich überschwemmt werden und viele der Tausend Inseln werden verschwinden, wie einem Bericht der Weltbank zu entnehmen ist.

Kristina Eonemto Stege wurde auf einer Insel in den Nördlichen Marianen geboren und erhielt eine gediegene Ausbildung, die sie auf Universitäten in Honolulu, den Vereinigten Staaten und Frankreich absolvierte. Obwohl noch recht jung, hat sie ihr Land bereits mehrfach bei internationalen Klimakonferenzen vertreten. In der Zeitschrift „Welt-Sichten" erläutert sie die dramatische Situation: *In Anbetracht dessen, was die Wissenschaft bis zum Jahr 2050 prognostiziert, stehen uns als Folge des Klimawandels unvorstellbare Verluste und Schäden sowie große Anstrengungen bevor, uns an den Klimawandel anzupassen.*

Mit unserem Nationalen Anpassungsplan (NAP) – wir nennen ihn Überlebensplan – stellen wir die Weichen dafür. Aber diesen Plan können wir nicht mit einzelnen Projekten verwirklichen. Wir müssen vielmehr unsere gesamte Politik, Wirtschaft und Gesellschaft umfassend umgestalten, um die Sicherheit unseres Landes und der Bevölkerung zu gewährleisten [...] Jetzt benötigen wir Geber, die dabei mitmachen. Wir brauchen einfach keine Finanzierung mehr, die stockt, weil vielleicht nur ein Workshop abgehalten wurde statt zwei wie geplant [...]

Das alles hat nichts damit zu tun, was die Menschen vor Ort brauchen, sondern nur damit, was die Geldgeber brauchen. Es geht nicht darum, Rechenschaftspflicht zu umgehen, sondern darum, das System rationaler zu machen! Hier wird höflich umschrieben, was im Klartext bedeutet, dass reiche Geberländer mit tiefen bürokratischen Strukturen ihre Hilfe von Voraussetzungen abhängig machen, die für sich selbst schon eine Überforderung kleiner, armer Staaten darstellen. Die Schlussfolgerung von Tina Stege: *Damit das Wirklichkeit wird, brauchen wir mutige Schritte von denen, die Klimaschutz und Anpassung an den Klimawandel finanzieren. So wie es derzeit läuft, funktioniert es nicht!*

Man müsste einfach nur den Wahlspruch der Inselrepublik beherzigen: „Vollendung durch gemeinsames Wirken."

Für die Mission in Afrika war sie zu schwarz

1999 zählte sie das „Ebony Magazine" zu den 100 faszinierendsten schwarzen Frauen des 20. Jahrhunderts; ihr zu Ehren wurde eine Vielzahl amerikanischer Schulen benannt: Die am 10. Juli 1875 in South Carolina zur Welt gekommene **Mary McLeod Bethune** war eine Frauen- und Bürgerrechtlerin afroamerikanischer Abstammung. Als 15. von 17 Kindern ehemaliger Sklaven – der Schatten des Bürgerkriegs lag noch immer auf dem Land – musste sie bei der Ernte auf den Baumwollfeldern mithelfen und konnte erst im Alter von 14 Jahren eine Schule besuchen. Ihre Begabung verschaffte ihr ein Stipendium, sodass sie eine weiterführende Ausbildung absolvieren konnte. Ihre Absicht, Missionarin in Afrika zu werden, scheiterte an ihrer Hautfarbe (!), denn die Botschaft Jesu Christi war hell und lichtdurchflutet.

Nach einer Zeit des Unterrichtens gründete sie ihre eigene Schule, die sich im Laufe der Zeit und mit Unterstützung der schwarzen Gemeinde zu einer vierjährigen Highschool entwickelte.

Ebenso aktiv war Bethune in der Bürgerrechtsbewegung und setzte sich für die Abschaffung der Jim-Crow-Gesetze ein, was dazu führte, dass sie vom Ku-Klux-Klan verfolgt wurde.

Einige Jahre hindurch war sie auch die Präsidentin der National Association of Colored Women. Als sie 1925 an einer internationalen Frauenkonferenz teilnahm, gab ihr das die Gelegenheit, öffentlichkeitswirksam gegen die Rassentrennung zu protestieren, denn sie war gezwungen, getrennt von den weißen Konferenzteilnehmerinnen zu sitzen. Mary Bethune hat Rosa Parks und Martin Luther King durch ihre Aktivitäten vorweggenommen. Dadurch lernte sie auch Eleanor Roosevelt, die Frau des Präsidenten, kennen und freundete sich mit ihr an. 1936 ernannte Franklin D. Roosevelt sie zur Direktorin für afroamerikanische Angelegenheiten und Beauftragte für Minderheiten – der National Youth Administration. Es war die höchste Position, die eine afroamerikanische Frau bis dahin bekleidete.

In den Kriegsjahren war sie sogar National Commander der Women's Army for National Defense. Auch der nachfolgende Präsident Harry S. Truman schätzte ihre Erfahrung und entsandte sie als Beraterin zur Gründungsversammlung der UNO.

Gewalt ist eines der größten Gesundheitsrisiken, denen Frauen in Mittelamerika ausgesetzt sind. Die Mordrate gehört zu den höchsten der Welt und gleicht etwa der Botswanas und Brasiliens. Es gibt zwar weiblichen Widerstand gegen die Gewaltmacht der Männer, aber dieser ist mit großen Risiken verbunden.

„Nein zur Gewalt gegen Frauen" – so heißt eine Kampagne, die darauf aufmerksam macht, wie in Guatemala Tag für Tag Frauen ermordet werden, weil Männer meinen, über deren Körper bestimmen zu können und damit Herr über Leben und Tod zu sein. Oft werden diese Verbrechen nicht geahndet, obwohl es ein Leichtes wäre, die Täter auszuforschen. Die Angehörigen der Opfer trauen sich vielfach nicht, gegen gewaltbereite Männer auszusagen, weil sie damit in den Sog der Gewalt geraten und Gefahr laufen würden, selbst die nächsten Opfer zu sein. Und der Polizei wird vielfach kein Vertrauen (der armen, meist indigenen Landbevölkerung) entgegengebracht, weil sie von den Großgrundbesitzern geschmiert wird, um deren Interessen zu vertreten.

Anabella Sibrian von der Internationalen Plattform gegen Straflosigkeit sieht in einem Interview mit dem Bayerischen Rundfunk vor allem die Rechte der indigenen Frauen in Guatemala bedroht, die regelmäßig unter gewalttätigen Übergriffen leiden: *In der Urbevölkerung dieses Landes gibt es außergewöhnliche junge Frauen. Sie verteidigen ihre Rechte, obwohl die Umstände sehr gefährlich sind.*

Die 58-jährige **Norma Cruz** leitet die Frauenrechtsorganisation Fundación Sobrevivientes (Stiftung Überlebende) in Guatemala-Stadt. Sie erhält immer wieder Morddrohungen, weil sie sich gegen Gewalt an Frauen und für Gerechtigkeit einsetzt. Auch ihre Tochter und ihr Sohn sind gefährdet. Ausgangspunkt war die Vergewaltigung der Tochter durch den Stiefvater. Norma Cruz brachte den Fall vor Gericht und konnte eine Verurteilung des Mannes durchsetzen. Es bedurfte dafür Kraft, Zeit und Geld – Voraussetzungen, über die viele Frauen nicht verfügen. Jahre hindurch ging es bei den Drohungen und Einschüchterungen um den Fall eines Mädchens, das mit 14 Jahren vergewaltigt worden war. Eine Tante des Mädchens – sie unterstützte ihre Nichte im Gerichtsverfahren – wurde ermordet. Man drohte Norma Cruz schon an, ihr den Kopf eines ihrer Kinder zu schicken. Sie gilt als eine der bedeutendsten Frauenrechtlerinnen Lateinamerikas.

Ihr Name Malala bedeutet kummervoll

Sie war erst elf Jahre alt, als sie auf der Website der BBC begann, über ihre Gefühle und Ängste auf Grund der Gewalttaten der Taliban zu berichten. Sie wählte dazu das Pseudonym „Gul Makai" (das ist der Name der Heldin eines paschtunischen Märchens und bedeutet „Kornblume"), weil es zu gefährlich gewesen wäre, ihren eigenen Namen zu verwenden, der überdies mit „kummervoll" übersetzt wird. Die Taliban hatten im Swat-Tal, der Heimat des Mädchens, begonnen, Schulen für Mädchen zu zerstören und politische Gegner zu ermorden. Außerdem wurde den jungen Frauen nicht nur der Schulbesuch verboten, sondern ebenso das Hören von Musik, das Tanzen und das unverschleierte Betreten öffentlicher Räume. Das Gebiet gehört zwar zu Pakistan, aber die Taliban hatten 2007 die Kontrolle übernommen und sich andauernde Gefechte mit Regierungseinheiten geliefert. Diese radikalislamistische Terrororganisation hatte schon von 1996 bis 2001 in Afghanistan geherrscht; 20 Jahre nach ihrer Vertreibung kehrte sie zurück und übernahm neuerlich die Macht. Da es sich bei ihnen um Paschtunen handelt, also um ein Volk, das sowohl in Afghanistan wie auch in Pakistan lebt und erst durch die unselige britische Durand-Linie getrennt wurde, hatte und hat sie auch in Pakistan genügend Unterstützer.

Als Malala für den von der Regierung Pakistans gestifteten jährlichen Nationalen Friedenspreis der Jugend nominiert wurde – der ab Dezember 2011 auch ihren Namen trug – wurde ihr Pseudonym aufgedeckt. **Malala Yousafzai** war damals gerade 14 Jahre alt. Im Oktober 2012 hielten einige Taliban ihren Schulbus auf der Heimfahrt an, fragten nach ihr und schossen ihr aus nächster Nähe in den Kopf.

Schwerstverletzt überlebte sie den Anschlag, wurde ausgeflogen und konnte später die Highschool in Birmingham besuchen. Der ehemalige britische Premier Gordon Brown, inzwischen UN-Sonderbeauftragter für globale Bildung, initiierte eine Petition in ihrem Namen: *Zur Unterstützung dessen, wofür Malala gekämpft hat*. Im Jahr 2014 wurde der damals 17-Jährigen der Friedensnobelpreis zuerkannt. Sie ist mit Abstand die jüngste Preisträgerin in der Geschichte des Nobelpreises.

Als solche kritisierte sie einen anderen Friedensnobelpreisträger, nämlich Barack Obama: *Ich habe auch meine Besorgnis ausgedrückt, dass Drohnenangriffe Terrorismus fördern. Durch diese Taten werden unschuldige Opfer getötet [...]*

Als sie am 26. Januar 2010 auf der südlichen Andaman Island starb, war **Boa Senior** 86 Jahre alt und das letzte lebende Mitglied des andamanischen Volksstammes der Bo. Das bedeutete aber auch das Sterben der Sprache Aka-Bo, die sie als Allerletzte beherrschte. Ihr Stamm umfasste bei der Ankunft der britischen Siedler im Jahr 1858 200 bis 700 Mitglieder, bei der Volkszählung 1901 lebten noch 48 und jetzt war also auch das allerletzte Mitglied, Boa Senior genannt, gestorben, nachdem sie von den Briten eingeschleppten Krankheiten ebenso überlebt hatte wie die Invasion der Japaner im Zweiten Weltkrieg. 2004 überstand sie sogar den großen Tsunami im Indischen Ozean.

Was für ein Gefühl musste es gewesen sein, zu wissen, dass man die Allerletzte eines Volkes ist? Und hat sie gar auch erfahren, dass ihr Volk, die Bo, seit 65.000 Jahren existierten und damit überhaupt eine der ältesten menschlichen Kulturen waren? Zum Vergleich: Bei einer Auswertung von Fossilien der Bacho-Kiro-Höhle in Bulgarien konnte im Mai 2020 gezeigt werden, dass die ersten Homo sapiens vor etwa 45.000 Jahren in den mittleren Breitengraden Europas heimisch waren. Sprachen, die mit größter Wahrscheinlichkeit bald ihre letzten Anwender verlieren, bezeichnet man als „moribund", da sie als „im Sterben liegend" gesehen werden. Auch wenn sie dokumentiert werden, geht ihnen das Lebendige verloren, und damit ist ein irreversibler Kulturverlust verbunden. Gerade im Amazonasgebiet, in Australien und bei den indigenen Völkern der USA und Kanada gibt es eine nicht geringe Anzahl an Sprachen, die von weniger als einem Dutzend Menschen beherrscht werden.

In Europa gibt es dafür ein Vergleichsbeispiel: das „Zimbrische" in den „Sieben Gemeinden" und anderen Sprachinseln Oberitaliens. Diese Sprache wird im Alltag nur noch von wenigen Hundert alten Menschen und einzig in Lusern (Trentino) auch von Kindern gesprochen.

Zurück auf die Andamanen: Die Sprachwissenschafterin Anvita Abbi erzählte dem „St. Gallener Tagblatt": *Da sie (Boa) die einzige Sprecherin (von Bo) war, war sie sehr einsam und hatte niemanden, mit dem sie sich unterhalten konnte [...] Sie können sich nicht vorstellen, wie quälend und schmerzhaft es ist, stummer Zeuge des Untergangs einer bemerkenswerten Kultur und einer einzigartigen Sprache zu sein.*

Araukanien = Heimat der Mapuches

Natividad Llanquileo, geboren am 14. Juli 1984, ist Mapuche-Anwältin und Menschenrechtsaktivistin in Chile. Bekannt wurde sie durch ihre Rolle als Sprecherin des Mapuche-Hungerstreiks 2010. In Araukanien, also im südlichen Chile, lebte eine große indigene Gruppe namens Mapuche. Eine Besonderheit besteht darin, dass sie als Ureinwohner die Mehrheit der Bevölkerung stellten und trotzdem gezwungen werden sollten, in Reservaten zu leben. Im Jahr 2009 hatte die Vorsitzende der Sozialdemokraten, Michelle Bachelet, den Vorschlag gemacht, die Regierung sollte Privatgrundstücke kaufen, um den Landverlust der Mapuche zu kompensieren. Die Grundbesitzer waren jedoch nicht bereit dazu, in der Folge kam es zu gewaltsamen Demonstrationen, bei denen die Carabineros (chilenische Gendarmerie) die Anti-Terror-Gesetze anwendeten. Die Aktivisten wurden daraufhin inhaftiert und gingen in den Hungerstreik, da sie sich nicht als Kriminelle behandeln lassen wollten. Die Verurteilung wegen Terrorismus bedeutet nämlich nicht nur höhere Strafen, sondern kann auch zum Entzug der Staatsbürgerschaft führen!

Natividad Llanquileo verteidigte die inhaftierten Mapuche-Aktivisten und erklärte in diesem Zusammenhang: *Polizei und Förster* (wegen der betroffenen Waldgebiete, Anm.) *sind die Haupthindernisse bei der Lösung des Konflikts.* Zwei ihrer Brüder nahmen übrigens am Hungerstreik teil. Das Mapuche-Problem ist länderübergreifend, da sich Teile dieses Volkes auf argentinischem Staatsgebiet befinden. Ursprünglich bewohnten die Tehuelche den gesamten Osten Patagoniens. Sie waren Jäger und Sammler und wurden zum Teil im 18. Jahrhundert von der Kultur der Mapuche verdrängt. Diese wiederum waren durch die Eroberungszüge der Spanier gezwungen, in den Süden auszuweichen, wo sie einen eigenen Staat bildeten. Noch heute sind die Mapuche die weitaus größte indigene Gruppe in Argentinien, die insgesamt 2,5 Prozent der Bevölkerung ausmacht.

Eine weitere Menschenrechtsanwältin, die sich für die chilenischen Mapuche einsetzt, ist **Karina Riquelme.** Sie gehört, ebenso wie Llanquileo, zu einer Organisation zur Verteidigung indigener Rechte und war ebenso behördlichen Schikanen ausgesetzt. So wurden gegen sie drei Wochen Haft verhängt, weil sie Mapuche-Führer verteidigt hatte, angeblich ohne über die anwaltliche Berechtigung dazu zu verfügen. Im Süden des Kontinents ist „Weiß" nicht nur vor-, sondern auch beherrschend.

Die Uiguren sind ein turksprachiges Volk, das seinen Siedlungsschwerpunkt im Gebiet des ehemaligen Turkestans hat, insbesondere im heute zur Volksrepublik China gehörenden Autonomen Gebiet Xinjiang. „Turkestan" war die persische Bezeichnung einer zentralasiatischen Region, die sich vom Kaspischen Meer bis zur Wüste Gobi erstreckt. Die östlichen Teile dieser Region waren vom zaristischen Russland, das seinen Einflussbereich immer weiter nach Osten ausdehnte, und dem Kaiserreich China umkämpftes Gebiet. Im Jahr 1844 wurde die chinesische Zivilverwaltung Xinjiang begründet – was auf Chinesisch „erneut zurückgekehrtes altes Territorium" oder kurz „neues Land" heißt. Die Turkvölker empfanden sich als unterdrückte Volksgruppen unter chinesischer Fremdherrschaft und organisierten zahlreiche Aufstände. Das setzte sich auch unter der Herrschaft der Kommunisten fort. Die rücksichtslose Sinisierungspolitik löste zwischen 1950 und 1968 mindestens 58 Aufstände aus, bei denen rund 360.000 Menschen ihr Leben verloren.

Der Zerfall der Sowjetunion und die Bildung der Staaten Kasachstan, Usbekistan, Kirgisistan, Tadschikistan und Turkmenistan führten zu neuen Unruhen der Uiguren in China, die nun ebenfalls einen eigenen Staat forderten. Als 1997 Afghanistan zum islamischen Emirat ausgerufen wurde, soll auch die Absicht bestanden haben, den bewaffneten Kampf auf das chinesische Uiguren-Gebiet auszudehnen.

Die am 15. Juli 1948 im Altaigebirge zur Welt gekommene **Rebiya Kadeer** war viele Jahre hindurch das „Gesicht des Widerstands". 1992 war sie in die „politische Konsultativkonferenz des chinesischen Volkes" gewählt worden und wurde zunächst als Vertreterin von Frauenrechten bekannt. Als solche nahm sie 1995 an der Weltfrauenkonferenz in Peking teil. 1997 hielt sie vor dem „Parlament" eine Rede, in der sie die Politik der chinesischen Regierung im autonomen Gebiet Xinjiang scharf verurteilte. Sie wurde kurz darauf aus dem Volkskongress ausgeschlossen und zwei Jahre später wegen „Weiterverbreitung von Staatsgeheimnissen" zu acht Jahren Gefängnis verurteilt.

2005 folgte sie ihrem Mann ins Exil, entging wenig später einem Anschlag und lebt jetzt in den USA. China begründet die Repressionsmaßnahmen mit *dem Kampf gegen Separatismus, Terrorismus und religiösen Fanatismus.* Über zehn Jahre war Kadeer Präsidentin des Weltkongresses der Uiguren.

Ayman Omarowa: Gewalt kann nicht toleriert werden

Kasachstan ist aus dem Zerfall der Sowjetunion als unabhängiger Staat hervorgegangen, der fast drei Jahrzehnte von Nursultan Nasarbajew autoritär beherrscht wurde und in dem Korruption zum Alltag gehört. Sein Nachfolger hat ein vorsichtiges Reformprogramm begonnen, das zu mehr Pluralismus führen und das Land dem Westen annähern soll. Unter seiner Regie wurde die Hauptstadt Astana zu Ehren seines Vorgängers in Nursultan umbenannt, aber nach schweren Protesten im Jahr 2022 wurde die Namensgebung wieder zurückgenommen. Frauenrechte, politische Teilhabe von Frauen, Gewalt in der Ehe, Vergewaltigungen, all das war im männergeprägten Kasachstan bisher keine Diskussion wert. 2021 wurden **Gulzada Serzhan** und **Zhanar Sekerbayeva,** Gründerinnen der feminis-tischen Initiative Feminita, festgenommen, weil sie über Frauenrechte diskutieren wollten. Als wütende Männer die beiden angriffen, wurden die Frauen verhaftet. *Friedliche Kundgebungen, Flashmobs und Streikposten zur Unterstützung von Frauen führen in der Regel zu Geldstrafen und Verhaftungen,* schreibt das Nachrichtenportal Cabar.asia laut einem „Standard"-Artikel vom 7. März 2023.

Gulzada Serzhan berichtet außerdem über sexuelle Belästigungen am Arbeitsplatz: *In Kasachstan akzeptiert und schätzt die Gesellschaft, jene, die wild und brutal sind [...] Um Gewalt gegen Frauen am Arbeitsplatz und in anderen Bereichen zu stoppen, brauchen wir mehr Frauen in Entschei-dungspositionen in allen Bereichen.*

Die Frauenrechtlerin Sekerbayeva wiederum war Teil einer Gruppe, die 2016 bei einer Sitzung des Menschenrechtsausschusses der UNO einen alternativen Bericht zur Verletzung von LGBTI-Rechten vorstellte. Sie führte an, dass der anhaltende Einsatz von *korrigierender Verwaltung* im Land weit verbreitet sei, womit die Absicht verbunden sei, die Sexualität lesbi-scher Frauen zu *korrigieren* und ihnen *die Liebe zum männlichen Körper einzuflößen.*

Die Anwältin **Aiman Omarowa** ist in vielen Fällen von Vergewaltigung, Kindesmisshandlung und sexueller Belästigung in Gefängnissen tätig. Sie beklagt, dass als Folge der patriarchalisch geprägten Gesellschaft Sexualverbrechen gegen Frauen forensisch oder medizinisch nachlässiger überprüft sowie gerichtlich milder verurteilt werden. Es gab zahlreiche Versuche, Omarowa zu bedrohen oder anonym zu verleumden.

Tadschikistan gehört zu den zentralasiatischen Ländern mit einem autoritären Regime und gilt als einer der repressivsten Staaten der Welt. Unter dem Vorwand der Gewährleistung nationaler Sicherheit und Terrorismusbekämpfung werden Grundrechte massiv beschnitten und Oppositionelle gnadenlos verfolgt. Harte Lebensbedingungen und verbreitete Armut prägen das Alltagsleben. Besonders schwierig ist die Situation der Frauen, die am untersten Rand der Gesellschaft als Dienerinnen ihrer Familien härteste Arbeit leisten und oft Opfer von häuslicher Gewalt werden. Vielfach müssen junge Ehefrauen nicht nur für ihren Ehemann und die Kinder sorgen, sondern auch für die Schwiegereltern. Dann ist die Schwiegermutter die dominante Person im Haushalt und bestimmt weitgehend über die Pflichten und Freiheiten der jungen Frau. Da schon die Heirat in vielen Fällen arrangiert ist, bleibt von vornherein praktisch kein Bewegungsspielraum. Umfragen zeigen, dass nicht nur Männer Gewalt gegen Frauen mit allen möglichen Argumenten rechtfertigen, sondern dass auch viele Frauen derartige Praktiken für „normal" halten. Sie haben ja ihr junges Leben lang nichts anderes gesehen. Auch eine höhere Bildung ist bei Frauen unerwünscht.

Seit einigen Jahren werden im Land auch immer mehr Vielehen geschlossen, was nicht nur mit dem wachsenden Einfluss der islamischen Religion, sondern vor allem mit dem massiven Abwandern junger Männer ins Ausland zusammenhängt.

Der Staat erkennt eigentlich Vielehen nicht an, aber gemäß der Scharia dürfen Muslime mehrere Frauen haben. Ihre Ehe wird von einem Mullah bestätigt, ohne dass sie offiziell registriert wird. Solche Ehen „leisten" sich vor allem Männer, die über ein entsprechendes Einkommen verfügen.

Die Feministin **Firuza Mirzoyeva** nennt mehrere Gründe, warum Vielehen weit verbreitet sind. Frauen seien bereit, Zweit-, Dritt- oder Viertfrau zu werden, um ihr Privatleben gesellschaftlich akzeptabel zu machen. *Einem Mann zu gehören ist oft die einzige Möglichkeit, finanziell zu überleben. Die Gesellschaft hat eine negative Haltung gegenüber unverheirateten und geschiedenen Frauen und betrachtet sie als „alte Jungfern". Dafür werden gezwungenermaßen eingeschränkte Rechte in Kauf genommen, denn ohne die offizielle Registrierung ihrer Ehe haben die Frauen keinen Schutz und keine Eigentumsansprüche.*

Hier trügt der statistische Schein beim Status von Frauen

Turkmenistan, am Kaspischen Meer gelegen, grenzt an Kasachstan, Usbekistan, den Iran und Afghanistan. Angesichtes der Mullahs und Taliban, angesichts der Autokraten allüberall fällt es schwer, die Frage zu beantworten, wo in dieser Region Menschen- und vor allem auch Frauenrechte einigermaßen garantiert werden.

Glaubt man dem „Women Peace and Security Index" des Georgetown Instituts, der gemeinsam mit einer norwegischen Organisation erstellt wird und Kriterien aus den Kategorien Inklusivität, Gerechtigkeit und Sicherheit beinhaltet, so liegt als höchstklassiertes Land Zentralasiens Turkmenistan auf Platz 58, Kasachstan auf Platz 70, Tadschikistan auf Platz 90, Usbekistan nimmt den 94. und Kirgisistan den 95. Rang ein. Dabei liegt Turkmenistan nur einen Punkt hinter Russland, aber vor Zypern, Belarus und Brasilien. Alles paletti also?

Keineswegs, denn der Schutz von Frauenrechte erscheint ziemlich fragwürdig. Zum einen besteht ein Verbot, bunte Kleider zu tragen. Die Frauen müssen eine uniforme Kleidung tragen, enge Jeans sind ihnen verwehrt. Maniküre und Make-up sind tabu. Sie dürfen nur dann mit dem Auto fahren, wenn sie mindestens 40 Jahre alt sind und einen Ehepartner haben. Das schließt junge Frauen, die zum Beispiel studieren, aus. Der Vordersitz, auch in Taxis, ist Männern vorbehalten. Abtreibung ist praktisch verboten, Zwangsehen, Jungfräulichkeitstests und häusliche Gewalt sind verbreitet. Die unabhängige Journalistin **Solton Achilova** berichtet zum Beispiel, dass die Geheimdienste sie streng überwachen. Sie lasse sich allerdings nicht zum Schweigen bringen, sagte sie, nachdem sie daran gehindert worden war, zu einer Ehrung von Menschenrechtsverteidigern in die Schweiz zu fliegen. Achilova war immer wieder mit Inhaftierung, Drohungen und körperlichen Angriffen konfrontiert, ihre Verwandten wurden ebenfalls bedroht.

Turkmenistan ist eines der Länder, die ihre Bürger aktiv daran hindern, ins Ausland zu reisen – nach dem Fall des Eisernen Vorhangs eher unüblich. So wurde die Türkei sogar gebeten, eine Visumspflicht einzuführen, anstatt zu versuchen, den Status des turkmenischen Passes zu verbessern, schreibt **Farangis Najibullah,** die für Liberty Radio aus Zentralasien berichtet.

Im November 2022 hob das Entwicklungsprogramm der Vereinten Nationen hervor, dass in Turkmenistan besonders Frauen in ländlichen Gebieten von den Folgen des Klimawandels betroffen sind.

Manche Besonderheiten sind es nicht wert, dass man sie sich merkt, aber erwähnt werden sollten sie doch, wie beispielsweise die Gemeinsamkeit von Liechtenstein und Usbekistan. Auf der einen Seite das kleine Fürstentum in Mitteleuropa, auf der anderen Seite eine riesengroße zentralasiatische Republik mit 36 Millionen Einwohnern und sagenumwobenen Seidenstraßen-Städten wie Buchara, Chiwa und Samarkand. Auf eine Erklärung kommt man eher nicht: Es sind die einzigen Binnenstaaten der Welt, die nur von Binnenstaaten umschlossen sind.

Politisch gilt das asiatische Land als instabil mit einem autoritären Regime, einem hohen Maß an Unfreiheit und landesüblicher Korruption. Insbesondere in der Region Karakalpakistan, die eine größere Autonomie anstrebt, wird ungerechtfertigterweise brutale Gewalt gegen friedliche Demonstranten und Oppositionelle eingesetzt.

Allerdings sollen Gesetzesreformen für eine bessere Einbindung der Zivilgesellschaft in die öffentliche Politik sorgen.

Die unabhängige Journalistin **Lolagul Kallykhanova** wurde im Juli 2022 in der Hauptstadt Taschkent festgenommen und bis zum Prozess gegen mutmaßliche Protestorganisatorinnen in Buchara ohne Kontakt zur Außenwelt in Haft gehalten. Im Verfahren selbst wurde sie zu acht Jahren „eingeschränkter Freiheit" verurteilt, während die Staatsanwaltschaft eine elfjährige Haftstrafe gefordert hatte. Die Behörden räumen ein, dass Gewalt gegen Frauen, auch häusliche Gewalt, nach wie vor weitverbreitet ist.

Da kann es als wirklicher Fortschritt gewertet werden, dass im April 2023 das Parlament einstimmig Änderungen im Strafgesetzbuch angenommen hat, die häusliche Gewalt unter Strafe stellen und Kindern zusätzliche Schutzmaßnahmen bieten. Die Änderungen sehen zum Beispiel Strafen für Belästigung und Stalking von Frauen vor, machen eine vorzeitige bedingte Entlassung von Sexualstraftätern unmöglich und schließen die Unkenntnis des Alters der Opfer von Sexualstraftaten zur Vermeidung härterer Strafen aus.

Irina Matvienko, eine Journalistin und Frauenrechtsaktivistin, gründete nemo chi.uz: *Die Aufgabe des Projekts ist, das Bewusstsein der Menschen in Usbekistan in Bezug auf Frauenrechte zu stärken. Wir identifizieren uns als ein Projekt gegen Gewalt in Usbekistan [...] Ein Teil der Gesellschaft sieht unsere Arbeit sehr kritisch. Sie denken, dass wir ihre Werte, ihre Familien zerstören wollen.*

Weiblicher Widerstand gegen Hitler

Wenn vom Widerstand gegen die Nazis und insbesondere Hitler die Rede ist, dann fällt fast automatisch der Name von Claus Schenk Graf von Stauffenberg und seiner Mitverschwörer. Der 20. Juli 1944 und das erfolglose Bombenattentat gegen den „Führer" sind gewissermaßen die Bestätigung für die Deutschen, dass es auch „das andere, das gute Deutschland" gegeben hat und nicht nur eine Bande von Verbrechern samt ihren fanatischen Mitläufern.

Geht es um Frauen im Widerstand gegen den Nationalsozialismus, so fällt zumeist der Name **Sophie Scholl** und der Widerstandsgruppe „Weiße Rose". Es geht meist unter, wie viele andere Frauen genauso ihr Leben riskierten, weil sie aktiv Widerstand leisteten. Sophie Scholl, dieses mutige Mädchen, hat es absolut verdient, dass man an sie und ihr grauenhaftes Ende denkt, wenn von Verbrechen und Widerstand gegen die Nazis die Rede ist. Doch viele wahre Heldinnen und ihre Geschichten sind, wenn überhaupt, oft nur regional bekannt. So zum Beispiel **Rosa „Ratzi" Hofmann,** eine kommunistische Jugendfunktionärin, die 24-jährig in Berlin-Plötzensee wegen „Wehrkraftzersetzung" mit dem Fallbeil enthauptet wurde. Sie vervielfältigte mit ihrer Gruppe Flugblätter des „Soldatenrats" und brachte sie bei Wehrmachtsangehörigen in Salzburg in Umlauf. In ihrem letzten Brief schrieb sie: *Ich hoffe halt, dass das Gnadengesuch Erfolg hat. Wenn nicht, kann man auch nichts mehr ändern, abgefunden habe ich mich schon derzeit. Ihr glaubt nicht, wie viele dasselbe hier mitmachen wie ich.*

In Salzburg erinnern eine Gedenktafel am Wohnhaus, ein Denkmal, eine Bibliothek, ein Stolperstein und eine Straße an sie.

Die Gedenkinschrift beim Denkmal nennt weitere 17 ermordete Frauen, darunter jene, die ohne Verhandlung ins KZ Auschwitz deportiert und dort umgebracht wurden: Josefine Lindorfer aus Hallein, Rosa Bermoser, Maria Bumberger, Anna Frauneder, Marianne Innerberger, Anna Prähauser und Anna Reindl.

Bei der zunächst geringen Beachtung, die man weiblichen Widerstandskämpfern schenkte, spielten auch ideologische Aspekte eine Rolle. Der Ausspruch Hitlers *Ein Frauenzimmer, das sich in politische Sachen einmischt, ist mir ein Gräuel* ist ja nicht mit ihm gestorben und das Weltbild *Die Frau hat die Aufgabe, schön brav zu sein und Kinder zur Welt zu bringen,* ist mit dem Ende der Nazi-Zeit nicht einfach verschwunden.

Durch die „Reisefeder" von Iris Schaper lernt man „Auntie Nane" kennen, die für viele Einheimische die schönste Frau des Inselparadieses im Südpazifik ist. Ihr eigentlicher Name ist **Nane Teokotai Vainepoto Papa** und sie trägt jeden Tag „ei Katu", das ist die typische Blumenkrone. Sie ist „Kia Orana"-Botschafterin der Inselgruppe mit etwa 15.000 Einwohnern. Kia Orana ist ein herzliches Willkommen, das *Mögest du ein langes und erfülltes Leben führen* ausdrückt.

Eine andere bemerkenswerte Frau ist **Ngamau Mere Munokoa,** bekannt als „Tante Mau", die verschiedene Regierungsfunktionen wahrgenommen hat. Sie war die dritte Frau, die jemals in das Parlament gewählt wurde, die zweite, die in das Kabinett berufen wurde und die erste, die das Amt der stellvertretenden Premierministerin innehatte. Sie leitete die Ministerien für Umwelt, für Inneres, Justiz, Landwirtschaft und Arbeit – deckte also ein breites Kompetenzspektrum ab.

2018 war sie Mittelpunkt eines feierlichen Mahls, bei dem sie als ehemalige Speakerin des Parlaments in Erinnerung an die erste Wahlteilnahme von Frauen 125 Jahre zuvor (!) auftrat. Über diese bemerkenswerte Tatsache (1893 war das Frauenwahlrecht außer in Finnland noch überall in Europa ein utopisches Thema) berichtet ein eigener Kalendereintrag (14. Oktober). Die herausragendste Frau in der Geschichte der Inseln war jedoch Makea Takau Ariki, die von 1839 bis 1911 lebte und in deren 40-jährige Herrschaft große Umwälzungen fielen. Sie trat 1871 die Nachfolge ihres Onkels an, hatte einige Jahre zuvor einen Oberhäuptling einer angrenzenden Insel geheiratet und blieb kinderlos. Der Prinzgemahl dürfte ziemlich theatralisch agiert haben, denn er bedrohte Menschen, die ihn beleidigten, indem er schnell seine geballte Faust über seine Zähne zog: *Ich werde dich mit meinen Zähnen zerreißen.* Aber sonst war er eher harmlos.

Die irische Journalistin Beatrice Grimshaw berichtete allerdings: *Ihr Eheleben verlief trotz des gewalttätigen Charakters des Prinzen glücklich, und als er starb, nahm die verwitwete Königin alle ihre prächtigen Gewänder aus Samt, Seide und Satin mit prächtigem Goldbesatz, riss sie in Stücke und warf sie hinein in sein Grab, damit er weich liegen konnte, wie es sich für einen Prinzen gehörte, der von einer solchen Königin so sehr geliebt worden war.* Die Cook-Inseln erlebten jedenfalls unter ihrer Regentschaft eine Zeit des Wohlstands und des Friedens.

Mütter und Großmütter, vereint im Schmerz

Nélida Gómez de Navajas, geboren am 23. Juli 1927, war eine argentinische Menschenrechtsaktivistin, die die Madres de Plaza de Mayo mitbegründete. Hintergrund war die Entführung ihrer schwangeren Tochter während der Militärdiktatur. Cristina Silvia Navajas und ihr Mann Julio gehörten der Revolutionären Arbeiterpartei an, was allein schon für eine Verhaftung und für das „Verschwindenlassen" ausreichte. Julio entstammte der Familie Santucho, die 20 Inhaftierte, Ermordete und Verbannte in dieser Zeit der Diktatur zählt. Julio hatte zwar Theologie studiert und sollte Priester werden, lernte aber kurz vor der Weihe Cristina kennen, die er sehr bald heiratete. Als sie am 13. Juli 1976 verschwand, befand er sich in Italien und bemühte sich mit Erfolg, ihre Kinder außer Landes zu bringen. Nach einiger Zeit verlor sich die Spur der Schwangeren. Über den Verbleib des in Schwangerschaft geborenen Enkelkindes, von dem man wusste, dass es im Februar 1977 auf die Welt gekommen sein müsste, war trotz der intensiven Bemühungen der Großmutter nichts bekannt geworden. Sie starb 2012, ohne irgendetwas über das Schicksal der Tochter oder des Enkelkindes erfahren zu haben. Erst elf Jahre nach ihrem Tod, im Juli 2023, wurde die Identität von „Enkel 133" aufgeklärt. Er war im März 1977 von einem Mitglied der Sicherheitskräfte und einer Krankenschwester als eigener Sohn registriert worden.

Zwischen 1976 und 1983 ermordete Argentiniens Militärjunta mehr als 30.000 Oppositionelle. Eine Art „Nebenprodukt" waren 500 Babys, die fremden Familien übergeben wurden. Davon konnten bis Ende 2023, also 40 Jahre nach dem Ende der Diktatur, 122 Enkel gefunden werden.

Enriqueta Estela Barnes de Carlotto, heute im 94. Lebensjahr stehend, ist Präsidentin der Großmütter und hat vor 20 Jahren den Menschenrechtspreis der Vereinten Nationen erhalten. Ihre schwangere Tochter verschwand am 26. November 1977 und wurde am 25. August 1978 umgebracht. Enriqueta suchte daher nach ihrem Enkelkind; am 5. August 2014 wurde dieses zum 114. wiedergefundenen vermissten Kind, der mittlerweile 36-jährige Musiker Ignacio Hurban. *Die Geschichte der Großmütter und ihrer Suche ist voller Schmerz. Viele Jahre des Kampfes und der Ungewissheit,* resümiert Ignacio auch seine eigene Geschichte.

Die plötzliche Erkenntnis dieser Kinder, von Diktaturopfern zu stammen, hat vielfach tiefe Identitätskonflikte ausgelöst.

Bis 1975 hat Spanien dieses Gebiet als Kolonialmacht besetzt und erst nach Francos Tod aufgegeben. Seither wird es von Marokko beansprucht, das argumentiert, die Küstenregion sei in vorkolonialer Zeit in einem Abhängigkeitsverhältnis gestanden. Widerpart ist die Befreiungsfront der Sahrauis, die Frente Polisario, die einen Streifen im Osten und Süden von Algerien bis zur Atlantikküste kontrolliert. Seit Jahren verlangen die Vereinten Nationen die Abhaltung eines Referendums über den zukünftigen Status des Gebiets, was allerdings bisher an der Uneinigkeit der Streitparteien gescheitert ist.

Die am 24. Juli 1966 geborene **Aminatou Haidar** ist eine Menschenrechtsaktivistin, die sich für ebendieses Recht, selbst über den zukünftigen Status bestimmen zu dürfen, einsetzt. Sie wurde im Süden Marokkos geboren – in einem Gebiet, wo Sahrauis siedeln. Sie studierte Literaturwissenschaft an der Universität von El Aaiún und schloss 1994 mit dem Examen ab. Als sie sich 1987 an einer Demonstration beteiligte, die die Durchführung eines Referendums zum Ziel hatte, wurde sie von marokkanischen Sicherheitskräften verhaftet und gemeinsam mit 17 weiteren Frauen ohne Anklage oder Gerichtsbeschluss an einem geheimen Ort festgehalten. In dieser Zeit wurden die Frauen mehrfach gefoltert, was für Aminatou Haidar Anlass war, sich nach der Freilassung für bessere Haftbedingungen von politischen Gefangenen einzusetzen. 2005 wurde sie zusammen mit der Menschenrechtsaktivistin **Fatma Ayach** erneut verhaftet, wobei ihr von der Polizei Kopfverletzungen mit Schlagstöcken zugefügt wurden.

Sie verbüßte daraufhin eine siebenmonatige Haft im berüchtigten „Schwarzen Gefängnis" von El Aaiún, wo sie in einen Hungerstreik trat. Auf freien Fuß gelangte sie erst wieder, nachdem EU-Abgeordnete sich in einer Petition für sie verwandt hatten.

Das Wüstengebiet der Westsahara ist wegen der Phosphatvorkommen, die weltweit zu den größten zählen, und wegen der Fischereirechte vor der Küste von überregionalem Interesse. Letztere haben auch in der EU zu einer Auseinandersetzung geführt, da Marokko sich rechtswidrig die Vergaberechte angeeignet hat.

Das alles beschäftigt Aminatou Haidar nur am Rande. Ihr geht es um die Menschen dort, deshalb wird sie „Gandhi der Westsahara" genannt.

Quod licet Jovi, non licet bovi

Der Chagos-Archipel ist eine Inselgruppe im Indischen Ozean, die von Großbritannien als Britisches Überseegebiet beansprucht und von den Vereinigten Staaten als Marine- und Luftwaffenstützpunkt genutzt wird. Das allein ist noch nicht so bemerkenswert, denn die USA haben nach dem Zweiten Weltkrieg sukzessive weltweit ein „pointillistisches" Imperium aufgebaut, das mittlerweile Hunderte Stützpunkte zählt. Kein Land der Welt zeigt eine nur annähernd so große Präsenz, die mit dem obskuren Argument gerechtfertigt wird, das diene ja nur der eigenen Sicherheit (und vielleicht auch der der Verbündeten).

Jedenfalls erklärte der Internationale Gerichtshof 2019 die Besetzung der Inselgruppe durch das Vereinigte Königreich und die USA als rechtswidrig und als ein Relikt des Kolonialismus. Im Jahr 2021 bestätigte der Internationale Seegerichtshof die Souveränität von Mauritius über den Archipel und kritisierte dessen illegale Besetzung. Die einheimische Bevölkerung wurde in den 1970er-Jahren im Rahmen einer von den USA als „Säuberung" und „Desinfizierung" bezeichneten Aktion gewaltsam von der Inselgruppe vertrieben. Sowohl die Briten wie die Amerikaner leugnen trotz aller Gerichtsentscheide die Rechtswidrigkeit ihres Vorgehens und der Besetzung. Ja, sie ignorieren auch UN-Resolutionen, hinter denen fast alle Staaten der Welt stehen. Was sich Jupiter herausnimmt, ist eben den Ochsen dieser Erde nicht erlaubt, scheint hinter dieser arroganten Haltung zu stehen.

Der Anwalt und Professor für Internationales Recht, Philippe Sands, berät seit Jahren die einstigen Bewohner der Inselgruppe und vertrat ihre Delegation vor dem Gerichtshof in Den Haag. Als Repräsentantin der Vertriebenen erschien vor Gericht eine Frau, die aussagte: *Mein Name ist **Liseby Elysé**. Ich wurde am 24. Juli 1953 auf Peros Banhos geboren. [...] Ich erzähle nun, wie ich gelitten habe, seit ich von meiner paradiesischen Insel entwurzelt worden bin. Ich bin froh, dass der Internationale Gerichtshof uns heute anhört. Und ich bin zuversichtlich, dass ich auf die Insel zurückkehren werde, auf der ich geboren wurde.* Nach ihrer Rede herrschte Stille im Saal, denn niemand konnte sich ihrer Geschichte entziehen.

Am 3. November 2022 willigte Großbritannien ein, Verhandlungen mit Mauritius über den künftigen Status des Archipels zu führen.

Philippe Sands hat ein wichtiges Buch dazu geschrieben „Die letzte Kolonie – Verbrechen gegen die Menschlichkeit im Indischen Ozean".

So heißt die ehemalige französische Kolonie Obervolta, die von Thomas Sankara, ihrem sozialistisch-panafrikanischen Präsidenten, vor 40 Jahren in Burkina Faso umbenannt wurde, um das Ziel eines radikalen Gesellschaftsumbaus zu unterstreichen. Die mit dem Imperialismus verbundene Bourgeoisie sollte zugunsten der arbeitenden Klassen neutralisiert, die landwirtschaftliche Selbstversorgung ermöglicht, die Alphabetisierung vorangetrieben, die Gleichstellung der Frauen verwirklicht und die Korruption unterbunden werden.

Heute verfügt Burkina Faso über eine progressive Verfassung, verbietet die in der Region weitverbreitete Genitalverstümmelung an Frauen, untersagt Zwangsheiraten und schützt ganz allgemein die Rechte von Frauen und Mädchen.

Die Sozialarbeiterin **Bernadette Zida** ist Präsidentin des nationalen Aktionskomitees der Marche Mondiale des Femmes. Sie sagt in einem Interview mit der Journalistin Theodora Peter: *Die Armut ist weiblich. Viele Frauen könnten sich kaum eine Mahlzeit pro Tag leisten. Auch sind Frauen und Mädchen besonders von Analphabetismus betroffen und wegen schlechter hygienischer Bedingungen größeren gesundheitlichen Risiken ausgesetzt. [...] Die Übergriffe passieren überall und jederzeit, aber sie sind schwierig zu beweisen.* Es ist das Gleiche wie in vielen anderen Ländern: Frauen schweigen lieber, vor allem, wenn es um Vergewaltigung in der Ehe geht, die Behörden ignorieren einfach die wenigen Beschwerden und Klagen.

Die Soziologin **Judith Somda** ergänzt: *Trotz Verboten werden Beschneidungen und Zwangsheiraten nach wie vor praktiziert. [...] Es reicht nicht, einfach Gesetze zu erlassen, sondern es braucht auch eine riesige Sensibilisierungsarbeit.* Die kulturell geprägte Vorstellung, dass *eine Frau niemals den Platz eines Mannes einnehmen kann*, sei noch immer tief verankert.

Im Februar 2016 versprach die Regierung, das gesetzliche Heiratsalter für Mädchen auf 18 Jahre anzuheben, ohne das bisher umzusetzen. Auch wollte man Maßnahmen gegen die Zwangsheirat einleiten, denn das Land belegt noch immer einen weltweit vorderen Rang bei den Kinderehen.

Hortense Lougué ist die Geschäftsführerin einer NGO, die sich auf die Verbesserung des rechtlichen und sozioökonomischen Status von Frauen und Mädchen konzentriert. Laut Amnesty International hat ihre Lobbyarbeit auch zu neuen Gesetzen gegen Gewalt gegen Frauen geführt.

Das erste Wellbeing Budget eines westlichen Landes

Jacinda Kate Laurell Ardern, die am 26. Juli 1980 geboren wurde, amtierte ab Oktober 2017 als 40. Premierministerin von Neuseeland und erwarb sich weltweit Anerkennung und Respekt, vor allem durch die Art und Weise, wie sie auf den grauenhaften Terroranschlag in Christchurch reagierte. Ein australischer Rechtsextremist namens Brenton Tarrant hatte 2019 zwei Moscheen überfallen und 51 Menschen umgebracht. Ardern setzte innerhalb weniger Tage danach eine deutliche Verschärfung der Waffengesetze durch, was beispielsweise in den USA trotz Dutzender solcher Taten bis heute nicht gelungen ist.

Vor allem der Umgang mit den Opfern des Anschlags verschaffte ihr Respekt, denn als sie muslimische Verletzte und Hinterbliebene besuchte, trug sie ein Kopftuch, um ihre Solidarität zu zeigen. Sie bewies vor den Augen der Weltöffentlichkeit Souveränität und Empathie, was ihr viele Sympathien, aber leider auch hasserfüllte Gegner brachte. Wie später bekannt wurde, waren in Chatrooms beleidigende, wütende und auch drohende Nachrichten zu finden. Journalisten fanden heraus, dass in Online-Angriffen Vergewaltigungs- und Morddrohungen ausgesprochen wurden, ihre Person als „dämonisch" oder böse dargestellt und sie als „Adolf Hitler" beleidigt wurde. Sie benötigt daher besonderen Polizeischutz und vielleicht ist hier eine Erklärung für ihren überraschenden Rücktritt zu finden.

Auf dem World Economic Forum 2019 kündigte Jacinda Ardern an, dass Neuseeland in seiner Finanzpolitik einen neuen Ansatz verfolgen werde. Er sieht vor, dass nicht nur der ökonomische Wohlstand, sondern auch das gesellschaftliche Wohlbefinden berücksichtigt wird.

Das erste „Wellbeing Budget" erinnert an den indigenen Denkansatz vom „guten Leben" und weist fünf Schwerpunkte auf:

1. Unterstützung des Übergangs zu einer nachhaltigen und emissionsarmen Wirtschaft
2. Unterstützung einer florierenden Nation im digitalen Zeitalter
3. Verbesserungen für die indigene Bevölkerung
4. Verringerung der Kinderarmut
5. Unterstützung der psychischen Gesundheit mit einem besonderen Fokus auf junge Menschen – hier erfolgte die größte Budgeterhöhung.

Auch die zielgerichteten Maßnahmen gegen die Covid-19-Pandemie steigerten ihre Popularität.

Meine Großmutter, meine Mutter und ich haben so gelebt; also (wirst) *auch du* (so leben) *sagte meine Mutter, Fritna, und machte Heirat und Unterwerfung unter einen Mann zu meinem ultimativen* (Lebens-)*Horizont.*

Das könnte in den Erinnerungen vieler Frauen stehen; in diesem Fall handelt es sich um die tunesische Tochter jüdischer Eltern. Geboren am 27. Juli 1927 nahm sie später den Namen **Gisèle Halimi** an. Schon in jungen Jahren rebellierte sie gegen das tradierte Geschlechterverständnis, bemühte sich um ein Stipendium, um das Gymnasium besuchen zu können, lehnte eine arrangierte Ehe mit 14 Jahren ab und gab Nachhilfestunden, um das Geld für ein Studium in Frankreich zu sparen. An der Sorbonne studierte sie dann Rechtswissenschaften, Philosophie und politische Wissenschaften und wurde anschließend sowohl in Tunis wie auch in Paris als Anwältin zugelassen. Sie verteidigte zunächst Gewerkschafter und Mitglieder der Unabhängigkeitsbewegung. Ihr erster bedeutender Prozess galt der Verteidigung von Demonstranten, bei dem einer ihrer Klienten zum Tode verurteilt worden war. Sie reiste als „Anwältin der letzten Chance" nach Paris, vertrat beim Präsidenten René Coty das Gnadengesuch und konnte die Hinrichtung verhindern.

Als der Algerienkrieg ausbrach, unterstützte sie die algerische Unabhängigkeitsbewegung und unterzeichnete 1960 mit Jean-Paul Sartre, Simone de Beauvoir und vielen anderen Intellektuellen ein Manifest, welches es für gerechtfertigt erklärte, wenn Franzosen sich weigerten, Waffen gegen das algerische Volk zu ergreifen.

1962 verteidigte sie die zum Tode verurteilte Algerierin Djamila Boupacha und schrieb darüber gemeinsam mit Simone de Beauvoir ein Buch.

1967 war sie Mitglied des Russell-Tribunals gegen mutmaßliche Kriegsverbrechen der Amerikaner im Vietnamkrieg. Außerdem verteidigte sie baskische Terrorverdächtige und schuf sich in frauenrechtlich relevanten Verfahren einen Namen. Sie spielte auch eine Rolle in den Gesetzesreformen zur Legalisierung von Verhütung und Schwangerschaftsabbruch, die Simone Veil in den 1970er-Jahren als Gesundheitsministerin einbrachte.

Mit über 80 Jahren machte sie noch einen Vorschlag von Gleichstellungsgesetzen für Europa mit dem Titel „Die Meistbegünstigungsklausel – das Beste für Europas Frauen". Am 28. Juli 2020 starb diese außergewöhnliche Frau einen Tag nach ihrem 93. Geburtstag.

Ein gesunder Ozean bedeutet glückliche Seychellen

Dass die Seychellen topografisch und geopolitisch zu Afrika zählen, wirkt sich insofern positiv auf den Kontinent aus, als hier eine stabile Demokratie mit einem hohen Freiheitsstatus besteht, eine zufriedenstellende Lage für Journalisten und Presse gegeben ist und eine niedrige Korruptionsstufe herrscht. Auch wenn die Inselwelt nur 100.000 Einwohner hat, ist sie ein positives Beispiel für die afrikanische Staatengemeinschaft, wie es auch gehen kann.

Aber Schattenseiten gibt es natürlich auch hier: Das Hauptproblem ist der Menschenhandel, denn die Inseln sind Ursprungs- und Zielland für Zwangsarbeit. Erfreulich ist die politische Repräsentanz von Frauen, die fast die Hälfte der Parlamentssitze besetzen.

Die Vorsitzende des Umweltfonds auf den Seychellen, **Marie-May Jeremie,** erläutert in einem Interview mit dem „Südwind-Magazin" die Herausforderung des von der Klimakrise jetzt schon stark betroffenen Inselstaates. *Wir beschreiben uns gerne selbst lieber als großen Ozeanstaat denn als kleines Insel-Entwicklungsland. Der Ozean ist mitten unter uns. Er ist Bestandteil unserer Bevölkerung, unserer Identität und all unserer Aktivitäten. Und unsere Wirtschaft basiert auf dem Meer, sei es die Fischerei oder der Tourismus durch die Meeres- und Küsten-Biodiversität [...] Eines der Kernziele ist es, eine Gesellschaft aufzubauen, die Widerstandsfähigkeit gegen den Klimawandel aufweist.*

Marie-May Jeremie wurde zuletzt auch zur Präsidentin der WIOMSA gewählt (Western Indian Ocean Marine Science Association). Diese Organisation widmet sich der wissenschaftlichen, technologischen und pädagogischen Entwicklung aller Aspekte der Meereswissenschaften in der Region Westlicher Indischer Ozean, ihr gehören mittlerweile bereits zehn Länder an. Vizepräsidentin ist **Nina Wambiji** aus Kenia, **Blandina Lugendo** aus Tansania nimmt als Schatzmeisterin eine weitere Führungsposition ein, sodass man sagen kann, Fragen der Meeresbiologie und -entwicklung an der ostafrikanischen Küste und in der Inselwelt des Indischen Ozeans werden ebenso wie Umwelt- und Klimafragen maßgeblich von Frauen behandelt. Marie-May Jeremie: *Als Teil des Führungsgremiums [...] versuche ich darauf zu achten, dass die Ressourcen, die wir für die Wahrung der Ozeane einholen, wirklich auf die Graswurzelebene hinuntersickern. Zu den Menschen, die tatsächlich Teil des Prozesses sein wollen.*

Das behauptet zumindest eine Journalistin in einem Reisebericht, weil es bis vor wenigen Jahren auf den streng islamischen Malediven undenkbar war, dass Frauen in der Hotellerie in Führungspositionen arbeiteten. Für viele Familien ist das nach wie vor ausgeschlossen, weil sie davon überzeugt sind, dass die Resorts mit ihren Alkohol trinkenden, Bikini tragenden Touristinnen einen schlechten Einfluss auf einheimische Frauen haben. Denn dort, wo die Luxusabsteigen angesiedelt sind, bekommt der umworbene zahlungskräftige Gast nichts mit von den strengen Kleidervorschriften, dem Alkoholverbot und der Scharia-Gesetzgebung, die für die islamische Bevölkerung gelten.

Die UN-Arbeitsgruppe gegen Diskriminierung von Frauen und Mädchen äußert sich besorgt angesichts der Zunahme geschlechtsspezifischer Gewalt, die auf den Malediven zu registrieren ist. Laut Global Gender Gap Report 2020 verfehlt das Land auch die Erreichung von Geschlechtergleichheit und das Ziel, alle Frauen zur Selbstbestimmung zu befähigen. Gerade unter der Coronapandemie haben Frauen deutlich mehr gelitten als Männer, da sie häufig lediglich „informell" in der Tourismusindustrie beschäftigt sind, wo sie keine Sozial- und Rentenversicherung haben.

Marium Jabyn, Mitbegründerin und Vorsitzende der Nichtregierungsorganisation Equal Rights Initiative und zuvor in verschiedenen hohen Regierungspositionen tätig, wies bei einer im November 2022 stattgefundenen Veranstaltung der Friedrich-Naumann-Stiftung darauf hin, dass zwar viele neue Gesetze auf Gleichstellung abzielen, es aber an der Umsetzung mangle: *Das liegt auch daran, dass viele Schlüsselpositionen, etwa bei Gericht oder der Polizei, nicht mit Frauen besetzt sind.* So würden Frauen, die ein Richteramt anstreben, darauf hingewiesen, dass dies keine angemessene Tätigkeit für sie sei.

Die Parlamentarierin **Jeehan Mahmood** ist Vorsitzende des Ausschusses für Menschenrechte, Kinderrechte und Gleichstellung und macht aufmerksam, dass in den meisten parlamentarischen Gremien gar keine Frau vertreten ist, da von den 87 Abgeordneten nur vier weiblich sind. Auf kommunaler Ebene stieg der Frauenanteil durch eine Quotenregelung allerdings auf fast 40 Prozent. Trotz dieser Defizite gibt es jetzt deutlich mehr Richterinnen und Ärztinnen. Mit einer Alphabetisierungsrate von 99 Prozent liegen die Malediven in Südasien im vordersten Feld.

Unser Regenwald steht nicht zum Verkauf

Die Waorani („Wao" bedeutet Mensch) sind eine indigene Ethnie, die in den Regenwäldern des Amazonasbeckens im Osten Ecuadors lebt. Sie vermieden sehr lange den Kontakt mit der Außenwelt und begegneten Eindringlingen feindselig, weshalb sie auch sehr lange Zeit nicht unterworfen werden konnten. Deswegen wurden sie auch abwertend als Wilde, Barbaren, Heiden und Feinde bezeichnet. Die meisten lebten von der Jagd und Sammelwirtschaft und bis in die 1960er-Jahre durchstreiften sie halbnomadisch die Regenwälder. Heute ist der größte Teil von ihnen sesshaft und siedelt im ehemaligen Missionsprotektorat, das nicht einmal zehn Prozent von ihrem früheren Lebensraum ausmacht.

Die ecuadorianische Umweltschützerin **Nemonte Nenquimo,** geboren 1985, entstammt diesem Volk und ist Präsidentin der Gemeinschaft. Bereits ihr Großvater war ein Anführer, der sich gegen Eindringlinge – und zwar mit dem Speer in der Hand – wehrte. Nemonte wurde schon im Alter von fünf Jahren ertüchtigt, selbst einmal eine Anführerin wie ihr Großvater zu werden. Sie wuchs zwar in einem Teil des Regenwaldes auf, der von Ölbohrungen verschont blieb, konnte sich aber schon als Kind bei Verwandten, die in der Nähe einer Ölquelle lebten, ein Bild von den Veränderungen machen, die die Bohrungen mit sich brachten. Als sie 14 Jahre alt war, verließ sie ihr Zuhause, um eine weiterführende Schule besuchen zu können, und lebte eine Zeitlang in der Hauptstadt Quito. 2018 wurde sie von den Waorani der Provinz Pastaza zu deren Präsidentin gewählt.

Der Yasuní-Nationalpark mit über 10.000 Quadratkilometern ist der größte seiner Art in Ecuador und gehört mit dem angrenzenden Waorani-Reservat zum Biosphären-Reservat der UNESCO. 2007 schlug Ecuador vor, auf eine Nutzung zur Ölförderung zu verzichten, wenn das Land eine Entschädigungszahlung bekommt. In der Folge zeigte sich, dass zwar Maßnahmen zur Erhaltung des Regenwaldes durchaus Applaus finden, aber gerade die reichen Nationen (und größten Verschmutzer) nicht einmal ansatzweise daran denken, Staaten wie Ecuador für den Verzicht auf Ölbohrungen zu entschädigen. Als die Regierung dann die Absicht kundtat, 180.000 Hektar für die Ölförderung freizugeben, gründeten vier indigene Gemeinschaften auf die Initiative von Nenquimo hin die Alianza Ceibo, um sich gegen das Vorhaben zu wehren. Ihr Wahlspruch: *Unser Regenwald steht nicht zum Verkauf*. Bis jetzt haben die Gerichte zugunsten des Waldes entschieden.

Saudi-Arabien und sein „starker Mann" Prinz Mohammed bin Salman sind umworben von der westlichen Welt. Gründe dafür gibt es genug: Das Land sitzt (noch immer) auf Öl, ist einer der besten Kunden der amerikanischen Rüstungsindustrie, benimmt sich als Platzhirsch auf der Arabischen Halbinsel und ist vor allem ein Feind des Feindes – das ist in der Region aus Sicht der USA zweifelsohne der Iran. Da kann man schon das eine oder andere Auge zudrücken, wenn lästige Kritiker ermordet (Jamal Khashoggi) oder Menschenrechte verletzt werden, wie bei **Loujain al-Hathloul,** der am 31. Juli 1989 geborenen Frauenrechtlerin. Sie wurde im März 2018 in Dubai von saudi-arabischen „Sicherheitskräften" entführt, nach Saudi-Arabien verschleppt und inhaftiert. Diese Behandlung war ihr schon 2014 widerfahren, als sie für 73 Tage festgehalten wurde, nachdem sie versucht hatte, in ihrem Auto über die Grenze der Vereinigten Arabischen Emirate in ihr Heimatland zu fahren, wodurch sie gegen das geltende Fahrverbot für Frauen verstieß. Zuvor war sie bereits amtsbekannt geworden, weil sie eine Petition unterzeichnet hatte, die den Regenten dazu aufforderte, die rechtliche Vormundschaft für Frauen durch Männer zu beenden.

Am Abend des 15. Mai 2018 wurde sie zusammen mit **Eman al-Nafjan, Aisha al-Mana, Aziza al-Yousef** und **Madeha Alajroush** erneut festgenommen, weil sie sich für Frauenrechte in Saudi-Arabien eingesetzt hatte. Sie wurde in Einzelhaft gehalten und mit Waterboarding, Schlägen, Peitschenhieben und Elektroschocks gefoltert, zudem sexuell missbraucht und mit Vergewaltigung und Mord bedroht. Scheinbar sind die saudischen Folterknechte recht gelehrige Schüler, wenn es darum geht, beim großen Bruder „geeignete" Methoden wie Waterboarding und Elektroschocks abzukupfern. Im August 2019 berichtete die Familie, Hathloul habe das Angebot erhalten, freigelassen zu werden, wenn sie die Foltervorwürfe bestreitet.

Im November 2020 wurde sie nach dem Ende des G20-Gipfels in Riad angeklagt, sich für Frauenrechte engagiert und an internationalen Konferenzen über die Menschenrechtslage in Saudi-Arabien teilgenommen zu haben. In einem Schnellprozess vor einem „Sondergericht für Terrorbekämpfung" (!) wurde sie zu einer Gefängnisstrafe von fünf Jahren und acht Monaten verurteilt. Sie wurde später aus der Haft entlassen, darf sich aber bis zum Ende der Bewährungsfrist nicht kritisch äußern und nicht ins Ausland fahren. Ausgespäht wurde sie mit der „Pegasus"-Spyware aus Israel.

Gegen das Bild von Karneval, Strand und sinnlichen Frauen

Sie studierte Politische Philosophie an der Universität von São Paulo und schrieb ihre Masterarbeit bezeichnenderweise über das Werk von Simone de Beauvoir und Judith Butler. Außerdem schrieb sie das Vorwort zum Buch „Women, Race and Class" der Bürger- und Frauenrechtlerin Angela Davis. Das ist eine der Erklärungen, warum die am 1. August 1980 geborene Afrobrasilianerin **Djamila Ribeiro** eine Ikone der schwarzen brasilianischen Frauenbewegung ist. Ihre Vorfahren waren Sklaven und ihre Mutter arbeitete als Reinigungskraft. Ribeiro unterrichtete Philosophie an „ihrer Universität" in São Paolo. Ihr „Kleines Handbuch des Antirassismus" war ein brasilianischer Bestseller. In einem Interview mit der TAZ sagte sie: *Die schwarze Bevölkerung ist nicht einfach arm. Sie ist arm, weil sie schwarz ist.*

Sie wendet sich gegen die seit den 1920er-Jahren verbreitete romantische Vorstellung vom „Rassenparadies" Brasilien. Dieser Begriff, vom weißen Soziologe Gilberto Freyre eingeführt, sollte zeigen: In diesem Land sind alle Menschen fröhlich und leben miteinander in Harmonie. Also ein exotisches, aber durchaus sympathisches Land.

Ribeiro und ihre feministischen Mitstreiterinnen bekämpften dieses scheinbare Idyll, das auf einer Verharmlosung der Kolonialzeit beruht und verdrängt, dass die Sklaverei auf dem amerikanischen Kontinent hier als letztes Überbleibsel abgeschafft wurde.

In Brasilien leben die meisten Nachfahren von Afrikanern außerhalb Afrikas. Bei der Volkszählung 2022 bezeichneten sich 10,6 Prozent der Befragten als „schwarz" und 45,3 Prozent von „gemischter Abstammung". Zählt man die indigenen Bewohner dazu, sieht man, dass die Weißen zwar eine Minderheit darstellen, aber nach wie vor die Elitenposition beanspruchen. Die afrobrasilianische Bevölkerung begeht seit 1971 den 20. November als ihren Tag des kollektiven Kampfs für ihre Rechte. Zu diesem Anlass hat der Präsident Luiz Inácio Lula da Silva 2023 ein neues Maßnahmenpaket zur ethnischen Gleichstellung unterzeichnet und von einer Rückzahlung der historischen Schuld, die die weiße Vorherrschaft aufgebaut hat, gesprochen. Ribeiros Erinnerungen an ihre Schulzeit werfen darauf ein bezeichnendes Licht: *Ich selbst habe mich als Kind in der Schule noch wie eine Fremde im eigenen Land gefühlt. Über den afrikanischen Kontinent haben wir nichts gelernt. Wir waren früher einmal Sklaven, mehr erfuhren wir nicht.*

Von Berufs wegen beschäftigte sie sich mit Amphibien und Reptilien, denn sie hatte sich schon in ihrer Kindheit ausgerechnet für Frösche interessiert. Das hinderte sie jedoch nicht daran, sich schon in ihrer Jugend für die Frauenbewegung Brasiliens zu engagieren, weshalb sie auch zu deren rechtlicher Unterstützung ein weiteres Studium an der Universidade Federal do Rio de Janeiro aufnahm. 1922 war sie Mitbegründerin der ersten brasilianischen Frauenrechtsorganisation. Die Rede ist von **Bertha Maria Júlia Lutz,** die aus São Paulo stammte, dort am 2. August 1894 geboren wurde und Tochter eines renommierten Mediziners und Biologen war. 1932 gehörte sie zu einer Vorbereitungskommission für eine neue brasilianische Verfassung, in der ein Jahr später das Frauenwahlrecht institutionalisiert wurde. Ihrem anhaltenden politischen Engagement ist auch zuzuschreiben, dass sie als Delegierte Brasiliens neben weiteren drei Frauen 1945 bei der Konferenz von San Francisco die UN-Charta zur Gründung der Vereinten Nationen unterzeichnete.

Virginia Gildersleeve stammte aus einer protestantischen Familie und war Dekanin eines Colleges, das mit der Columbia-Universität zusammenarbeitete. Sie war Mitbegründerin der Internationalen Federation of University Women, 1945 ernannte Präsident Roosevelt sie als einzige weibliche Delegierte für die Konferenz von San Francisco.

Wu Yi-fang wiederum war eine chinesische Wissenschafterin, Politikerin und Diplomatin. Außerdem war sie als erste Frau in der Geschichte Chinas Leiterin einer Hochschule. Von 1938 bis 1948 war sie mit Unterbrechungen Mitglied der Volksversammlung. Nach 1949 war sie die Leiterin der Bildungsbehörde der Provinz Jiangsu und stellvertretende Gouverneurin und Abgeordnete im Nationalen Volkskongress der Volksrepublik China. Sie war also als Mitwirkende am Zustandekommen der UN-Charta eine spätere Funktionärin des kommunistischen Chinas, das erst 1971 in die Vereinten Nationen aufgenommen wurde, weil bis dahin das von der Kuomintang beherrschte Taiwan als Vetomacht der UNO angehörte.

Die vierte Frau in San Francisco war **Minerva Bernardino,** eine dominikanische Frauenrechtsaktivistin. Ab 1929 war sie Vorsitzende der Acción Feminista Dominicana, einer Organisation, der das Verdienst zugeschrieben wurde, erfolgreich das Frauenwahlrecht und die Bürgerrechte für die dominikanischen Frauen in der Verfassung von 1942 verankert zu haben.

Polygamie – durchaus, aber nur für Männer

Polygamie war in Teilen Afrikas schon vor der Islamisierung tief verwurzelt und spielt auch heute noch eine nicht unerhebliche Rolle. Im Senegal zum Beispiel soll ein Drittel aller verheirateten Frauen in Vielehen leben. Von MenschenrechtlerInnen wird dahinter eine Form moderner Sklaverei gesehen. In den meisten westafrikanischen Staaten ist sie im Gegensatz zur Elfenbeinküste legal.

Nun sorgt ein Gesetzesentwurf für heftige Diskussionen, weil demzufolge Polygamie legalisiert werden soll – aber nur für den Mann.

Constance Yai ist die erste Frau, die erfolgreich eine Basisorganisation für die Rechte der Frau aufgestellt hat. Ihre zahlreichen Kampagnen haben soziale und wirtschaftliche Barrieren abgebaut und wirken gegen Rechtsstrukturen, die Frauen von Geburt an diskriminieren.

Ihr kam zugute, dass sie in einem Elternhaus aufwuchs, in dem die Söhne und Töchter gleichberechtigt behandelt wurden. Ihre Mission ist es daher, Frauen zu helfen, die sich in den Netzen repressiver, oft gewalttätiger Traditionen gefangen finden.

Frauen werden vielfach von einer Ausbildung abgehalten, werden oft in jungen Jahren gegen ihren Willen verheiratet, um familiäre Verpflichtungen zu begleichen, werden Opfer von Genitalverstümmelungen und anderen Formen vorsätzlicher Gewalt.

Gewalt gegen Frauen stellt im kollektiven Bewusstsein des Landes keine Ruhestörung dar, erklärte Constance Yai.

Bezeichnend ist auch, dass 30 Prozent der Frauen nicht einmal bei der Geburt registriert werden, sie erhalten keine Geburtsurkunde und werden daher staatlich nicht anerkannt. Ohne Papiere gibt es sie einfach nicht – und so können sie weder Wunden noch Schmerzen haben, die bei einem Mann einklagbar sind.

Constance Yai, die schon Ministerin für Solidarität und Frauenrechte war, ist die schärfste Kritikerin der Legalisierung von Polygamie, das heißt, dass ein Mann mehrere Frauen haben dürfte. *In der Elfenbeinküste gibt es keine Polygamie. Es gibt nur Männer, die mehrere Geliebte haben*, erklärte sie.

Die Rechtsexpertin **Désirée Okobé** ergänzt: *Ein Mann entscheidet sich aus persönlichen, egoistischen Gründen dafür, mehr als eine Frau zu haben. Die Öffnung dieser Tür würde zu einem Ungleichgewicht in unserer Gesellschaft führen.*

Der Mano ist ein nicht allzu bekannter Küstenfluss in Westafrika, der Namensgeber für die Wirtschaftsunion „Mano River" ist, die vor 50 Jahren von Liberia und Sierra Leone gegründet wurde und der heute auch Guinea und die Elfenbeinküste angehören.

Die Bürgerkriege in Liberia, Sierra Leone und der Elfenbeinküste sind zwar beendet, doch die politische Lage ist noch immer instabil. Politik und Gesellschaft sind weiterhin tief gespalten – schlechte Regierungsführung, fehlende Rechtsstaatlichkeit und mangelnde Widerstandskraft gegen Wirtschaftskrisen verhindern eine nachhaltige positive Entwicklung.

Ein Erbe des Krieges ist, wie überall, wo eine Soldateska wütet, das hohe Maß an sexualisierter Gewalt. Es gehört leider zu den Macht- und Beherrschungsinstrumenten von brutalen Männergesellschaften, Frauen und Mädchen zu vergewaltigen. Der (körperlich) schwächere Teil der Gesellschaft wird auf diese Weise unterworfen und soll gefügig gemacht werden. Solche Gewalttätigkeit hinterlässt Traumata bei den Frauen und Gewaltfantasien bei den Männern. Bis heute sind daher gesellschaftsspezifische Gewalt und strukturelle Diskriminierung in manchen Gesellschaften und Institutionen fest verankert.

Während der Bürgerkriege in Liberia wurden 60 bis 70 Prozent aller Frauen und Mädchen vergewaltigt. Im Land selbst wurden die Täter bis heute nicht strafrechtlich verfolgt und so war sexualisierte Gewalt noch 2021 das am häufigsten gemeldete Schwerverbrechen. Das veranlasste die Regierung wenigstens, den nationalen Notstand auszurufen und Aktionspläne zur Bekämpfung sexueller Gewalt zu verabschieden.

Auch wenn Überlebende Angst vor Stigmatisierung und Vergeltung haben, werden Fälle sexualisierter Gewalt zunehmend angezeigt. Doch die meisten männlichen Täter werden aufgrund behördlicher Ineffizienz und Korruption nicht verurteilt, berichtet Medica Mondiale.

Eine der größten Herausforderungen für Überlebende in Liberia ist die tief verwurzelte patriarchale Unterdrückung, die weiterhin zu viel Gewalt gegen Frauen führt, sagt **Yah Parwon,** die seit Anfang 2022 Direktorin von Medica Liberia ist. Ihre Vorgängerin **Caroline Bowah** ergänzt: *Die Regierung schafft es bis heute nicht, wirkungsvolle Maßnahmen zum Schutz von Frauen und Mädchen durchzusetzen.* Unter Bowah wurde Medica Liberia zu einer einflussreichen Stimme für die Rechte der Frauen Westafrikas.

Inselreich im Indischen Ozean – keine reichen Inseln

Trotz der Bemühungen der Behörden und PolitikerInnen, die Gleichstellung der Geschlechter zu fördern, sind Mädchen und Frauen auf den Komoren weiterhin diversen Formen geschlechtsspezifischer Ungleichheit und Gewalt ausgesetzt. Matriarchalische Traditionen verschaffen zwar den Frauen wirtschaftliche Vorteile innerhalb der Familienstruktur, aber es besteht ein erhebliches Ungleichgewicht zugunsten der Männer, wenn es um die tatsächliche politische, kulturelle, soziale und auch wirtschaftliche Macht geht. Es gibt aber auch traditionelle soziale Normen, die zur Kinderheirat führen und die Mädchen vielfältigen Formen des Missbrauchs aussetzen. Das unterschiedliche Mindestalter zur Heirat im Familiengesetz und im islamischen Recht (18 Jahre und 14 Jahre) führen dazu, dass Mädchen teilweise schon sehr jung verheiratet werden. Noch gibt es keine rechtlichen Sanktionen, wenn sogar das Mindestalter unterschritten wird, es sei denn, das Mädchen ist unter 13 Jahre alt.

Eine Frau, die zu verschiedenen Veränderungen den Anstoß geben kann, ist die am 5. August 1961 geborene **Siti Kassim.** Sie war Lehrerin in ländlichen Colleges und arbeitete anschließend für mehrere Entwicklungshilfeprogramme.

2006 wurde sie Ministerin für Landwirtschaft, Fischerei und Umwelt, später war sie Staatssekretärin für Solidarität und Gender-Förderung. Diverse andere Ämter und die Sprecherinnenrolle für die Regierung folgten.

Auch die 48-jährige **Bahia Massoundi** war Lehrerin, von 2011 bis 2013 war sie Delegierte für Menschenrechte. Anschließend wurde sie als Ministerin in die Regierung berufen.

Auf der Rangliste der größten Geschlechterungerechtigkeit in Afrika liegen die Komoren im negativen Vorderfeld, da Frauen nur zwei Drittel des vergleichbaren Männergehalts verdienen.

Obwohl auf den Komoren Frauen diejenigen sind, die Besitz erben, wird das gesellschaftliche Leben vom sunnitischen Islam und der Scharia beherrscht, Frauen sind sowohl rechtlich als auch sozioökonomisch kaum geschützt. Komorische Frauen und Mädchen sind aufgrund der schwachen Grenzkontrollen des Inselstaates zudem einem hohen Risiko von grenzüberschreitendem Menschenhandel ausgesetzt.

Man ist also noch weit weg von der Erfüllung des Wahlspruchs *Einigkeit – Solidarität – Entwicklung.*

Die am 7. August 1902 in New York geborene **Gene Weltfish** studierte an der Columbia-Universität, wo sie Journalistik und Philosophie belegte, später folgte ihr Promotionsfach Anthropologie. Ihre erste Feldforschungsreise führte sie nach Oklahoma, wo sie gemeinsam mit ihrem Mann die Verwandtschaftsverhältnisse der Sioux-Stämme untersuchte.

Nachdem sie einen Pawnee-Indianer getroffen hatte, entschloss sich Weltfish diesen Stamm zu ihrem Dissertationsthema zu machen. Im Pawnee-Reservat untersuchte sie insbesondere die Korbflechterei, die traditionell den Frauen vorbehalten war, und wählte dieses Kunsthandwerk als Dissertationsschwerpunkt.

Ihre 1965 erschienene Arbeit „The Lost Universe: Pawnee Life and Culture" gilt bis heute als Standardwerk.

Von viel größerer Bedeutung war allerdings die Arbeit „The Races of Mankind", die sie gemeinsam mit **Ruth Benedict,** der Begründerin der kulturvergleichenden Anthropologie, erstellte. Die Schrift war als Aufklärungsbroschüre für die US-Truppen gedacht und enthielt wissenschaftlich untermauerte Argumente gegen Rassismus. Die Publikation entfachte eine heftige politische Debatte, in der Weltfish sozialistische Propaganda vorgeworfen wurde. Vor allem die Erklärung, intellektuelle Unterschiede zwischen Schwarzen und Weißen seien vor allem auf soziale und kulturelle Faktoren zurückzuführen und nicht auf biologische, stieß auf Empörung.

Weltfish erklärte dazu 20 Jahre später: *Während der ersten vier Jahre meines Studiums an der Columbia kam Hitler an die Macht und rechtfertigte seine abscheulichen Taten mit einer vollkommen verzerrten Anthropologie. Die Bücher von Franz Boas wurden in Deutschland verbrannt. Nach [Boas'] Tod im Jahr 1942 hatten Ruth Benedict, meine ältere Kollegin im Fachbereich Anthropologie, und ich das Gefühl, dass wir das Thema der Rassenfrage weitertragen mussten.*

Sie kam ins Visier des berüchtigten Kommunistenjägers McCarthy; bis heute glauben rechtsextreme Gruppen in den Vereinigten Staaten, dass Weltfishs Arbeit Teil einer Verschwörung Boas' und seiner Studierenden sei, um Untersuchungen zu Rassen in Psychologie und Anthropologie zu verhindern, und *die Niederlage der weißen Zivilisation durch die Juden vorzubereiten*. Bestärkt werden sie durch die Überzeugung, dass die Welt in sieben Tagen erschaffen und Trump die Wahl gestohlen wurde.

Der Mut, Menschenrechte zu verteidigen

Marianella García Villas wurde am 7. August 1948 in eine wohlhabende salvadorianische Familie geboren und absolvierte ihre Schulausbildung in Barcelona. Nach ihrer Rückkehr studierte sie Jura und engagierte sich in der katholischen Jugendorganisation der Universität. 1974 wurde sie als Vertreterin der Christlichdemokratischen Partei ins Parlament gewählt – und das als einzige Frau!

1978 gründete sie die erste Menschenrechtsorganisation des Landes, um die zunehmenden Rechtsverletzungen und die Zahl der inhaftierten und verschwundenen politischen Gefangenen zu dokumentieren. Dadurch wurde Villas zu einer Bezugsperson und Anlaufstelle für Familien, die Informationen über ihre Angehörigen suchten. Hier half ihr, dass sie detaillierte Aufzeichnungen führte, die auch Fotos von Opfern beinhalteten. Ihre Informationen leitete sie in wöchentlichen Berichten auch an Erzbischof Óscar Romero weiter, der in seinen regelmäßigen Predigten, aber auch in einem von den Jesuiten betriebenen Radioprogramm die Täter und den Terror anprangerte. Dabei fand er kein Verständnis in amerikanischen Regierungskreisen, da der Opposition Sympathien mit den Kommunisten und anderen linken Gruppen unterstellt wurden.

Im Wesentlichen waren es große Landbesitzer und US-Konzerne, die um ihre Privilegien fürchteten, sollte die Linke Regierungsgewalt übernehmen. Das galt es mit aller Gewalt zu verhindern, und so kam es auch zur Ermordung von Bischof Romero.

Aufgrund der Tatsache, dass die Christdemokratische Partei die Militärregierung unterstützte, trat Villas aus der Partei aus.

Ihr Auto wurde schon 1979 mit Maschinengewehren beschossen und kurz nach Romeros Ermordung wurde ihr Büro bombardiert.

Sie musste ihre Tätigkeit nach Mexiko verlegen, da sie ihres Lebens nicht mehr sicher sein konnte. Zwischen 1979 und 1982 wurden über 3200 Fälle gewaltsamen Verschwinden-Lassens und auch mehr als 43.000 (!) Morde dokumentiert.

Im Februar 1983 kehrte sie nach El Salvador zurück, um Beweise für den Einsatz chemischer Waffen durch das Militär zu sammeln.

Sie wurde dabei festgenommen und zur nahe gelegenen Militärschule gebracht, wo sie gefoltert und ermordet wurde. Ihren Mut und ihre Entschlossenheit hat sie mit ihrem Leben bezahlt.

„Honourable" ist der Titel, der in Sierra Leone einer Ministerin zusteht und es soll vorausgesetzt werden, dass der ehemaligen Ministerin für Geschlechter- und Kinderangelegenheiten, **Manty Tarawalli,** die dieses Amt seit November 2019 wahrnahm, damit auch eine entsprechende Amtsführung attestiert wird. Zumindest wurde sie beim Ministerforum in Harvard im Oktober 2023 für ihre bahnbrechenden Leistungen bei der gesetzlichen Regelung einer mindestens 30-prozentigen Vertretung der Frauen in der Regierung sowie allen privaten und öffentlichen Funktionen geehrt.

Bei ihrer Ernennung im Jahr 2019 war sie die erste Ministerin im Land. Angesichts der tief verwurzelten geschlechtsspezifischen Einstellungen in Sierra Leone war ihr bewusst, dass sie auf heftigen Widerstand stoßen würde. Sie führte eine Vielzahl an Gesprächen, nicht nur mit Ministerkollegen, Abgeordneten und Oppositionellen, sondern auch mit traditionellen Stammesführern und Gemeindeoberhäuptern. Dabei versuchte sie weniger mit Argumenten aus der Menschenrechtsperspektive als mit ökonomischen Vorteilen der Stärkung der Frau in der Gesellschaft zu überzeugen. Sie setzte sich erfolgreich für eine geschlechtsspezifische Budgetierung ein, die zu einer 22-prozentigen Erhöhung des Bildungsbudgets für Mädchen führte und mehr Geld für den Kampf gegen Müttersterblichkeit vorsah. Drei Jahre nach ihrer Ernennung, am 15. November 2022, erließ das Parlament ein Gesetz, das belegt, dass 30 Prozent der Parlamentssitze, der diplomatischen Ernennungen, der Arbeitsplätze nicht nur im öffentlichen Dienst, sondern auch in Privatfirmen mit über 25 Mitarbeitern Frauen vorbehalten sein müssen.

Das Land steht noch immer vor einer Herkulesaufgabe, denn gemäß einer UNICEF-Statistik, sind 83 Prozent (!) der Mädchen und Frauen im Alter von 15 bis 49 Jahren einer Genitalverstümmelung unterzogen worden und 30 Prozent aller Frauen von 20 bis 24 Jahren würden vor Erreichen des 18. Lebensjahres verheiratet.

Außerdem ist Sierra Leone Herkunfts- und Zielland für Frauen und Kinder, die Zwangsarbeit und Zwangsprostitution ausgesetzt sind. Die Opfer kommen meist aus ländlichen Gebieten und werden in urbane Zonen wie auch Bergbauregionen geschickt.

Es wird also noch viel Überzeugungsarbeit geleistet werden müssen im „Land am Löwengebirge".

Indigen sein heißt, sein Land zu heiligen

Seit 30 Jahren wird am 9. August der Internationale Tag der Indigenen Völker der Welt gefeiert, der jenes Datum markiert, an dem die erste Sitzung der UN-Arbeitsgruppe für indigene Völker stattfand. Das Motto 2022 betonte die Rolle der indigenen Frauen in ihren jeweiligen Gemeinschaften und ihren Beitrag zur Bewahrung und Weitergabe des traditionellen Wissens.

Indigene Völker können als natürliche Bewahrer der Natur betrachtet werden. So befinden sich 80 Prozent der gesamten Biodiversität der Erde in ihren Gebieten und mehr als 20 Prozent des Kohlenstoffs in den Wäldern, die von ihnen bewohnt werden.

Durch dieses Erbe, kombiniert mit ihrem traditionellen Wissen, bewahren viele indigene Völker die Umwelt und reduzieren die negativen Auswirkungen des Klimawandels. Vielfach müssen sie sich jedoch gegen die Ausbeutung der natürlichen Ressourcen und den Vorrang von Geschäftsinteressen zur Wehr setzen. Sie werden dabei mit Gewalt und immer wieder mit Morddrohungen konfrontiert.

Im Alter von 24 Jahren wurde **Juma Xipaia** als erste Frau Anführerin ihres Volkes im brasilianischen Amazonasgebiet. Die heute 33-Jährige entdeckte 2017 ein Korruptionssystem im Zusammenhang mit dem Bau des Staudamms von Belo Monte. Als sie dieses auch öffentlich anprangerte, wurde sie Ziel von Anschlägen und erhielt massive Morddrohungen. Sie musste in die Schweiz flüchten und sprach als erste Vertreterin ihres Volkes vor den Vereinten Nationen. Zurück in Brasilien, gründete sie ein Institut, das sich für den Schutz des Regenwaldes, die Autonomie der indigenen Völker, die Gleichstellung der Geschlechter und gegen Korruption einsetzt.

Eine andere indigene Persönlichkeit am anderen Ende der Welt ist **Kuni Sikaka,** die in Indien furchtlos gegen die Landmafia der Konzerne und die Helferrolle der Regierung kämpft. Im Mai 2017 wurde die damals 21-Jährige von den Behörden verhaftet, weil sie sich gegen die Landnahme durch Unternehmungen und die Zerstörung der Umwelt im Gebiet, das vom gefährdeten Stamm der Dongria Kondh bewohnt wird, eingesetzt hatte. Das britische Bergbauunternehmen Vedanta Resources war zuvor eine Partnerschaft mit der Regierung von Odisha eingegangen, um Bauxit ausgerechnet in einem „heiligen Gebiet" abzubauen. Die Polizei beschuldigte sie daraufhin, Maoistin zu sein.

Die am 10. August 1945 im damaligen Portugiesisch-Ostafrika geborene **Josina Machel** war eine mosambikanische Feministin und Widerstands-kämpferin, die nur 26 Jahre alt wurde. Allerdings starb sie nicht im Freiheits-kampf gegen die portugiesische Kolonialmacht, sondern verlor letztendlich gegen einen (fast) unbesiegbaren Feind, den Leberkrebs.

Josina Machel sollte sehr schnell innerhalb der Widerstandsorganisation FRELIMO (Frente de Libertação de Moçambique) zu einer Führungsper-sönlichkeit aufsteigen. Aber zunächst wurde sie mehrfach verhaftet. Als sie sich schon im Alter von 18 Jahren der Untergrundbewegung anschließen wollte, wurde sie mit anderen Studierenden an der Grenze zwischen dem heutigen Simbabwe und Sambia festgenommen, zurück nach Lourenço Marques (so hieß die heutige Hauptstadt Maputo in Kolonialzeiten) ge-bracht und musste die nächsten Monate im Gefängnis verbringen.

Ihr zweiter Fluchtversuch brachte sie nach Swasiland (heute Eswatini) und über Südafrika nach Betschuanaland (Botswana), wo sie von der britischen Kolonialverwaltung wieder festgehalten, dann aber nach Tansania abge-schoben wurde. Mit Erreichen des 20. Lebensjahres übertrug FRELIMO die ersten Verantwortlichkeiten an Josina Muthemba, wie sie vor ihrer Ehe mit dem späteren Präsidenten des Landes, Samora Machel, hieß. Sie arbeitete in einer Bildungseinrichtung für Flüchtlinge und engagierte sich für die Frauengruppe innerhalb der Befreiungsorganisation. Als sie später ein Militärtraining erhielt, lernte sie ihren Ehemann kennen, der das Camp leitete. Sie organisierte hinter der Front die Versorgung der Kämpfer und wurde zur weiblichen Galionsfigur der Befreiungsorganisation, da sie sich für die bessere Versorgung von Kindern und Familien einsetzte. Sie warb für die volle Gleichberechtigung der Frauen im Freiheitskampf und für die Vorreiterrolle der FRELIMO dabei. Nach der Ermordung des Vorsitzenden Eduardo Mondlane heiratete Muthemba 1969 dessen Nachfolger Samora Machel und nahm seinen Nachnamen an. Am 7. April 1971 starb sie ohne die Genugtuung, dass Mosambik das Kolonialjoch abgeschüttelt hatte. Das geschah erst vier Jahre später im Zuge der Nelkenrevolution.

Zwei Jahre nach ihrem Tod gründete die FRELIMO die Organisation der mo-sambikanischen Frau, die bis heute für die Gleichbehandlung kämpft.

Der Todestag von Josina Machel ist offizieller Feiertag – als Tag der mo-sambikanischen Frau und als Tag der Landesheldin.

We should all be feminists

Das ist der Titel eines Buches von **Chimamanda Ngozi Adichie,** einer nigerianischen Schriftstellerin und Feministin, die auch einen legendären TED-Talk zu diesem Thema gehalten hat. Die Popsängerin Beyoncé (Knowles) sampelte einige Passagen daraus in ihrem Song „Flawless".

Keine der Frauen von „Shosho Jikinge" dürfte davon gehört haben, aber was die Großmütter von Korogocho praktizieren, ist trotzdem bemerkenswert. Korogocho ist einer der größten Slums in der kenianischen Hauptstadt Nairobi und die dortige Church of the Lord Ministry ist ein einfacher Wellblechschuppen. Aber er ist Treffpunkt von Frauen zwischen 55 und 90 Jahren, die dort seit Jahren lernen, wie man sich gegen Angreifer wehrt. Ältere Frauen werden nämlich besonders oft Opfer von Raubüberfällen, Vergewaltigungen und Einbrüchen. Daher nennen sie sich „Shosho Jikinge", was in ihrer Sprache so viel bedeutet wie „Großmutter, schütz dich".

Das Zur-Wehr-Setzen beherzigen immer mehr Frauen in Kenia und so werden sie bestärkt, sich nicht alles gefallen zu lassen. Der Oberste Gerichtshof hat spät, aber doch am 10. Dezember 2020 ein bahnbrechendes Urteil zugunsten von vier weiblichen Überlebenden sexualisierter und geschlechtsbasierter Gewalt gefällt, die nach den Wahlen 2007 und 2008 von brutalen Übergriffen betroffen waren.

Janet Anyango arbeitet als Anwältin für die Federation of Women Lawyers und vertritt vor allem Frauen, die sonst keinen Zugang zu juristischer Hilfe hätten. Ihr Fokus liegt auf sexualisierter und geschlechtsspezifischer Gewalt, Kinderrechten sowie Land- und Eigentumsrechten. Sie erläutert ihre Intentionen: *Es geht darum, dass Frauen Kontrolle über sich haben, ihren Körper und all das, was ihnen wichtig ist. Wir sind fest überzeugt, dass es ohne Gerechtigkeit keinen Frieden gibt.*

Ann Njogu wiederum war Leiterin jenes Zentrums, das nach den Wahlen 2007 die sexuelle und geschlechtsspezifische Gewalt dokumentiert hat. Zuvor war sie schon Verfasserin und Lobbyistin jenes Gesetzes über Sexualdelikte, das sehr fortschrittlich ist und 2006 in Kraft trat. Danach wurde sie von staatlichen Sicherheitskräften angegriffen und verhaftet, weil sie von den Abgeordneten eine Überprüfung ihrer sehr hohen Gehälter verlangte. Dasselbe passierte ihr auch ein Jahr darauf, weil sie Korruption in Regierungskreisen bei einem Hotelverkauf vermutete. Als „Draufgabe" wurde sie sexuell missbraucht.

Im Jahr 1925 wählte die Arbeiterschaft in Medellín die am 12. August 1887 geborene **María Cano** zur „Blume der Arbeit" – ein Ehrentitel, der besonders engagierten Frauen vorbehalten war.

Um den Forderungen auch politisches Gewicht zu verleihen, gründete sie gemeinsam mit anderen die Sozialistische Revolutionäre Partei und wurde zu deren größtem Zugpferd. María war über die Literatur mit sozialistischen Themen in Berührung gekommen und Teil der literarischen Frauenbewegung in einer von einem konservativen, repressiven Regime dominierten Zeit. Die Arbeiter luden sie zu sich in die ärmeren Stadtteile von Medellín ein, wo sie das sonst verborgene Elend kennenlernte. Das war Ansporn für ihr Engagement zugunsten der Armen: Sie initiierte Alphabetisierungskampagnen und Hilfsvereine.

1929 wurde sie, die im konservativ-elitären Kolumbien keine Gegenliebe fand, verhaftet und kam für sechs Monate ins Gefängnis. Der unter neuer Führung in linke Revoluzzer und Linksliberale zerfallenen politischen Bewegung konnte sie nichts mehr abgewinnen und arbeitete bis zu ihrem Tod 1967, erst als einfache Arbeiterin und dann als Bibliothekarin.

In Kolumbien wirkten im Laufe seiner Geschichte immer wieder starke Frauen, die auch eine öffentliche Rolle spielten.

So zum Beispiel **Policarpa Salavarrieta,** genannt „La Pola" (1795–1817), die eine herausragende Heldin des kolumbianischen Widerstands gegen die spanische Rückeroberung von Neu-Granada war. Sie übermittelte Informationen über Stärke und Pläne des spanischen Militärs, organisierte materielle Unterstützung der Rebellen und stiftete Soldaten zur Fahnenflucht an. Obwohl sie zur Fahndung ausgeschrieben war, lehnte sie eine Flucht ab, setzte ihre Arbeit fort, wurde verhaftet und mit 22 Jahren erschossen. Ihr 150. Todestag ist seit 1967 der offizielle Tag der kolumbianischen Frau.

Auch **Antonia Santos** gilt als Heldin im Kampf um die Unabhängigkeit des Landes. Sie unterstützte die Guerilla, die ab 1817 gegen den Terror der Spanier und Königstreuen kämpfte. Antonia war auf der Hacienda El Hatilló aufgewachsen. Das war auch der Ort, wo sie 1819 von einer Militärabteilung gefangen genommen wurde. Am 28. Juli 1819 wurde sie erschossen. Zuvor hatte sie ihrem minderjährigen Bruder, der sie zur Hinrichtung begleitete, Schmuck und ihr Testament übergeben.

Haiti: Steinige Wege zur Demokratie

Frauen spielen in der haitianischen Gesellschaft zwar eine wichtige Rolle, bilden aber gleichzeitig das Gesicht der Armut. Es mangelt ihnen an Zugang zu gut bezahlten Arbeitsplätzen, zu Bildung und einer guten Gesundheitsversorgung. Obwohl es eine 30 Prozent Quote gibt, sind nur wenige Sitze im Parlament mit Frauen besetzt. Wie überhaupt in der haitianischen Politik nur selten Frauen eine herausragende Rolle gespielt haben.

Eine Ausnahme ist die am 13. August 1943 geborene **Ertha Pascal-Trouillot,** die zunächst nach dem frühen Tod ihres Vaters in sehr beengten Verhältnissen aufwuchs, da die Mutter sie und ihre neun Geschwister als Näherin ernähren musste.

Dank ihres sehr viel älteren Ehemannes und Rechtsanwalts konnte sie das Studium der Rechtswissenschaften absolvieren und wurde als Anwältin zugelassen. 1980 wurde sie als erste Richterin an das Zivilgericht der Hauptstadt Port-au-Prince berufen, 1985 erfolgte ihre Ernennung zur ersten Richterin am Appellationsgericht, ehe sie ein Jahr später als erste Frau Mitglied des Obersten Gerichtshofs wurde. Vier Jahre darauf wurde sie 1990 Präsidentin dieses Obersten Gerichtshofs – natürlich wiederum als erste Frau. Nach dem Sturz der Militärregierung durch Generalleutnant Hérard Abraham am 10. März 1990 wurde sie drei Tage später zur ersten und einzigen amtierenden Präsidentin von Haiti ernannt, da Abraham selbst auf das Präsidentenamt verzichtet hatte. Bei ihrem Amtsantritt versprach sie die Einführung der Demokratie im Land.

Am 7. Januar 1991 wurde sie nach einem neuerlichen Staatsstreich entführt und gezwungen, sich in einer Fernsehansprache für den Führer des Aufstandes, Roger Lafontant, auszusprechen sowie diesen als Nachfolger zu designieren. Er war ausgerechnet Leibarzt und graue Eminenz des davor gestürzten Diktators Jean-Claude Duvalier (Baby Doc), dessen Vater mithilfe der Geheimpolizei das Land viele Jahre lang brutal unterdrückt hatte. Es wundert daher nicht, dass sofort Unruhen aufkamen, die Lafontant zur Flucht aus Haiti zwangen.

Nach den Präsidentschaftswahlen am übergab Pascal-Trouillot das Amt an den Wahlsieger Jean-Bertrand Aristide. Dieser wiederum ließ sie wegen angeblicher Komplizenschaft am vorangegangenen Putsch verhaften. Allerdings wurde sie nach einer Intervention der US-Regierung am nächsten Tag wieder freigelassen.

So heißt ein Beitrag, den **Rita Laura Segato,** eine am 14. August 1951 in Buenos Aires geborene Anthropologin, für das im Mandelbaum-Verlag erschienene Buch „Geographie der Gewalt" geschrieben hat. Sie lehrte und forschte über 30 Jahre lang von Brasilia aus und ist eine exzellente Kennerin ganz Lateinamerikas, besonders jenes der immer noch und immer wieder ignorierten Minderheiten: Frauen, Indigene und Afrolatinas. Sie plädiert für eigenständiges Denken, das sich gleichermaßen gegen die Fixierung vieler Intellektueller auf Europa, Political Correctness US-amerikanischer Provenienz oder zu kurz greifende Analysen der Gewalt gegen Frauen wendet. Sie ist davon überzeugt, dass die feministische Massenbewegung im südlichen Südamerika gerade dabei ist, die politischen Koordinatensysteme dauerhaft zu verschieben. Aus ihrem oben genannten Buchbeitrag sei eine kurze Passage zitiert, die alleine es wert ist, ihre Arbeit zu verfolgen: *Die einzige Möglichkeit, diesen Krieg* (Anm.: zwischen Rebellen und dem kolumbianischen Staat) *zu beenden, besteht darin, das Mandat der Männlichkeit zu dekonstruieren. Ein Mandat, das Männer hervorbringt, die als Arbeitskräfte für diesen und alle Kriege rekrutiert werden […] Nur wenn wir das Mandat der Männlichkeit aufbrechen, deartikulieren, demontieren und neue Formen der Männlichkeit schaffen, werden wir in der Lage sein, Kriegen ein Ende zusetzen.*

Die Performance „Un violador en tu camino" („Ein Vergewaltiger auf deinem Weg"), entworfen vom chilenischen Kollektiv **Las Tesis,** stützte sich auf Grundlagen aus Segatos Arbeiten. Die Performance, die 2019 weltweit von Frauen als Flashmob-Tanz mit einfachen, kraftvollen Körperbewegungen aufgeführt wurde, ist eine Form, um öffentlich gegen geschlechtsspezifische Gewalt zu protestieren. Im gleichmäßigen Takt zum Schlag der Trommel sangen und bewegten sich die Darstellerinnen in einer rhythmischen Choreografie. Die körperlichen Gesten und Zeichen standen dabei symbolisch für verschiedene Instrumente des Patriarchats und des Staates. Die Teilnehmenden trugen Augenbinden, die an die unmenschliche Behandlung von Gefangenen in geheimen Haftanstalten unter dem Pinochet-Regime und an die jüngste Welle von Polizeigewalt erinnern sollten. Die Anspielung auf die Leibesvisitation in Polizeistationen während der jüngsten Proteste in Chile stellte die hockende Positionierung dar.

Frauen im Land des Donnerdrachens

Bhutan ist ein Land im Himalaya. Das Land lässt sich bei seinen Entwicklungsaktivitäten von der Philosophie des Bruttonationalglücks (BNG) leiten und ist der Ansicht, dass der Fortschritt ein günstiges Umfeld für das Glück und Wohlergehen der Menschen schaffen muss. Gleichberechtigung und Nachhaltigkeit von Entwicklungsaktivitäten nehmen einen wichtigen Platz in der Politik und den Initiativen des Landes ein. Die Regierung hat bei der Formulierung und Umsetzung ihrer Pläne, Strategien und Programme eine geschlechtsneutrale Haltung eingenommen. Auch die Gesetze zum sozialen Schutz von Frauen und Kindern haben in den letzten Jahren an Bedeutung gewonnen und stehen im Einklang mit dem globalen Entwicklungsparadigma der Sustainable Development Goal", (also der Punkte für nachhaltige Entwicklung).

Das allein ist schon recht ungewöhnlich für diese Region Asiens. Die Geschichte von **Tashi Choden Chombal** ist es ebenfalls:

Sie ist erst 23 Jahre alt und die erste Person, die Bhutan, ein Land mit 800.000 Einwohnern, bei der Wahl zur Miss Universe vertritt. Doch nicht nur dahingehend öffnet die junge Frau ein neues Kapitel für ihre Heimat. Sie ist die erste Person des öffentlichen Lebens Bhutans, die sich als Teil der queeren Community geoutet hat, ein Meilenstein in dem konservativen Land.

Am Internationalen Pride Day 2021 äußerte die Bhutanin ihre sexuelle Orientierung öffentlich. Auf ihrem Instagram-Kanal lässt sie die Menschen seitdem an ihrer Beziehung mit Partnerin Nyima Dorji teilhaben und setzt damit ein Zeichen für die LGBTI-Community. Chombal, die sich als Frau identifiziert, habe sich erst auf Facebook als bisexuell geoutet und später realisiert, lesbisch zu sein, erzählte das Model der Zeitung „The Bhutanese". Diese bemerkenswerte Geschichte verdanken wir Simone Rendl, einer Redakteurin der „Kleinen Zeitung".

Der Prozess der Entkriminalisierung der Homosexualität begann in Bhutan erst 2019 im Zuge der Reform des Strafrechts. Durch einen Zusatz im entsprechenden Paragrafen wurde Homosexualität unter Erwachsenen vom Straftatbestand des unnatürlichen Geschlechtsverkehrs ausgenommen.

Ihre Kür zur Miss Bhutan galt angesichts der grundsätzlich religiösen und eher konservativen Gesellschaft des abgeschiedenen Staats als bemerkenswerter Schritt.

Der 12. Februar 2023 war ein besonderer Tag für die Frauen im afrikanischen Benin. Nach der Konstituierung des neu gewählten Parlaments nahmen unter den 109 Abgeordneten 28 Frauen Platz. Das ist eine Rekordzahl in der jungen Demokratiegeschichte des Landes. Bei allen bisherigen Parlamentswahlen erreichten die Frauen nie mehr als zehn Prozent und die Vervielfachung ihres Abgeordnetenanteils ist Bestimmungen zur positiven Diskriminierung von Frauen im Wahlgesetz zuzuschreiben. Die Präsidentin der Wahlplattform zivilgesellschaftlicher Organisationen, **Fatoumatou Batoko Zossou,** die gleichzeitig Leiterin der NGO Hunger Free World ist, betont: *Wir begrüßen die Entscheidung der Regierung Benins, die dank der Einführung der positiven Diskriminierung maßgeblich zu einem höheren Frauenanteil im Parlament beigetragen hat. Die niedrige Wahlbeteiligung zeigt aber auch, dass sich unsere Landsleute kaum für die Wahlen interessieren und folglich auch nicht für unser politisches System und die politische Führung. Dies gilt es bei unserem Engagement für eine partizipative, inklusive und dauerhafte Entwicklung zu berücksichtigen.*

Eine weibliche Führungspersönlichkeit aus der jungen Generation ist die Präsidentin der NGO Femmes Engagées pour le Développement **Raimath Djibril Moriba.**

Eine Nagelprobe ist für sie das neue beninische Abtreibungsgesetz, denn ein Abbruch war bisher verboten. Jetzt wurde das Gesetz liberalisiert und sieht vor, dass Frauen die Schwangerschaft abbrechen können, wenn diese eine Notlage verursacht, die weder mit ihrem eigenen noch mit dem Kindeswohl vereinbar ist – wirtschaftlich wie physisch. Größte Gegnerin der Liberalisierung ist die katholische Kirche. Die Bischofskonferenz hat das Gesetz *mit tiefem Bedauern* zur Kenntnis genommen und bezeichnet es als *unmenschlich.* Für ein Land, in dem wie in ganz Westafrika die Religion nach wie vor große Bedeutung hat und ein Identifikationsfaktor ist und wo Imame, Priester und Prediger Meinungsführer sind, bedeutet das aber auch: Der Staat emanzipiert sich vom Einfluss der Kirche und Moscheen. Die Juristin Moriba befürwortet die neue Gesetzeslage: *Der Staat will doch gar nicht, dass Frauen ständig abtreiben. Auch definiert das Gesetz die Gründe für die Abtreibung klar. Er möchte schlichtweg nicht, dass es Frauen schlecht geht.* Die Muslimin ist sich sicher, dass auch Gott das nicht wolle: *Er sagt doch nicht: schenkt Leben und sterbt.*

Man kennt sie als Papusza

Sie soll am 17. August 1910 in Lublin geboren worden sein, aber nicht einmal das Geburtsjahr ist wirklich gesichert. Heute ist Lublin die größte polnische Stadt östlich der Weichsel – um die Jahrhundertwende war es Teil des Russischen Reichs und Siedlungsgebiet von Juden und Roma, die von den Nazis zum Großteil ermordet wurden. **Bronisława Wajs** stammt von den Tiefland-Roma und hat sich mit ihrem Clan in den Wäldern versteckt, wo sie den Zweiten Weltkrieg überlebte. Heute gilt sie, der man den Kosenamen „Papusza" (Puppe) gegeben hat, als eine der wichtigen Roma-Lyrikerinnen. Ein Gedicht erinnert an die Zeit im Wald:

> *Wald, mein Vater, schwarzer Vater!*
> *Du hast mich erzogen, du hast mich verworfen.*
> *Deine Blätter zittern, ich zittre mit ihnen,*
> *du singst, und ich singe, du lachst und ich lache.*
> *Du hast nicht vergessen, auch ich dich erinnre.*
> *Gott, wohin gehen?*
> *Was tun, woher nehmen die Märchen und Lieder?*
> *Ich geh nicht ins Dickicht, treff keinen der Flüsse.*
> *Wald, mein Vater, schwarzer Vater!*

In einer Reportage über Bronisława Wajs verwebt die polnische Autorin Angelika Kuźniak Gedichte und Archivmaterial zu einer Erzählung über die Geschichte der Roma in Polen. Darin spielt auch das wahrscheinlich bekannteste Gedicht der „Papusza", „Blutstränen", eine wichtige Rolle:

> *Oh du, mein guter Stern! [...]*
> *Mach die Deutschen blind!*
> *Verwirre ihre Wege!*
> *Zeig nicht den richtigen Pfad!*
> *Führe sie immer den falschen Weg hinan*
> *Damit das Juden- und Zigeunerkind leben kann.*

Nach dem Krieg galt sie als „Verräterin", weil sie angeblich die Politik der polnischen Regierung zur Sesshaftmachung der Roma unterstützte, und wurde vom Baro Sero („Großes Haupt", Ältester) für „mahrime" (rituell unrein) erklärt und aus der Gemeinschaft ausgeschlossen.

Das war für Bronisława Wajs ein derartiger Schock, dass sie acht Monate in einer psychiatrischen Anstalt verbringen musste.

Ihr indigener Name ist **Bi-Ne-Se-Kwe** und stellt einen Bezug zum mythologischen Donnervogel her; ihr Vorname „Winona" bedeutet in der Sprache der Lakota „Erstgeborene". Aber vor allem ist **Winona LaDuke** eine indigene Aktivistin, Umweltschützerin, Ökonomin, Politikerin und Schriftstellerin, die am 18. August 1959 geboren wurde und in den Vereinigten Staaten lebt. Für sie ist der Einsatz für die indigene Bevölkerung auch gleichzeitig ein Engagement für den Umweltschutz. Daher wurde sie von der Green Party in den Jahren 1996 und 2000 als erste Indigene für die US-Vizepräsidentschaft an der Seite von Ralph Nader nominiert. Der renommierte Verbraucherschützer erhielt bei seinem Antreten immerhin drei Millionen Stimmen, das sind 2,74 Prozent. Der Wermutstropfen dabei ist, dass ohne diese Kandidatur mit größter Wahrscheinlichkeit Al Gore und nicht George Bush die Wahl gewonnen hätte, der für die Belange der Umwelt und der Konsumenten sicher das größere Verständnis gehabt hätte als der erdölaffine Präsident aus den Reihen der Republikaner.

Winona ist die Tochter der Künstlerin und Kunstprofessorin Betty LaDuke, die aus einer russisch-jüdischen Familie stammt, und dem New-Age-Schamanen Vincent, von dem ihre indigene Identität geprägt ist. Schon im Elternhaus lernte sie eine pazifistische Haltung und freie Meinungsäußerung kennen, was sie unter dem Eindruck des Vietnamkrieges beeinflusste. Um die indigene Tradition ihres Vaters weiter zu pflegen, bekennt sie sich auch unter ihrem indianischen Namen zum Anishinaabe-Stamm in der White Earth Indian Reservation im nördlichen Minnesota.

Schon mit 17 Jahren wurde sie zur UNO nach Genf eingeladen und konnte vor einem Ausschuss über politische Rechte der indigenen Bevölkerung referieren. In ihrem Reservat gründete sie ein Land Recovery Project, dessen Ziel es ist, Gebiete zurückzuerhalten, die den Anishinaabe („Wesen, geschaffen aus dem Licht") 1867 vertraglich zugesichert worden waren, dann aber industriellen Interessen geopfert wurden. Mehr als 90 Prozent des ursprünglichen Reservats befinden sich heute in den Händen von Nichtindigenen. Winona ist fest überzeugt: *Wenn ein Volk keine Kontrolle über sein Land hat, hat es auch keine Kontrolle über sein Schicksal.* Auch eine eigene Bisonherde nach dem Vorbild einiger Präriestämme will sie aufbauen. Im Übrigen war sie das erste indigene Vorstandsmitglied bei Greenpeace.

Drei Kämpferinnen für schwarze Bürgerrechte

Mary Ellen Pleasant ist die einzige von drei bedeutenden afroamerikanischen Bürgerrechtskämpferinnen des 19. Jahrhunderts, von der der Geburtstag (18. August 1814) bekannt ist.

Pleasant war nach Ende des Bürgerkriegs durch geschickte Investitionen und unternehmerisches Talent zu einer reichen Landbesitzerin geworden, die es möglicherweise zur ersten schwarzen Millionärin der Vereinigten Staaten brachte. In San Francisco klagte sie mit Erfolg gegen die Diskriminierung von Schwarzen in der Straßenbahn und erlangte deren Respekt als „Mutter der Bürgerrechte in Kalifornien". Die Zeitung „Alta California" berichtete am 18. Oktober 1866: *Miss Mary E. Pleasant [...] erschien gestern vor Gericht und zog die Beschwerde zurück mit der Begründung [...] dass Schwarze ab sofort die Wagen benutzen durften, egal was die Auswirkungen auf die Geschäfte der Gesellschaft sein werden*. Vor allem aber verhalf sie durch großzügige Geldspenden an das Netzwerk der „Underground Railroad" versklavten Afroamerikanern zur Flucht.

Die bekannteste Flüchtlingshelferin war allerdings **Harriet Tubman,** die von 1849 bis zum Ende des Sezessionskriegs geflüchteten Sklaven half, die Südstaaten zu verlassen. Sie war selbst erfolgreich der Sklaverei entkommen und kehrte unter dem Decknamen „Moses" mehrmals in die Südstaaten zurück, um Fluchtbewegungen zu unterstützen. Ihre Großmutter Modesty war noch auf einem Sklavenschiff nach Nordamerika gekommen und dürfte von Ashanti in Ghana stammen haben. Bei ihrer eigenen Flucht beschreibt sie ihren Grenzübertritt in Pennsylvania: *Als ich merkte, dass ich die Grenze überschritten hatte, schaute ich auf meine Hände, um zu sehen, ob ich noch immer dieselbe Person war. [...] und ich fühlte mich, als wäre ich im Himmel.*

Maria W. Stewart war eine afroamerikanische Lehrerin, Journalistin, Kämpferin gegen die Sklaverei und Frauenrechtlerin. Sie war die erste Amerikanerin, die vor einem Publikum sprach, in dem sowohl Männer wie Frauen, Weiße und Schwarze saßen. Als erste afroamerikanische Frau hielt sie Vorträge über Frauenrechte und Reden gegen die Sklaverei. Ihre Proklamation von 1831: *Ihr Töchter Afrikas, wacht auf! Erhebt euch! Schlaft oder schlummert nicht länger! Zeigt, wer ihr seid! Macht der Welt klar, dass ihr begabt seid mit edlen und herausragenden Fähigkeiten*, erregte großes Aufsehen.

Wenn **Shamiso Mupara** über ihre Jugend erzählt, klingt es so: *Ich wurde in einem Dorf in Simbabwe geboren und wuchs dort mit allem auf, was ein typisches Landmädchen tut: Wasser und Feuerholz holen, Lebensmittel produzieren, Hausarbeiten erledigen und so weiter. Das Aufregendste für mich war das Wildhüten, weil ich so im Wald spielen konnte.*

Im Laufe der Zeit war die Landwirtschaft nicht mehr nachhaltig, die Menschen holzten Bäume ab und verkauften das Holz. Niemand pflanzte neu. Als Shamiso jung war, war der Zusammenhang zwischen Umweltzerstörung, Geschlechterungleichheit und Armut unklar. Mit Beginn ihrer Studienausbildung erkannte sie zunehmend, dass die Probleme mit der Umwelt zu schwerwiegenden sozialen und wirtschaftlichen Verwerfungen führten, von denen Frauen und Mädchen stärker betroffen waren als Männer. Mit der Dürre nahm die Armut zu. Der rapide Anstieg an HIV/Aids-Infektionen wurde zu einer immensen Herausforderung.

Als sie Umweltwissenschaften studierte, initiierte sie ein kleines Wiederaufforstungsprojekt, um *die Wälder wieder ins Dorf zurückzubringen* und damit die Frauen vom zeitaufwendigen Holzsammeln zu entlasten.

Die Non-Profit-Organisation Environmental Buddies, die sie nach dem Studium gründete, etabliert Baumschulen, sorgt dafür, dass wieder einheimische Bäume angepflanzt werden.

Heute ist die 40-jährige Shamiso eine der profiliertesten Umweltschützerinnen Simbabwes und legt auch Wert auf den spirituellen Gehalt ihrer Arbeit: *Die Bäume tragen auch die Kultur der Simbabwer in sich. Diese Kultur umfasst unsere Ernährungsgewohnheiten und Heilpflanzen, die Geschichte unserer Vorfahren, aber auch Zeremonien wie die für den Regen.*

Bis zu 25.000 Bäume pflanzen die rund ein Dutzend MitarbeiterInnen im Jahr. Der Anreiz fürs Mitmachen: Wer dabei ist, kann die Nahrungsmittel aus den „Waldgärten" entweder verkaufen oder für den Eigenbedarf verwenden. *Wer einen Baum pflanzt, weiß genau, dass er in 30 Jahren Früchte trägt*, erklärt Shamiso.

Shamiso möchte als „Brücke" in Erinnerung bleiben. Denn eine Brücke hilft, Verbindungen herzustellen, aber auch neue Möglichkeiten zu eröffnen. Und so fördert und betreut sie auch Kinder, deren Fähigkeiten sie zu entdecken sucht. Wie ihre Bäume, denen sie beim Wachsen zusieht.

Hauraki-Waikato

Dabei handelt es sich um die Bezeichnung einer neuseeländischen Wahl-einheit und kann mit „Angelegenheiten der Māori" übersetzt werden. Sie besteht seit 2008; seitdem ist **Nanaia Cybelle Mahuta,** eine am 21. August 1970 in Auckland geborene Māori-Frau vier Mal wiedergewählt worden. An der Universität hatte sie zunächst ein Diplom in Māori-Business-Develop-ment und anschließend einen Abschluss in Sozialanthropologie erworben. Sie ist die Nichte der ersten Māori-Königin in der Geschichte dieses Volkes, **Te Arikinui Te Atairangikaahu,** die Monarchin ohne eigenes Land und ohne politische Macht war, aber ihr Volk vor allem gegenüber der ehemaligen Kolonialmacht Großbritannien sehr selbstbewusst repräsentierte. Sie motivierte die Māori-Clans, ihre Kultur zu erhalten, und ermunterte vor allem die Māori-Mädchen, sich aktiv zu beteiligen und die Gestaltung ihres Lebens selbst in die Hand zu nehmen. Sie setzte aber auch Akzente zur Aussöhnung ihres Volkes mit den europastämmigen Neuseeländern, den Pākehā. Mit über 40 Jahren regierte sie am längsten über das Volk der Māori. Der Tradition folgend wurde sie nach dem Tod mit einem Waka (Kanu) auf dem Waikato River zum Taupiri, dem heiligen Berg auf der Nord-insel, gefahren und auf dem Gipfel begraben.

Durch ihre verwandtschaftlichen Beziehungen gehört Nanaia Mahuta einer Reihe von Clanfamilien an und ist so in der Māori-Gesellschaft fest verankert. Ab November 2020 war sie auch Außenministerin im Kabinett von Jacinda Ardern, die erste indigene Frau, die dieses Ministerium leitete.

Zuvor hatte sie neben ihrer Abgeordnetenfunktion mehrere Ministerpos-ten inne, denn bereits 2005 hielt sie ein Mandat für Tainni und war in einer Koalition von Labour mit den Progressiven Ministerin für Zoll, Jugendent-wicklung, Kommunalverwaltung und Umwelt. Innerhalb der Labour Party blieb sie die ganze Zeit Sprecherin für Māori-Angelegenheiten.

Als Ministerin blieb sie auch nach dem Rücktritt von Jacinda Ardern im Kabinett von deren Nachfolger Chris Hipkins, was zur Regierungsbildung durch die Konservativen führte.

Bemerkenswert ist auch, dass sie seit 2016 als erste Frau im Parlament das traditionelle Kinn-Tattoo der Māori trägt (ein sogenanntes Moko Kauae), was in der Öffentlichkeit zu Kontroversen führte. Eine rechte Bloggerin setzte einen Tweet ab, in dem sie ein Gesichtstattoo bei einer Diplomatin und Ministerin als *hässlich und unzivilisiert* bezeichnete.

Ihre Erinnerung an die Kindheit ist voll bitterer Erfahrung: Auf dem Heimweg von der Schule folgte ihr immer ein Rudel Kinder, das sich über sie lustig machte. **Kadiatou Barry** ist kleinwüchsig, sie lebt in Mali. Nein, sie ist keine Pygmäe (darauf versteift sich das Internet mit seinen Suchmaschinen, wenn man „kleinwüchsig" in Afrika eingibt), sie ist einfach von geringerer Körpergröße als andere Frauen und hat damit nicht nur zu leben gelernt, sondern ein neues Selbstbewusstsein entwickelt. Nach der Grundschule hatte sie keine Komplexe mehr und absolvierte sogar zwei Universitätsstudien. Am 8. März 2008 wurde sie in Douala, Kamerun, sogar zur Miss Afrika kleinwüchsiger Frauen gewählt: *Vor allem meine Mutter hat mir gesagt, dass ich Mut und Kampfgeist bräuchte, damit die Gesellschaft mich akzeptiert. Und das ist es, was ich anderen Kleinwüchsigen auch heute zeige: Es ist nicht die Größe, die eine Person ausmacht, sondern ihr Herz.*

Und so hat sie sich den notwendigen Respekt verschafft, um im Nationalen Übergangsrat (der derzeit das Parlament ersetzt) Sitz und Stimme zu erhalten. Ihre Aufgabe, gemeinsam mit drei anderen Vertretern, ist es, alle Behinderten in Mali zu repräsentieren. Das ist eine Premiere in der Geschichte Malis, ja in ganz Afrika. Denn es verschafft Menschen mit Behinderungen viel mehr Aufmerksamkeit. Und offensichtlich lassen sich auch andere Länder inspirieren, denn Kadiatou Barry ist nicht nur Präsidentin der Malischen Vereinigung der Kleinwüchsigen, sondern auch des Zusammenschlusses aller derartigen Vereine und Organisationen in ganz Afrika. Sie selbst nennen Menschen, die nicht kleinwüchsig sind, „klassisch", weil „normal" seien ja alle Menschen. Und als solche arbeiten sie auch mit Musow Lafia zusammen, einem Frauenkollektiv, das sich für die Autonomisierung von Frauen einsetzt, aber auch in der Lebensmittelherstellung tätig ist. Mittlerweile sind 30 kleinwüchsige Frauen in der Nahrungsmittelproduktion ausgebildet; Musow Lafia hat ihnen gezeigt, dass es keine Unterschiede gibt zu den „klassischen Frauen".

Kadiatou Barrys Verein hat mittlerweile 1500 Mitglieder im ganzen Land, aber *es gibt noch viele, die ausgegrenzt werden und sich verstecken*, erzählt sie.

Es gibt also noch sehr viel zu tun für Frauen mit kleiner Größe, aber einer großer Seele.

Eine Diplomatin im Land der Hochgebirge und Steppen

Kirgisistan ist mit sieben Millionen Einwohnern auf knapp 200.000 Quadratkilometern eine der kleineren zentralasiatischen Republiken und nach einem demokratischen Zwischenspiel wieder auf bestem Weg, ein autoritärer Staat zu werden. Es gilt als unfreies, repressives und korruptes System, in dem der Präsident die Zügel immer fester in die Hand nimmt, die Presse gegängelt wird und die Freiheitsrechte des Einzelnen zugunsten der Staatsmacht eingeschränkt sind.

Im April 2010 war es wegen der Unzufriedenheit breiter Bevölkerungskreise zu Unruhen gekommen, die dazu führten, dass der amtierende Präsident ins Ausland flüchtete. An seine Stelle trat eine Übergangsregierung unter der ehemaligen Außenministerin **Rosa Otunbajewa.** Die am 23. August 1950 geborene Kirgisin hatte ihre universitäre Ausbildung in Moskau erhalten und war bereits in Sowjetzeiten Ministerin ihres Heimatlandes gewesen. Ab 1989 war sie Vorsitzende der sowjetischen UNESCO-Kommission und im Außenministerium der UdSSR leitend beschäftigt. Auch 1992 übernahm sie das Außenministerium des nun selbstständig gewordenen Kirgisistan, um dann Botschafterin in den USA zu werden. Noch mehrere Male leitete sie zwischen diplomatischen Aufgaben das heimatliche Ministerium, war Sonderbeauftragte des UN-Generalsekretärs, um 2007 als Abgeordnete der Sozialdemokraten in das kirgisische Parlament einzuziehen. 2010 wurde sie Chefin einer Übergangsregierung. Am 19. Mai 2010 wurde Otunbajewa zur Präsidentin der Übergangsperiode erklärt und am 3. Juli desselben Jahres als Staatspräsidentin vereidigt. Als solche legte sie eine Verfassungsänderung vor, um das Präsidialsystem abzuschaffen und die Rechte des Parlaments zu stärken. Sie schuf damit die Grundlage, dass Kirgisistan als erster Staat Zentralasiens eine parlamentarische Republik wurde. Diese Schritte wurden jedoch in einem weiteren Verfassungsreferendum des Jahres 2021 in autoritäre Richtung rückgängig gemacht.

Im September 2022 wurde Rosa Otunbajewa zur Sonderbeauftragten des UN-Generalsekretärs für Afghanistan ernannt. Ihrer Einschätzung nach ist dieses Land unter der Herrschaft der Taliban die Weltregion, in der die Rechte der Frauen am stärksten unterdrückt werden. Durch den Ausschluss der Hälfte der Bevölkerung in einer der größten humanitären und wirtschaftlichen Krisen werde dem Land massiv Schaden zugefügt.

Lucinda Collette Evans ist eine südafrikanische Frauen- und Menschenrechtlerin, die am 24. August 1972 in Kapstadt geboren wurde. Schon im Alter von fünf Jahren war sie Opfer der Apartheid, da sie im Zuge eines „forced removal" in ein Township umgesiedelt wurde. Sie musste also bereits früh in ihrem Leben Diskriminierung und Ungerechtigkeit erfahren und hat trotzdem schon damals mit Freiwilligenarbeit für das Rote Kreuz begonnen.

Lavender Hill, so heißt das Township, gilt bis heute als die gefährlichste Region in Kapstadt mit Bandenkriminalität, Drogen- und Waffenhandel sowie Missbrauch und Gewalt an Frauen und Mädchen. Nicht nur die Freiwilligenarbeit beim Roten Kreuz, sondern auch die Betreuungstätigkeit von Kindern und Frauen haben Lucindas Jugend geprägt.

Nach ihrem Collegeabschluss hat sie unterschiedliche Initiativen zu Gender Based Violence und Projekte mit Frauen und Kindern betreut. Nachdem sie zum wiederholten Mal Zeugin davon wurde, wie ein Mann seine Frau auf offener Straße misshandelte, gründete sie eine eigene Organisation, die sich Philisa Abafazi Bethu nennt (das ist isiXhosa und bedeutet „Heilt unsere Frauen") und unterstützt Menschen, die Opfer von häuslicher Gewalt, Vergewaltigungen und Missbrauch jeglicher Art geworden sind.

Sie bietet mittlerweile nicht nur Selbsthilfegruppen für Frauen und Nachmittagsprogramme für Kinder an, sondern es gibt auch Gruppen für missbrauchte Seniorinnen, eine Jugendgruppe, eine Babyklappe, eine juristische Beratungsstelle, ein Frauenhaus, ein Safe House für Angehörige der LGBTI-Community, die Opfer von sexueller Gewalt geworden sind. Außerdem gibt es einen Suchtrupp, der dann ausrückt, wenn ein Kind vermisst wird. Lucinda Evans ist auch politisch aktiv gegen sexualisierte Gewalt und Femizide und hat schon viele Protestaktionen in Südafrika angestoßen. So ist sie die Initiatorin und Koordinatorin von One Billion Rising South Africa und war maßgeblich an der Protestaktion Am I Next? beteiligt, in der Menschen aus dem ganzen Land gegen die zunehmende sexualisierte Gewalt protestierten.

Sie hofft, dass es eine Zeit geben wird, in der Frauen in Südafrika sicher sind. *Das ist mein kleiner Lavendel, den ich jeden Tag pflanze,* sagt sie und ist überzeugt, ihr Glaube als Christin helfe ihr dabei.

Jüdische Menschenrechtlerin in Südafrika

Der Gaza-Krieg gegen die Palästinenser, der von den Israelis eigentlich gegen die Terrororganisation Hamas hätte gerichtet ist, aber den Großteil der Opfer in der Zivilbevölkerung verursachte, veranlasste die Republik Südafrika zu einer Klage vor dem Internationalen Gerichtshof in Den Haag. Dies führte zu wütenden Protesten der Rechtsregierung in Jerusalem.

In der Zeit der Apartheid wurden Juden in Südafrika als „Weiße" eingestuft und damit der „privilegierten Rasse" zugeordnet. In der Mehrheit traten die südafrikanischen Juden, die bis zu 150.000 Angehörige zählten, allerdings für eine friedliche Abschaffung des Systems der Rassendiskriminierung ein. Etliche engagierten sich auch aktiv für die schwarze Mehrheitsbevölkerung, darunter Nadine Gordimer, Helen Suzman und **Ellen Hellmann.** Die am 25. August 1908 in Johannesburg geborene Sozialanthropologin erforschte vor allem die Lebensverhältnisse schwarzer Bevölkerungsgruppen in innerstädtischen Bereichen nach soziologischen Gesichtspunkten und leistete damit Pionierarbeit auf ihrem Gebiet. Ihr weitreichendes gesellschaftspolitisches Wirken war von Gerechtigkeitssinn und Chancengleichheit getragen und stand allein schon deshalb im Widerspruch zur Apartheidpolitik. Sie wuchs ohne religiösen Einfluss auf, die Familie lebte nach säkularen Mustern. Aus der Synagogengemeinde waren die Eltern ausgetreten. Allerdings entwickelte Hellmann nach der Machtergreifung Hitlers ein zionistisches Interesse mit sozialistischer Prägung, wie es auch unter europäischen Juden vielfach anzutreffen war.

Schon in den Studienzeiten führte sie Untersuchungen unter den Slumbewohnern am Rande des Stadtzentrums von Johannesburg durch und lehrte nach ihrem Abschluss Soziologie. Sie bildete schwarze Sozialarbeiter aus und wirkte in diversen Wohlfahrtsorganisationen mit wie dem Johannesburg Joint Council of Europeans and Africans und dem African Welfare Center.

Die sich in Südafrika zuspitzende politische Lage angesichts der Kriegsbeteiligung gegen Nazideutschland bewirkte eine zunehmende Polarisierung innerhalb der Gesellschaft, weshalb sich Hellmann auch an Kampagnen gegen Antisemitismus beteiligte. Nach dem Krieg wurde sie von der Polizei beobachtet, weil sie in ihrem Universitätsalltag freundschaftliche Verbindungen zu anderen politischen Aktivisten pflegte.

Diese Mittelmeerinseln haben ungefähr die Einwohnerzahl des Landes Salzburg, müssen sich allerdings mit einem Fünfundzwanzigstel der Fläche begnügen. Der Staat ist nach der Hauptinsel benannt und liegt zwischen Tunesien und Sizilien: Malta, dessen Sprache auf die arabische Eroberung im Jahr 870 zurückgeht. Bis zur Unabhängigkeit 1964 standen die Inseln stets unter Fremdherrschaft, zuletzt der der Briten. Seit 20 Jahren gehört Malta zur EU.

Das Land gilt als unvollständige Demokratie, da die Menschen zwar relativ frei sind, es aber erkennbare Probleme mit der Pressefreiheit und eine vergleichsweise hohe Korruptionsneigung gibt. Diese Gemengelage ist wohl die eigentliche Ursache, die **Daphne Caruana Galizia,** eine Investigativjournalistin, die am 26. August 1964 geboren wurde, das Leben gekostet hat. Sie wurde am 16. Oktober 2017 durch eine Autobombe getötet. Zwei Jahre später traten zwei Minister zurück, nachdem zuvor Indizien bekannt geworden waren, dass eine Person aus Regierungskreisen das Attentat in Auftrag gegeben haben könnte. Der Premierminister kündigte ebenfalls seinen Rücktritt an. Am 29. Juli 2021 veröffentlichte eine Untersuchungskommission ihren Bericht: *Obwohl es keinen Beweis dafür gibt, dass der Staat per se eine Rolle bei der Ermordung [...] gespielt hat, muss der Staat [...] die Verantwortung für die Ermordung übernehmen, da er eine Atmosphäre der Straflosigkeit geschaffen hat, generiert von den höchsten Ebenen im Herzen der Verwaltung des Büros des Premierministers.* In der Zwischenzeit waren zwar drei Personen zu langjährigen Haftstrafen verurteilt worden, aber die wirklichen Motive der Tat blieben im Dunkeln.

Tatsache ist, dass die Ermordete eine mutige und unbequeme Investigativjournalistin war, die sich auch als entschlossene Gegnerin der autoritären Regime in der arabischen Welt offenbarte.

Sie war außerdem bei der Auswertung der „Panama Papers" beteiligt und wurde vom Magazin „Politico" als eine der Personen bezeichnet, die Europa am meisten *formen, aufrütteln und anrühren.* Sie wurde auch als *Frau WikiLeaks* bezeichnet, die *einen Kreuzzug gegen die Intransparenz und Korruption führt.* Caruana Galizia hatte wegen Morddrohungen mehrfach Strafanzeige erstattet, zuletzt zwei Wochen vor ihrem Tod.

Die als Netzwerk von Journalisten agierende Plattform Forbidden Stories setzt ihre Recherchen fort, sodass wenigstens ihre Arbeit weiterlebt.

Hidden Figures sind unerkannte Heldinnen

Eigentlich sind es „versteckte Figuren", die im Mittelpunkt dieses gleichnamigen Buchs und Films stehen. Erzählt wird die Geschichte von drei afroamerikanischen Mathematikerinnen, die maßgeblich an den Programmen der NASA beteiligt waren. Sie hatten aufgrund der in den USA bis in die 1960er-Jahre praktizierten Rassentrennung ein von den weißen Kolleginnen abgesondertes Büro und konnten „ausgeliehen" werden, wenn Bedarf an ihrem unbestrittenen fachlichen Know-how bestand. Frauen wurden als „Computer in Röcken" und Schwarze als „Colored Computers" bezeichnet – „also farbige Rechner". In dieser von weißen Eliteschulabsolventen geprägten Männerdomäne hatten es Afroamerikanerinnen also doppelt schwer.

Katherine Johnson, geboren am 26. August 1918, hatte die Aufgabe, Daten aus Windkanalexperimenten mathematisch aufzubereiten und analysieren. Nach kurzer Zeit stieg sie dank ihres Könnens in die Abteilung für Flugforschung auf, die bis dahin ausschließlich aus weißen Männern bestanden hatte, und nahm auch an deren Briefings teil, weil man auf ihr Wissen nicht verzichten konnte.

Dorothy Vaughan wiederum stellte unter der Berufsbezeichnung „human computer" aeronautische Berechnungen an.

In der West Area Computing Unit waren alle afroamerikanischen Mathematikerinnen zusammengefasst, durften aber eben der Rassengesetze wegen nicht mit Weißen zusammenarbeiten und mussten ihre Forschungsarbeit abgeschottet von den übrigen Einheiten betreiben. Dorothy Vaughan wurde 1958 als „head computer" Leiterin ihrer Arbeitseinheit.

Johnson war mit ihren Kolleginnen anfänglich in einem fensterlosen (!) Gebäude untergebracht, weit entfernt von den weißen, überwiegend männlichen Wissenschaftern. Trotz einer entstehenden Wertschätzung für die Qualifikation dieser Mitarbeiterinnen gab es weiterhin separate Toiletten für sie, was einen 45-minütigen Weg (!) dorthin bedeutete.

Eine Genugtuung für die Frauen wird wohl gewesen sein, dass der Astronaut John Glenn ihren Berechnungen voll vertraute.

Filme wie Bücher vermitteln Einblicke in wissenschaftliche Arbeitsfelder – zum Beispiel die Mathematik. Und es mag für manche Leser und Seher erstaunlich anmuten, wie Frauen aller Hautfarben in diesem Bereich erfolgreich tätig sind.

Der Krieg ist von Männern gemacht –
er muss von Frauen beendet werden

Spricht man von Armenien, dann erinnert man sich entweder an Franz Werfels weltberühmten Roman „Die vierzig Tage des Musa Dagh" und den an diesem Volk begangenen Völkermord vor 100 Jahren oder an dessen Vertreibung aus der Region Bergkarabach im September 2023. Auf alle Fälle sind es tragische Ereignisse, die man diesem kleinen Binnenland am Südrand des Kleinen Kaukasus zuordnet. In Vergessenheit geraten ist dabei **Lucy Thoumaian.** Diese mutige Friedens- und Frauenrechtsaktivistin, die mit einem Armenier verheiratet war, nahm am First Universal Races Congress in London teil, der zum Ziel hatte, Frieden zwischen Nationen zu schaffen. Ein Jahr später gründete sie die Internationale Bewegung aller Frauen für den Frieden (heute Internationale Frauenliga für Frieden und Freiheit).

Am 25. April 1915 reiste Lucy Thoumaian nach Den Haag, wo sie Armenien auf dem Frauenkongress vertrat. An diesem Tag begann der Völkermord der osmanischen Türken an der ethnischen Minderheit der Armenier. Auf dem Kongress war man sich einig, dass der Militarismus ein Haupthindernis für die politische Gleichberechtigung der Frauen darstellte und dass umgekehrt die Vermännlichung des politischen Lebens eine Hauptursache für den Militarismus war. Schon in einem Friedensmanifest, das im September 1914 verteilt worden war, hatte Thoumaian ihre Überzeugung festgehalten: *Der Krieg ist von Männern gemacht – er muss von Frauen beendet werden.* 100 Jahre später verkörpert eine andere Frau ihr Erbe: **Gulnara Shahinian** ist eine Frauenrechts- und Friedensaktivistin, die die erste internationale Frauenkonferenz in Armenien leitete und sich für die Bekämpfung von Menschenhandel einsetzte. Ab 2008 war sie die erste UN-Sonderberichterstatterin zu Sklaverei und verfasste zahlreiche Berichte zu den unterschiedlichen Formen der Sklaverei im 21. Jahrhundert. Die von Thoumaian gegründete Internationale Frauenliga vergibt den Rebellinnen gegen den Krieg – Anita-Augspurg-Preis, den Shahinian 2018 erhielt. Bei der Verleihung sagte sie: *Heute wie nie zuvor müssen wir vereint unsere Stimme erheben gegen Militarisierung, Nationalismus und Spaltung und wie nie zuvor müssen wir unsere Stimme vereinen, um unsere starke Hingabe und unseren Einsatz für den Frieden aufzuzeigen. Die Ideen von Anita Augspurg und vielen anderen Frauen weltweit für Gleichberechtigung und Frieden sind so aktuell wie nie zuvor.*

Eine Samtene Revolution?

Eigentlich ist Samtene Revolution ein Begriff, der mit dem friedlichen Systemwechsel 1989 in Prag verbunden wird, doch auch die Frauen Armeniens bezeichnen die Proteste gegen das alte Regime im Jahr 2018 als Samtene Revolution. **Maria Karapetyan,** eine Feministin, die 2018 ins Parlament gewählt wurde und später Mitbegründerin der „My Step"-Koalition war, hat sich daran beteiligt. **Lena Nasarjan,** eine ehemalige Umweltaktivistin, wurde stellvertretende Sprecherin des neuen Parlaments. Die aktive Beteiligung von Frauen an dieser sanften Revolution hat die soziale Wahrnehmung der Rolle der Frau in Armenien verändert.

In der Zwischenzeit sind mehr als 100.000 Armenier aus Bergkarabach vertrieben worden und die Situation der Flüchtlinge und deren Integration in die Gesellschaft des Heimatlandes sind große Herausforderungen, die von der Gesellschaft jetzt gemeistert werden müssen.

Aber daneben dürfen die anderen unbewältigten Probleme nicht in den Hintergrund rücken. 2017 wurde zwar ein Gesetz gegen häusliche Gewalt verabschiedet und auch die Istanbul-Konvention zur Verhinderung und Bekämpfung von Gewalt gegen Frauen soll ratifiziert werden, doch gibt es aus konservativen Kreisen des Landes massive Widerstände.

Eva Kirchner vom Nürnberger Menschenrechtszentrum fasst die Widerstände, die noch in einer ganzen Reihe von Mitgliedsländern des Europarates bestehen, wie folgt zusammen:

Insgesamt scheitert die Durchsetzung der Istanbul-Konvention also vor allem an einer Über- beziehungsweise Fehlinterpretation des Geschlechterbegriffs (Anm.: Es wird befürchtet, dass damit die Legalisierung eines dritten Geschlechts verbunden ist. Christliche Kirchen sehen dadurch die Grenze zwischen Frauen und Männern zerstört und damit auch den Familienbegriff). *Gegen den Schutz von Frauen positioniert sich mittlerweile kein Land* (Anm.: des Europarates) *mehr. Wenn es jedoch darum geht, Gleichberechtigung von Mann und Frau durchzusetzen und sich die Diskussionen somit in eine zunehmend ideologische Richtung bewegen, so kommt es zum Widerstand. Denn die Gleichberechtigung impliziert auch ein ausgewogenes Machtverhältnis von Mann und Frau, das Aufbrechen patriarchaler Strukturen und tradierter Rollenbilder. Und damit auch einen gewissen Machtverlust der Männer.*

Ein Kalenderblatt galt bereits der amtierenden Präsidentin Georgiens, **Salome Surabischwili,** die sich im September 2023 einem Amtsenthebungsverfahren ausgesetzt sah, da sie ohne Erlaubnis der Regierung auf Staatsbesuche ins Ausland reiste. Zuvor hatte es seit der russischen Invasion in der Ukraine bereits zunehmend Differenzen zwischen Regierung und der aus Frankreich stammenden Präsidentin gegeben. Die Amtsenthebung scheiterte an der dafür notwendigen Zweidrittelmehrheit. Vielleicht will man es sich mit dem mächtigen Nachbarn Russland nicht verscherzen. Vielleicht aber sind manche aus ihrem „georgischen Traum" erwacht und realisieren, dass da eine ausländische, weil aus Frankreich stammende, Frau an der Spitze steht, die auch eine andere Wertehaltung aufweist. Denn eines sei ziemlich deutlich zu erkennen, sagt **Salome Chagelishvili**, Direktorin des Women's Fund in Georgien: *Wir leben in einem patriarchalischen System, in dem der Mann über der Frau steht. Männer können sich mehr erlauben und werden von der Gesellschaft dafür nicht bestraft. Die Gesellschaft ermutigt die Männer sogar, so zu sein, wie sie sind*, und setzt in einem Interview mit dem Deutschlandfunk fort: *Es gibt weder eine moralische noch psychologische und manchmal nicht einmal eine rechtliche Verurteilung ihrer Taten. Sie fühlen sich frei, zu tun, was sie tun.* Auch innerhalb der eigenen vier Wände.

Wie viele Opfer häuslicher Gewalt es in Georgien gibt, ist schwer zu sagen, schwerer noch als in westlichen Ländern. Denn viele Georgier sind seit ihrer Kindheit an Gewalt im Alltag gewöhnt.

Die Aktivistinnen des Antigewaltzentrums in Tiflis versuchen, nicht nur den Opfern zu helfen, sondern ein Umdenken in der Gesellschaft zu bewirken. Dazu muss das Thema „Gewalt" in die Öffentlichkeit gebracht werden, ist **Nato Shavlakadze,** Leiterin des Antigewaltzentrums, überzeugt.

Ein Faktor, der die Emanzipierung der Frauen in Georgien bremst, ist auch die georgisch-orthodoxe Kirche, deren Patriarch sagte: *Heutzutage heißt es, dass die Ehefrau und der Ehemann gleich sind. Die Heilige Schrift aber sagt, dass der Mann das Oberhaupt des Hauses ist. Die Familie ist ein Körper und der Körper kann nicht zwei Köpfe haben.* Und noch schlimmer: *Wenn ein Mann von der Arbeit nach Hause kommt, muss ihn die Frau umsorgen, ihm die Füße waschen (!), Essen bereiten und Geborgenheit geben.*

Sie war die erste Präsidentin Taiwans

Als die ersten Portugiesen die Küste Taiwans erreichten, nannten sie die Insel Formosa – die „Wunderschöne". Sie war seit 7000 Jahren besiedelt von Menschen, die in kleinen Gruppen in Booten aus Austronesien gekommen waren. Als Tschiang Kai-shek mit der Kuomintang-Regierung nach der Niederlage im Chinesischen Bürgerkrieg auf die Insel zurückzog, folgten etwa 1,5 Millionen Flüchtlinge aus allen Teilen Chinas. Heute leben auf der Insel 23,5 Millionen Menschen, von denen etwa 14 Prozent auf die indigene Bevölkerung zurückzuführen sind. Die Zugezogenen werden als „Waishengren" bezeichnet, was auf Chinesisch so viel heißt wie „Menschen aus anderen Provinzen".

Die am 31. August 1956 in der Hauptstadt Taipe geborene **Tsai Ing-wen** gehört der Volksgruppe der Hakka an, die wiederum eine der acht hanchinesischen Ethnien ist. Eine Großmutter entstammte allerdings den indigenen Paiwan. Nach den Amis und den Atayal sind sie das drittgrößte indigene Volk auf der Insel.

Tsai lehrte nach ihren Studium Rechtswissenschaften. Nach der Regierungsübernahme durch die Demokratische Volkspartei im Jahr 2000 wurde sie parteilose Ministerin für den Bereich „Festlandangelegenheiten". Allerdings trat sie 2004 der Partei bei und wurde Abgeordnete ebenso wie Vizepremierministerin. 2008 wurde sie auch Parteivorsitzende und 2011 zur ersten weiblichen Kandidatin für das Präsidentenamt in der Geschichte der Republik China bestimmt. Aber erst im zweiten Anlauf 2016 konnte sie bei der Wahl die notwendige Mehrheit erzielen und wurde 2020 mit deutlicher Mehrheit bis 2024 wiedergewählt.

Tsai Ing-wen war nie verheiratet und blieb kinderlos. Da dies nicht dem traditionellen chinesischen Frauenbild entsprach, war sie Angriffen und Unterstellungen ausgesetzt, die im Laufe der Zeit jedoch eine immer geringe Rolle spielten. Wichtiger waren ihr entschiedenes Einschreiten gegen Korruption, auch in den eigenen Reihen, ihr Eintreten für soziale Gerechtigkeit und das Bemühen um die Stärkung der taiwanesischen Identität. Sie verfolgte das Ziel, die Autonomie der Inselrepublik möglichst unumkehrbar zu bewahren. Damit wurde sie zur Gegenspielerin des Staatspräsidenten der Volksrepublik China, Xi Jinping, der nicht ausschließt, Taiwan auch mit Gewalt zur Eingliederung ins Festlandreich zu zwingen. Seit 1971 wird Taiwan von der UNO nicht mehr als souveräner Staat anerkannt.

„Kumari" stammt aus dem Sanskrit und bedeutet „Prinzessin", aber auch „lebende Göttin" und ist die Tradition der Verehrung einer auserwählten Jungfrau als Manifestation der göttlichen weiblichen Energie. In Nepal muss es ein vorpubertäres Mädchen sein, das aus dem Shakya-Clan der buddhistischen Gemeinschaft auserwählt wurde. Eine Kumari wird allerdings auch von manchen Hindus verehrt, weil ihr göttliche Eigenschaften zugeschrieben werden.

Chanira Bajracharya wurde im April 2000 zur „lebenden Göttin" gewählt und im Alter von fünf Jahren inthronisiert. Ende Mai 2001 weinte sie vier Tage lang, was als schlechtes Omen interpretiert wurde, und in der Tat: Nachdem sie aufgehört hatte zu weinen, kam es zum nepalesischen Königsmassaker, bei dem am 1. Juni 2001 neun Mitglieder der königlichen Familie, darunter auch Königin Aishwarya, ermordet wurden. Die Herrschaft dieser lebenden Gottheit endete, als sie im Alter von 15 Jahren die Pubertät erreichte und zum ersten Mal die Menstruation bekam. Sie ist die Nichte jener legendären „Göttin", die drei Jahrzehnte lang regierte, weil ihre Menstruation ausblieb. 1984 war sie gegen ihren Willen über Weisung von Kronprinz Dipendra abgelöst worden. Dieses Mitglied des Königshauses war 17 Jahre später der Massenmörder innerhalb der königlichen Familie.

Samita Bajracharya war von 2011 bis 2014 Kumari von Patan und galt als allwissend und daher nicht gebildet. Sie konnte nirgendwo hingehen und ihre Füße durften den Boden nicht berühren. Nachdem sie wieder „sterblich" geworden war, konnte sie sich in die Gesellschaft integrieren, ging in die Schule und lernte Instrumente zu spielen.

Neben der Tatsache, dass die Familie einer Kumari der Goldschmiedekaste angehören muss, durchläuft die Kandidatin einen schwierigen Auswahlprozess, denn sie muss 32 Attribute der Perfektion besitzen. Geduldig muss sie sein, makellos schön, mit pechschwarzen Haaren und Augen und feuchter Zunge. Geblutet haben darf sie noch nie, der kleinste Kratzer würde sie unrein machen. Es muss also ein Weg zwischen Tradition und Moderne gefunden werden, um das Alte nicht zu verlieren und trotzdem dem Neuen nicht den Weg zu verstellen.

Eine normale Kindheit ist das auf keinen Fall. Von der NGO Forum for Women, Law and Development wurde daher eine Klage eingereicht, dass die Kumari-Tradition ein Verstoß gegen Kinder- und Menschenrechte sei.

Die letzte Königin von Hawaii

Die ersten Siedler kamen in mehreren Wellen und waren Polynesier von den Marquesas-Inseln, die zwischen dem zweiten und sechsten Jahrhundert an Land gingen. Das wäre wohl nicht so bemerkenswert, wenn man nicht hinzufügt, dass dafür eine Strecke von 5500 Kilometern zurückzulegen war – etwas, wozu Europäer erst 1000 Jahre später in der Lage waren. Nicht nur die Schiffe mussten dafür geeignet sein, sondern es bedurfte auch einer ausgefeilten Navigationstechnik, da man ja an den Ausgangspunkt zurückkehren wollte.

Für die Europäer waren sie wilde Primitive, die der Segnungen der Mission (und Kolonisation) bedurften. Hawaii ist der einzige US-Bundesstaat, der früher einmal ein unabhängiges Land mit einem monarchischen Regierungssystem war.

Die am 2. September 1838 zur Welt gekommene **Lili'uokalani** war von 1891 bis 1893 die letzte Königin. Schon 1887 war es zu einem Umsturz gekommen, durch den sich der politische Einfluss faktisch auf die eingewanderten Europäer und US-Amerikaner verlagerte, denn bei den Ureinwohnern war das Wahlrecht nun an Einkommen und Vermögen geknüpft. Die Königin erhielt bei ihrer Geburt einen Namen, den man mit „brennende, schmerzende Augen" übersetzen könnte, da die damalige Regentin Elizabeth Kīna'u zur Zeit ihrer Geburt an einer Augenentzündung litt. Sie wurde zur Thronfolgerin bestimmt, nachdem ihr Bruder gestorben war. Am 29. Januar 1891 wurde sie zur Königin proklamiert. Ihre Versuche, der Krone zu mehr Macht und damit dem Land zu mehr Unabhängigkeit zu verhelfen, scheiterten an der Interessenpolitik der Vereinigten Staaten. Diese führten durch die Aufhebung von Zollvorteilen eine schwere Wirtschaftskrise herbei und die Besitzer von Zuckerrohrplantagen setzten sich daraufhin für die Abschaffung der Monarchie ein. In der Folge landeten die US-Marines 1893 auf den Inseln und setzten die Königin unter Hausarrest. Federführend war der „Bananen-Baron" Sanford Dole.

1894 riefen die US-Usurpatoren die Republik Hawaii aus und Dole wurde ihr erster und einziger Präsident.

Als eine Rebellion zugunsten der Unabhängigkeit fehlschlug, wurde die Königin festgenommen, wegen Hochverrats verurteilt und musste formell abdanken. Als Vermächtnis blieb das von ihr komponierte weltbekannte Lied „Aloha Oe".

Roni Hammermann, die am 3. September 2022 in Jerusalem gestorben ist, wurde zwar 1940 in Tel Aviv geboren, besuchte dann allerdings die Schule und die Universität in Wien, bevor sie 1969 nach Israel zurückkehrte. Sie hat also den Sechs-Tage-Krieg 1967 nicht in ihrer späteren Heimat erlebt. Damals sei sie schon auch stolz gewesen, dass die israelische Armee in diesem Blitzkrieg die Ägypter, Jordanier und Syrer „überrannte", die ja angekündigt hatten, *die Juden ins Meer zu schicken*. Ich kann das absolut nachvollziehen, denn ich erinnere mich, wie froh ich selbst über jeden Erfolg war, den die Israelis verzeichnen konnten. Auf der einen Seite hatte ich Sympathien für den jüdischen David, der einem scheinbar übermächtigen Goliath arabischer Panzerarmeen gegenüberstand, und auf der anderen Seite galt es, aus dem Holocaust zu verinnerlichen, *dass Auschwitz nicht mehr ist [...]*. Dass sich aus dem militärischen Erfolg ein heute noch immer andauerndes Besatzungsregime entwickeln würde, war damals nicht absehbar.

Für Roni Hammermann und ihre Mitstreiterinnen war die israelische Besatzung bis zu ihrem Tod die systemische Behinderung und oft auch Unterdrückung des palästinensischen Lebens in vielen Bereichen mit dramatischen Konsequenzen für Wirtschaft, Gesundheit und Erziehung. Eine weitere Auswirkung der Besatzung mit Mauer, Checkpoints und Straßenkontrollen sei die damit einhergehende völlige Missachtung der Bewegungsfreiheit der Palästinenser, sagte sie. 2001 gründete sie mit anderen jüdischen Frauen Machsom Watch. Mit dabei war auch die Menschenrechtsaktivistin **Ronnee Jaeger.** „Machsom" ist das hebräische Wort für „Grenzbarriere". Die rund 400 israelischen Frauen dieser Friedenstruppe haben sich zur Aufgabe gemacht, die israelischen Checkpoints an der grünen Grenze und im Palästinensergebiet zu beobachten. Sie können so Übergriffen israelischer Soldaten gewaltfrei entgegenwirken und üben großen Druck aus, indem sie die teils menschenunwürdigen Zustände an den Checkpoints in die Öffentlichkeit tragen.

Eine weitere bemerkenswerte Frau ist die Psychiaterin und Gründerin der Ärzte für Menschenrechte, **Ruchama Marton,** deren Eltern 1929 aus Polen kamen. Diese Gruppe betrachtet die Besatzung als *eine Krankheit, die zu Ungerechtigkeit und Menschenrechtsverletzungen führt*. Oder wie es Roni Hammermann ausgedrückt hat: *Wir zerstören uns selbst*.

A Land for All – Two States, One Homeland

Das brutale Massaker der Hamas am 7. Oktober 2023 und die anschließende zerstörerische Militäroperation Israels im Gazastreifen haben neue Gräben zwischen Israel, den Palästinensern und der arabischen Welt geöffnet und die ohnehin schwachen Hoffnungen auf Versöhnung und Frieden in der Region getrübt.

Daliah Scheindlin, eine israelische Meinungsforscherin und strategische Beraterin, zeigt kritisch auf, dass mit dem Überfall viele Grundannahmen der israelischen Palästina-Politik wie ein Kartenhaus in sich zusammenstürzten. 16 Jahre staatliche Blockadepolitik gegenüber dem Gazastreifen hatten es nicht vermocht, den Israelis Sicherheit zu bieten. Dass die Bedrohung durch die Hamas sich mithilfe von Hightech-Überwachung, unterirdischen Sperranlagen und des Raketenschutzschirms „Iron Dome" „neutralisieren" ließe, erwies sich nach Scheindlins Auffassung als tödlicher Irrglaube:

Die Angriffe der Hamas haben auf grundsätzliche und grauenhafte Weise mit der Vorstellung aufgeräumt, die Palästinenserfrage lasse sich politisch unendlich vertagen, ohne dass Israel dafür einen Preis zu bezahlen hätte. Von dieser Vorstellung war die politische Führung in Israel so selbstverständlich ausgegangen, dass Kommentatoren sich eigene Vokabeln wie „Konfliktmanagement" oder „Shrinking the conflict" dafür ausdachten. Dementsprechend finden seit Jahren keine Verhandlungen zwischen Israelis und Palästinensern über ein endgültiges Friedensabkommen mehr statt.

Und Dahlia Scheindlin, diese erfahrene Politikexpertin, schließt: *Einer der größten Fehler Netanjahus war, dass er die Palästinafrage ausschließlich als Sicherheitsfrage betrachtete, als könnte man die politischen Hintergründe des Konflikts ignorieren. Dadurch entstand überhaupt die Schwachstelle, die es der Hamas erleichterte, dermaßen tödlich zuzuschlagen. Wahrscheinlich sieht Gantz als Mann der Armee die Palästina-Problematik mit ganz ähnlichen Augen – als Sicherheitsbedrohung, die es einzudämmen gilt und bei der es nicht um die Anerkennung des Selbstbestimmungsrechts der Palästinenser geht.*

Die Palästinenserin **Rula Hardal,** Co-Direktorin einer Organisation mit dem beziehungsvollen Namen „A Land for All – Two States, One Homeland", sagt in einem Interview: *Die einzige Möglichkeit, die Palästinenser und Israelis zu retten, besteht darin, diesen Konflikt zu lösen und sich zu versöhnen.*

Die Geschichte erinnert an den Bus-Boykott in den USA. In den Südstaaten mussten sich schwarze Frauen in den hinteren Teil des Busses setzen, wenn ein Weißer eine Reihe für sich in Anspruch nahm.

Dass auch im Israel von heute Protest nötig ist, zeigte sich, als eine Gruppe junger Mädchen vom Busfahrer belehrt wurde: *Ihr lebt in einem jüdischen Staat, ihr habt die Leute zu respektieren, die hier leben [...]*. Er verlangte, dass sich die Mädchen mit ihren Badetüchern bedecken (sie hatten Jeans und Tank-Tops an) und im hinteren Teil des Busses Platz nehmen. Dabei hatte der Oberste Gerichtshof bereits im Jahr 2011 entschieden, dass es illegal ist, Frauen in den hinteren Teil des Busses zu verbannen.

Die liberale Öffentlichkeit interpretiert den Vorfall als Ergebnis der ständigen Vorstöße von ultraorthodoxen Kräften in der Regierung, die Trennung von Frauen und Männern voranzutreiben. Teile der rechtslastigen Regierung unterstützen derartige Interventionen. So hat Umweltministerin Idit Silman ein Pilotprogramm gestartet, an zwei Quellen, die die Behörde für Natur und Parkanlagen verwaltet, nur das geschlechtergetrennte Baden zu-zulassen. Generalstaatsanwältin Gali Baharav Miara, die als Vertreterin liberaler, westlicher Werte gilt, schob dem einen Riegel vor.

Lee Hoffmann Agiv ist so wütend wie viele andere Frauen und nicht nur aktiv im Kampf gegen den Justizumbau, der als ein Anschlag gegen die Demokratie gewertet wird, sondern sie sieht das Vorhaben der Regierung als massive Gefahr für Frauenrechte in Israel.

Um dies zu verhindern, organisierte sie Aktionen der Gruppe Bonot Alternativa (Frauen bauen eine Alternative).

All das ist auch Ausdruck eines tiefen Grabens zwischen der säkularen Mehrheit und einer ultraorthodoxen Minderheit, die auf Grund der parlamentarischen Kräfteverhältnisse erpresserisch vorgehen kann.

Auch die Physikerin **Shikma Bressler,** eine der Galionsfiguren des Frauenprotests, sagte, man wolle ein Land, das auf den Werten der Gerechtigkeit, Freiheit und Gleichheit basiere.

Der „Global Diversity Report" 2018 schreibt gar von einer extremen Benachteiligung der israelischen Frauen. *Ich habe einen Traum,* stand auf zahlreichen israelischen Plakaten zum Weltfrauentag 2019, *dass Frauen genauso viel verdienen wie Männer, dass sexuelle Gewalt nicht toleriert wird.*

Marlene Streeruwitz gehört zu den wichtigsten österreichischen Schriftstellerinnen der Gegenwart, die sich vor allem für Machtstrukturen und ihre Quellen interessiert. Sie ortet die Ursachen ungerechter Machtverteilung in der patriarchalischen Gesellschaftsordnung, in einer von Beginn an auf das „Männliche" zentrierten Ordnung, die das „Weibliche" nicht zulässt oder zumindest so weit abwertet, dass es immer das Defizitäre, das Untergeordnete, das dem „Männlichen" Dienende bleibt.

Aus dieser Perspektive betrachtet ist Krieg die maximale Entfesselung einer patriarchalen Ordnung, der Vater aller Dinge halt. Da bleibt die Mutter außen vor.

Streeruwitz hat zwar ihr Manifest zu der Zeit geschrieben, als der Ukrainekrieg begann, aber ihr Denken ist gelöst von einem spezifischen Ereignis. Vielleicht ist das Geschehen in Nahost noch unmittelbarer, weil beide Seiten darin wetteifern, die noch eindringlicheren Bildbotschaften zu vermitteln. Terroropfer werden gegen bombardierte Krankenhäuser und kleine verwundete Kinder in die Waagschale geworfen.

Krieg. Und. Alles ist falsch, steht gleich am Beginn und weitere Feststellungen reihen sich an: *Krieg ist das Gegenteil von Zivilisation, aber auch von Ethos, Demokratie. Krieg ist Rassismus* und *Missbrauch aller.* Krieg ist der Gegenentwurf zu allem, was als menschlich angesehen werden kann, und es ist dennoch *das stabilste Modell* der historischen Entwicklung *in unseren Kulturen.* Zu dieser Stabilität trägt sicher auch bei, dass es bei jedem Krieg auf alle Fälle einen Gewinner gibt, nämlich die Waffenindustrie, die genauso männerdominiert ist wie das Kardinalskollegium. Dazu kommt jener vaterlandsgetränkte, todessehnsüchtige, heldenhafte Pathos, der den Mut der Helden auf dem Schlachtfeld feiert. Rudolf Alexander Schröder brummt zu Kriegsbeginn 1914: *Heilig Vaterland/ in Gefahren,/ deine Söhne stehen,/ dich zu wahren,/ von Gefahr umringt./ Heilig Vaterland,/ schau, von Waffen blinkt/ jede Hand.* Kurt Tucholsky wandte sich dann 1926 an die Frauen: *Mutter, wozu hast du deinen aufgezogen?/ Hast dich zwanzig Jahr mit ihm gequält?/ Wozu ist er dir in deinen Arm geflogen/ und du hast im leise was erzählt?/ Bis sie ihn dir weggenommen haben./ Für den Graben, Mutter, für den Graben.*

Kehren wir zu Streeruwitz zurück: *Krieg ist serieller Mord und – wie jeder Mord – das Gegenteil von Leben.*

Sie wurde von vielen Frauen **Mama Efua** genannt, weil sie sich über drei Jahrzehnte aktiv gegen jede Form der weiblichen Genitalverstümmelung einsetzte. **Efua Dorkenoo,** die am 6. September 1949 in Cape Coast, Ghana, geboren wurde, war Gründerin der Organisation The Foundation for Women's Health Research and Development (FORWARD), deren Vorsitzende sie von 1983 bis zu ihrem Tod am 18. Oktober 2014 war. Ihr 1994 erschienenes Buch „Cutting the Rose: Female Genital Mutilation" gilt als das erste, das über weibliche Genitalverstümmelung (FMG) geschrieben wurde, es wurde von der Columbia-Universität in die Liste „Afrikas 100 beste Bücher des 20. Jahrhunderts" aufgenommen.

Ursprünglich aus Ghana stammend und als Krankenschwester ausgebildet, trat Efua 1995 in den Dienst der Weltgesundheitsorganisation und setzte sich erfolgreich dafür ein, dass innerhalb dieser Organisation eine Sensibilisierung für die schweren Körperverletzungen entstand, die durch die Verstümmelungen im weiblichen Genitalbereich verursacht werden. Sie arbeitete auch eng mit der nigerianischen Regierung zusammen, um eine umfassende nationale Politik zu formulieren, die den Grundstein für die noch immer geltenden Anti-FMG-Gesetze in diesem Staat legte.

Dass solche Gesetze dringend erforderlich sind, zeigt die Tatsache, dass in mindestens 29 Ländern Afrikas sowie einigen wenigen in Asien und im Mittleren Osten die weibliche Genitalverstümmelung als angebliche Traditionspflege weiterpraktiziert wird. Die große Mehrheit dieser Staaten hat zwar mittlerweile Regelungen erlassen, die solche Praktiken der schweren Körperverletzung unter Strafe stellen, was aber nichts daran ändert, dass sie vielfach noch immer ausgeübt werden.

Eine Erwähnung der weiblichen Genitalbeschneidung findet sich bereits im Ägypten des zweiten vorchristlichen Jahrhunderts. Die Praktiken sind somit älter als das Christentum und der Islam. Der Koran erwähnt weder die Beschneidung von Frauen noch die von Männern. 2008 wurde die Beschneidung von Frauen von der Al-Azhar-Universität in Kairo ebenso verboten wie schon einige Jahre zuvor von der koptischen Kirche. Eine große Rolle spielt allerdings noch immer die Anschauung, dass durch den Eingriff bei Frauen ein aktives sexuelles Verhalten reduziert und die „eheliche Treue" damit gesichert wird. Vereinfacht ausgedrückt: Frauen sollen keinen Spaß am Sex haben, der ist den Männern vorbehalten.

Die vielseitige Ecuadorianerin Maria Espínosa

María Fernanda Espinosa Garcés, geboren am 7. September 1964, ist eine Ecuadorianerin und vielseitige Frau. Sie hat mehrere Gedichtbände veröffentlicht, besitzt einen Masterabschluss in Sozialwissenschaften und Amazonas-Studien, ein weiteres Diplom in Anthropologie und Politikwissenschaften und ist nicht zuletzt Bachelor in Angewandter Linguistik.

Ihre Vielseitigkeit verschaffte ihr eine Reihe von Aufgaben in Nichtregierungsorganisationen, aber auch in staatlichen Einrichtungen des Naturschutzes, wo sie sich insbesondere für den ecuadorianischen Teil des Amazonas-Regenwaldes engagierte.

Als Rafael Correa Präsident des Landes wurde, wechselte sie in die Politik, war zunächst Außenministerin, Ständige Vertreterin Ecuadors bei den Vereinten Nationen, Ministerin für das nationale Kultur- und Naturerbe, Verteidigungsministerin und schließlich im Kabinett Lenín Moreno erneut Außenministerin, bis sie durch die Generalversammlung der Vereinten Nationen im Juni 2018 zur Präsidentin gewählt wurde. Sie war damit die 73. Präsidentin der Generalversammlung und erst die vierte Frau in der Geschichte der Vereinten Nationen in dieser Position.

Als Ratsmitglied des World Future Council engagiert sie sich nach wie vor für die Rechte zukünftiger Generationen.

Außerdem ist sie Fellow an der Robert Bosch Academy und hat in dieser Eigenschaft die Notwendigkeit einer starken und effektiven Global Governance betont, um aktuelle weltweite Herausforderungen wie die Gesundheits- und Klimakrise sowie das Problem der sozialen Ungleichheit anzugehen. Sie sieht dafür die „Wiederbelebung" der Vereinten Nationen als entscheidende Voraussetzung. Dazu will sie Koalitionen und Netzwerke der Zivilgesellschaft miteinbeziehen. Sie ist Co-Vorsitzende der Coalition for the UN We Need, die sich aus Vertretern der Zivilgesellschaft, der akademischen Welt und gemeinnützigen Organisationen aus allen Weltregionen zusammensetzt. Außerdem will María Espinosa den Multilateralismus unter dem Gesichtspunkt der Gleichstellung der Geschlechter analysieren, um sicherzustellen, dass die Rechte und die Stärkung von Frauen und Mädchen weltweit in die Bemühungen um eine Neugestaltung der UNO einbezogen werden. Die Feierlichkeiten zum 75. Jahrestag der Gründung der UNO haben eine weltweite Diskussion ausgelöst, wie auf die aktuellen globalen Herausforderungen am besten reagiert werden kann.

Serafina Dávalos, die am 9. September 1883 in Paraguay zur Welt kam, war nicht nur die erste Rechtsanwältin, sondern auch die erste bekannte Frauenrechtlerin Paraguays. 1907 war sie die erste Frau, die an der Universidad Nacional de Asunción einen akademischen Titel erwarb. Ihre Dissertation zum Thema „Humanismo" widmete sich der Unterdrückung der Frau in einer patriarchalischen Gesellschaft und stellte diese grundsätzlich infrage. Sie forderte unter anderem eine bessere Ausbildung von Frauen und mehr Rechte in der Ehe. Es versteht sich von selbst, dass eine solche „Provokation" zu großen Diskussionen und Kontroversen in den konservativen Kreisen des Landes führten. Ihre herausragende Qualifikation brachte es mit sich, dass sie 1908 und 1909 am Obersten Gerichtshof tätig war – es dauerte 71 Jahre, bis die nächste Frau dort ein Amt bekam.

Schon einige Jahre früher war sie an der Gründung einer Handelsschule für Mädchen beteiligt, da die Bildungsangebote für Mädchen mehr als eingeschränkt waren. Erst 1870 hatten Adela und Celsa Speratti, zwei Schwestern und Pädagoginnen, die erste Mädchenschule in Asunción gegründet. 1910 nahm Serafina als Delegierte aus Paraguay am ersten Internationalen Frauenkongress in Buenos Aires teil, wo sie die Rechtskommission leitete und auch die Schlussrede hielt.

1919 gründete sie mit einer Gruppe von Frauen den Movimiento Feminista de Asunción, der dem Parlament einen Gesetzesentwurf zu zivilen und politischen Rechten der Frauen vorlegte. Manches konnte erreicht werden im Laufe der Jahre, aber sie starb vier Jahre bevor 1961 in Paraguay als letztem amerikanischen Land das Wahlrecht für Frauen durchgesetzt werden konnte. Bis zuletzt hatte sie für die Gleichberechtigung der Frauen gekämpft: *Es besteht kein Zweifel daran, dass Frauen im Bereich der Intelligenz ein ebenso hohes Niveau erreichen können wie Männer. Geben Sie ihnen zu diesem Zweck die gleiche erzieherische Behandlung [...] Was als weiblich bezeichnet wird, verfälscht nicht die Natur der Vernunft einer Frau,* schrieb Serafina Dávalos 1907.

Nach Angaben einiger Historiker verweigerte die katholische Kirche ihr ein christliches Begräbnis, weil sie lesbisch war. Sie wurde an einem bis heute unbekannten Ort begraben, man setzte ihr nicht einmal einen Grabstein. Das Haus, in dem sie mit ihrer Partnerin Honoria Barilán gelebt hatte, wurde 2019 von der Gemeinde zum kulturellen und historischen Erbe erklärt.

Kwibuka im Land der tausend Hügel

„Kwibuka" heißt „erinnern" in der ruandischen Amtssprache Kinyarwanda und bezeichnet jene jährliche Gedenkzeit von 100 Tagen, die dem Massaker, das in der Zeit von 7. April bis Mitte Juli 1994 begangen wurde, gewidmet ist. In diesem Zeitraum waren fast eine Million Tutsi und oppositionelle Hutu regelrecht abgeschlachtet worden, bis die Rebellenarmee RPF des Tutsi-Generals Paul Kagame aus Uganda kommend dem Gemetzel ein Ende bereitete.

Die am 10. September 1958 geborene **Esther Mujawayo** studierte Sozialarbeit und Soziologie in Belgien, kehrte in ihr Heimatland zurück, um für Oxfam zu arbeiten und sich in Frauenorganisationen zu engagieren.

In den Tagen des Grauens verlor sie ihren Mann und fast 300 (!) ihrer direkten Familienangehörigen. Sie selbst überlebte mit ihren drei Töchtern die Nacht der Entdeckung durch die Hutus nur, weil zu diesem Zeitpunkt nur Männer ermordet werden sollten.

Über ihre bedrückenden Erlebnisse, aber auch über die früheren Pogrome, Diskriminierungen und Vertreibungen schrieb sie zwei Bücher, die international Bekanntheit erlangten. „Ein Leben mehr" macht deutlich, dass es sich nicht um die irrationale Tat eines unzurechnungsfähigen Pöbels gehandelt hatte, sondern die Gewaltorgie von langer Hand vorbereitet und von politisch einflussreichen Kreisen gesteuert war. „Auf der Suche nach Stephanie", beschreibt die vergebliche Suche nach den sterblichen Überresten ihrer Schwester und deren Kinder.

Nach dem Genozid gründete sie gemeinsam mit anderen 50 Witwen die Organisation AVEGA (Vereinigung der Witwen des Völkermords vom April), um Selbsthilfe zu betreiben, als Stimme der Überlebenden aufzutreten und politische Forderungen zu erheben. In der geläufigen Sprache Ruandas heißt die Organisation Agahozo, was „trösten" bedeutet und ein Wort aus einem Gedicht ist, das man singt, damit ein Kind aufhört zu weinen.

Im Zusammenhang mit der Aufarbeitung der Geschehnisse schreibt sie auch über die landesüblichen Gagaca-Gerichte, bei denen Täter und Opfer aufeinandertreffen. Hier wird Recht auf traditionelle Art gesprochen, indem alle Streitparteien von den Dorfältesten gehört werden. Esther Mujawayo problematisiert die Forderung nach Versöhnung, wenn nicht zuerst benannt wird, was geschehen ist, und den Opfern und Überlebenden Gerechtigkeit widerfährt.

Weißrussland feiert 2024 ein bedrückendes Jubiläum – seit 30 Jahren wird es von Alexander Lukaschenko diktatorisch regiert, jede Opposition wird brutal unterdrückt. Das Parlament hat lediglich eine dekorative Funktion, die Medien sind längst gleichgeschaltet und die Garantie fürs politische und wirtschaftliche Überleben des Systems sitzt im Moskauer Kreml. Auf Lukaschenko kann sich Putin noch immer verlassen. Rein geopolitisch betrachtet ist Belarus der südliche Vorposten gegenüber den NATO-Ländern Polen, Litauen und Lettland.

Die am 11. September 1982 geborene **Swjatlana Zichanouskaja** studierte Deutsch und Englisch und arbeitete anschließend als Übersetzerin. Sie ist mit dem politischen Aktivisten Sjarhej Zichanouski verheiratet, der im Zuge seiner Präsidentschaftskandidatur festgenommen und im Dezember 2021 zu 18 Jahren Haft verurteilt worden ist. Seine Ehefrau beschloss, statt seiner zur Wahl anzutreten, und wurde von **Weranika Zepkalo,** der Ehefrau eines ebenfalls nicht zur Wahl zugelassenen Oppositionellen, sowie von **Maryja Kalesnikawa,** die zum Kreis eines ebenso festgenommenen Präsidentschaftskandidaten gehört, unterstützt. Bei der Wahl erhielt sie zwar angeblich nur zehn Prozent der Stimmen, doch selbst Mitglieder der Wahlkommission waren sich der massiven Fälschung bewusst, die das Ergebnis für Lukaschenko schönen sollte.

Zichanouskaja reiste nach der Wahl nach Litauen aus, um einer drohenden Verhaftung zu entgehen. Denn im Land kam es zu heftigen Protesten und Streiks, die sich gegen die Ausrufung von Lukaschenko als Wahlsieger richteten. Die Führungsriege antwortete mit der Festnahme von 6700 Demonstranten und massiver Polizeigewalt gegen alles Oppositionelle.

In Erinnerung bleiben vor allem die Frauen, die sich vom „letzten Diktator Europas" nicht einschüchtern ließen. Sein russischer Blutsbruder im Kreml kann sich auf den willfährigen Verbündeten an der „Westfront" verlassen. Am 27. Februar 2022, drei Tage nach dem Überfall auf die Ukraine, räumte Lukaschenko ein, dass Raketen auch vom weißrussischen Territorium aus abgefeuert worden waren. Wes Geistes Kind Lukaschenko ist, zeigt folgendes Zitat: *Es dauerte Jahrhunderte, um die deutsche Ordnung herzustellen. Unter Hitler erreichte die Formation ihren Höhepunkt. Dies entspricht unserem Verständnis einer Präsidentenrepublik und der Rolle eines Präsidenten darin.*

Me too

„Me too" – „Ich auch" – ist 2006 zum ersten Mal in den sozialen Medien aufgetaucht. Verwendet wurde es von Tarana Burke, die im Rahmen einer Kampagne afroamerikanische Frauen ansprechen wollte, die Erfahrung mit sexuellem Missbrauch gemacht hatten. Angeregt wurde sie dazu von der Geschichte eines Mädchens, das Opfer einer derartigen Gewalttat geworden war.

Die Afroamerikanerin **Tarana Burke,** geboren am 12. September 1973, wuchs im New Yorker Stadtteil Bronx als Tochter einer armen Arbeiterfamilie in einer Sozialwohnung auf. Als Kind und Teenager war sie sexualisierter Gewalt in der eigenen Familie ausgesetzt. Wahrscheinlich waren die eigenen Erfahrungen dafür maßgeblich, dass sie schon mit 14 Jahren nach Selma, Alabama, zog und dort begann, Bedürftige mit Essen, Kleidung und Unterkunft zu versorgen sowie sich in der Gemeindearbeit für Bürgerrechte und Menschenrechte zu engagieren. Immer wieder machte sie die Erfahrung, dass auch in ihrer Gemeinschaft sexuelle Gewalt ausgeübt, aber tabuisiert wurde.

Bereits während ihres Studiums an der Universität von Alabama organisierte sie Protestaktionen für juristische und wirtschaftliche Gleichstellung von Menschen jeder Ethnie. Hauptberuflich ist sie mittlerweile in der Organisation Girls for Gender Equity in Brooklyn beschäftigt, die sich für die Rechte junger schwarzer Frauen einsetzt.

Als ihr ein 13-jähriges Mädchen gegenübersaß und seine Missbrauchsgeschichte erzählte, war sie so sprachlos, dass sie nicht einmal „Me too" sagen konnte – *auch mir ist das Gleiche passiert, als ich in deinem Alter war*. Zehn Jahre später war es diese Erinnerung, die der Aktion in den sozialen Medien den Namen gab.

2017, als der Weinstein-Skandal öffentlich wurde, rief Alyssa Milano, eine Freundin von Weinsteins damaliger Ehefrau Georgina Chapman, Frauen auf, mit „Me too" auf das Ausmaß von Missbrauch aufmerksam zu machen. Die weltweite Verbreitung sorgte für eine bis dahin nicht für möglich gehaltene Welle der Empörung und Aufdeckung von Verbrechen. Es schien so, als sei ein Damm gebrochen und Opfer hätten erst dadurch Mut gefasst, ihre eigene Geschichte an die Öffentlichkeit zu bringen.

Tarana Burke war es gerade deshalb wichtig zu betonen, dass „Me too" nicht im Prominentenmilieu angesiedelt ist, sondern beim Mann von nebenan.

Die feministische Aktivistin und Journalistin **Caroline Criado-Perez** geht gerne in der Londoner Innenstadt joggen. Als wache Beobachterin fiel ihr auf, dass auf dem gesamten Parliament Square elf Statuen stehen, die allerdings ausschließlich Männer darstellen. Sie startete am 8. März 2016, dem Internationalen Frauentag, eine Kampagne für die Errichtung einer „Suffragettenstatue" zum 100. Jahrestag des Representation of People Act 1918. Dieses Gesetz weitete das Wahlrecht bei Parlamentswahlen auf Männer über 21 Jahren aus (unabhängig von Eigentum) und auf Frauen über 30 Jahren (mit einem Mindesteigentum von ihnen oder ihren Männern von fünf Pfund). Während bei Wahlrechtsreformen nach dem Ersten Weltkrieg, beispielsweise in Österreich, kein Unterschied zwischen Männern und Frauen gemacht wurde, mussten die weiblichen Wähler im „Mutterland der Demokratie" noch zehn weitere Jahre warten, bis sie den Männern bei Wahlen gleichgestellt waren.

Aber zurück zu Caroline Criado-Perez, Tochter einer englischen Krankenschwester und eines argentinischen Geschäftsmannes, die ein Gender-Studium an der London School of Economics absolvierte und 2013 deutlichmachte: *Die Kultur, in der wir leben, besteht aus kleinen, winzigen sexistischen Taten, die man einfach ignorieren kann, aber wenn man sie gemeinsam betrachtet, beginnt man ein Muster zu erkennen*. Und sie hat es sich offensichtlich zur Aufgabe gemacht, dieses Muster öffentlichkeitswirksam zu durchbrechen. So kritisierte sie in einer Kampagne die Entscheidung der Bank of England, Elizabeth Fry auf der Fünf-Pfund-Note durch Winston Churchill zu ersetzten, wodurch keine Frau mehr auf Banknoten abgebildet war. Caroline Criado-Perez' Intervention war es zuzuschreiben, dass die britische Schriftstellerin Jane Austen auf einer Geldnote zu Ehren kam. Dafür erhielt sie Androhungen von Vergewaltigung und Mord. Sie kämpfte weiter – um eine Frauenstatue auf dem Parliament Square beispielsweise: *Wenn wir in einer gerechten Welt leben würden, würden historische, nicht königliche Frauen nicht gerade lächerliche 2,7 Prozent aller Statuen im Vereinigten Königreich ausmachen*. Ihre Zähigkeit hatte Erfolg: Millicent Fawcett, eine Frauenrechtlerin, wird nun auf der zwölften Statue des Parliament Square verewigt – und zwar von der einzigen Künstlerin, die sich gegen männliche Kollegen durchsetzten konnte.

Suffragistin oder Suffragette – das ist hier die Frage

Oberflächlich betrachtet könnte man glauben, dass es zwischen Suffragistinnen und Suffragetten keinen Unterschied gibt. Das ist nicht ganz so, denn Suffragisten waren Menschen, die sich für das allgemeine Wahlrecht einsetzten, das es im 19. Jahrhundert in sehr vielen Ländern, so auch in Österreich, noch nicht gab. Vielfach stand dieses Recht mit Eigentum und Steuerleistung in Verbindung. Dagegen wurden die Wahlrechtskämpfe des 19. Jahrhunderts geführt. Nachdem aber 1870 afroamerikanische Männer mit der Verabschiedung des 15. Zusatzartikels zur Verfassung das Wahlrecht erhalten hatten, bezog sich die Intention der Suffragetten nun in erster Linie auf das Frauenwahlrecht.

Alice Stone Blackwell, geboren am 14. September 1857, war eine Suffragistin, Feministin, Journalistin, radikale Sozialistin und ganz allgemein eine Kämpferin für Menschenrechte.

Sie war die erste Frau, die in Massachusetts einen Collegeabschluss machte, die erste, die in ihrer Ehe den Mädchennamen beibehielt, und die erste, die sich das öffentliche Eintreten für die Frauenrechte zur Hauptaufgabe gemacht hatte. Auch an der Boston University schloss sie als Erste ihres Jahrgangs ab.

Die Frauenbewegung hatte sich 1869 gespalten, weil man sich darüber uneins war, in welchem Maße das Frauenwahlrecht mit dem Wahlrecht der männlichen Afroamerikaner verknüpft werden sollte. 1890 half Alice Blackwell dabei mit, die beiden Organisationen wieder zusammenzuführen. Sie war die Nichte von **Elizabeth Blackwell,** einer der ersten Ärztinnen mit Hochschulabschluss, die neben ihrem Einsatz für das Frauenstudium Pionierarbeit in der Präventivmedizin und der Gesundheitspolitik leistete.

Erst Mitte der 1840er-Jahre fand Elizabeth einen Studienplatz in New York und hatte später die Genugtuung, dass sie nicht nur die erste amerikanische Ärztin wurde, sondern auch den Abschluss als Beste ihres Jahrgangs machte.

Trotzdem war es für sie schwierig, als Ärztin zu praktizieren, da ihr einerseits niemand Praxisräume vermieten wollte, anderseits die Patienten einer Frau gegenüber skeptisch waren. Die „Götter in Weiß" waren eben auch auf der anderen Seite des Atlantiks männlich.

Um eine eigene Praxis eröffnen zu können, kaufte sie schließlich in New York ein eigenes Haus.

Thailändischen Bürgerrechtlerinnen wie **Panusaya Sithijirawattanakul,** geboren am 15. September 1998, setzten große Hoffnungen in die Parlamentswahlen 2023 und eine davon ausgehende Demokratisierung des Landes. 2020 war sie zur Anführerin der Studentenproteste gegen den König und die vom Militär gestürzte Regierung avanciert, weil sie nicht bereit war, die Regeln, Hierarchien, Traditionen und Institutionen einer verkrusteten Gesellschaft hinzunehmen. Sie stieg recht schnell zum bekannten Gesicht des königs- und regierungskritischen Protests auf. Ihre Kritik richtete sich dabei nicht gegen die Monarchie, sondern sie beanspruchte das Recht, so wie in anderen Ländern auch, Kritik am Königshaus üben zu dürfen. Mitte Oktober 2020 wurde sie verhaftet und einen Monat später gemeinsam mit 15 anderen Aktivisten aufgrund eines skurrilen Gesetzes wegen Beleidigung des thailändischen Königs angeklagt. Sie ging in den Hungerstreik, wurde gegen Kaution entlassen und mehrmals wieder inhaftiert. 2021 urteilte dann das Verfassungsgericht, dass ihre Reformbemühungen einem Putschversuch gleichkämen. Umso mehr geriet sie ins Fadenkreuz von Polizei und Militär.

Panusaya erinnert sich an den „Herzschmerz", den sie bei den Wahlen 2019 empfunden hatte, als es dem Junta-Chef und Premierminister Prayut gelang, eine Koalition zusammenzuschustern, um Pheu-Thai, die größte Oppositionspartei, die die meisten Sitze gewonnen hatte, von der Regierung fernzuhalten. *Diejenigen, die an der Macht sind, sind von ihrer Macht besessen. Sie wollen an der Macht bleiben, egal was es kostet. [...] Die Junta hat nach dem letzten Putsch die Verfassung Thailands umgeschrieben, um die Lage zu ihren Gunsten auszugleichen. [...] Um Premierminister zu werden, muss sich ein Kandidat nun eine Mehrheit im Unterhaus und im Senat sichern, dessen 250 Mitglieder vom Militär ernannt wurden*, schildert sie die politische Lage. Die Parlamentswahlen endeten zwar klar zugunsten der jungen, reformorientierten Fortschrittspartei, lösten aber eine mehrmonatige Staatskrise aus, die dadurch gelöst wurde, dass das Militär ein Bündnis mit der konservativen Wirtschaftselite einging, um die eigentlichen Wahlsieger von der Regierung auszuschließen. Hauptsache sind Machterhalt und Ruhe auf der Straße. Dem Oppositionsführer wurde das Abgeordnetenmandat aberkannt und „Unruhestifter" wie Panusaya leben unter dem Damoklesschwert langer Haftstrafen.

Mehr Feminismus! Ein Manifest

Die „Mutter der modernen afrikanischen Literatur", **Flora Nwapa,** lehnte es ab, als Feministin bezeichnet zu werden, denn sie bezog sich auf den ursprünglich von Alice Walker geprägten Begriff „womanism", in dem die Unterdrückungsverhältnisse in einem afroamerikanischen und afrikanischen Zusammenhang gesehen und die Folgen des Kolonialismus miteinbezogen werden. Walker zählt nach Toni Morrison und Maya Angelou zu den bedeutendsten Vertreterinnen afroamerikanischer Literatur. Ihr Roman „Die Farbe Lila" wurde mit dem Pulitzer-Preis ausgezeichnet, von Steven Spielberg verfilmt und verschaffte ihr weltweite Bekanntheit: *Womanist is to feminist as purple is to lavender.*

Die viereinhalb Jahrzehnte nach Nwapa, nämlich am 15. September 1977 zur Welt gekommene **Chimamanda Ngozi Adichie** sieht sich selbst in einer feministischen Tradition. Sie hatte zwar ursprünglich in ihrer Heimat ein Medizin- und Pharmaziestudium begonnen, ging aber mit 19 Jahren in die USA, wo sie Kommunikations- und Politikwissenschaften studierte und summa cum laude abschloss. An der Yale University erwarb sie anschließend noch einen Masterabschluss in Afrikanistik.

Bekannt wurde sie aber nicht nur durch ihre Romane, sondern auch durch ihre TED-Talks, mit denen sie ein breites Publikum erreicht. In „The danger of a single story" setzt sie sich mit der Art und Weise auseinander, wie Klischees und Stereotype entstehen. Dies sei oftmals die Folge der Verengung der Perspektive auf eine von vielen möglichen Geschichten. Eine Vorgangsweise, die wir nicht nur aus dem eurozentrischen Geschichtsunterricht, sondern auch in vielen anderen Bildungsbereichen kennen. Sei es Musik, Literatur, bildende Kunst, aber ebenso Philosophie und Religion – ohne dass es direkt zum Ausdruck gebracht wird, haben wir (oft auch gar nicht bewusst) die europäische Brille auf. Und so entsteht beispielsweise ein Bild von Afrika, das fast nur negative Seiten zeigt, wie Adichie sagt. Als Kulisse für grandiose Naturaufnahmen taugt es, aber ansonsten ist es zurückgeblieben und gefährlich – der dunkle Kontinent eben.

2012 veröffentlichte Adichie das Buch „We should All be Feminists", das in seiner deutschen Übersetzung „Mehr Feminismus. Ein Manifest" heißt.

Beyoncé hat für ihren Track „Flawless" folgenden Satz gesampelt: *FeministIn – eine Person, die an die politische, soziale und wirtschaftliche Gleichheit der Geschlechter glaubt.*

Zoilamérica Murillo ist ehemaliges Mitglied der Nationalversammlung von Nicaragua und die Stieftochter von Staatspräsident Daniel Ortega, der mit ihrer Mutter Rosario Murillo verheiratet ist. Die ist bequemerweise gleich auch Vizepräsidentin des Landes. Mit einer Ausnahme allerdings: in dem Dokumentarfilm „Exiliada" belastet sie ihren Stiefvater schwer und bezichtigt ihn des sexuellen Missbrauchs. Der Machtmissbrauch ist evident, aber dass er über die politische Sphäre hinausgeht und noch dazu in den intimsten Bereich einer Abhängigen hineinreicht, ist selbst für diese Region und ihren Machismo eine traurige Ausnahmeerscheinung.

Die Mutter begann zu dem Zeitpunkt, ihre Macht zu festigen, als sie Daniel Ortega gegen die Vorwürfe der Tochter verteidigte. Sie erklärte, dass die Vorwürfe völlig falsch seien, und stellte sich bedingungslos an Ortegas Seite. Der Fall wurde 2001 vom Obersten Gerichtshof abgewiesen, da die Vorwürfe verjährt waren. Rechtliche Schritte der Stieftochter scheiterten außerdem an der Immunität, die Ortega als Präsident genoss.

Heute ist Zoilamérica Beraterin für Comunidad Casabierta, eine LGBTI-Rechtsorganisation in Costa Rica. Die Mutter wird weiterhin als die „Macht hinter der Präsidentschaft" betrachtet.

In den Worten der Schriftstellerin und ehemaligen Sandinistin **Gioconda Belli** war Murillos Propaganda eher an Goebbels als an Orwell angelehnt, als sie am 17. Juli 2018 von Frieden und Aussöhnung redete, während gleichzeitig die Polizei und Paramilitärs eine indigene Gemeinschaft mit Artillerie und Scharfschützengewehren angriff.

Wie die Ortega-Bande mittlerweile mit Andersdenkenden umgeht, darüber kann auch die Fernsehmoderatorin und Menschenrechtsaktivistin **Berta Valle** ein Lied singen. Im Jahr 2016 wurde sie von der Unabhängigen Liberalen Partei nominiert, um Managua in der Nationalversammlung zu vertreten. Der Oberste Gerichtshof, der von Ortegas Loyalisten kontrolliert wird, schloss sie allerdings von der Wahl aus. Seit 2019 leitet sie Voces en Libertad, eine gemeinnützige Organisation, die Mitglieder unabhängiger Medien unterstützt, die aus dem Land fliehen mussten.

Am 8. Juni 2021 wurde ihr Ehemann Félix Maradiaga Opfer einer Verhaftungswelle gegen Kandidaten der Opposition für das Präsidentenamt 2021. Da Berta Valle ihren Mann unterstützte, wurde sie von den Behörden beschuldigt, eine „Heimatverräterin" zu sein.

Women Human Right Defenders im Land der Pharaonen

Als am 25. Mai 2005 ein Mob in Kairo Demonstrantinnen angriff, die gegen ein Scheinreferendum der Regierung Mubarak auf die Straße gegangen waren, wurde das in erster Linie als Einschüchterungsversuch der Sicherheitskräfte gegen die Zivilgesellschaft gesehen. An so etwas war man gewöhnt, denn Frauen sollten immer wieder vom öffentlichen Leben und aufkommenden politischen Bewegungen gegen das autoritäre Regime ferngehalten werden. Die damals 26-jährige Feministin **Mozn Hassan,** die unter den Demonstrantinnen war, erkannte darin allerdings die tief in der konservativen Gesellschaft Ägyptens verwurzelte Frauenfeindlichkeit, welche in der sozialen Unterdrückung der Frau zum Ausdruck kommt. In einem Interview für die Heinrich-Böll-Stiftung sagte sie eineinhalb Jahrzehnte danach: *Ich bin stolz darauf, Teil der ägyptischen Frauenbewegung und der Generation zu sein, die es nach Jahren der sozialen Verdrängung und der systematischen Täter-Opfer-Umkehr endlich wagt, über die ganz alltägliche sexuelle Belästigung und Gewalt gegen Frauen auf den Straßen, am Arbeitsplatz und in anderen Bereichen zu sprechen.*

Sie leitet die Nichtregierungsorganisation Nazra for Feminist Studies, die sie mit zehn anderen Frauen gegründet hat. Mit ihrer Organisation hat sie den Alternativen Nobelpreis *für ihren Einsatz für die Gleichstellung und die Rechte von Frauen unter Umständen von anhaltender Gewalt, Missbrauch und Diskriminierung* erhalten. Gemeinsam mit anderen genderspezifischen Organisationen konnte sie 2014 einen Erfolg verbuchen, als der Schutz der Frauen vor Gewalt in der Verfassung verankert wurde: *Die sieben Artikel, waren nur ein Bruchteil dessen, wofür wir wirklich eingetreten sind. Dennoch sind sie ein beachtlicher Sieg in diesem langen, schweren Kampf.*

Aber für Hassan ist dieser Kampf gegen genderbasierte Gewalt in Ägypten eingebettet in eine weltweite Bewegung. Deswegen hat sie auch am Aufbau einer Organisation Women Human Right Defenders im Mittleren Osten und Nordafrika mitgearbeitet. *Die Frauenbewegung in Ägypten und in den Entwicklungsländern ist auf die Solidarität und Unterstützung Gleichgesinnter andernorts angewiesen.*

Mubarak ist zwar Geschichte, aber das jetzt herrschende Regime agiert ähnlich. Frauen wie Mozn Hassan stören die Kreise der Mächtigen; wenn man sie schon nicht dauernd einsperren kann, belegt man sie wenigstens mit Reiseverbot.

Die größte äußere Bedrohung für Frauen (und damit auch für die Menschheit) ist das Wachstum und die Akzeptanz einer frauenfeindlichen, autoritären Kultur des Militarismus in all ihren Erscheinungsformen innerhalb der verschiedenen Institutionen des globalen kapitalistischen militärisch-industriellen Komplexes, wie sie auf unterschiedliche Weise in der Welt wiederholt werden.

Diese Feststellung stammt von **Amina Mama,** am 19. September 1958 geboren, einer nigerianischen Psychologin und Feministin. Schon im Kindesalter musste sie erleben, dass Nigeria wenige Jahre nach der Erlangung der Unabhängigkeit 1960 in einem Machtkampf zwischen den christlichen Igbo und den muslimischen Hausa und Fulani versank. 1966 kam es zu einem Pogrom an den Igbo mit mehreren Tausend Toten, was in weiterer Folge die Sezession des Südens und den Biafrakrieg auslöste.

Da die Mutter eine britische Lehrerin war, konnte Amina ihre Schulausbildung in Großbritannien fortsetzen. Schließlich promovierte sie in London in Organisationspsychologie, wobei das Thema ihrer Abschlussarbeit „Race, Gender and Subjectivity: A Study of Black Women" lautete. Bald darauf veröffentlichte sie ihr erstes Buch: „The Hidden Struggle" – wobei der Kampf nicht mehr verdeckt, sondern immer offener geführt wurde. Ein Kampf gegen männliche Machtstrukturen und für die Emanzipation der Frauen, denn es handelte sich um die überhaupt erste Untersuchung von Gewalt gegen britische schwarze Frauen.

An der historisch weißen Universität von Cape Town baute sie später den Lehrstuhl für Gender Studies auf und hatte eine Reihe von Gastprofessuren in Europa und den USA inne. Vorbild bei ihrer Arbeit war **Gambo Sawaba.** Sie hatte sich seit ihrem 17. Lebensjahr in der Politik ihres Landes engagiert. Sie wurde 16 Mal verhaftet, weil sie sich offen gegen Kinderheirat und Zwangsarbeit eingesetzt hatte, und galt als die am häufigsten inhaftierte nigerianische Frau. So hatte sie stets eine Decke mit der Aufschrift „Gefängnishof" bei sich, um für eine Verhaftung gewappnet zu sein. „Sawaba" war ein ihr verliehener Name, der „Freiheit" und „Erlösung" bedeutet.

International bekannt wurde Amina Mama durch ihr 1995 erschienenes Werk „Beyond the Masks", in dem sie eine antirassistische, feministische Kritik psychoanalytischer Perspektiven auf Identität entwickelte.

I am the Revolution

So heißt ein Film aus dem Jahr 2018 von Benedetta Argentieri, der dokumentarisch drei Frauen begleitet, die in drei der fürchterlichsten Länder der Welt, nämlich Afghanistan, Syrien und dem Irak, für Freiheit und Frauenrechte kämpfen.

Selay Ghaffar kommt aus der afghanischen Provinz Farah, ist die Tochter eines Freiheitskämpfers und war für verschiedene Menschenrechtsorganisationen tätig. Sie begann ihre Tätigkeit, indem sie afghanischen Frauen und Kindern in pakistanischen Flüchtlingslagern half. *Ich sah Kinder, die keine Schuhe und nicht genug zu essen hatten, und ich sah Frauen, die wiederholt häuslicher und sexueller Gewalt ausgesetzt waren. Und obwohl ich erst 13 Jahre alt war, begann meine „Karriere" in der humanitären Arbeit.* Als Sprecherin der Solidarity Party of Afghanistan bis August 2021 war sie dafür bekannt, sich offen gegen die Besetzung durch die USA und NATO und gegen die diversen Warlords auszusprechen.

Rojda Felat ist eine syrisch-kurdische Kommandeurin der kurdischen Frauenverteidigungseinheiten und kämpft gegen die Terrororganisation „Islamischer Staat" (IS). Eines ihrer Vorbilder ist die kurdische Volksheldin Arin Mirkan, die sich bei der Schlacht um Kobanê lieber selbst tötete, als dem IS in die Hände zu fallen: *Mein Hauptziel ist, die kurdischen und syrischen Frauen von den Fesseln der traditionellen Gesellschaft und der Kontrolle zu befreien, genauso wie ganz Syrien von Terrorismus und Tyrannei zu befreien.*

Yanar Mohammed wiederum ist eine prominente irakische Feministin, die in Bagdad geboren wurde. Sie ist Mitbegründerin und Direktorin der „Organisation für Frauenfreiheit im Irak und gründete auch die ersten Frauenhäuser im Irak, um ihre Geschlechtsgenossinnen vor Ehrenmord und Sexhandel zu schützen. Heute hat das Netzwerk ein Dutzend Häuser in fünf Städten und Hunderte von gefährdeten Frauen konnten gerettet werden. Mohammed setzt sich für verstärkte Frauenrechte im Irak ein und befürwortet Säkularismus und Demokratie, ohne antireligiös zu sein.

Sie hat die US-Invasion heftig kritisiert und erklärt, dass *die US-Besatzung die Straßen des Irak in eine Frauenverbotszone verwandelt hat – die amerikanische Besatzung, die bereit ist, Völkermord zu begehen.*

Die kurdischen Worte für „Frau" (Jin) und „Freiheit" (Jiyan) haben eine gemeinsame Wurzel in dem Vornamen Jina, welcher „Leben" bedeutet. **Jina Amini,** geboren am 21. September 1999, war lebenslustig und freiheitsliebend und wollte sich von den iranischen Sittenwächtern nicht einschränken lassen. „Mahsa", den von den Behörden aufgezwungenen Vornamen, der nur die Bestimmung hatte, ihre kurdischen Wurzeln zu verdecken, verwendete sie daher nie. Sie war erst 22 Jahre alt, als sie von den Schlägern zur Wahrung der archaischen Sitten vorgeblich im Namen des Islams totgeprügelt wurde. Angeblich lag ihr Kopftuch nicht den Regeln entsprechend auf ihrem Kopf. „Jin, Jiyan, Azadi" – es schien, als würde ein ganzes Land aufschreien „Frauen, Leben, Freiheit". Schon bei der Beerdigung nahmen die Frauen – übrigens zum ersten Mal nach den Protesten der Frauen am 8. März 1979, dem Jahr der Islamischen Revolution – ihre Kopftücher kollektiv ab. *Ein Mord aufgrund des Verschleierungsverbots* und *Wie lange dauert diese Erniedrigung noch?,* wurde gerufen. Im ganzen Land, vor allem in Kurdistan, sah man Frauen jeden Alters, die ihre Kopftücher verbrannten. Die Bilanz nach einem Jahr des Aufschreis war dann grauenhaft. Der „Gottesstaat" hatte mit aller Brutalität zugeschlagen: 20.000 Gefangene, Hunderte von Ermordeten, darunter viele Jugendliche, sogar Kinder wurden nicht verschont. Die Hinrichtung angeblicher Straftäter, noch dazu öffentlich, sollte demonstrieren, dass die Wächter und die Mullahs keine Gnade walten lassen wollten. Zu sehr war ihnen die Breite des Protests in die Glieder gefahren. Trotzdem ist vieles in Bewegung geraten. *Die Freiheit der Frau bedeutet die Freiheit der Gesellschaft* war auf den Transparenten gegen die Zwangsverschleierungsdiktate Khomeinis aus dem Jahr 1979 zu lesen.

Heute haben die Frauen und viele junge Menschen das korrupte und repressive System, das die Mullahs aufrechterhalten, einfach satt und wehren sich gegen die jahrelange Bevormundung einer mörderischen Theokratie. Noch kann niemand voraussagen, ob die Massenbewegung im Iran letzten Endes erfolgreich sein wird. Es geht nicht nur um Religion oder das patriarchalische Unterdrücken der Frau – es geht um Geld, richtig viel Geld, denn die Revolutionsgarden haben ein ganzes Netz an lukrativen Erwerbsquellen aufgebaut, die gemeinsam mit dem Riesenvermögen der Mullahs abgesichert werden sollen.

Präsident und Indigene gegen den Pakt der Korrupten

Letztendlich hat die Präsidentschaftswahl in Guatemala einen Ausgang genommen, der für das von Bürgerkriegen gebeutelte Land hoffen lässt: Der Sohn des ersten demokratisch gewählten Präsidenten aus der Vorkriegszeit, Bernardo Arévalo, entschied das Rennen für sich und seinen sozialdemokratischen Movimiento Semilla. Dem war eine Reihe von Versuchen vorangegangen, seine Wahl doch noch zu vereiteln. Unter anderem wurde ihm vorgeworfen, er wolle die Religionsfreiheit zugunsten einer LGBTI-Ideologie abschaffen und außerdem sei er nichts als eine Marionette ausländischer Regierungen. Auch nach der erfolgten Wahl ließ man seitens der konservativen Eliten und ihrer behördlichen Handlanger nichts unversucht, um die Wahl zu annullieren. Sowohl das Ministerio Público als auch eine Finanzbehörde wurden eingeschaltet und ein Staatsanwalt gab bekannt, er wolle gegen die Semilla-Partei wegen Korruption und das Oberste Wahltribunal wegen Manipulation ermitteln. Das Beispiel Donald Trump macht Schule: Hat man eine Wahl ganz offensichtlich verloren, kann sie nur „geschoben" gewesen sein. Aber die Zivilgesellschaft, Handelsvertretungen und auch unterlegene Parteien setzten sich mit der Forderung durch, den demokratischen Prozess nicht länger zu untergraben.

Zumindest im Vorfeld der Präsidentenwahl hatte die Methode der Diskreditierung und Denunzierung Erfolg gehabt, als das Verfassungsgericht **Thelma Cabrera,** geboren am 21. September 1970, als Kandidaten ausschloss. Sie ist eine indigene Menschenrechtsverteidigerin aus dem Volk der Maya Mam. Sie kandidierte für die Bewegung für die Befreiung der Völker und belegte bei den Wahlen 2019 mit 10,3 Prozent der Stimmen den vierten Platz. In ihren früheren Jahren arbeitete sie gemeinsam mit der Familie bei der Kaffeeernte: *Ich kam aus dem Nichts – aus dem Müll. Aber viele Jahre lang habe ich mit Gemeinschaften gearbeitet, die unter mangelnden Chancen, unwürdigen Löhnen, Migration und Gewalt infolge von Strukturproblemen und Korruption leiden*. Mit ihrer Präsidentschaftskandidatur wollte Cabrera die individuellen und kollektiven Rechte indigener und marginalisierter Gruppen in Guatemala durch eine Verfassungsreform verteidigen. Zu den wesentlichen Zielen ihrer Politik gehören eine faire Vertretung der indigenen und afroguatemaltekischen Bevölkerung, ein effizientes Gesundheitssystem und die Achtung der Arbeitsrechte. Noch nie waren die indigenen Gruppen so geschlossen wie dieses Mal.

Sie ist gerade einmal 30 Jahre alt, hat schon das fünfte Gefängnisjahr hinter und mindestens noch eines vor sich. Die am 23. September 1994 geborene **Sepideh Qolian** ist eine Iranerin, deren Verbrechen darin besteht, eine Gegnerin des Regimes zu sein, das von alten Gotteskriegern und jungen Schlägern aufrechterhalten wird. Und trotz aller Repression gibt es immer wieder Menschen, die sich nicht einschüchtern lassen und den Mut aufbringen, für ihre Rechte zu kämpfen. Junge Frauen wie Sepideh Qolian nehmen dabei bewusst in Kauf, dass ihnen Gewalt angetan, ihre Würde verletzt und ihre Jugend gestohlen wird. Gerade in einer hedonistischen, egoistischen und am Konsum orientierten Gesellschaft, wie man sie im globalen Norden vielfach antrifft, wäre dafür Nachdenklichkeit und Respekt angesagt. Da kommt eine junge, lebenslustige Frauen- und Menschenrechtsverteidigerin nach vier Jahren Haft frei, und kaum vor den Gefängnistoren, brüllt sie einen kämpferischen Satz gegen den Ayatollah. Sie weiß, was sie damit riskiert, und trotzdem ruft sie: *Diktator Khamenei, wir werden dich stürzen!* Auf dem Video sieht man außerdem, dass sie entgegen der strikten Kleiderordnung kein Kopftuch trägt – eine weitere Provokation!

Am Tag ihrer Freilassung wurde Qolian erneut verhaftet und wegen *Beleidigung des iranischen Revolutionsführers* zu zwei Jahren Haft verurteilt. Eine weitere Verurteilung zu 15 Monaten Haft erfolgte wenige Monate später wegen *Verwirrung der öffentlichen Meinung durch die Verbreitung von Lügen*.

Oppositionelle Bewegungen werden brutal niedergeschlagen, Regimegegner und Angehörige religiöser Minderheiten verfolgt, inhaftiert und getötet. Um Hinrichtungen möglichst demonstrativ und öffentlichkeitswirksam zu gestalten, bedient man sich gerne hoher Baukrane, an denen die Delinquenten aufgehängt werden. Und dennoch engagieren sich viele Menschen unter Einsatz ihrer Freiheit, ihrer Gesundheit und ihres Lebens für Frauen- und Menschenrechte. Tausende von ihnen werden aus politischen (vorgeblich auch „religiösen") Gründen unter schlimmsten Bedingungen festgehalten. Sepideh Qolian steht stellvertretend für Frauen wie **Reyhaneh Ansarinejad, Nasim Soltanbeigi, Nahaleh Shahidi Yazdi, Sanaz Tafazoli, Saeideh Shafiei, Arash Asadollahi** und, und, und …

Bury me in a free land

So lautet der Titel eines Gedichts, das die am 24. September 1825 geborene **Frances Ellen Watkins Harper,** eine afroamerikanische Autorin, Menschenrechtlerin und Sklavengegnerin, im Jahre 1858 verfasst hat. Sie hatte
schon im Alter von 20 Jahren ihren ersten Gedichtband veröffentlicht.
„Begrabt mich in einem freien Land", das sie mit 33 Jahren schrieb, ist die
lyrische Hoffnung auf Freiheit in einem Land ohne Sklaverei.
Es beginnt mit einer Bitte:

> Bereitet mir ein Grab, wo immer ihr wollt,
> in einer tiefen Ebene, oder auf einem hohen Hügel.
> Bereitet es mir inmitten der bescheidensten Gräber der Erde,
> aber nicht in einem Land, wo Menschen Sklaven sind.
> Ich könnte mich nicht rühren, wenn ich um mein Grab herum
> die Schritte eines zitternden Sklaven hörte;
> Sein Schatten über meinem stillen Grab
> würde daraus einen Ort angstvollen Unheils machen.
> Ich könnte mich nicht rühren,
> wenn ich den Schritt eines Sklavenzugs hörte,
> der zu den Baracken geführt wird,
> und den gellenden Schrei einer Mutter in wilder Verzweiflung,
> der wie ein Fluch in die zitternde Luft hinaufführe.

Und das Gedicht endet mit einer Bitte:

> Ich bitte nicht um ein Monument, stolz und hoch,
> den Blick der Passanten zu fangen.
> Alles, wonach mein hungernder Geist verlangt, ist,
> begrabt mich nicht in einem Land der Sklaven.

Mary Church Terrell, geboren am 23. September 1863, war eine afroamerikanische Sozialreformerin und Bürgerrechtlerin. Sie war Mitbegründerin
von zwei Bürgerrechtsorganisationen und engagierte sich für das Frauenwahlrecht. Bis ins hohe Alter setzte sie sich aktiv für die Rechte und Gleichbehandlung der afroamerikanischen Bevölkerung und die Aufhebung der
Rassentrennung in den Vereinigten Staaten ein und führte Protestmärsche
gegen die Rassentrennung in Restaurants an. Ihre Autobiografie trägt den
Titel „A Colored Woman in a White World".

So wurde bell hooks 2020 vom „Time Magazine" bezeichnet – ein Name, den sie sich von ihrer indigenen Urgroßmutter geliehen hatte und den sie bewusst kleingeschrieben verwendete. Eigentlich hieß sie nämlich **Gloria Jean Watkins** und wurde am 25. September 1952 in eine afroamerikanische Familie im ländlichen Kentucky geboren. Sie war eine Verfechterin intersektionaler, feministischer, antirassistischer und kapitalismuskritischer Ansätze, die ihre Präzision im Denken dem *working class background where disciplined work was really valued* verdankte.

In ihrem Buch „Where We Stand: Class Matters" hob sie die Bedeutung der Klassengesellschaft hervor und beklagte, dass dieser Aspekt in diversen Rassismus- und Gender-Mainstreaming-Diskursen ausgeblendet werde.

Die Erziehung zu einem kritischen Bewusstsein ist für sie die Voraussetzung für die Überwindung der Trinität von *weißer Vorherrschaft, Kapitalismus und Patriarchat.*

Antirassistische Arbeit, deren Strategie darauf zielt, dass diese Personen sich als „Opfer" von Rassismus sehen, und dabei auf eine einschneidende Wirkung bei den Betreffenden setzt, ist fehlgeleitet. Wir müssen einfach zur Kenntnis nehmen, dass Personen mit vielen Privilegien, die in keiner Weise Opfer sind, sich aufgrund ihrer politischen Entscheidung für die Unterdrückten einsetzen können. Diese Solidarität muss nicht unbedingt auf gemeinsamer Erfahrung beruhen. Sie kann sich auch auf das politische und ethische Verständnis von Rassismus und die Absage an Dominanz gründen. Daraus lässt sich ersehen, wie wesentlich die Erziehung zu einem kritischen Bewusstsein ist, einem Bewusstsein, das Mächtige und Privilegierte in die Lage versetzten kann, sich der Herrschaftsstrukturen zu entledigen, in denen sie verwurzelt sind, ohne sich als Opfer fühlen zu müssen. Mit dieser Einschätzung wird nicht notwendigerweise die kollektive Erkenntnis negiert, dass eine Dominanzkultur darauf ausgerichtet ist, sich völlig verwirrend und verzerrend auf die Psyche der Menschen auszuwirken.

Die politische Entscheidung, sich für die Unterdrückten einzusetzen, muss also nicht auf selbst gemachter Erfahrung beruhen, denn das würde den Kreis möglicher Unterstützer unnotwendigerweise einschränken. Es ist aber nötig, das politische und ethische Verständnis zu entwickeln, um Rassismus und Dominanz eine Absage zu erteilen.

Der tapfere Vogel ist eine Lakota-Frau

Legt man die Maßstäbe der weißen Bürokratie an, dann hieß sie **Mary Ellen Moore-Richard** und wurde am 26. September 1954 in Rosebud, South Dakota geboren und starb am 14. Februar 2013 in Nevada. Als Lakota-Sioux-Aktivistin war sie Mary Brave Bird, Mary Brave Woman Olguin oder Mary Crow Dog. In den 1970er-Jahren war sie Mitglied der indigenen US-Widerstandsbewegung AIM – American Indian Movement. Brave Bird gehörte dem Stamm der Sicangu Lakota Oyate an, was man als „Volk der verbrannten Oberschenkel" übersetzen kann. Diesen eigentümlichen Namen hatten sie erhalten, weil viele Stammesmitglieder bei der Flucht vor einem Präriefeuer Brandwunden erlitten hatten. Nachdem es 1854 zu einem Feuergefecht zwischen Stammesangehörigen und US-Soldaten gekommen war, gab die Presse dem Kampf die Bezeichnung Grattan-Massaker und wurde Teil einer groß angelegten antiindianischen Presse-kampagne dieser Zeit. Daraufhin griff eine große Übermacht des Militärs das Lager an und tötete 85 Stammesmitglieder, darunter viele Frauen und Kinder. Der General der Angreifer, William S. Harney, hieß bei den Sioux daraufhin nur mehr „der Schlächter". Der später berühmte Häuptling Crazy Horse überlebte als Kind das Massaker.

Die Geschichte ihres Volkes trug dazu bei, dass Brave Bird 1971 der AIM beitrat und an einer Reihe von Aktivitäten teilnahm, so am „Marsch der gebrochenen Verträge" 1972 und an den Besetzungen von Wounded Knee im darauffolgenden Jahr. Eine frühe Zäsur in ihrem Leben war der Besuch einer römisch-katholischen Klosterschule, wo sie als Schülerin Missbrauch und Verfehlungen von Priestern und Nonnen dokumentierte und dafür auch noch bestraft wurde. Einige dieser Erfahrungen sind in die Biografie „Lakota Woman" im vielsagenden Kapitel „Civilize Them With a Stick" eingeflossen.

Geprägt durch ihr traditionell indianisches Umfeld war ihr auch der Glaube der Peyote-Religion nahegebracht worden. Dabei handelt es sich um die synkretistische Vermischung verschiedener traditionell indianischer Reli-gionen mit dem Christentum. Diese Religion ist heute ein sehr einflussreicher Teil des „Panindianismus" und bei mehr als 50 Stämmen vertreten.

Brave Birds Bücher beschreiben die Verhältnisse bei den Lakota-Indianern, aber auch die Rolle des FBI und des Büros für indianische Angelegenheiten. Der Fokus ihrer Werke liegt auf den Themen Geschlecht, Identität und Rasse.

Hört man „Jamaika", denkt man an Meer, Palmen, riffgesäumte Strände, Rum, Reggae und Karibikpiraten. Ach ja – die Rastafari gehören dazu, und irgendetwas hat das auch mit Äthiopiens legendärem Negus Haile Selassie zu tun. In ihm sehen die Anhänger dieser Glaubensgemeinschaft den neuen Messias, von dessen Geburtsname „Tafari Makonnen" und seinem Adelstitel „Ras" sich ihre Eigenbezeichnung „Rastafari" ableitet. Sie lehnen zwar den Genuss von Alkohol und Tabak ab und befolgen die Reinheitsvorschriften des Alten Testaments, aber viele konsumieren auf rituelle Weise Cannabis. Sie nutzen es zum Meditieren, und in Anlehnung an die Offenbarung des Johannes, *die Blätter der Bäume dienen zur Heilung der Völker,* wird Hanf auch als „healing of the nation" bezeichnet. Typisch für die meisten Rastafari ist auch ihre Frisur – die Dreadlocks.

2014 wurde Nakiea Jackson in seiner Heimatstadt Kingston von der Polizei erschossen. In einem Restaurant, in dem er als Koch gerade eine große Mittagsbestellung mit gebratenem Hühnchen vorbereitete, griff ein Polizist zur Waffe und tötete ihn mit zwei Schüssen. Grund sei ein angeblicher Raubüberfall in der Gegend gewesen und bei der Kontrolle des Lokals habe Jackson eine Waffe auf ihn gerichtet. Nakiea habe auf die Beschreibung gepasst, die auf einen „Rastafari-ähnlichen Mann" mit Dreadlocks bezogen gewesen sei. Zeugen sagten, der Koch sei unbewaffnet gewesen und habe eine Schürze getragen. Das Verfahren gegen den Polizisten, der den jungen Mann erschoss, wurde zwei Jahre später eingestellt. Einer der Hauptzeugen hatte sich geweigert, vor Gericht zu erscheinen. Kein Wunder, bedenkt man, dass die Polizei in Jamaika in den zehn Jahren davor 2000 Menschen erschossen hatte.

Seine Schwester **Shackelia Jackson,** geboren am 27. September 1982, wurde kurz nach dem Tod des Bruders verständigt und konnte sehr schnell am Ort des Geschehens sein, weil dieser in unmittelbarer Nähe lag. Der reglose Körper des Opfers war bereits aus dem Laden geschleift und in einen Polizeiwagen geworfen worden.

Seitdem kämpft Shackelia um Gerechtigkeit und will keinesfalls aufgeben. *Denn das würde bedeuten, dass ich der Polizei erlaube, noch einen Bruder von mir zu töten.*

Mutter der Menschlichkeit

Die Wahl in Bangladesch am 7. Januar 2024 wurde wieder einmal von Gewalt überschattet, die größte Oppositionspartei, die Bangladesh Nationalist Party, hatte die Wahl wegen unfairer Voraussetzungen boykottiert, sodass das Wahlergebnis schon vor dem Wahltag feststand.

Die am 28. September 1947 geborene **Scheich Hasina Wajed** war zum vierten Mal an der Spitze der Awami-Liga zur Wahl angetreten, ihr Sieg wäre auch ohne Oppositionsboykott sicher gewesen.

Schon ihr Vater Mujibur Rahman war an der Spitze des Landes gestanden und führte es 1971 in die Unabhängigkeit. Mit der von ihm geprägten Awami-Liga regierte er das Land autoritär, bis er 1975 gestürzt wurde. Bei dem gewaltsamen Putsch des Militärs wurde nicht nur er, sondern fast die gesamte Familie ermordet. Die beiden Schwestern Hasina und Rehana waren zu diesem Zeitpunkt in Deutschland und überlebten. Hasina blieb zunächst im Exil und übernahm 1981 die Führung der zu diesem Zeitpunkt in Opposition stehenden sozialistischen Awami-Liga. Sie war immer wieder in Hausarrest, weil sie zu einer lautstarken Fürsprecherin demokratischer Spielregeln wurde. 1996 gelang ihr dann der Umschwung und sie wurde zum ersten Mal zur Premierministerin gewählt. Ihre langjährige politische Gegenspielerin war Khaleda Zia. Auch ihre Geschichte ist von Gewalt gekennzeichnet, 1981 wurde ihr Ehemann Ziaur Rahman, damals Präsident des Landes, bei einem missglückten Militärputsch ermordet. Die beiden Frauen führten gemeinsam die Opposition an und Khaleda Zia war als Erste am Ziel: Von 1991 bis 1996 war sie Premierministerin, bis sie von Scheich Hasina abgelöst wurde. 2001 kam Zia wieder an die Macht, 2009 wurde sie von ihrer Gegenspielerin geschlagen. 2014 gab es massive Wahlfälschungsvorwürfe gegen Hasina, die in ihrem Amt bestätigt worden war.

Scheich Hasina war mittlerweile die am längsten amtierende Regierungschefin der Welt. Sie stellte sich selbst als „Mutter der Menschlichkeit" dar, weil eine Million muslimische Rohingya-Flüchtlinge aus dem benachbarten buddhistischen Myanmar aufgenommen worden waren. Ihr Vater war immerhin „Vater der Nation". Die brutale Niederschlagung von Studentenprotesten und der folgende Volksaufstand zwangen sie Anfang August 2024 zur Niederlegung des Regierungsamtes und zur Flucht nach Indien.

In einer Hinsicht ist das südamerikanische Land Ecuador mit seinen 17 Millionen Einwohnern, die auf 280.000 Quadratkilometern leben, absolute Weltspitze: Keine andere Region der Erde ist so artenreich, auch geografisch, topografisch, klimatisch und ethnisch findet man eine einzigartige Vielfalt.

In letzter Zeit wurde das Land von einer bis dahin nicht gekannten Gewaltwelle heimgesucht, an der Drogenkartelle einen maßgeblichen Anteil haben. Im Jahr 2023 übertraf die Mordrate jene von Mexiko. Ein Land der Superlative also – im Guten wie im Schlechten.

Eine weitere Besonderheit soll nicht ausgespart bleiben: Eine Ecuadorianerin war die erste Wählerin des gesamten Kontinents! Die am 29. September 1889 geborene **Matilde Hidalgo Navarro de Procel** erreichte 1924 eine Einschreibung in das Wählerverzeichnis für die Präsidentschaftswahl, indem sie sich eine Besonderheit zunutze machte: Frauen war es nicht ausdrücklich verboten zu wählen, wenngleich es auch noch kein explizites Frauenwahlrecht gab. Sie wurde dann ein Jahr später als erste Frau in den Rat eines Kantons gewählt – Machala heißt diese Region im Südwesten des Landes –, dessen Vizepräsidentin sie ab 1936 war.

Matilde schien den Anspruch für sich gepachtet zu haben, jeweils die Erste zu sein: Sie war die erste Ecuadorianerin, die das Abitur machte, anschließend die erste Frau, die Medizin studierte und auch eine Praxis eröffnete. Beim Studium hatte sie die Hürde zu überwinden, dass ihr zunächst in der Hauptstadt Quito die Einschreibung versagt wurde und sie nach Cuenca ausweichen musste. Ihre Antwort: Sie schloss das Studium mit Auszeichnung ab, obwohl sie ständig mit spöttischen Bemerkungen sowohl der Mitbürger als auch ihrer Kommilitonen zu kämpfen hatte. Widerstandsfähigkeit hatte sie schon in jungen Jahren an den Tag legen müssen, denn bereits ihre Einschreibung in einer weiterführenden Schule stieß im katholisch geprägten Heimatort auf gesellschaftliche Ablehnung. Eine Frau hatte sich im geschlechtsreifen Alter eben auf Kinder-Küche-Kirche zu konzentrieren – Bildung hatte da keinen Platz.

Nur ein Mal verlor sie das Rennen, die Erste zu sein: 1941 wurde sie von der Liberalen Partei für das Parlament aufgestellt, hatte auch genügend Wählerstimmen erhalten, musste sich aber als eine „Nachrückerin" mit einer Warteposition – gemäß dem Wunsch der Partei – begnügen.

Donna Xiomara und die Mission impossible

Honduras ist neben Haiti das ärmste Land Mittelamerikas und der Karibik. Eines der größten Probleme, welches die Armut mit sich gebracht hat, ist die Bandenkriminalität. Aus Hoffnungslosigkeit entstehen Jugendbanden wie „Barrio 18" oder „Mara Salvatrucha", die ganze Stadtviertel terrorisieren und jeweils bis zu 40.000 (!) Mitglieder haben. Dazu kommen Vetternwirtschaft und Korruption, die weltweit zu den schlimmsten zählen. Transparency International listet Honduras auf Platz 157 von 180 Staaten. Das macht die Führung des Landes zu einer fast unmöglichen Aufgabe und wenn man – so wie **Xiomara Castro** – keine Parlamentsmehrheit hinter sich hat, zu einer Mission impossible.

Die am 30. September 1959 in der Hauptstadt Tegucigalpa geborene Politikerin kann zwar in Anspruch nehmen, die erste weibliche Präsidentin von Honduras zu sein und eine partizipative Demokratie sowie den Entwurf einer neuen Verfassung versprochen zu haben, allein, es mehren sich die Zweifel, ob sie ihre Vorhaben auch realisieren kann.

Die studierte Betriebswirtin ist mit José Manuel Zelaya verheiratet – der 2005 zum Präsidenten gewählt wurde. Seine Politik war zunächst zwar eher konservativ, doch er schwenkte in eine linksorientierte Linie um, die sich zunehmend von den USA abwandte. Vier Jahre später putschte das Militär und der Präsident musste nach Costa Rica flüchten. Seine Frau stellte sich an die Spitze von Großdemonstrationen gegen das Militär. Bei den ersten freien Wahlen danach trat sie als Präsidentschaftskandidatin an, verlor aber gegen den konservativen Widerpart. Vier Jahre später gewann sie zwar die Vorwahlen in ihrer Partei Libre, trat aber zugunsten eines anderen Kandidaten des Wahlbündnisses in die zweite Reihe und widmete sich internationalen Aufgaben. Bei der Wahl 2021 erhielt sie dann die absolute Mehrheit und siegte mit deutlichem Vorsprung vor dem konservativen Kandidaten.

Sie muss sich jetzt nicht nur gegen die alten Eliten behaupten, sondern das Netzwerk an Korruption durchschlagen, das das Land lähmt.

Das Ministerio Público, die Generalstaatsanwaltschaft, gilt als Statthalter der alten Kräfte um den wegen Drogenschmuggels in den USA inhaftierten Ex-Präsidenten. Xiomara Castro hat gleich nach ihrer Vereidigung die Vereinten Nationen um Unterstützung ersucht und um die Einrichtung einer Kommission gegen Straflosigkeit und Korruption gebeten.

I don't call it climate change, it's a change for those who are not affected by the crisis. For us, it is a crisis.

Als die Premierministerin von Barbados, **Mia Amor Mottley,** geboren am 1. Oktober 1965, vor der Generalversammlung der Vereinten Nationen auftrat, verurteilte sie die „Gesichtslosen" (also die, die im Dunkeln bleiben), die die Welt in eine Klimakatastrophe treiben und die Zukunft kleiner Inselstaaten ignorieren.

Unsere Welt weiß nicht, womit sie spielt, und wenn wir dieses Feuer nicht kontrollieren, wird es uns alle niederbrennen, sagt sie und fügt in Anlehnung an einen Text von Bob Marley hinzu: *Wer wird aufstehen und für die Rechte unseres Volkes eintreten?*

Ihre leidenschaftliche Rede sorgte weltweit für Schlagzeilen, 2021 würdigte sie die UNO als „Champion of Earth" und damit mit der höchsten Umweltauszeichnung.

In Entwicklungsländern belaufen sich die Kosten für die Bekämpfung klimabedingter Gefahren wie Dürren, Überschwemmungen und steigender Meeresspiegel auf sieben Milliarden Dollar pro Jahr und könnten in naher Zukunft auf mehr als das Vierfache ansteigen. Es handelt sich im Weltmaßstab um die „armen" Länder, die selbst am allerwenigsten zur Verschmutzung beitragen, aber auch die wenigsten Mittel zur Verfügung haben.

Mottley ist bereits seit 30 Jahren Mitglied des Parlaments in ihrer Heimat, war Bildungsministerin, Innenministerin und erste weibliche Generalstaatsanwältin, dazu bis 2008 auch Wirtschaftsministerin und stellvertretende Premierministerin. Als Oppositionsführerin gelang ihr mit ihrer Labour Party 2018 ein Erdrutschsieg und sie wurde erste weibliche Premierministerin. 2022 wurde sie bei den Wahlen bestätigt und führt auch die Ministerien für Finanzen, Wirtschaft und Nationale Sicherheit. Im selben Jahr organisierte sie die Bridgetown-Initiative, die von Geberländern, Investoren, dem Internationalen Währungsfonds und der Weltbank einen globalen Klimafonds fordert, der dem Nutzen für den Klimaschutz Priorität gegenüber Renditeerwartungen einräumt. Sie verlangt außerdem eine Steuer auf den Verbrauch fossiler Energien, um Klimafolgen in ärmeren Ländern ausgleichen zu können. *Ich denke, dass die Kombination von Pandemie und Klimakrise den perfekten politischen Moment für die Menschen darstellt, innezuhalten und wirklich zu prüfen, was wir tun.*

Der Kampf um die Wahrung der Meinungsfreiheit ist nobelpreiswürdig und lebensgefährlich

Schöner hätte ihr 60. Geburtstag wohl nicht ausfallen können. Kurz vor dem 2. Oktober 2023 wurde sie auch noch vom letzten Anklagepunkt freigesprochen. Es waren schwerwiegende Vorwürfe, denen sie sich durch die philippinische Justiz ausgesetzt sah. Allein eine Verurteilung wegen Steuerhinterziehung hätte sie für 34 Jahre hinter Gitter bringen können – angesichts ihres Alters wäre wohl „lebenslänglich" daraus geworden. Unter dem mittlerweile abgetretenen autoritären Präsidenten Rodrigo Duterte waren gleich mehrere Verfahren gegen die unbequeme Journalistin **Maria Ressa** eingeleitet worden. Sie hat immer wieder betont, dass all die Verfahren gegen sie politisch motiviert seien. Mundtot wollte man sie zumindest machen, in dem Land, dessen Präsident bei der Tötung angeblicher Drogenkrimineller der Polizei freie Hand ließ.

Das Nachrichtenportal „Rappler" und seine Geschäftsführerin Maria Ressa waren unter Druck geraten, weil sie kritisch über Rodrigo Duterte, seinen „Krieg gegen Drogen" und den Aufruf zur Selbstjustiz durch Bürgerwehren und Exekutive berichtet hatten.

Im November 2018 hatten dann die philippinischen Behörden angekündigt, dass sie Ressa wegen Steuerhinterziehung und Nichtvorlage von Steuererklärungen anklagen würden. *Dieses ist eine klare Form der anhaltenden Einschüchterung und Schikanierung gegen uns, und ein Versuch, Journalisten zum Schweigen zu bringen*, reagierte Ressa auf die Vorwürfe. Prompt wurde sie wegen Verleumdung schuldig gesprochen und es nützte nichts, dass die Menschenrechtsorganisation Human Rights Watch das Urteil als „Frontalangriff auf die Pressefreiheit" kritisierte. Am 18. Januar 2023 erfolgte der erste Freispruch, acht Monate später der zweite, aber der Verleumdungsvorwurf ist noch offen.

Als Maria Ressa 2021 gemeinsam mit dem russischen Journalisten Dmitri Muratow der Friedensnobelpreis zuerkannt wurde, versuchte der philippinische Generalstaatsanwalt, Ressas Reise nach Oslo zur persönlichen Entgegennahme des Preises zu verhindern. In ihrer Dankesrede griff sie Facebook an. Sie nannte es *eine Flut von Giftschlamm* in den sozialen Medien. Die Technologiegiganten hätten *zugelassen, dass ein Virus der Lüge jeden von uns infiziert, um von Hass zu profitieren*.

Die Philippinen zählen zu den gefährlichsten Gegenden für Menschen, die versuchen, Korruption und andere Übel der Politik aufzudecken.

Bis in die 40er-Jahre des 19. Jahrhunderts hatten sie noch keine weißen Eindringlinge in ihrem Land gesehen, aber sie kannten bereits die Verwendung von Pferden, die ja erst mit den Europäern gekommen waren. Mit zunehmender Besiedelung des Westens setzte ein Verdrängungsprozess ein, in dessen Verlauf es immer wieder zu Kriegen kam, die letztendlich zuungunsten der Urbewohner verliefen.

Die gebürtige Häuptlingstochter der Nördlichen Paiute, **Sarah Winnemucca,** lebte auch mehrere Jahre mit weißen Siedlern und versuchte Zeit ihres Lebens, zwischen den beiden Völkern zu vermitteln.

Bei ihrer Geburt hatte sie den Namen „Thocmetony" erhalten, was so viel wie „Schildblume" bedeutete. Ihre Sippe wiederum bezeichnete sich als Kuyuidika-a, die „Saugkarpfen-Esser" nach dem Fisch, von dem sie sich hauptsächlich ernährten.

Ihr Vater war ein gebürtiger Shoshone, der in den Stamm eingeheiratet hatte und später unter dem Namen Winnemucca (der „Geber spiritueller Geschenke") Häuptling wurde.

Der Gold- und der anschließende Silberrausch in Kalifornien und Nevada verstärkten den Konflikt mit den Weißen und führten auch zu Nahrungsknappheit. Dazu kam dann auch noch die Eisenbahn, die die prekäre Lage verschlimmerte. Die Einweisung in Reservate machte die Paiute in hohem Maße abhängig von der Regierung, da sie ihrer traditionellen Lebensweise nun nicht mehr nachgehen konnten. Als sie 75 Paiute zur Flucht aus einem Lager verhalf, erreichte sie in ihrem Stamm einen heldenhaften Status.

1879 hielt sie mehrere Vorträge in San Francisco, um sich auf diese Art auf eine Begegnung mit dem Präsidenten vorzubereiten. Ihre Eloquenz und ihr Charisma machten sie populär und sie plädierte dafür, ihrem Volk Bildung zukommen zu lassen und die Diskriminierung zu beenden. In Washington wurde sie allerdings als Trinkerin und Prostituierte verleumdet, was die von ihr erhoffte Beachtung verhinderte. Auf der anderen Seite verdächtigte man sie im eigenen Volk, gemeinsame Sache mit den Weißen zu machen, da die gewünschten Erfolge ausblieben. Sie sammelte später Tausende Unterschriften für eine Petition, den „Indianern" die Staatsbürgerschaft zu verleihen, was allerdings erst nach einem halben Jahrhundert erfolgen sollte. Ihr 1883 erschienenes Buch „Life Among the Paiutes: Their Wrongs and Claims" war das erste bekannte Werk einer indigenen Frau.

Mut zur Freiheit: Flucht aus Nordkorea

Blickt man auf den nördlichen Teil der Halbinsel Korea, so muss einem der Begriff „Volksdemokratie" als Bedrohung erscheinen, denn bei allen Spielarten von autoritär bis diktatorisch, die die heutige Welt kennt, ist die Herrschaft des Kim-Familienclans wohl die schlimmste. In dritter Generation wird ein Personenkult betrieben, der die Ewigkeit beansprucht. Gegründet vom „Ewigen Präsidenten", gefolgt vom „Ewigen Vorsitzenden" und abgelöst vom „Obersten Führer" ist das Land zu einem riesigen Gefängnis mit 26 Millionen Insassen auf 120.000 Quadratkilometern Fläche verkommen. Diese „Ewigen Gefangenen" sind nicht nur äußerst schmaler Kost ausgesetzt, sondern werden ständig einer Gehirnwäsche unterzogen, die sich dann bei Massenaufmärschen in den Gesichtern der Menschen offenbart. Die Frauen haben in diesem gesellschaftlichen System eine niedrigere Stellung als Männer. Sieht man den verfetteten Oberhäuptling im Fernsehen auftreten, ist er zumeist in Begleitung alter Männer in Uniformen, die eifrig jedes seiner Worte in Notizbüchern notieren. Frauen sieht man dann, wenn es darum geht, zu zeigen, wie schön das Leben in diesem Arbeiter- und Bauernparadies ist. Gelegentlich schaffen es aber die Menschen, die das alles etwas anders sehen, dem Käfig zu entkommen.

Park Yeon-mi, geboren am 4. Oktober 1993, ist eine davon. Ihr Vater war wegen Schmuggels festgenommen worden und musste Zwangsarbeit leisten. Ursprünglich war er regionaler Beamter und Mitglied der Partei, also Teil des Systems und angepasst.

Nach seiner Freilassung plante man die Flucht nach China, die 2007 auch gelang. Über die Mongolei erreichte man schließlich das eigentliche Ziel, nämlich Südkorea. Der Vater war mittlerweile verstorben und Park hatte ebenso wie ihre Mutter zunächst Schwierigkeiten, sich auf das völlig anders verlaufende tägliche Leben in Südkorea einzustellen. Sie fanden dann aber Arbeit als Verkäuferin und Kellnerin.

Weltweit bekannt wurde die junge Frau auf dem One-Young-World-Gipfel 2014 in Dublin, wo sie ihr Leben in Nordkorea schilderte. Ein Jahr später veröffentlichte sie ihre Autobiografie „Mut zur Freiheit: Meine Flucht aus Nordkorea". Auch die Mutter Byeon Keum-sook versucht, die Menschen für das Schicksal der „Dortgebliebenen" zu sensibilisieren. Beide setzen sich auch für Opfer des Menschenhandels in China ein, zu denen sie auch gezählt hatten, bis ihnen die weitere Flucht in die Mongolei gelang.

„Innere Mongolei" ist eine Bezeichnung, die die Sicht der Pekinger Regierung auf das mongolische Siedlungsgebiet wiedergibt. Sie bezeichnet jenen Teil der Mongolei, der als autonomes Gebiet staatsrechtlich zur Volksrepublik gehört. Allerdings gehören nur 20 Prozent der 25 Millionen Einwohner zur namensgebenden Ethnie, denn die Migration der Han-Chinesen begann bereits im 19. Jahrhundert und die bis heute andauernden Konflikte haben weniger ethnisch-kulturelle als wirtschaftliche Hintergründe. Die Mongolen waren stets Nomaden und Viehzüchter, während die Chinesen an den Bodenschätzen interessiert sind. Das kommunistische China hat somit neben Tibet und dem Siedlungsgebiet der Uiguren einen dritten Unruheherd. Im Gegensatz zu den Tibetern und Uiguren ist das ethnische Bewusstsein der Mongolen nicht sehr ausgeprägt, dazu kommt, dass der chinesische Teil wirtschaftlich deutlich stärker ist als die selbstständige Mongolei.

Es gibt eine Gruppe von DissidentInnen, zu denen die Autorin **Govruud Huuchinhuu** gehört. Sie trat für eine menschenrechtliche Verbesserung des Status der Mongolen ein, was schon allein einen Affront gegen die Staatsmacht darstellte. Also wurde sie beschuldigt, separatistische Ideen und ethnische Differenzen propagiert zu haben. Deshalb wurde sie immer wieder verhaftet. Ihre politische Haltung hatte ein fünfjähriges Ausreiseverbot zur Folge, da man antichinesische Propaganda befürchtete. Im Jahr 2010 wurde sie wieder unter Hausarrest gestellt und verschwand nach einer Krebsbehandlung in einem Krankenhaus. 2012 begannen Aktivisten in Ulaanbaatar, der Hauptstadt der unabhängigen Mongolei, eine weltweite Kampagne und sammelten Unterschriften für eine Petition zur Freilassung Huuchinhuus und eines Mitstreiters. Ein Gericht verurteilte sie wegen des „Verrats von Staatsgeheimnissen" und stellte sie wieder unter Hausarrest, in dem sie 2016 ihrem Krebsleiden erlag.

Nachdem das Staatssicherheitsamt bereits 2007 die Veröffentlichung ihres Buchs „Elm with Stone Heart" („Ulme mit Steinherz") verhindert hatte, erschien dieses Werk, das sich mit südmongolischer Identität auseinandersetzt, in Ulaanbaatar. Ohne Erlaubnis publizierte sie im gleichen Jahr „Silent Rock", das von der Polizei beschlagnahmt wurde.

Zu viel mongolische Zentrifugalkraft also, um im Reich der Mitte toleriert zu werden.

Die Sharecropper waren einst Sklaven

Obwohl die Sklaverei 1865 in den USA abgeschafft wurde, blieben die meisten schwarzen Südstaatler durch die Pachtwirtschaft noch jahrzehntelang verarmt und abhängig.

Die Weißen hatten alle Gerichte, alle Waffen, alle Hunde, alle Eisenbahnen, alle Telegrafendrähte, alle Zeitungen, alles Geld und fast das ganze Land – und wir hatten nur unsere Unwissenheit, unsere Armut und unsere leeren Hände. Diese Erkenntnis eines anonymen Schwarzen hätte von **Fannie Lou Hamers** Großvater stammen können, der selbst noch Sklave war.

Die Eltern der am 6. Oktober 1917 in Mississippi geborenen Bürgerrechtlerin (sie hatte noch 19 Geschwister!) waren „Sharecropper", das heißt, sie durften ein Grundstück bewirtschaften, das ihnen nicht gehörte, Baumwolle pflücken, die sie ablieferten, und von einem Anteil, den ihnen der Eigentümer „großzügig" überließ, in einer Hütte dahinvegetierten. Um wenigstens etwas hinzuzuverdienen, waren die Eltern auch noch Hausangestellte, Baptistenprediger und Schwarzbrenner.

Fannie Lou Hamer: *Mein ganzes Leben lang war ich krank und müde vom Krank-und-müde-Sein.* Sie befolgte den Rat ihrer Mutter: *Lerne lesen, denn wenn du liest, weißt du Bescheid – und du kannst dir und anderen helfen.* Auf der Plantage, auf der ihre Eltern arbeiteten, hatte sie Aufzeichnungen über die geernteten Ballen Baumwolle, den fälligen Lohn und die Arbeitszeiten zu führen. Diese Arbeit verschaffte ihr einen Einblick, wie die Besitzer durch absichtlich falsche Berechnungen die Baumwollpflücker auch noch um das Wenige betrogen, das sie erhalten sollten. Das machte sie zur Rebellin, als welche sie ihr eigenes „gewogene Instrument" zur Waage brachte, damit die Pflücker einen gerechten Anteil bekamen.

1961 unterzog sie sich einer Operation, nach der sie feststellen musste, dass sie zwangssterilisiert worden war, wie sie später vor einer Kommission in Washington aussagte. Das war übliche Praxis im Staat Mississippi. Als sie 1962 versuchte, sich im Sunflower County in das Wählerverzeichnis einzutragen, verlor sie ihren Arbeitsplatz, wurde mehrfach verhaftet, misshandelt und 1963 in Winona inhaftiert.

Sie rüttelte die Bürger ihres Bezirks wach: *Ich zeige den Leuten, dass ein Neger für ein Amt kandidieren kann.* Und: *Wir haben unser ganzes Leben lang gewartet und werden immer noch getötet, immer noch gehängt, immer noch zu Tode geprügelt. Jetzt sind wir es leid zu warten.*

Österreich gehört mit seinen acht Millionen Einwohnern zu den kleineren Ländern der Welt. Stellt man sich allerdings 20 Mal so viele Menschen vor, ist das eine ganze Menge. An Indien gemessen sind es zwar „nur" elf Prozent, aber ebenso viele Angehörige hat die Kaste der „Unberührbaren", der Dalits. Sie sind der unterste Rand der Gesellschaft, und trotz der offiziellen Abschaffung dieses menschenrechtswidrigen Systems sind sie immer noch von Vorurteilen, Diskriminierungen und Stigmatisierungen betroffen. Auch wenn manche in oberste Ämter gewählt werden oder immensen Reichtum erlangen, sind sie zwar gern zitierte Beispiele für die erreichte Offenheit der indischen Gesellschaft, bleiben aber noch immer mit dem Stigma Dalit behaftet. Sie sind die Ausnahmen, die die Regeln des Kastensystems bestätigen. Rund 80 Prozent leben in ländlichen Gebieten, wo sie als Bauern oder Arbeiter ihren Lebensunterhalt verdienen müssen. In Bereichen wie Gesundheit, Bildung, Wohnen, Beschäftigung und Löhne, Anwendung gesetzlicher Rechte, Entscheidungsfindung wurden Dalit-Frauen fast vollständig von Entwicklungsprogrammen ausgeschlossen, wie die Menschenrechtsorganisation Minority Rights bekannt gab. Von den Fällen sexueller Übergriffe auf Dalit-Frauen führen nur zwei Prozent zu einer Verurteilung. Auch **Manjula Pradeep** wurde in ihrer Kindheit von vier Männern sexuell missbraucht. Die am 6. Oktober 1969 geborene Dalit-Angehörige hatte zusätzlich darunter zu leiden, dass sich ihr Vater einen Sohn gewünscht hat und seine Wut und Enttäuschung an Mutter wie Tochter abreagierte. Auch in der Schule erfuhr sie alle Formen von Diskriminierung und Benachteiligung, sodass sie beschloss, deren Bekämpfung zu ihrer Lebensaufgabe zu machen. Im Alter von 21 Jahren trat sie als erste Mitarbeiterin dem Navsarjan Trust bei und wurde zwölf Jahre später zu dessen Geschäftsführerin bestellt. Diese Organisation sieht ihre Kernaufgabe darin, *Bewusstsein unter den marginalisierten Gemeinschaften zu schaffen, damit diese in der Lage sind, sich selbst gegen Vorurteile und Ungerechtigkeiten zu wehren.* Im Jahr 2008 prozessierte Manjula im Fall eines minderjährigen Dalit-Mädchens, das ein halbes Jahr lang wiederholt von sechs Lehrern seines Colleges vergewaltigt worden war. Alle sechs wurden zu lebenslanger Haft verurteilt, was den Prozess zu einem Signalfall an der Schnittstelle Kaste, Geschlecht und Politik machte.

Ich bin in Palästina geboren

Sie ist Christin, und allein das irritiert, wenn von einer Palästinenserin die Rede ist. Studiert hat sie das europäische Mittelalter, vergleichende Literaturwissenschaft und die Kultur des englischen Sprachraums. Auch das passte nicht so sehr in das Bild einer Araberin, wie es gerne verbreitet wird. Und schließlich veröffentlichte sie Gedichte, Kurzgeschichten und Beiträge über die palästinensische Kultur. Eher ungewöhnlich für eine Politikerin, wie die am 8. Oktober 1946 in Nablus geborene **Hanan Aschrawi.** Erst die Tatsche, dass ihr Vater einer der Gründer der Palästinensischen Befreiungsorganisation war, erhellt das politische Engagement einer Frau, die seit 1974 aktiv ist. Zunächst gründete sie ein Rechtshilfe-Komitee und ein Projekt zur Wahrung der Menschenrechte an der Birzeit-Universität, wo sie leitend tätig war.

Von 1991 bis 1993 war sie offizielle Sprecherin der palästinensischen Delegation im Nahost-Friedensprozess und Mitglied des Führungs- und Exekutivkomitees der Delegation.

Ihr Buch „Ich bin in Palästina geboren" gibt viele Einblicke, auf die Wolfgang Günter Lerch in seiner Rezension in der FAZ Bezug nimmt:

Als im Herbst 1991 mit der Madrider Konferenz der nahöstliche Friedensprozess begann, sah man auf den Bildschirmen immer wieder eine Palästinenserin, deren Namen bis dahin nur ‚Eingeweihten' bekannt gewesen war: Hanan Aschrawi. Zusammen mit Faisal Husseini, dem bekannten Notablen aus Ostjerusalem, hielt sie während der Gespräche Kontakt mit der PLO und deren Führer Arafat, der nicht direkt am Friedensdialog teilnehmen durfte. Bisher hatte man im Westen höchstens weibliche Terroristinnen in der Art einer Laila Chaled wahrgenommen. Doch diese palästinensische Intellektuelle wirkte ungewohnt. Wer ist Hanan Aschrawi? In Nablus geboren und einer christlichen Arztfamilie entstammend, lässt Hanan Aschrawi keine Zweifel daran, dass nur ein unabhängiger Palästinenserstaat den umfassenden Frieden mit Israel bringen kann.

Bezeichnend für diese Frau ist, dass sie ihr Amt als Ministerin aus Protest gegen die politische Korruption in der von Arafat dominierten palästinensischen Führung niederlegte.

Gemäß dem römischen Prinzip „audiatur et altera pars" ist es gerade jetzt wichtig, auch eine solche Stimme zu hören, denn Hanan Aschrawi hat auch der Gegenseite viel zu sagen.

Sie braucht kein Essen und kein Wasser, sie braucht keinen Lohn und keine Ruhe, sie liegt nur herum und wartet auf ihre Opfer. Diese Beschreibung ist zu zynisch, um ein Rätselspiel zu sein, denn sie stammt von einem Kommandanten der Roten Khmer in Kambodscha und gilt einer Landmine. Sie wird unter oder nahe der Erdoberfläche verlegt, um nicht entdeckt zu werden, bis sie explodiert und Menschen tötet. Das kann Jahre dauern, denn sie ist langlebig, hinterhältig, heimtückisch und bösartig, wie diejenigen, die ihr zu ihrer Existenz verholfen haben. Weltweit gibt es noch in immer mindestens 60 Staaten und Gebieten Landminen. Dort sind Millionen Tretbomben vergraben. Zu den am stärksten verseuchten Regionen zählen Afghanistan, Äthiopien, Bosnien und Herzegowina, der Irak, Jemen, Kambodscha, Kroatien, Türkei und die Ukraine. Und was besonders infam ist: Es geht in erster Linie um das Terrorisieren der Zivilbevölkerung, denn mehr als drei Viertel aller Opfer sind keine gegnerischen Soldaten, sondern Zivilpersonen. Und davon sind fast die Hälfte Kinder und Jugendliche!

Allein 2022 wurden 4710 Menschen von Landminen getötet oder verletzt. Seit der Jahrhundertwende gab es offiziell 130.000 Opfer – bei einer wesentlich höheren Dunkelziffer.

Dass es nicht noch höhere Opferzahlen gibt, ist der Ottawa-Konvention gegen Landminen zuzuschreiben, der mittlerweile 160 Staaten beigetreten sind. Bezeichnend ist allerdings, wer aller nicht beigetreten ist: unter anderem die USA, China und Russland. Aber immerhin haben von den mehr als 50 Staaten, die in der Vergangenheit Anti-Personen-Minen hergestellt haben, 40 die Produktion eingestellt.

Dieser Erfolg ist in erster Linie der Internationalen Kampagne für das Verbot von Landminen zuzuschreiben, deren Koordinatorin die US-amerikanische Lehrerin und Menschenrechtsaktivistin **Jody Williams,** geboren am 9. Oktober 1950, ab 1992 war. Sie begann ihre humanitäre Arbeit 1984 mit einem Programm, durch welches amerikanische Entscheidungsträger der Politik und Wirtschaft über die Folgen der Bürgerkriege in Mittelamerika informiert wurden. Ebenso engagierte sie sich für medizinische Hilfe in El Salvador. Später nahm sie eine Professur an der University of Houston für Frieden und soziale Gerechtigkeit an. Für die erfolgreichen Bemühungen um einen Landminen-Sperrvertrag erhielt sie gemeinsam mit ihrer Organisation 1997 den Friedensnobelpreis.

Hochzeit wie aus 1001 Nacht

Schenkt man den Klatschreportern und Hochglanzillustrierten Glauben, war es eine Hochzeit wie aus 1001 Nacht. Prinz Mateen von Brunei und Anisha durften insgesamt zehn Tage feiern. Dabei ist der Prinz nur das zehnte Kind des Sultans und somit nicht einmal potenzieller Thronfolger. Aber immerhin ist Brunei dank Öl und Gas eines der reichsten Länder der Welt und kann sich auch für zweitklassige Prinzen eine Menge leisten.

Das könnte man alles der Klatschpresse überlassen, gäbe es nicht die prekäre Menschenrechtslage von Rest-Brunei (alle Einwohner minus dem Sultanstross). Der autoritäre Sultan wurde nämlich 2014 von einer bis dahin nicht merkbaren Religiosität befallen, die ihn bewog, die Scharia einzuführen. Der Sultan heißt Hassanal Bolkiah, ist 78 Jahre alt und seit dem Tod der britischen Königin Elizabeth II. der am längsten regierende Monarch der Welt. Unter seiner Herrschaft stehen vor allem auf Homosexualität schwere Strafen. Sex vor der Ehe ist streng verboten – theoretisch droht sogar die Steinigung. Gleichzeitig hat der Sultan jedoch offensichtlich aus Rücksicht auf die schiefe Optik in der Weltöffentlichkeit den Vollzug der Todesstrafe ausgesetzt.

Das beruhigt aber die queere Community, die es auch in Brunei gibt, keineswegs, denn für sie ist es ein Wink mit dem Zaunpfahl. Auch für Lesben gibt es kein Ruhekissen, wenn sie nicht gesteinigt, sondern „nur" ausgepeitscht werden sollen. Trotzdem kann man auch hören: *Unser Sultan hat ein gutes Herz. Alles was seine Majestät macht, ist für uns, sein Volk.*

Dafür gibt es ein paar subventionierte Lebensmittel, die Schulen kosten nichts und die Einkommen sind steuerfrei. *Die Menschen leben in einem komfortablen Kokon und dieser Kokon verhindert jede Rebellion*, sagt eine Südostasien-Expertin.

Die 37-jährige **Khairunnisa Ash'ari** engagiert sich für Umweltschutz und Frauenrechte in ihrer Heimat. Es gibt zwar kein gewähltes Parlament, aber immerhin wurde sie mit 30 Jahren in den Legislativrat berufen. Sie hatte die Möglichkeit, in London zu studieren, und graduierte mit einem Master in Umweltschutz, Politikwissenschaften und Globalisierung. Zum Zeitpunkt ihrer Berufung war sie das jüngste Mitglied in dem Beratungsgremium des Sultans. Sie hat sich seither für Frauenrechte eingesetzt, kämpft für einen besseren Schutz gegen sexuelle Belästigung und setzt sich für die Wählbarkeit von Frauen als Ortsvorsteherinnen ein.

Obwohl sie niemals Wahlämter bekleidet hat, gilt sie neben Hillary Clinton als eine der einflussreichsten Frauen in der amerikanischen Politik des 20. Jahrhunderts: die am 11. Oktober 1884 in New York City geborene **Eleanor Roosevelt.** Sie wuchs in einem liberalen Oberschichtmilieu auf, übte jedoch schon in ihrer Jugend soziale Ehrenämter aus. Im Jahr 1905 heiratete sie dann den Onkel sechsten Grades, der bald ein erstes politisches Amt – das eines Senators des Bundesstaates New York – errang. Seine politische Agenda war bereits richtungsweisend, denn neben der Einführung des Frauenwahlrechts sprach er sich auch für die Schaffung eines Sozialversicherungssystems aus. Vieles ging auch auf die sozialreformerischen Ideen seiner Frau zurück.

Schon während des Ersten Weltkriegs engagierte sich Eleanor für die Gleichberechtigung Schwarzer und Frauen, die Aufnahme jüdischer Flüchtlinge (aus Osteuropa) und die Verhinderung des Abbaus von Wohlfahrtsprogrammen. Bereits damals gab es in den USA eine antikommunistische Kampagne; sie aber arbeitete in vielen Organisationen mit, denen „unamerikanische Bestrebungen" unterstellt wurden. Das FBI begann, eine Akte über sie zu führen.

Zu Beginn der 1920er-Jahre wandte sie sich dem „sozialen Feminismus" zu, also der Auffassung, dass die Emanzipation der Frauen untrennbar mit ihrer Verantwortung verbunden sei, drängende soziale Reformen voranzutreiben. Sie war überzeugt, dass die Männer aus Karrieregründen politische Ämter anstreben, während Frauen vom Wunsch getrieben sind, die Gesellschaft zu verändern und die Bedingungen des alltäglichen Lebens zu verbessern.

Als dem US-Kongress 1923 erstmals vorgeschlagen wurde, den Grundsatz der Gleichberechtigung in die Verfassung aufzunehmen, war Eleanor Roosevelt eine namhafte Befürworterin. In der Wirtschaftskrise der 1930er-Jahre setzte sie sich gegen die populäre Praxis ein, gefährdete männliche Arbeitsplätze dadurch zu sichern, dass man Frauen systematisch aus dem Erwerbsleben ausschloss. Sie begann, sich für die Verbesserung der Lebensbedingungen von Afroamerikanern einzusetzen und gegen die Rassentrennung zu protestieren. Die antikommunistische Hexenjagd nach dem Zweiten Weltkrieg empfand wegen der Illiberalität als zutiefst unamerikanisch und schrieb vehement gegen diese und andere Verschwörungstheorien.

Sind Frauenrechte auch eine Frage von Moral?

Nach der Mongolei ist Namibia das am zweitdünnsten besiedelte Land der Welt, denn auf den 825.000 Quadratkilometern leben nur 2,3 Millionen Menschen. Der Name leitet sich vom Namib-Sandmeer ab und wurde dem Land gegeben, um keine Ethnien zu benachteiligen. Vor 140 Jahren begann die für die Bevölkerung schlimmste Zeit, als das Deutsche Reich es als „Schutzgebiet" aneignete. Die Übergabe an Südafrika glich für die schwarze Bevölkerung eher dem Wechsel von Pest zu Cholera. Seit der späten Erlangung der Unabhängigkeit im Jahr 1990 hat sich zwar im Land vieles verändert, der Freiheitsstatus ist mittlerweile relativ hoch.

Es ist erstaunlich, dass ausgerechnet ein nicht binärer Mensch namens **Beauty Boois** eine Petition eingeleitet hat, die über 60.000 Unterschriften für eine Liberalisierung des Abtreibungsstrafrechts erreichte.

Ich habe die Petition ins Leben gerufen, weil mir ein Anstieg von sexueller Gewalt aufgefallen ist. Ich glaube, das liegt auch am fehlenden Wissen über Frauenrechte, sagt Beauty Boois zu den Motiven.

Die Initiative Voices for Choices and Rights Coalition, die von Beauty Boois ins Leben gerufen wurde, organisiert mit feministischen Organisationen eine Protestbewegung, die sich nicht nur mit dem Thema Abtreibung auseinandersetzt, sondern auch für häusliche Gewalt und Frauenrechte generell sensibilisiert.

Ndapwa Alweendo ist wissenschaftliche Mitarbeiterin am Institute for Public Policy Research und arbeitet auch in der Organisation Sister Namibia. Sie äußert sich zur Gewalt an Frauen: *Es existiert eine Kultur des Schweigens, die Frauen und Kinder davon abhält, Verbrechen mit sexuellem Hintergrund anzuzeigen.* Oftmals handelt es sich um Frauen aus den untersten sozioökonomischen Klassen, die Missbrauch und Vergewaltigung sowie daraus resultierende gefährliche, illegale Abtreibungen erleiden müssen. Immerhin können Menschen wie Beauty Boois für ihre Anliegen eintreten, ohne staatlichen Repressalien ausgeliefert zu sein. Beachtlich ist, dass das Land schon seit neun Jahren die erste Premierministerin hat, nämlich die am 12. Oktober 1967 geborene Volkswirtschaftlerin **Saara Kuugongelwa-Amadhila,** die schon mit 38 Jahren Finanzministerin war. Der mächtigste Gegner einer feministischen Politik ist dabei nicht in der säkularen Männerwelt zu finden, sondern in Kirchenkreisen, in denen etwas von Moral gefaselt wird, wenn es um die Rechte von Frauen geht.

Die späte Emanzipation der Frauen, wenn es um Wissenschaft geht

Die Institution ist allein schon vom Namen her alt und ehrwürdig: „Österreichische Akademie der Wissenschaften" verheißt ein Konzentrat alles Hochgeistigen unseres Landes, und in der Tat ist es die größte Trägerin außeruniversitärer Grundlagenforschung in Österreich. Jetzt ist sie mit einer Sonderschau an die Öffentlichkeit getreten, die einem besonderen Ereignis gewidmet ist: „Forscherinnen entdecken" ist ein durchaus zeitgemäßes Motto, gilt es doch, weiblichen Forschergeist und dessen Erfolge in den Mittelpunkt einer Präsentation zu stellen. Bezeichnend ist allerdings der Zeitpunkt: Dafür wurde das 50-Jahr-Jubiläum der Wahl der Physikerin **Berta Karlik** zum ersten weiblichen „wirklichen" Mitglied der Akademie gewählt. Rechnet man zurück, ist man verblüfft: Denn erst 1973, also 28 Jahre nach der Gründung der Zweiten Republik, wurde es für Frauen „wirklich". Berta Karlik hatte für ihre Forschungen schon vier Jahrzehnte zuvor einen Preis der Akademie erhalten. Ab 1937 konnte sie regelmäßige Vorlesungen halten, da sie in diesem Jahr die Venia Legendi bekam. Es dauerte allerdings bis zu ihrem 70. Lebensjahr und damit bis kurz vor ihrer Emeritierung, dass sie in den vollwertigen Kreis der Männergesellschaft eintreten durfte. Noch zwei weitere Jahre musste sie warten, bis sie als Mitglied der Leopoldina, bis heute älteste naturwissenschaftliche Akademie der Welt, angehörte. Deren Motto „Nunquam otiosus" („Niemals müßig") nahm sie mehr als ernst. Sie war am Institut tätig, bis sie 86-jährig verstarb. Viel tragischer verlief das Leben der österreichischen Zoologin **Leonore Brecher,** geboren am 14. Oktober 1886, die im Oktober 1923, also im Alter von 37 Jahren, versuchte, sich als Naturwissenschafterin in Österreich zu habilitieren. Ihr mit vielen wissenschaftlichen Arbeiten belegtes Ersuchen wurde zunächst verschleppt und 1926 abgelehnt. Die Habilitationskommission musste dabei über die persönliche Eignung entscheiden. Der zu diesem Zeitpunkt (also zwölf Jahre vor dem „Anschluss") bereits herrschende massive Antisemitismus an der Wiener Universität war die Ursache für die Ablehnung. Als Frau, als Jüdin und Osteuropäerin war Brecher gleich mehrfachen Vorurteilen ausgesetzt und es wurde ihr mitgeteilt, *dass sie nicht geeignet sei, den Studenten gegenüber die für einen Dozenten erforderliche Autorität aufrechtzuerhalten*. Nach verzweifelten Versuchen, ins Ausland zu gelangen, wurde sie am 14. September 1942 in ein Vernichtungslager deportiert und vier Tage danach ermordet.

Frauen gehen wählen – seit wann dürfen sie das?

Die Cook-Inseln sind eine Inselgruppe im südlichen Pazifik mit gerade einmal 236 Quadratkilometern und etwa 15.000 Einwohnern. Auf Rarotonganisch, der zweiten Amtssprache neben Englisch, tragen sie den klangvollen Namen Kuki Airani und ihre Bewohner sind zum größten Teil Māori. Seit 4. August 1965 sind sie ein unabhängiger Inselstaat. Trotzdem behielten die Inselbewohner die neuseeländische Staatsangehörigkeit. Der völkerrechtliche Status ist also von einer besonderen Natur, der von der UNO auch anerkannt wird.

Eine weitere Besonderheit macht diese Inselwelt allerdings einmalig: Es handelt sich um das erste Land, in dem Frauen zur Wahl gingen, und zwar am 14. Oktober 1893. Die Südsee war insgesamt eine wenig beachtete Wegbereiterin in Sachen Demokratie, denn Neuseeland war der erste Staat mit Frauenwahlrecht – beschlossen schon am 8. September 1893, allerdings erst später ausgeübt. Australien folgte im Jahr 1902, doch gab es zunächst Einschränkungen hinsichtlich weiblicher Aborigines, die in einzelnen Teilstaaten erst 60 (!) Jahre später aufgehoben wurden. Heute macht fast kein Staat der Welt mehr einen Unterschied im Wahlrecht.

In Afghanistan wurde zwar das Frauenwahlrecht 1919 erstmals eingeführt, aber immer wieder abgeschafft. Wie es jetzt mit den Rechten der Frauen unter den Taliban weitergehen wird , lässt angesichts deren frauenfeindlicher Einstellung nur Schlimmes befürchten.

Judith Goetz, Literatur- und Politikwissenschaftlerin, schreibt im „Standard": *[…] gehört es zu den bitteren frauen- und auch demokratiepolitischen Skandalen unserer Zeit, dass Frauen (und auch Männer) nach wie vor nicht überall auf der Welt an Wahlen teilnehmen dürfen. […] dass es sich bei diesem Recht in manchen Ländern um ein prekäres handelt, das durch den Wechsel politischer Machthaber immer wieder erneut zur Diskussion stehen kann und auch die Gefahr, dass Frauen von diesem Recht wieder ausgeschlossen werden, nicht endgültig beseitigt wurde.*

In Vatikanstadt gibt es kein Frauenwahlrecht, da ausschließlich Kardinäle, die jünger als 80 Jahre sind, wählen dürfen. Und zwar ein Mal alle paar Jahre (oder auch Jahrzehnte), wenn der Papst zur Wahl steht. Wenigstens der Heilige Geist sollte sie dabei begleiten, hoffen sie.

Frauen, die für Frieden kämpfen

Er ist mittlerweile 91 Jahre alt, seit 41 Jahren an der Spitze seines Landes und könnte im nächsten Jahr wiedergewählt werden, wenn er will – und kann – für weitere sieben Jahre. Paul Biya ist Präsident Kameruns – das älteste Staatsoberhaupt der Welt und eines der autoritärsten noch dazu. Die Situation ist alarmierend instabil mit Abspaltungstendenzen eines Landesteils, die Presse unfrei und die Verwaltung mehr als korrupt. Dass der Glaube an Hexerei weitverbreitet ist und Urteile durch „witch doctors" als Zeugen herbeigeführt werden können, ist dann nur mehr eine Skurrilität am Rande. Die islamistische Terrororganisation Boko Haram trägt das Ihre dazu bei, Angst und Schrecken im Land zu verbreiten. *Frauen werden grundlos geschlagen und ständig vergewaltigt,* erzählt eine Betroffene. *Alle Boko Haram-Kämpfer haben das Recht, mit jeder* (verschleppten) *Frau im Lager Sex zu haben. Frauen werden so vergewaltigt, dass sie nicht mehr laufen können. Wenn ihr Mann stirbt und sie nicht innerhalb von 24 Stunden bereit sind, einen anderen Mann zu heiraten, werden sie sofort enthauptet*, berichtet sie weiter.

Trotzdem kämpfen Frauen für ein Ende der Krise – zum Beispiel in der Ersten Nationalen Frauen-Konvention für Frieden in Kamerun. Diese Bewegung setzt sich aus 77 Frauenorganisationen zusammen, die alle Regionen vertreten – das Land hat etwa 27 Millionen Einwohner und ist von Krisen zerrissen.

Die am 15. Oktober 1963 geborene Rechtsanwältin **Marthe Wandou** ist eine Frauen- und Friedensaktivistin, die 2021 für ihr Engagement den Alternativen Nobelpreis erhalten hat. Schon vor 30 Jahren begann sie sich für die Bekämpfung der sexuellen Gewalt einzusetzen. Dabei legte sie den Fokus auf junge Mädchen und betreute auch Überlebende solcher Gewalttaten. Mit einer eigenen Organisation hat sie bisher mehr als 50.000 junge Frauen unterstützt. *Mein Traum ist es, dass jedes Mädchen und jeder Junge die Möglichkeit hat, bis zu dem Niveau zur Schule zu gehen, das sie wollen*. Ein großes Problem sind nach wie vor die Kinderehen. Mehr als 30 Prozent der Mädchen werden vor Erreichung des 18. Lebensjahrs verheiratet. Wandou versucht, Mädchen und Frauen zu überzeugen, wieder in die Schule zu gehen oder einen Beruf zu erlernen. *Aus kulturellen Gründen sagen die Leute, dass ein Mädchen, das zur Schule geht, keine gute Frau sein kann.* Gegen dieses Vorurteil setzt sie sich mit ihren Mitkämpferinnen zur Wehr.

Ein Verrat der Bolivarischen Revolution

Sie ist zwar die First Lady von Venezuela, doch ihre politische Karriere verlief durchaus parallel zu Nicolás Maduro, dem Präsidenten, mit dem sie seit den 1990er-Jahren eine Beziehung hat. Aber die am 15. Oktober 1956 geborene **Cilia Flores** war bereits vor drei Jahrzehnten die Hauptanwältin des legendären Hugo Chávez, als er wegen eines Putschversuchs angeklagt war. Sie war auch Vorsitzende des Politischen Kommandos der Bolivarischen Revolution, einer Organisation, die die politische Maschinerie von Chávez darstellte.

Im Jahr 2000 wurde sie Abgeordnete der Nationalversammlung, und als ihr zukünftiger Ehemann 2006 Außenminister wurde, löste sie ihn als Sprecherin ab. Für die nächsten fünf Jahre war sie die erste Frau, die als Präsidentin das venezolanische Parlament leitete. Später wurde sie Generalstaatsanwältin und damit die damals mächtigste Frau des Landes. Im Jahr 2017 wurde sie auch in die Verfassungsgebende Versammlung gewählt, ein Trick von Maduro, um ohne ausreichende Parlamentsmehrheit eine maßgeschneiderte Verfassung durchzusetzen. Sie soll bis zu 16 Verwandte in ihrem Parlamentsbüro ausgehalten haben. Auch Maduros Sohn wurde in leitende Funktionen gehievt, um das Familienimperium zu stützen. Es verwundert nicht, wenn enge Beziehungen zu Nicaragua gepflegt werden: Der Präsident samt seiner Angetrauten ist von ähnlich autoritärer Natur, Korruption gehört zum politischen wie familiären Geschäft.

Aber das Bild wäre unvollständig, würde man auf jene mutigen Frauen vergessen, die trotz aller Repression Menschenrechtsverletzungen aufzeigen, ihnen mit Nichtregierungsorganisationen entgegentreten und Betroffene unterstützen. Eine davon ist **Liliana Ortega** (geboren am 25. Oktober 1965), die Hochschullehrerin und Anwältin ist. Sie gründete schon 1989 die Organisation COFAVIC zur Aufklärung von Menschenrechtsverletzungen. Oder die 1966 in Caracas geborene Anwältin und Menschenrechtsaktivistin **Rocío San Miguel,** die unter ständiger Bedrohung von Gruppen lebt, die von der venezolanischen Regierung angeheuert wurden, um ihr Angst einzujagen. Sie ist Präsidentin von Control Ciudadano, einer Zivilorganisation, die die Interessen der Bürger vertritt, wenn es um die nationale Sicherheit geht, deren angebliche Gefährdung für Repressionen herhalten muss.

Die am 17. Oktober 1945 in Mosambik zur Welt gekommene **Graça Machel** ist eine ungewöhnliche Frau: In ihrer Jugend kämpfte sie mit der Befreiungsorganisation FRELIMO gegen die portugiesische Kolonialregierung. Dabei lernte sie ihren ersten Mann Samora Machel kennen, der später Präsident des Landes werden sollte. Graça war nach Erlangung der Unabhängigkeit 14 Jahre Parlamentsmitglied und Erziehungs- und Kulturministerin. 1994 wurde sie von UN-Generalsekretär Boutros Boutros-Ghali zu dessen Sonderberichterstatterin ernannt. Sie bereiste eine Reihe von Kriegsgebieten, um über die Auswirkungen von bewaffneten Konflikten auf Kinder zu berichten. Für das Kinderhilfswerk der Vereinten Nationen (UNICEF) erstellte sie darüber einen bahnbrechenden Bericht, der Einfluss auf die Art und Weise hatte, wie die UNO in Konfliktgebieten operiert. Seitdem setzt sie sich unermüdlich für die globale Gesundheit, das Wohlergehen von Kindern und die Stärkung der Frauenrechte ein. *Ich möchte eine Bildung sehen, die junge Menschen hervorbringt, die es nicht dulden, dass ihre Altersgenossen inmitten von Überfluss in bitterer Armut leben. Junge Menschen, die über die Ungleichheit empört und ungeduldig sind, Veränderungen herbeizuführen.*

1998 heiratete sie Nelson Mandela und ist somit weltweit die einzige Frau, die in gleich zwei Ländern die Rolle der First Lady einnahm. Die Mobilisierung der Zivilgesellschaft ist ihr ein weiteres Anliegen: *Unterschätzen Sie nicht die Macht der Menschen. Unsere Schwäche besteht darin, dass wir nicht wissen, wie mächtig wir sind – und dass wird die Macht, die wir als Bürger haben, nicht nutzen. Gehen Sie raus und organisieren, organisieren, organisieren Sie. Mobilisieren, mobilisieren, mobilisieren Sie.*

Im Jahr 2007 war sie zusammen mit Nelson Mandela und Bischof Desmond Tutu auch Mitbegründerin von The Elders, einer Organisation, die sie gemeinsam ins Leben rief. Die Idee war von Peter Gabriel geboren worden, um eine Versammlung von Weltführern ins Leben zu rufen. Zu den aktiven Mitgliedern zählen neben sechs Männern auch sechs Frauen: Neben Machel waren das Mary Robinson, ehemalige irische Präsidentin (als Vorsitzende), Gro Harlem Brundtland, ehemalige Ministerpräsidentin von Norwegen, Hina Jilani, Menschenrechtsaktivistin aus Pakistan, Ellen Johnson Sirleaf, ehemalige Präsidentin von Liberia und Helen Clark, ehemalige Premierministerin von Neuseeland.

Sonntags nie!

Viele aus der älteren Generation werden noch ein Lied im Ohr haben, das Griechenland, Athen, den Hafen in Piräus und Lebenslust zu einer sehnsuchtsvollen Melodie verband – „Ein Schiff wird kommen" und der dazugehörige Film „Sonntags nie!" machten 1960 Melina Mercouri schlagartig berühmt und der Darstellungspreis der Filmfestspiele in Cannes ebnete ihr den Weg zu einer internationalen Karriere. Dass sie aus einer politisch engagierten Familie kam, wurde aber erst nach dem Offiziersputsch von 1967 deutlich: Nachdem sie öffentlich gegen die Obristen Stellung bezogen hatte, wurde ihr die griechische Staatsbürgerschaft aberkannt.

Die am 18. Oktober 1920 in Athen geborene **Maria Amalia Mercouri** hatte einen Großvater, der drei Jahrzehnte lang Bürgermeister von Athen war, ihr Vater war sowohl Parlamentsabgeordneter als auch Innenminister.

Als sie ausgebürgert wurde, reagierte sie mit einem politischen Statement: *Ich bin als Griechin geboren und werde als Griechin sterben. Herr Pattakos* (Anm.: So hieß der Juntachef) *ist als Faschist geboren, er wird als Faschist sterben.* Nach der Wiedererrichtung der Demokratie half sie beim Aufbau der Panhellenischen Sozialistischen Bewegung (PASOK) und engagierte sich auch in der Frauenbewegung. Sie gab ihre künstlerische Karriere auf und widmete sich ganz der politischen Arbeit. Zunächst als Mitglied des Zentralkomitees und ab 1977 als Abgeordnete im Parlament, in welches sie 1977 mit der höchsten Stimmenzahl in ganz Griechenland gewählt wurde.

Als ihre Partei 1981 die Wahl gewann, wurde Mercouri Kulturministerin. In den acht Jahren, in denen sie dieses Amt bekleidete, machte sie die Kulturpolitik zu einem zentralen Bereich der griechischen Politik.

Einer ihrer größten Erfolge war die Einrichtung der Kulturhauptstädte Europas, wobei Athen 1985 als erste Hauptstadt diesen Titel tragen durfte. Die Initiative ging zurück auf ein Treffen mit den Kulturministern der damals zehn EU-Mitgliedstaaten während des ersten griechischen EU-Ratsvorsitzes 1983.

Melina Mercouri, die bereits mit elf Jahren zu rauchen begonnen hatte, starb 74-jährig an Lungenkrebs. Ihren Durchbruch als Schauspielerin hatte sie übrigens mit einem Drama von Tennessee Williams geschafft: „Endstation Sehnsucht."

Nicht die Macht, aber der Respekt gehört Doña Violeta

Seit einigen Monaten ist sie nicht mehr in ihrer Heimat, sondern verbringt ihre späten Jahre in Costa Rica: die ehemalige Präsidentin von Nicaragua, **Violeta Barrios de Chamorro,** geboren am 18. Oktober 1929, hat ihre Heimat verlassen, um wieder mit ihrer Familie vereint zu sein. Das ist leider ein bezeichnendes Beispiel für die diktatorischen Zustände, in die das Land während der letzten Ortega-Jahre geschlittert ist. Auch ist es trauriges Faktum, dass auch ehemalige KämpferInnen gegen die Somoza-Diktatur auf der Seite der Sandinisten vor Verfolgung nicht sicher sind, wenn sie Ortegas Kreise stören. Violeta Chamorros Mann war ein bedeutender Zeitungsverleger, der 1978 unter der Somoza-Diktatur ermordet wurde. Mit ihm war sie bereits 1957 nach Costa Rica geflohen, um den Milizen des damaligen Diktators zu entkommen. Ein trügerischer Amnestieerlass führte sie in ihre Heimat zurück, wo ihr Mann Pedro später erschossen wurde. Sein Tod war für viele Anhänger der Opposition Anlass, den Kampf der Sandinisten und deren Befreiungsfront zu unterstützen, sodass sich der Guerillakrieg allmählich zu einem allgemeinen Volksaufstand entwickelte. Im Juli 1979, nachdem Somoza vertrieben worden war, gehörte sie der fünfköpfigen Junta des nationalen Wiederaufbaus an. Allerdings war sie bald vom autoritären Kurs Ortegas enttäuscht, schied aus der Führungsetage aus und entwickelte die Zeitung „La Prensa" zum wichtigsten Oppositionssprachrohr. 1990 gelang es ihr, als Kandidatin eines antisandinistischen Parteienbündnisses bei der Präsidentschaftswahl Daniel Ortega zu besiegen. Zu ihren Erfolgen zählt der Abbau der fast 100.000 Soldaten zählenden sandinistischen Streitkräfte wie auch die Demobilisierung der Contras, die bekanntlich in der Zeit von Präsident Reagan kräftig und illegal unterstützt worden waren. Da sie 1996 nach sechs Jahren Amtszeit nicht erneut kandidieren durfte, trat sie in den politischen Hintergrund. Die meisten ihrer Kinder wurden vom späteren Regime Ortega/Murillo unerbittlich verfolgt. Cristiana, die Tochter und ebenfalls ehemalige Präsidentschaftskandidatin, wurde ebenso wie der älteste Sohn Pedro verhaftet und zwei Jahre eingesperrt. Sohn Carlos musste mitsamt seiner Familie nach Costa Rica fliehen, um einer Verhaftung zu entgehen. Cristiana und Pedro wurden mit 220 anderen politischen Gefangenen in die USA ausgeflogen, nachdem ihnen die Staatsbürgerschaft entzogen und ihr Vermögen zugunsten Ortegas eingezogen worden war.

Eine Präsidentin im Land der vielen Gewässer

Guyana gehört zu den dünn besiedelten Regionen des Globus – nur vier Einwohner pro Quadratkilometer zählt die ehemalige britische Kolonie, deren Name sich vom indigenen „Guiana" oder „Land der vielen Gewässer" ableitet.

Es gibt historische Quellen, denen zufolge die Entwicklung des Frauenwahlrechts mit der britischen Kolonialgeschichte des Gebiets verknüpft sein soll. 1812 wurde offensichtlich Frauen ein Stimmrecht zugestanden, wenn sie Sklaven besaßen oder auf mindestens 10.000 Gulden Einkommensteuer zahlen konnten. Ab 1849 durften dann allerdings nur noch männliche britische Staatsbürger wählen. Die weitere Kolonialgeschichte verlief relativ unspektakulär, bis 1953 britische Truppen intervenierten, da befürchtet wurde, die durch das Ehepaar Janet und Cheddi Jagan gegründete People's Progressive Party (PPP) könnte ein kommunistisches System errichten.

Die am 20. Oktober 1920 in Chicago geborene **Janet Rosenberg** war Krankenschwester und lernte so ihren späteren Mann Cheddi Jagan kennen, der Zahnmedizin und Kieferchirurgie studierte. 1943 zogen sie nach der Heirat in seine Heimat Britisch-Guyana. Gemeinsam kämpften sie um gesellschaftliche Reformen und die Unabhängigkeit der Kolonie. Von 1950 an war Janet 20 Jahre hindurch die Generalssekretärin der PPP und eine der ersten Frauen, die in das Parlament gewählt wurden. Ab 1957 bis 1964 war sie Arbeits- und Gesundheitsministerin im Kabinett ihres Mannes. 1966 erhielt das Land seine Unabhängigkeit. Nach den ersten Präsidentschaftswahlen 1992, die Cheddi Jagan gewann, kam es durch militante Anhänger des unterlegenen Kandidaten zu heftigen Ausschreitungen. Nach Jagans Tod 1997 wurde seine Witwe zur neuen Präsidentin gewählt. Sie war allerdings schon zwei Jahre später aus gesundheitlichen Gründen gezwungen, das Amt wieder aufzugeben. 2015 verlor die PPP nach 23 Jahren den Anspruch auf das Präsidentenamt, um es 2020 wiederzuerlangen.

Janet war auch als Schriftstellerin tätig und veröffentlichte neben politischen Arbeiten mehrere Kinderbücher.

Das Land gilt heute zwar als einigermaßen demokratisch, hat aber erkennbare Probleme mit der Freiheit der Medien.

Als Wüstenblume bezeichnet man in der Botanik ein eher unscheinbares braunes Knäuel, das sich erst entfaltet, wenn es mit Wasser in Berührung kommt. Die wunderschöne Somalierin, die den Vornamen **Waris** trägt und Familiennamen **Dirie,** ist danach benannt. Sie ist in einer Nomadenfamilie aufgewachsen und kommt aus dem Clan der Darod, die etwa ein Fünftel aller Somalier ausmachen. Die kleinste politische Einheit innerhalb der Clans ist eine Gruppe, die kollektiv für das Blutgeld nach einem Verbrechen eines Mitglieds aufkommen muss oder ein solches erhält.

Außerdem verbindet diese archaische Stammesgesellschaft die Sprache (Somali), ihre Religion (sunnitischer Islam) und die barbarische Genitalverstümmelung.

Auch Waris Dirie musste als Fünfjährige diese Prozedur über sich ergehen lassen. Als sie dann mit 13 Jahren an einen alten Mann verheiratet werden sollte, flüchtete sie durch die Wüste nach Mogadischu. Durch ihren Onkel bekam sie die Möglichkeit, nach London zu gehen, wo sie als Dienstmädchen und Reinigungskraft ihren Lebensunterhalt verdiente. Ihr Leben veränderte schlagartig, als sie mit Naomi Campbell fotografiert und daraufhin zu einem weltweit gefragten Topmodel wurde.

Sie ließ es allerdings nicht bei Glanz und Glamour bewenden, sondern berichtete auf dem Höhepunkt ihrer Karriere über das Trauma ihrer Beschneidung und löste ein weltweites Medienecho aus. Das brachte ihr die ehrenvolle Ernennung zur UN-Sonderbotschafterin gegen weibliche Genitalverstümmelung.

1999 erhielt Waris Dirie den Afrika-Preis der Deutschen Bundesregierung für ihre Verdienste um die Rechte der afrikanischen Frauen.

Nachdem sie 1998 das Buch „Wüstenblume" herausgebracht hatte, folgten mit „Nomadentochter", „Schmerzenskinder" und „Brief an meine Mutter" weitere Bestseller.

Im Jahr 2002 gründete sie die Desert Flower Foundation in Wien, die nicht nur auf das weltweite Problem der weiblichen Genitalverstümmelung aufmerksam macht, sondern auch mit Spendengeldern Betroffenen hilft. Zwei Jahre später eröffnete sie die Weltkonferenz gegen Genitalverstümmelung in Nairobi mit einer vielbeachteten Rede und veröffentlichte erstmals ihr Manifest gegen diese Grausamkeit. Im Jahr darauf wurde sie österreichische Staatsbürgerin.

Statt der belgischen Kolonialherren kommen heute die Landräuber

Die Kolonialgeschichte des Kongo zählt zu den traurigsten Kapiteln einer ohnedies an Schrecken und Unmenschlichkeit nicht armen afrikanischen Historie. Brutale belgische Ausbeutung in der Kolonialzeit, Bürgerkriege und separatistische Bestrebungen bis heute lassen das riesige Land mit seinen 100 Millionen Einwohnern im Herzen des Kontinents nicht zur Ruhe kommen. Dazu kommen humanitäre Krisen wie im Ostkongo, ein autoritäres Regime mit einer sehr eingeschränkten Pressefreiheit und ein hohes Maß an Korruption.

Menschenrechte werden wenig beachtet und eine regelmäßig eingesetzte Waffe ist die Vergewaltigung von Frauen, die verwendet wird, um Familien wie Gemeinden zu demütigen und das soziale Gefüge anzugreifen. Eine Frau, die das Geschehen verfolgt, sagt: *Krieg wird in den Vaginas der Frauen und den Seelen der Kinder ausgetragen.*

Und trotzdem gibt es Frauen, die nicht resignieren und für Frauenrechte eintreten. **Dorothée Marie Lisenga** zum Beispiel setzt sich für Landrechte ein. Sie und ihr ökofeministisches Netzwerk sind überzeugt, dass eine nachhaltige Zukunft und Umwelt feministische Lösungen erfordern, die das Leben vor Ort widerspiegeln. Während die Klimafinanzierung meist in Großprojekte fließt, sind die Lösungen von Frauen oft im Kleinen nachhaltig und erschwinglich! Deshalb arbeitet Lisenga für eine allgemeine Geschlechtergleichstellung und für spezielle Frauenrechte. Für eine gleichberechtigte Welt sieht sie *die Notwendigkeit, sich mit dem Rechtssystem auseinanderzusetzen, das im kolonialen und patriarchalen Denken verwurzelt ist.* Aufgrund ihrer Initiative wurden bereits in acht Provinzen des Kongo neue Land- und Waldgesetze verabschiedet, die es Frauen ermöglichen, Landbesitzerinnen zu werden.

Eines der großen Probleme, mit denen Afrika seit einigen Jahrzehnten zu kämpfen hat, ist der Landraub durch ausländische Investoren. Dorothée Lisenga kennt die negativen Auswirkungen auf Frauen: *Familien wurden zu Sklaven gemacht, die auf den Farmen und Minen von Investoren arbeiten, deren Land einst ihnen gehörte. [...] Durch den Erwerb von Teilen unserer Wälder durch diese chinesischen Investoren wurden den Ureinwohnern Ackerland und Nahrungsmittel entzogen. Die natürlichen Ressourcen wie Hartholzwälder und Wasser werden immer rarer und für Frauen wird die Herausforderung, die Kinder zu ernähren, immer größer.*

Guinea-Bissau ist für afrikanische Verhältnisse ein kleines Land, hat es doch nur zwei Millionen Einwohner auf knapp 36.000 Quadratkilometern. Immerhin hat es eine Besonderheit aufzuweisen, denn in der portugiesischen Kolonie gab es vor der Erlangung der Unabhängigkeit im Jahr 1974 bereits das Frauenwahlrecht in den Gebieten, die von der Befreiungsorganisation PAIGC kontrolliert wurden, da an den Befreiungskämpfen auch Frauen aktiv beteiligt waren.

Nach einem zwölfjährigen Unabhängigkeitskrieg hatte das Land zwar seine Souveränität, es folgten jedoch in erster Linie Militärregierungen samt den dazugehörigen Putsche. Meistens wurde das Land autoritär regiert, was Korruption und ständige Verletzung von Menschenrechten miteinschließt. Das Land gehört noch immer zu den ärmsten der Welt, hat praktisch keine Industrie und einzig nennenswertes Exportprodukt sind Cashew-Nüsse. Die weibliche Genitalverstümmelung ist nach wie vor ein ernstzunehmendes Problem, denn bis zur Hälfte der Frauen und Mädchen zwischen 15 und 49 Jahren sind davon betroffen, obwohl Beschneidungen mittlerweile gesetzlich verboten sind.

Carmen Pereira, die Tochter einer der ganz wenigen afrikanischen Anwälte im portugiesischen Kolonialreich, war eine Widerstandskämpferin und Politikerin der ersten Stunde, die sich schon 1962 dem bewaffneten Kampf anschloss. Sie wurde mehrfach in die Sowjetunion geschickt, um ein „politisches Praktikum" zu absolvieren. Gemeinsam mit **Francisca Pereira** und **Titina Silá** wurde sie dabei zur Krankenschwester ausgebildet. Francisca wurde später Ministerin für Frauenangelegenheiten, stellvertretende Präsidentin der nationalen Versammlung und Innenministerin.

Titina Silá wurde noch während des Kriegs von portugiesischen Soldaten getötet, ihr Todestag ist seit der Unabhängigkeit Nationaler Tag der guinea-bissauischen Frau.

Carmen Pereira war von 1973 bis 1984 stellvertretende Vorsitzende und bis 1989 Präsidentin des Parlaments. Von 1981 bis 1983 war sie Ministerin für Gesundheit und Soziales und 1989 bis 1994 Mitglied des Staatsrates. Sie starb am 4. Juni 2016. Da Pereira bis zuletzt aktives Mitglied des Zentralkomitees und des Politbüros ihrer Partei war, kann man sie – bei allen Verdiensten für die Unabhängigkeit – von einer Mitverantwortung für die autokratischen Verhältnisse im Land nicht freisprechen.

Zwei Schwestern und eine Tochter zeigen Zivilcourage

Die Maya sind eine Gruppe indigener Völker in Mittelamerika, die in der präkolumbianischen Zeit, also vor den Raubzügen der Spanier, bereits eine erstaunliche Hochkultur entwickelt haben. Besonders ihre Leistungen in der Mathematik, ihr hoch entwickelter Kalender, ihre Observatorien und Tempelbauten versetzen den Betrachter in Erstaunen. Heute leben noch sechs Millionen Nachfahren dieses alten Volkes in Zentralamerika, der Großteil davon in Guatemala. In diesem Land sind etwa 40 Prozent der Bevölkerung noch immer Angehörige dieser Völkergruppe und weitere 56 Prozent stammen als Ladinos von Europäern und Indigenen ab.

Als 1956 die geheime Wahlpflicht für Männer und Frauen eingeführt wurde, durften weibliche Analphabeten im Gegensatz zu Männern nicht wählen. Erst die Verfassung 30 Jahre später stellte Frauen und Männer bezüglich des Wahlrechts gleich.

Die größte Benachteiligung erfuhren die indigenen Teile der Bevölkerung: In dem 1960 ausgebrochenen und 36 (!) Jahre währenden Bürgerkrieg, in dem sie mit 200.000 Toten die Hauptleidtragenden waren. Unter General Efraín Ríos Montt bekam die Bekämpfung der indigenen Bevölkerung durch die Diktatur den Charakter eines Genozids. Eines der tragischen Opfer war die am 24. Oktober 1949 geborene Anthropologin und Menschenrechtsaktivistin **Myrna Mack Chang,** die die Situation der durch den Bürgerkrieg entwurzelten ländlichen Gemeinden untersuchte und die dort lebenden Menschen unterstützte. Sie wurde am 11. September 1990 ermordet.

Sie hatte eine Tochter, **Lucrecia Hernández Mack,** die später Ärztin wurde und 2016 als erste Frau das Gesundheitsministerium leitete. Dass sie 2017 zurücktrat, hatte einen respektablen Grund. Es war ihr Protest gegen die Anordnung von Präsident Morales, den Anti-Korruptions-Ermittler der Vereinten Nationen, Iván Velásquez Gómez, auszuweisen. Allerdings blieb sie weiterhin politisch tätig und als Mitglied von Movimiento Semilla war sie Kongressabgeordnete, nachdem sie die Parlamentswahlen gewonnen hatte. Sie war auch Gründungsmitglied des Movimiento Semilla, dessen Präsidentschaftskandidat Bernardo Arévalo 2023 die Wahlen gewann und die Hoffnung auf Wiederherstellung demokratischer Verhältnisse belebte. Die Stichwahl fand am 20. August 2023 statt. Ein letzter Triumph war ihr noch vergönnt. Drei Wochen später verstarb Lucrecia an Eierstockkrebs.

Sie stirbt nach einem Fenstersturz und wird Mutter der Nation

Nigeria, das einwohnerstärkste Land Afrikas, ist eine britische Kolonial-schöpfung, in der mehr als 250 Ethnien leben, die sich auf Millionen Einwohner verteilen. Kurz vor Beginn des Ersten Weltkriegs vereinigten die Briten ihre Protektorate zwischen Französisch-Westafrika und dem deutschen Kamerun zu einer Kronkolonie, der sie den Namen Nigeria gaben. Die am 25. Oktober 1900 geborene **Funmilayo Ransome-Kuti** kam noch im Königreich Egba zur Welt, das zu den von Großbritannien abhängigen Yoruba-Monarchien gehörte und an die Kolonie Lagos angrenzte. Großbritannien hatte die koloniale Doktrin der „indirect rule" entwickelt, derzufolge die Könige und die ihnen untergebenen Räte auf ihren Posten blieben, solange sie akzeptierten, nur Vollstrecker von britischen Weisungen zu sein, die ein Gouverneur erteilte. Die junge Funmilayo sympathisierte allerdings mit den Ideen des 1887 verstorbenen, mächtigen weiblichen Häuptlings, Madame Tinubu, die die Unabhängigkeit Egbas verteidigt hatte. Als Häuptling trug sie den Titel Lyalode und verkörperte den traditionell starken Einfluss der Frauen in der Politik der Yoruba. Das war den Briten offensichtlich ein Ärgernis, das Lyalode-Amt wurde abgeschafft.

Funmilayo organisierte als Lehrerin Alphabetisierungskurse und lernte dadurch die schweren Belastungen der Unterschichtfrauen kennen. In den Jahren des Zweiten Weltkriegs wurde die Lage immer schwieriger, da die britische Regierung infolge der Kriegswirtschaft immer mehr Geld aus ihrer Kolonie herauspressen wollte und die heimische Verwaltung dies immer mehr zulasten der Frauen durchzusetzen versuchte. 1949 gründete sie die Nigerian Women's Union, die sich demokratische Mitbestimmung, das Wahlrecht für Frauen und deren proportionale Repräsentanz in den Gemeinderäten zum Ziel gesetzt hatte.

Ransome-Kuti war eine Pragmatikerin, der bewusst war, dass Frauen sich auch an der „Männerpolitik" beteiligen mussten, um erfolgreich zu sein. Sie trat in die Partei des späteren Präsidenten ein, leitete den Frauenflügel und stand im ständigen Konflikt mit den Männern, die an das Geburtsrecht zu herrschen und zu entscheiden glaubten. Nach der Unabhängigkeit Nigerias im Jahr 1960 zog sie sich immer mehr aus der aktiven Politik zurück und gründete Bildungseinrichtungen für Frauen. Später zog sie in eine Künstlerkolonie. Als sie dort aus dem Fenster geworfen wurde und starb, war sie endgültig die „Mutter der Nation".

Dolores Cacuango war Madame Warrior

Obwohl sie vor mehr als 50 Jahren starb, erklingt ihr Name noch heute bei Protesten in Ecuador wie ein Schlachtruf. Die am 26. Oktober 1881 geborene **Dolores Cacuango** war eine Pionierin im Kampf um die Rechte der Indigenen in ihrer ecuadorianischen Heimat. Sie war aber auch eine der allerersten Feministinnen in ihrem Land und gründete mithilfe der Kommunistischen Partei Ecuadors die Federación Ecuatoriana de Índios.

Zu Beginn des 20. Jahrhunderts lebten die Kichwa-Gemeinschaften in den andinen Gebieten des Landes in einem ausbeuterischen System von Haciendas, das mit den Zuständen der Sklaverei vergleichbar war. Untergebracht in kleinen Lehmhütten, arbeiteten sie für Landbesitzer, die sie betrogen, ihnen oftmals den Lohn vorenthielten, ihnen Schulden aufbürdeten und sie bestraften, wenn sie sich nicht an die Regeln des Stärkeren hielten. Dolores Cacuango arbeitete zu dieser Zeit als Hausmädchen und erkannte auf diese Weise den drastischen Unterschied in den Lebensbedingungen der Haciendabesitzer und der schuftenden Habenichtse. Sie hatte nie die Gelegenheit, lesen und schreiben zu lernen, und war deshalb so bedacht darauf, der ländlichen Jugend Bildungschancen zu eröffnen. Und so ist es ihrer Initiative zuzuschreiben, dass nach dem Zweiten Weltkrieg Schulen eingerichtet wurden, in denen sowohl in Spanisch als auch Quechua unterrichtet wurde.

Im Jahr 1930 gehörte sie zu den Anführern eines historischen Arbeiterstreiks auf einer Hacienda, der einen Meilenstein für die Rechte der Ureinwohner und Kleinbauern darstellte. Allerdings war sie immer wieder der Verfolgung durch Regierungskräfte ausgesetzt und wurde inhaftiert.

Der Kampf der indigenen Bevölkerung um Gleichberechtigung ist noch längst nicht abgeschlossen. Immerhin ist die nationale indigene Konföderation CONAIE heute eine der stärksten sozialen Bewegungen des Landes. Nicht von ungefähr beruft sie sich auf „Madame Dolores" oder auch „Mama Warrior" ihres unbeugsamen Kampfeswillen wegen. Ein Beispiel dafür ist der von ihr organisierte Marsch in die Hauptstadt Quito, an dem sich über tausend Indigene beteiligten, um ihre Rechte beim Präsidenten selbst einzufordern. **Vicenta Chuma,** eine Kichwa-Führerin von heute, sagt: *Unsere Rechte werden überall mit den Füßen getreten. Natürlich müssen wir weiterkämpfen*.

Por tu camino, compañera! In deinen Fußstapfen, Gefährtin!

In einem Interview hat sie einmal darauf verwiesen, dass es im alten Ägypten Göttinnen gab: *Isis war die Göttin der Weisheit und nicht der Reproduktion! Und es gab Maat, die Göttin der Gerechtigkeit. Was dann historisch passierte, war, dass Frauen ihrer bisherigen Stellung beraubt wurden.* Als einziges Land verließ es sich immer wieder auf die Frauen, um das System funktionsfähig zu halten und das Land vor Unfrieden zu bewahren. Sechs von ihnen – als Letzte Kleopatra – übten als eigenständige Staatsoberhäupter bedeutenden Einfluss aus. Nach Kleopatra war dann Schluss mit Frauen an der Spitze, denn es kamen die Römer, um sich das Pharaonenreich einzuverleiben.

2000 Jahre später verkörpert die Ägypterin **Nawal El Saadawi,** geboren am 27. Oktober 1931, den heutigen Kampf für Selbstbestimmung. Sie studierte zunächst Medizin, praktizierte anschließend als Ärztin außerhalb Kairos und lernte dabei die Probleme der einfachen Leute in ländlichen Gebieten kennen. Später übersiedelte sie nach Kairo und erhielt 1967 eine Anstellung als Direktorin für Gesundheitserziehung im zuständigen Ministerium. Als solche war sie auch Herausgeberin einer Zeitschrift und publizierte eine Studie über die sexuelle Situation der ägyptischen Frau. Das war eine unerhörte Grenzüberschreitung, die sie nicht nur ihr Amt kostete, sondern ihr auch ein Publikationsverbot für ganz Ägypten einbrachte. 1981 wurde sie unter Präsident Anwar as-Sadat als Oppositionelle in Haft gehalten und musste sich später sogar wegen Morddrohungen fundamentalistischer Kreise zeitweise ins Exil begeben.

International bekannt wurde sie aber durch ihren Aufschrei gegen weibliche Genitalverstümmelung und Ehrenmorde. In ihrem Buch „The Hidden Face of Eve" beschreibt Saadawi ihre eigenen Erfahrungen als Sechsjährige: Ihre Genitalien wurden, während sie auf einem Badezimmerboden lag, verstümmelt. Ihre Mutter stand tatenlos daneben. In vielen Büchern beschäftigt sie sich mit Sexualität und Religion, aber auch mit der Ungleichheit im islamischen Erbrecht.

2021 brachte sie den Mut auf, die Muslimbrüder zu bezichtigen, sie hätten den Arabischen Frühling für sich vereinnahmt. Von symbolischem Charakter ist allerdings ihr Todestag, denn am 21. März 2021 trat eine Verschärfung des Gesetzes gegen Genitalverstümmelung in Kraft.

Ma ydoum hal – Nichts ist ewig

Dieses tunesische Sprichwort zitierte die Journalistin Sihem Bensedrine in einer Aussendung von Reporter ohne Grenzen, nachdem sie 2015 als Präsidentin der „Wahrheitskommission" eingesetzt worden war, um die Menschenrechtsverbrechen der Diktaturen in Tunesien von 1955 bis 2011 zu dokumentieren und eine rechtliche Aufarbeitung zu ermöglichen. Sie blieb in dieser Funktion bis 2019 und musste in den letzten Jahren miterleben, wie unter dem jetzigen Präsidenten das zarte Pflänzchen einer jungen Demokratie sukzessive vernichtet wurde. Laut der Anklage einer präsidentenhörigen Staatsanwaltschaft aus dem Jahr 2021 soll Bensedrine im Abschlussbericht der „Wahrheitskommission" den Vorwurf der Korruption gegen die Banque Franco-Tunisienne nur erhoben haben, weil sie bestochen worden sei. Um ihrer zu gegebener Zeit mit Sicherheit habhaft zu werden, wurde im März 2023 ein Ausreiseverbot über sie verhängt.

Ihre kritische Berichterstattung machte sie schon vor Jahren immer wieder zum Opfer von Diffamierungskampagnen, sie wurde mehrfach inhaftiert und musste 2009 vorübergehend ins Exil flüchten.

Sihem Bensedrine wurde am 28. Oktober 1950 in Tunesien geboren und studierte Philosophie in Frankreich. Schon in dieser Zeit setzte sie sich für Meinungsfreiheit und Demokratie in ihrem Heimatland ein. In jungen Jahren war sie bereits in der tunesischen Liga für Menschenrechte aktiv, die aber später verboten wurde. Die von ihr gegründete Liga erhielt dann 2015 als Teil des Quartetts für den nationalen Dialog den Friedensnobelpreis. 1985 war sie Mitbegründerin der feministischen Zeitschrift „Nissa". Mit der zunehmenden Zensur und Repressionen gegen kritische Journalisten wurde sie zu einer Gegnerin des Präsidenten Ben Ali. Als sie über Korruption und Folter berichtete, geriet sie immer mehr ins Fadenkreuz der Machthaber. So wurde ihr Versuch, mit „Kalima" ein unabhängiges Online-Zeitungsprojekt zu etablieren, durch ein Verbot zunichte gemacht. Was ihr aktuell widerfährt, ist also für Bensedrine fast schon schikanöse Routine.

Präsident Kais Saied arbeitet weiter daran, seine Macht auszubauen und die Demokratie zu demontieren. Er rechnet dabei mit dem verschämten Schweigen Europas, das ihn ja dringend als Flüchtlingsbremse braucht.

Dennoch sollte er das Sprichwort *Ma ydoum hal* nicht vergessen – *nichts ist ewig.* Das wissen auch seine Landsleute.

Ellen Johnson Sirleaf entstammt der liberianischen Oberschicht, obwohl sie keine afroamerikanischen Vorfahren hat. Das ist insofern beachtlich, als nach der Gründung Liberias durch amerikanische Sklavereigegner und Geschäftsleute die eingewanderten Afroamerikaner die Führung übernahmen und gegenüber der indigenen Bevölkerung ein ähnliches Verhalten an den Tag legten, wie es bereits die Weißen gezeigt hatten. Sie kam am 29. Oktober 1938 in Monrovia zur Welt und hielt sich ab ihrem 23. Lebensjahr zum Studium in den USA auf. Dabei spezialisierte sie sich auf das Rechtswesen, öffentliche Verwaltung und Wirtschaftsthemen. So hatte sie entsprechende Voraussetzungen, um 1972 Finanzministerin unter Präsident William Tolbert junior zu werden. Nach dessen Ermordung ging sie ins Exil nach Kenia und war im Bankwesen tätig.

1985 bewarb sie sich um einen Senatssitz in ihrer Heimat, stand in Opposition zum Präsidenten, wurde verhaftet und zu zehn Jahren Gefängnis verurteilt. Nach kurzer Zeit wurde sie zwar freigelassen, musste aber wieder ins Exil gehen. Während des dann tobenden Bürgerkriegs war sie für die Weltbank und die Vereinten Nationen tätig.

Eine erste Kandidatur für die Präsidentschaft im Jahr 1997 schlug fehl. Erst im zweiten Anlauf acht Jahre später errang sie mit der Unity Party, deren Parteichefin sie war, die Mehrheit der Stimmen, war ab 2006 Präsidentin von Liberia und damit die erste weibliche, demokratisch gewählte Amtsinhaberin in Afrika. 2011 wurde sie als Präsidentin mit dem Makel wiedergewählt, dass die Opposition zum Wahlboykott aufgerufen hatte und nur 37 Prozent zur Urne gingen. Grund waren angebliche Unregelmäßigkeiten bei der ersten Stimmabgabe. Nach zwei Amtsperioden legte sie im Alter von 80 Jahren das Amt nieder. Sie gilt bis heute als eine der wichtigsten Vorkämpferinnen für Frauenrechte in Afrika. Dafür wurde sie 2011 gemeinsam mit ihrer Landsfrau **Leymah Gbowee** und der Jemenitin **Tawakkul Karman** mit dem Friedensnobelpreis ausgezeichnet. Ihre Landsleuten nennen sie „Mama Afrika".

Frauen verleihen der Führung eine andere Dimension, sagte sie. *Sie schlichten Konflikte, anstatt für ihre Lösung zu kämpfen. Das schmälert nicht die Anwendung der Macht der Autorität, wenn es nötig ist, aber wenn sie einen alternativen Weg zum Frieden finden können, suchen sie danach.*

Chapeau!

Die Kenianerin **Mana Omar** ist studierte Meteorologin. Sie ist in einem Gebiet aufgewachsen, wo Frauen allein für die tägliche Wasserversorgung eine Strecke von bis zu sechs Kilometern zurücklegen müssen. Und das nicht nur bei drückender Hitze, sondern auch mit der Gefahr, überfallen zu werden. *Die Wasserstellen sind zunehmend ausgetrocknet, die Auswirkungen des Klimawandels bereits bedenklich spürbar*, sagte die Tochter eines Pastoralisten dem „Standard". Pastoralismus beschreibt eine Form von Landnutzung mit extensiver Weidewirtschaft, die auch in Kenia vielfach üblich ist. Durch die lang anhaltende Dürre wird die Lebenssituation der Menschen in diesen Gebieten allerdings immer prekärer. Diese Entwicklung will Mana Omar nicht ohne Weiteres hinnehmen und hat eine NGO gegründet, deren erklärtes Ziel es ist, die Dörfer der Region klimaresilient zu machen, die Position der Frauen zu stärken und somit das Leben der Viehhalter und ihrer Familien generell zu verbessern. Dazu zählt unter anderem der Bau von Dämmen und das Pflanzen von Bäumen. Feuerholz soll durch Solarzellen ersetzt und Weidegras angebaut werden.

Im Vorjahr nahm sie an der Women Deliver Conference in Ruanda teil – es ist die weltweit größte Tagung zum Thema Geschlechtergleichstellung. Sie kritisiert an derartigen Konferenzen, die sie prinzipiell für gut und notwendig hält, dass jene Frauen, die am allerstärksten von geschlechtsspezifischen Ungleichheiten betroffen sind, nicht einbezogen werden, da die meisten Rednerinnen prominente Persönlichkeiten sind und die Lebensverhältnisse der ärmsten Bevölkerungsschichten nicht kennen.

Sie findet die Befürchtung bestätigt, dass die Ungleichheiten zwischen den Geschlechtern durch die Auswirkungen des Klimawandels noch verschärft werden. Mana Omar ist überzeugt, dass Frauen über Fähigkeiten und Erfahrungen verfügen, die sie zu entscheidenden Akteuren im Klimaschutz machen. Als Trägerinnen von Leben seien sie befähigt, die Interessen von Kindern selbstlos vor die eigenen zustellen. Dies mache Frauen zu rücksichtsvolleren Führungskräften und würde zu effektiveren Maßnahmen führen, die für einen sicheren und nachhaltigen Planeten notwendig sind. Die Journalistin und Buchautorin Nicole Maron, die sich mit globaler Gerechtigkeit und Menschenrechten beschäftigt, hebt den Mut, die Kreativität und Weitsichtigkeit der jungen Kenianerin hervor und titelt in „Pressenza": *Chapeau für Mana Omar.*

Am 31. Oktober des Vorjahres haben die Männer in unserem Land bereits jenes Einkommen erreicht, für das Frauen noch zwei Monate weiter arbeiten mussten. Gegenüber 2022 bedeutet das zwar eine Verbesserung für die Frauen um einen ganzen Tag oder satte 0,3 Prozent. Viel mehr ins Gewicht fällt jedoch die Tatsache, dass es noch immer um 16,9 Prozent weniger ist, als der Durchschnitt der Männer bekommt. Anders ausgedrückt: Von Allerheiligen bis Neujahr arbeiten bei uns Frauen gratis, aber nicht umsonst. Gar nicht in die Bewertung einbezogen ist dabei jener Teil an unbezahlter Arbeit, den Frauen für Familie, Partner und Kinder leisten! Die Arbeiterkammer sagt völlig zu Recht, dass „Equal Pay" keine großzügig eingeräumte Vergünstigung, kein besonderes Wohlwollen, sondern ein berechtigter Anspruch der Frauen ist. **Cornelia Pessenlehner** hat es auf den (wunden) Punkt gebracht. Sie ist Präsidentin von BPW Austria, Business and Professional Women, dem größten internationalen Netzwerk für berufstätige Frauen. Mit der Differenz könnte sich eine Frau nach 40 Jahren Arbeitsleben nicht nur eine Eigentumswohnung kaufen, sondern auch ihre Pension verbessern. Denn gleichzeitig reduziert das niedrige Einkommen die Höhe der Pensionsbemessungsgrundlage und vermindert dann noch die Pensionsansprüche das ganze (restliche) Leben hindurch.

In anderer Hinsicht schreitet allerdings die Gleichbehandlung zügig voran. Seit 1. Januar 2024 wird das Pensionsalter für Frauen in Halbjahresschritten bis 2030 an jenes der Männer angeglichen – also 65 Jahre. Für jedes Jahr, das man früher die Pension antritt (antreten muss,) gibt es Abschläge. Das schmerzt Männer mit höheren Pensionsansprüchen weniger als Frauen. Denn die Frauen werden im System Altersabsicherung Männern zwar gleichgestellt, aber in der Zeit davor noch immer nicht gleichbehandelt. Daran etwas zu ändern ist nicht Aufgabe der Feministinnen und anderen Frauenrechtlerinnen, sondern der Gesamtgesellschaft, wenn sie den Anspruch auf Geschlechtergerechtigkeit ernst nimmt. Denn Österreich hat einen der höchsten Lohnunterschiede in der EU und gleichzeitig eine der schlechtesten Ausstattungen mit Plätzen für die Ganztagsbetreuung von Dreijährigen. Hier liegen wir an viertletzter Stelle und lassen nur ehemalige Ostblockländer hinter uns. Es liegt vor allem an den Männern, daran etwas zu ändern. Nicht aus Großzügigkeit, sondern um der Gerechtigkeit willen.

Reporterin ohne Grenzen

Oxana Wiktorowna Baulina war am Allerheiligentag des Jahres 1979 zur Welt gekommen und starb am 23. März 2022. Ihre journalistischen Arbeiten waren zu Beginn ihrer Karriere Lifestyle-Themen gewidmet, für die es im postsowjetischen Russland nicht nur Nachholbedarf, sondern auch genügend Publikum gab. Reiseangebote und Modeberichte füllten ihr Berufsleben aus, bis sie 2014 kündigte, weil ihr ein Artikel über Urlaub auf der Krim nach der Annexion durch Russland zu viel war. Sie begann politisch aktiv zu werden und arbeitete für Alexej Nawalnys Stiftung für Korruptionsbekämpfung. 2021 wurde diese Organisation für illegal erklärt – offenbar war sie den Mächtigen zu nahe gekommen und hatte deren Kreise gestört. Daraufhin wurde sie von den Behörden als terroristische Organisation eingestuft – Staatsfeinde also! Oxana verließ Russland und berichtete von Warschau aus weiter über Korruption in ihrer Heimat.

Nach dem russischen Überfall auf die Ukraine arbeitete sie als Kriegsberichterstatterin in Kiew und Lemberg. Ihr letzter vollendeter Bericht betraf russische Truppen, die versuchten, Kiew einzuschließen. Während der Aufnahmen über ein beschossenes Einkaufszentrum wurde sie bei einem Raketenangriff getötet. Mit ihr starb ein weiterer Zivilist. „The Insider", für den sie arbeitete, erklärte: *Wir werden weiter über den Krieg in der Ukraine berichten, auch über die russischen Kriegsverbrechen sowie die blinden Bombenangriffe auf Wohngebiete, die zum Tod von Zivilisten und Journalisten führen.* Sie war die sechste Journalistin, die seit Kriegsbeginn einen Monat zuvor ums Leben gekommen war. Im gesamten Jahr 2022 wurden weltweit 61 Journalisten in Ausübung ihres Berufs getötet – also jede Woche zumindest ein Medienschaffender!

In den letzten Wochen des Jahres 2023 sind laut dem Internationalen Presseinstitut so viele JournalistInnen ums Leben gekommen, wie noch in keinem *modernen Krieg oder Konflikt in so kurzer Zeit getötet wurden.* Seit Beginn der israelischen Angriffe nach dem Terrorüberfall der Hamas seien mindestens 65 JournalistInnen getötet worden, berichtet das Institut weiter. Es prangert aber auch die Behinderung der Presse in vielen Ländern an. Es nannte unter anderem Afghanistan und China, wo Journalisten eingeschüchtert, belästigt, eingesperrt oder durch Zensur eingeschränkt würden. Einige Regierungen behinderten unabhängigen Journalismus unter dem Vorwand von Gesetzen gegen Terrorismus oder Cyberkriminalität.

Es ist bemerkenswert, in wie vielen antikolonialen Unabhängigkeitskriegen in Afrika Frauen in großer Zahl mitwirkten. Für die Unabhängigkeitskriege gegen die weißen Siedlerregime im südlichen Afrika, also in Simbabwe, Namibia, Südafrika, Mosambik und Angola sowie im ostafrikanischen Kenia, schlossen sie sich in der Hoffnung auf eine Verbesserung ihrer schwierigen Lebensumstände den zumeist jugendlichen Guerillakämpfern an. Nicht nur die Abschaffung der Kolonialherrschaft war das Ziel, sondern es ging ebenso um ihre Bildungschancen und Berufsperspektiven, aber auch um die Überwindung von Armut und Ungleichheit. Die Versprechung der Gleichstellung von Mann und Frau verhieß eine neue gesellschaftliche Perspektive. Viele Frauen mussten erleben, wie die kolonialen Sicherheitskräfte gewaltsam gegen ihre Väter und Brüder vorgingen. Das sollte ihren Kampfgeist gegen rassistische und koloniale Verwaltungen anstacheln.

In ihrem Stück „Embrace Your Crown" geht **Mable Preach** auf eine biografisch-historische Spurensuche nach weiblichen Akteuren im antikolonialen Widerstand. Eine Suche, die Stoff für Hunderte Stücke hergäbe, weil so vieles bisher unerzählt blieb, wie sie sagt.

Die meisten (Heldinnen) *werden ihnen unbekannt sein, denn in europäischen Schulbüchern haben sie bis heute keinen Platz bekommen. Darin liest man die Geschichte immer nur aus einer Perspektive – man lernt nur eine Wahrheit kennen. Wenn man nicht zufällig in afrikanischen Ländern unterwegs war, wird man die Geschichten noch nie gehört haben. Die Recherche für das Stück war selbst für mich absolut augenöffnend, weil es so viele beeindruckende Persönlichkeiten gibt und gab. Es wurde schnell sehr deutlich, wie viel wir eigentlich nicht wissen – wie viel ich eigentlich nicht weiß,* erzählt Mable Preach.

Yaa Asantewaa ist eine der Protagonistinnen in dem Stück. Die Königsmutter von Edweso, einem Teilstaat des Ashantireichs, führte den letzten großen Aufstand gegen die britische Herrschaft über ihr Land und die damalige Goldküste, das spätere Ghana an.

Zu dieser Zeit hatten die Besatzer den letzten König abgesetzt, verschleppt und wollten den Widerstand endgültig brechen, indem sie die Herausgabe des „Golden Stool" (Sitz der Seele des Ashantivolks) verlangten. Er war das heiligste nationale Symbol des Volkes, das durch die Briten auf diese Weise bewusst geschmäht werden sollte.

Für „Forbes" ist sie eine der mächtigsten Frauen Afrikas

Das Magazin „Forbes" führt sie unter den mächtigsten Frauen Afrikas – das trifft in dieser Form wahrscheinlich nicht zu. Denn Kanzlerin einer Universität zu sein ist nur wenig mit Macht verbunden. Aber Dank ihrer Qualifikation und Reputation gehört sie sicher zu den einflussreichsten Frauen auf dem Kontinent: Die Südafrikanerin **Phumzile Mlambo-Ngcuka** kam am 3. November 1955 im Natal zur Welt und erwarb 1980 einen Abschluss in Sozialwissenschaften an der Universität von Lesotho. Die erste internationale Aufgabe, die sie wahrnahm, führte sie nach Genf, wo sie Direktorin der Young Women's Christian Association (YWCA) wurde. Nach Studien in London kehrte sie in ihre Heimat zurück, wo sie ab 1994 dem Parlament angehörte. Von 1996 bis 1999 war sie stellvertretende Ministerin für Handel und Industrie im Kabinett Mandela und von 1999 bis 2005 Ministerin für Rohstoffe und Energie, eine Zeitlang auch Ministerin für Kultur, Wissenschaft und Technologie. Ohne Übertreibung kann man feststellen, dass sie vom Gewicht der Ressorts her zu den wichtigsten Politikerinnen des wirtschaftlich bedeutenden afrikanischen Landes zählte. Von 2005 bis 2008 war sie dann die erste Vizepräsidentin ihres Landes. Nach verschiedenen universitären und politischen Verpflichtungen wurde sie 2013 geschäftsführende Direktorin der Organisation Einheit der Vereinten Nationen für Gleichstellung und Ermächtigung der Frauen (UN-Women), im Rang einer Untergeneralsekretärin der UN. Diese Aufgabe nahm sie bis 2021 wahr und gab sie dann an die Jordanierin Sima Bahous weiter. Ein Jahr später wurde sie Kanzlerin der Universität Johannesburg und innerhalb der Women Political Leaders (WPL) globale Botschafterin für Generationengleichheit. Generation Equality ist eine von UN-Women ins Leben gerufene Initiative, um die Rechte von Frauen und Mädchen weltweit zu fördern. Die Gründerin und Präsidentin von WLP, Silvana Koch-Mehrin, streicht die Bedeutung hervor: *Letztes Jahr hat das Generation Equality Forum finanzielle Zusagen in Höhe von 40 Milliarden Dollar sowie wirkungsvolle politische Programmzusagen zur Förderung der Gleichstellung generiert.* Sie bezeichnet zu Recht Phumzile als den Kopf hinter dieser bahnbrechenden Initiative. Diese wiederum stellt klar: *In einer Welt, in der Frauenrechte untergraben und Frauen unterrepräsentiert sind, ist es wichtig, dass weibliche Führungspersönlichkeiten und Frauen in all ihrer Vielfalt ihren Stimmen und Forderungen Gehör verschaffen.*

Susana Chávez Castillo, geboren am 5. November 1974 in Ciudad Juárez und ebendort am 6. Januar 2011 ermordet, war eine mexikanische Schriftstellerin und Menschenrechtsaktivistin. Sie engagierte sich insbesondere in der Menschenrechtsbewegung ihrer Heimatstadt im Kampf um die Aufklärung der zahllosen Frauenmorde.

Schon in jungen Jahren ging sie mit ihrer Lyrik an die Öffentlichkeit und nahm an literarischen Festivals, zunächst in ihrer Heimatstadt, später in ganz Mexiko teil. Ihr werden Parolen zugeschrieben, die mittlerweile von Frauen in ganz Lateinamerika im Kampf gegen Femizide verwendet werden: *Ni una menos* (Nicht eine weniger) und *Ni una muerta más* (Keine einzige Tote mehr) hört und liest man heute auf dem ganzen Subkontinent.

Sie nutzte ihre Gedichte, um internationale Aufmerksamkeit auf die Gewalt zu lenken, die in ihrer Heimatstadt Hunderte (!) Frauen das Leben gekostet hatte. Ein Gedicht von ihr hat beinahe prophetischen Charakter:

> *Unser Blut*
> *Mein eigenes Blut,*
> *das Blut des Sonnenaufgangs*
> *das Blut eines zerbrochenen Mondes,*
> *das Blut der Stille,*
> *des toten Felsens,*
> *einer Frau im Bett*
> *die ins Nichts springt,*
> *offen für den Wahnsinn.*
> *Blut klar und eindeutig,*
> *fruchtbarer Samen,*
> *Blut die unglaubliche Reise,*
> *Blut als seine eigene Befreiung,*
> *Blut, Fluss meiner Lieder,*
> *Meer meines Abgrunds.*
> *Blut, schmerzhafter Moment meiner Geburt,*
> *genährt von meinem letzten Erscheinen.*

An dem Tag, an dem sie ermordet wurde, war Susana auf dem Weg zu Freunden, kam aber nicht mehr nach Hause. Ihre Leiche wurde mit einer schwarzen Tüte über dem Kopf und einer abgetrennten Hand gefunden.

Globalisierungskritikerin und Ökofeministin

Über Gegner kann sich diese streitbare Frau nicht beklagen. Sei es, wenn es um Ökofeminismus, ihren Einsatz für traditionelle und organische Landwirtschaft in Indien, die von ihr behaupteten schädlichen Auswirkungen von Glyphosat oder das Verbot von Kunstdünger und Pestiziden in Sri Lanka geht. Die am 5. November 1952 geborene **Vandana Shiva** hat für ihr Engagement in den Bereichen Umweltschutz, biologische Vielfalt, Frauenrechte und Nachhaltigkeit eine ganze Reihe von Auszeichnungen erhalten, darunter schon vor 30 Jahren den Alternativen Nobelpreis. Trotzdem wird sie als „Ikone mit fragwürdigen Ansichten" bezeichnet, wie in der deutschen „Tagesschau" vom 13. Dezember 2022.

Shiva wird oft als Widerstandskämpferin dargestellt – schließlich legt sie sich seit Jahrzehnten mit den Großkonzernen wie Monsanto (heute Bayer) in der Landwirtschaft an und propagiert einen Systemwechsel in der globalen Agrarökonomie. Eines ihrer Hauptanliegen ist der Kampf gegen den Einsatz sogenannter gentechnisch modifizierter Organismen (GMO) in der landwirtschaftlichen Pflanzenproduktion – auch Grüntechnik genannt. In Shivas Augen ist das die „Totenglocke für Biodiversität und Landwirtschaft", GMO steht für sie für „God, move over" (Gott, geh zur Seite).

Bei der Diskussion über die Schädlichkeit von Glyphosat darauf verweisen, dass laut einem Geschworenengericht im US-amerikanischen Philadelphia der Pharmakonzern Bayer einem krebserkrankten Kläger Milliarden Euro als Schadenersatz und Strafe zahlen soll.

Hinsichtlich der Verbindung von Ökologie und Feminismus beschäftigt sich Shiva mit der Frage, in welcher Form männlich geprägte Werte zu ökologischer Zerstörung, Militarismus und Ausbeutung beitragen und welche speziellen weiblichen Werte für den Umgang mit der Umwelt von Bedeutung sind. Für sie bauen patriarchalische Gesellschaften seit Jahrtausenden auf hierarchischen Strukturen auf, für die Konkurrenz ein wichtiges Prinzip ist. Erfolg wird dabei nicht als Wert für das Gemeinwohl gesehen, sondern bemisst sich im individuellen Machtzuwachs, der repressive Kontrollmechanismen zu seiner Absicherung einsetzt. Sie stellt dem männlich geprägten Begriff von „Macht" der auf die *aggressive Überwindung, Dominanz und Beherrschung ausgerichtet ist, eine innere Mach*t gegenüber, die alle Formen der Unterdrückung ausschließt, auf Ermunterung zielt und nicht wegen des eigenen Vorteils die Vernichtung des anderen in Kauf nimmt.

Die Grabinschrift stammt von Otto Frisch, dem Physiker und Neffen Lise Meitners, die am 7. November 1878 in Wien geboren wurde und 90-jährig in Cambridge starb. Im Alter von 29 Jahren begann ihre jahrzehntelange Zusammenarbeit mit Otto Hahn, der als Entdecker der Kernspaltung gilt und 1944 den Chemie-Nobelpreis erhielt. In Anerkennung der wissenschaftlichen Leistungen seiner Kollegin nominierte er **Lise Meitner** 1948 für den Physik-Nobelpreis. Er war nicht der einzige prominente Wissenschafter, der diese Frau für nobelpreiswürdig hielt, sondern Max Planck nominierte sie sieben Mal und auch andere berühmte Kollegen nannten sie mehrfach als preiswürdige Kandidatin. Allein sie erhielt ihn nicht ein Mal, trotz insgesamt 49 (!) Nominierungen für Physik und Chemie. Auf ihrem Grabstein könnte also mit Recht stehen: *Eine große Physikerin, die nie einen Nobelpreis gewann.*

Lise Meitner schreibt in einem Brief: *Hahn hat sicher den Nobelpreis für Chemie verdient, da ist wirklich kein Zweifel. Aber ich glaube, dass Frisch* (Anm.: ihr Neffe) *und ich nicht Unwesentliches zur Aufklärung des Uranspaltungsprozesses beigetragen haben – wie er zustande kommt, und dass er mit einer so großen Energieentwicklung verbunden ist, lag Hahn ganz fern.*

Meitner gehörte als Jüdin zu den „Vertriebenen des Geistigen" aus Österreich. 1938 gelang ihr mit Hahns Hilfe die Flucht ins Ausland und sie blieb während des Kriegs in Stockholm.

Meitner wurde zu einer überzeugten Pazifistin und weigerte sich, Forschungsaufträge für den Bau einer Atombombe anzunehmen, obwohl sie von den USA immer wieder dazu aufgefordert wurde. Auch in der Nachkriegszeit und dem anlaufenden Kalten Krieg stellte sie die weitere Entwicklung von immer gewaltvolleren Kernwaffen infrage. 1946 war sie dann bei einer Vorlesungsreise in den USA und es bedrückte sie angesichts der ein Jahr davor erfolgten Atombombenabwürfe in Hiroshima und Nagasaki sehr, dass sie von der Presse als „jüdische Mutter der Atombombe" bezeichnet wurde. Denn neben ihrer Forschung galt ihr Engagement dem Einsatz für Frieden, der bedachten Nutzung der Kernenergie sowie der Gleichberechtigung der Frauen in den Wissenschaften. Wissenschafter vermuten, dass Meitner schon deshalb keine guten Karten bei der Verleihung des Nobelpreises hatte, weil sie eine Frau war.

Eine Familie mit vier Wissenschaftern und fünf Nobelpreisen

Als sie am 7. November 1867 in Warschau zur Welt kam, war ihr Heimatland noch zwischen Preußen, Russland und dem Habsburgerreich aufgeteilt. Noch etwas ist erwähnenswert: mit dem 7. November hatte sie den gleichen Geburtstag wie Lise Meitner. Ihr Name war **Maria Salomea Skłodowska,** später sollte sie einmal **Marie Curie** heißen und gleich zwei Nobelpreise erhalten. Aber zuerst war es notwendig, den Wohnort zu wechseln, denn in Warschau war sie als Frau nicht zum Studium zugelassen. Auch sie beschäftigte sich so wie Meitner mit der Radioaktivität und wurde als erste Frau an der Sorbonne auf einen Lehrstuhl berufen.

Gemeinsam mit ihrem Mann Pierre Curie entdeckte sie die zwei chemischen Elemente Polonium und Radium. Diese bahnbrechenden Erkenntnisse konnten sie jedoch nicht selbst der Akademie der Wissenschaften vortragen, weil sie keinen Zutritt hatten, und mussten es Henri Becquerel überlassen, die Ergebnisse zu präsentieren. Mit ihm gemeinsam erhielt das Ehepaar dann auch 1903 den Nobelpreis für Physik. Als ihr Mann Pierre 1906 unter die Räder eines Lastfuhrwerks geriet und starb, war sie zwar bestgeeignete Kandidatin für dessen Lehrstuhl, durfte auch die Vorlesungen weiterführen und war damit die erste Frau, die an der Sorbonne lehrte, doch die Professur wurde ihr erst zwei Jahre später übertragen.

Das Jahr 1911 brachte Curie Triumph und Niederlage zugleich: Zu Beginn des Jahres bewarb sie sich um die Aufnahme in die Akademie der Wissenschaften und unterlag letztendlich nur knapp einem männlichen Mitbewerber. „Le Figaro" schrieb dazu: *Man sollte nicht versuchen [...] die Frau dem Manne gleich zu machen.* Sie bewarb sich darauf nie wieder um einen Platz in der Akademie und es dauerte weitere 51 Jahre, bis eine Frau Aufnahme in der Akademie fand.

Im Herbst des gleichen Jahres wurde ihr der Nobelpreis für Chemie zuerkannt. So wurde erstmals überhaupt einer Person ein derartiger Preis zum zweiten Mal vergeben und zwar *in Anerkennung ihrer Verdienste um den Fortschritt der Chemie durch die Entdeckung der Elemente Radium und Polonium, durch Isolierung des Radiums und die Untersuchung der Natur und der Verbindungen dieses bemerkenswerten Elements.*

Dass auch ihre Tochter Irene gemeinsam mit ihrem Mann mit einem Nobelpreis für Chemie geehrt werden würde, konnte sie nicht ahnen und erlebte es leider auch nicht mehr.

Nationaler Tag der Frau im „Timor der aufgehenden Sonne"

Osttimor ist eines der jüngsten Staatsgebilde der Welt, das zwar 1975 seine Unabhängigkeit von der portugiesischen Herrschaft ausgerufen hatte, aber erst 2002 nach vorangegangener indonesischer Besatzung und einem UN-Mandat tatsächlich vollkommen selbstständig wurde. Im Osten liegend, hat „Timor der aufgehenden Sonne" 1,3 Millionen Einwohner, davon 49,2 Prozent Frauen, die auf knapp 15.000 Quadratkilometern leben. Auf der einen Seite hat die Frau in der timoresischen Gesellschaft traditionell eine wichtige Rolle inne und kann auch auf eine Verfassung verweisen, die ihre absolute Gleichberechtigung einräumt. Auf der anderen Seite leiden viele Frauen im alltäglichen Leben unter Gewalt und Missbrauch. Im Glauben wird die reale Welt zwar als maskulin gesehen, die spirituelle Welt gilt jedoch als weiblich. Frauen hatten daher seltener politischen, dafür aber umso mehr spirituellen Einfluss auf die Gesellschaft. Nach landestypischem Verständnis steht dabei die spirituelle über der politischen Macht. Ein Sprichwort lautet folgerichtig: *Zeige Respekt, Frauen sind heilig.*

Auch in der portugiesischen Kolonialzeit trugen Frauen zu politischen Entscheidungen im Clan bei und führten manchmal die Männer im Krieg an. Das veränderte Verhältnis zur Frau in der Gesellschaft von heute sehen Wissenschafter in den Folgen der Fremdherrschaft und der Einstellung der katholischen Kirche begründet, nicht in der traditionellen Kultur.

In der japanischen Besatzungszeit während des Zweiten Weltkriegs waren die Frauen ebenso wie während der indonesischen Herrschaft vielfach Willkür, Gewalt und sexueller Ausbeutung ausgesetzt. Die timoresische Befreiungsbewegung bot in dem kurzen Zeitraum bis zur Besatzung durch Indonesien eine politische Beteiligungsmöglichkeit für die Frauen. Sie sollten sich der Repressionen unter dem Kolonialismus bewusst werden, denn Frauen nahmen im Widerstand gegen die indonesische Besatzung eine aktive Rolle ein. Ein Beispiel dafür ist **Lourdes Alves Araújo,** deren Kampfname „Merita" war. Sie floh vor der Invasion der Indonesier am 7. Dezember 1975 in die Berge. Mit 10.000 anderen geriet sie drei Jahre später in indonesische Gefangenschaft, erlitt Vergewaltigung und Folter. Später freigelassen, wurde sie noch vier Mal von der Besatzungsmacht eingesperrt. Sie gehörte ab der Erlangung der Unabhängigkeit dem Parlament und dann dem Staatsrat bis 2017 an und starb 2021 im Alter von 64 Jahren.

Drei Frauen für das Land der aufgehenden Sonne

Zu den herausragenden politischen Persönlichkeiten im Osttimor von heute gehört **Maria Fernanda Lay,** geboren am 10. November 1954 im damaligen Portugiesisch-Timor. Seit 2007 ist sie Abgeordnete des Nationalparlaments und gehört der chinesischen Minderheit des Landes an. Bei den Wahlen 2023 wurde sie zur Parlamentspräsidentin gewählt und ist damit die ranghöchste Frau in der osttimorischen politischen Hierarchie. Sie war Jahre hindurch Generalsekretärin des einflussreichen Frauennetzwerks und ist die amtierende Vizepräsidentin der Global Organization of Parliamentarians Against Corruption.

Die meisten Parteien setzen sich für die in der Verfassung festgeschriebene Gleichberechtigung von Mann und Frau ein, aber es bedarf noch vieler Maßnahmen über die Gesetzgebung hinaus, um zu einer faktischen Gleichbehandlung zu gelangen. So wurde zwar häusliche Gewalt als Straftat in das Bürgerliche Gesetzbuch aufgenommen und in einem weiteren Gesetz ist die juristische Unterstützung von Opfern häuslicher Gewalt vorgesehen. Auf der anderen Seite sehen 80 Prozent der Frauen und Männer es als „vertretbar" an, wenn eine Frau unter bestimmten Umständen geschlagen wird. Daher wird von einigen Politikern wie Wissenschaftern die Rückbesinnung auf die alte kulturelle Bedeutung der Frau gefordert. Die timoresische Kultur des „Lulik" sieht das Ideal in einer Zusammenarbeit von Mann und Frau, was auch einem Patriarchat entgegensteht.

Maria Angelina Lopes Sarmento ist eine 45-jährige Agrarwissenschafterin, die 2014 zur Generalsekretärin der Nationalen Kommission der UNESCO ernannt wurde. Seit 2017 gehört sie dem Parlament an und war einige Zeit hindurch dessen Vizepräsidentin.

Eine wichtige Rolle in der timoresischen Politik kommt auch **Isabel da Costa Ferreira** zu, der Ehefrau von Osttimors ehemaligem Staatspräsidenten und Premierminister Taur Matan Ruak. Als Anwältin engagierte sie sich gegen Menschenrechtsverletzungen der indonesischen Besatzungsmacht. Sie war als Abgeordnete auch maßgeblich an der Ausarbeitung der Verfassung und insbesondere der Menschenrechtsparagrafen beteiligt. Auch um die Festlegung von Kinderrechten war sie als stellvertretende Justizministerin bemüht. Sie hätte noch wichtige politische Positionen einnehmen können, wäre sie nicht 2023 49-jährig an Krebs gestorben.

Geht es um die afrokolumbianische Bevölkerung, ist es nicht einfach, valide Informationen zu erhalten. Während nach einer Volkszählung im Jahr 2018 von etwa zehn Prozent der Einwohner die Rede ist, gibt es andere Untersuchungen, die von zehn bis elf Millionen Schwarzen sprechen, das wären doppelt so viele. Jedenfalls ist dieser Bevölkerungsteil zahlenmäßig nach den USA und Brasilien gemeinsam mit Haiti und der Dominikanischen Republik der größte, der sich auf Wurzeln in Afrika beruft.

Eine der gewichtigsten Stimmen dieser Menschen gehört **Rosa Amelia Plumelle-Uribe,** die väterlicherseits von in die Sklaverei deportierten Afrikanern abstammt, mütterlicherseits von Indigenen, der zweiten diskriminierten Gruppe in der kolumbianischen Gesellschaft. Sie wurde sich *relativ früh der wirtschaftlichen Entfremdung und der sozialen Ungleichheiten bewusst*, begriff aber erst als Erwachsene, *was rassistische Entfremdung heiß*t. In ihrem Buch „Weiße Barbarei" trifft sie die Feststellung, dass der Ausschluss, die Verbannung der Schwarzen aus dem Kreis der menschlichen Familie, für die weltweit die weiße Hautfarbe zur Referenz wurde, zu einem wesentlichen Kulturelement geworden ist. Sozialstatistiken verschiedener lateinamerikanischer Länder belegen, dass die dunkelhäutige Bevölkerung deutlich benachteiligt wird. Im Durchschnitt verdient sie nur halb so viel wie das weiße Gegenüber, das eine elitäre Oligarchie innerhalb der gesellschaftlichen Struktur darstellt. Die „Mentalidade escravista", wie die Sklavenhaltermentalität in Brasilien genannt wird, ist in vielen Ländern ein noch immer bestehendes Problem.

Es gibt auch Momente der Hoffnung: Die am 11. November 1978 geborene **Paula Marcela Moreno Zapata** war die erste afrokolumbianische Frau, die einen Kabinettsposten innehatte, und noch dazu die jüngste Person, die für ein Ministeramt angelobt wurde. Sie ist nicht nur Wirtschaftsingenieurin, sondern hat auch ein Managementstudium absolviert. Sie war vor allem im entwicklungspolitischen Bereich tätig, bevor sie 2007 Kulturministerin wurde. Sie ist Präsidentin von Manos Visibles, einer NGO, deren Hauptziel darin besteht, eine wirksame soziale Inklusion und Integration in Kolumbien zu fördern. Dieses Netzwerk vereint mehr als 500 Führungskräfte und Organisationen, Spitzenuniversitäten und diverse Medien. Es geht vor allem um die Konsolidierung friedlichen Zusammenlebens in den gewalttätigsten und gefährdetsten Gebieten des Landes.

Daisy Bates und die Little Rock Nine

In „Der Tod meiner Mutter" erzählt die am 11. November 1914 auf die Welt gekommene Journalistin und Menschenrechtsaktivistin **Daisy Bates,** wie sie mit acht Jahren erfuhr, dass ihre leibliche Mutter von drei einheimischen weißen Männern vergewaltigt, ermordet und die Leiche in einen Mühlteich geworfen worden war. Daisy Bates bekam auch mit, dass niemand für dieses Verbrechen strafrechtlich verfolgt wurde, und das schürte ihre Wut über die Ungerechtigkeit und die Weißen. Ihr Stiefvater riet ihr am Sterbebett, sie solle die Diskriminierung hassen, die den Süden der USA und die Seele der Schwarzen zerfrisst, sie solle die Demütigungen hassen und die Beleidigungen, die Schwarzen von weißem Abschaum entgegengeschleudert werden. Aber sie solle die weißen Menschen nicht einfach deshalb hassen, weil sie weiß sind, denn dieser Hass würde sie letzten Endes selbst zerstören.

Gemeinsam mit ihrem Mann gründete sie eine Zeitung, die „Arkansas State Press", welche sich als Organ für die Bürgerrechte zu einem Zeitpunkt profilierte, als es noch gar keine landesweite Bewegung gab. Daisy Bates leitete die Sektion einer Bürgerrechtsorganisation in Arkansas und erinnerte sich später an die „Sonderbehandlung", die ihr deshalb zuteilwurde. *Auf unserem Grundstück wurden zwei brennende Kreuze aufgepflanzt. Das erste, ein zwei Meter hohes, benzingetränktes Gebilde, steckte kurz nach Einbruch der Dunkelheit in unserem Vorgarten fest. Am Fuß des Kreuzes war geschrieben: Geh zurück nach Afrika. KKK* (Anm.: Ku-Klux-Klan). *Das zweite Kreuz wurde vor unserem Haus aufgestellt und angezündet.*

Bates war eine der Initiatorinnen des Gerichtsverfahrens „Aaron vs. Cooper", das die Integration aller Schwarzen in die Bildungseinrichtungen von Arkansas zum Ziel hatte. Der Supreme Court of the United States entschied als oberste Instanz zugunsten der schwarzen KlägerInnen. Der Gouverneur von Arkansas ließ allerdings jene Schule, in die Bates neun Schülerinnen bringen wollte, von der Nationalgarde umstellen und außerdem hinderte ein weißer Mob die Mädchen daran, das Schulgebäude zu betreten. Es war letztlich die Entscheidung des amerikanischen Präsidenten Eisenhower, die Armee in Little Rock einzusetzen, um dem oberstgerichtlichen Willen zum Durchbruch zu verhelfen. Daisy Bates begleitete die „Little Rock Nine" zum Unterricht.

Die Seneca Falls Convention war eine Zusammenkunft von 68 Frauen und 32 Männern, die am 20. Juli 1848 ein Manifest unterzeichneten, das den gleichen sozialen Status und gleiche Rechte für Frauen einforderte, darunter auch das Wahlrecht. Es geschah im Revolutionsjahr, welches Europa erschütterte, und just zu dieser Zeit wurde der österreichische Reichstag konstituiert, der bald darauf die Bauernbefreiung von der Erbuntertänigkeit beschloss. Der Reichstag selbst wurde ein Jahr darauf wieder aufgelöst, und das war es dann eine ganze Zeitlang mit der Volksvertretung. Das amerikanische Wahlrecht hingegen hatte seinen Ursprung in der Verfassung von 1787. Darin ist festgelegt, dass das Volk in freien und offenen Wahlen bestimmen soll, von wem es regiert wird. Gemeint waren damit allerdings nur weiße Protestanten, weder Frauen, Sklaven noch Juden waren eingeschlossen. Ein protestantischer Farmer hätte bei der Erzählung, dass sein Berufskollege im Habsburgerland seine Freiheit erkaufen konnte, aber ihm das Wahlrecht im Zuge der Revolution versagt blieb, verständnislos die Stirn gerunzelt.

Aber die amerikanischen Frauen wollten mehr als das – sie verlangten die vollständige Gleichberechtigung, und die Erklärung im kleinen Ort Seneca Falls sollte die Geburtsstunde der modernen Frauenbewegung in den Vereinigten Staaten sein. Die Seneca sind ein Irokesenstamm, der am Ort der Convention beheimatet ist. Frauen sind absolut gleichberechtigt. Der Tagungsort wurde daher im Hinblick darauf bewusst gewählt. Die Tagung ist untrennbar verbunden mit **Elizabeth Cady Stanton,** am 12. November 1815 geboren, die die Deklaration im Wesentlichen verfasst hat. Stanton sah in der Frauenbewegung Parallelen zum Kampf der amerikanischen Gründerväter um die Unabhängigkeit. Das Manifest enthält eine Liste vieler Ungerechtigkeiten in Bezug auf die rechtliche Stellung der Frau in Familie und Gesellschaft. Sie formuliert in prägnanter Kürze die Unterdrückung der Frau durch den Mann, das Fehlen eines Wahlrechts, die mangelnde wirtschaftliche Freiheit und die fehlenden Bildungsmöglichkeiten. Das Manifest hat einen Vorspann im Stil der Declaration of Independence: *Wir halten diese Wahrheiten für augenscheinlich wahr: dass alle Männer und Frauen gleich geschaffen sind, mit bestimmten unveräußerlichen Rechten ausgestattet worden sind, dass zu diesen Leben, Freiheit und das Streben nach Glück gehört.*

Die Innu von Nitassinan

Innu heißt „Mensch" in der Sprache der kanadischen Ureinwohner, denn ganz einfach als Menschen sehen sie sich.

Das angestammte Land der Innu, auf dem sie seit Jahrtausenden gelebt haben, ist ein riesiges Gebiet, das von Fichten- und Tannenwäldern, Seen, Flüssen und Felsen überzogen ist. Sie nennen dieses Land Nitassinan.

Bis zur zweiten Hälfte des 20. Jahrhunderts lebten sie als nomadische Jäger. Da die Wasserwege in Nitassinan für den größten Teil des Jahres gefroren sind, bewegten sie sich in kleinen Gruppen von zwei oder drei Familien auf Schneeschuhen fort und nutzten Schlitten als Transportmittel. Nach der Eisschmelze reisten sie mit dem Kanu zur Küste oder zu einem großen landeinwärts gelegenen See, um zu fischen, zu handeln und Verwandte und Freunde zu treffen. Heute leben die meisten von ihnen von Lohnarbeit und Sozialhilfe.

Während der 1950er- und 1960er-Jahre wurden die nomadischen Innu durch die kanadische Regierung gezwungen, sich in festen Siedlungen niederzulassen.

Dieser Übergang war schwierig und traumatisch für sie. Das Leben in den damals entstandenen Siedlungen ist heute geprägt von einem alarmierenden Ausmaß an Alkoholismus, Suiziden, Gewalt und Krankheiten.

Die UN-Menschenrechtskommission beschrieb die Situation der Innu und anderer indigener Völker als „die dringendste Frage, der sich die Kanadier gegenüber sehen" und verurteilte Kanada für die „Auslöschung" von deren Rechten.

Elizabeth (Tshaukuesh) Penashue ist eine „Älteste" der Innu. Sie hat jahrelang für den Schutz der traditionellen Kultur ihres Landes in Labrador gekämpft. Von ihren Eltern hat sie die traditionellen Überlebensstrategien ihres Volkes und den Respekt vor der Umwelt gelernt, von der die Innu leben. In den frühen 1960er-Jahren waren sie und ihre Gemeinschaft mit dem Versprechen auf bessere Chancen und ein leichteres Leben umgesiedelt worden.

2019 veröffentlichte Penashue ein Buch mit dem Titel „I Keep the Land Alive", in welchem sie über ihre Arbeit zum Schutz des Landes und der traditionellen Kultur der Innu erzählt. Sie beschreibt auch ihre Erfahrungen beim Protest gegen die Tiefflüge und Bombentests der NATO auf Innu-Land, was dazu führte, dass sie und neun weitere Frauen inhaftiert wurden.

2006 wurde in Brasilien ein Gesetz verabschiedet, das Maßnahmen zur Bekämpfung häuslicher Gewalt zum Inhalt hat. Es gleicht den Initiativen in vielen anderen Ländern, wo Gewalt gegen Frauen nicht mehr als familiäre Angelegenheit angesehen, sondern als Straftatbestand verfolgt wird. Die Besonderheit besteht allerdings darin, dass es den Namen eines Opfers als Bezeichnung trägt. **Maria da Penha,** mittlerweile fast 80 Jahre alt, ist eine Apothekerin und Frauenrechtlerin, die um die Verurteilung ihres Mannes kämpfte, der zwei Mal versucht hatte, sie zu töten. 1983 feuerte der prominente Wirtschaftswissenschafter und Universitätsprofessor Marco Antonio Heredia Viveros Schüsse auf seine Frau ab und simulierte einen Raubüberfall. Beim zweiten Mal versuchte er ihr einen Stromschlag zu versetzen, während sie duschte. Sie war daraufhin querschnittgelähmt. Es brauchte jedoch bis kurz vor der 20-jährigen Verjährungsfrist, dass der Mann dann tatsächlich verurteilt wurde. Er wurde verhaftet und musste nur zwei Jahre (ein Drittel der ausgesprochenen Strafe) im Gefängnis verbüßen. Diese Umstände veranlassten die Regierung von Präsident Lula da Silva zur Schaffung neuer gesetzlicher Grundlagen, die dann in Anerkennung um die Verdienste Maria da Penhas bei der Sensibilisierung für die Opfer häuslicher Gewalt nach ihr benannt wurden.

Cida Goncalves, geboren am 14. November 1962, ist eine prominente Frauenrechtlerin, die ab 2003 während der Präsidentschaft von Lula da Silva und Dilma Rousseff Staatssekretärin für die Bekämpfung von Gewalt gegen Frauen war und maßgeblich für die Schaffung der „Lei Maria da Penha" eintrat. Das Gesetz wurde später von internationalen Gutachtern als eines der besten weltweit qualifiziert.

Ebenso wirkte sie mit an der „Lei do Feminicidio", einem Gesetz, mit dem eine neue Form der sogenannten qualifizierten Tötung, der Frauenmord, in das Strafgesetzbuch aufgenommen wurde.

Sie war eine der Protagonistinnen bei der Ausarbeitung des Nationalen Pakts zur Bekämpfung von Gewalt gegen Frauen und des Programms „Frauen, Leben ohne Gewalt", dessen Aushängeschild das Projekt Casa da Mulher Brasileira (Haus der brasilianischen Frau) ist. Am 3. Januar 2023 erfolgte ihre Vereidigung und Amtseinführung als Frauenministerin in der Regierung von Lula da Silva.

Hier haben die Frauen die Zügel in der Hand

Barbados ist die östlichste der Kleinen Antillen und seit 30. November 2021 eine Republik mit einer Staatspräsidentin. Es blieb aber Mitglied des Commonwealth of Nations, dem derzeit 56 Staaten angehören. Die allermeisten davon sind ehemalige britische Kolonien; 15 davon nennen sich Commonwealth Realms, was bedeutet, dass sie den König von England trotz ihrer Unabhängigkeit als Oberhaupt anerkennen. Barbados gehört eben nicht mehr dazu, und daher ist **Sandra Mason,** eine Anwältin und Richterin, die erste Staatspräsidentin. Sie war ab 2018 die achte und letzte Generalgouverneurin der Kolonie. Ihr gilt bereits das Kalenderblatt vom 17. Januar.

Die am 15. November 1916 geborene **Nita Barrow** war die erste Frau in dieser Funktion, die sie von 1990 bis zu ihrem Tod durch einen Schlaganfall am 19. Dezember 1995 ausübte. Sie war die Tochter eines anglikanischen Priesters und Schwester des barbadischen Premierministers Errol Barrow. Beruflich begann sie mit einer Ausbildung als Krankenschwester; es folgten universitäre Studienlehrgänge zur Diplomierten Gesundheitsfachkraft. Ab 1964 war sie Beraterin bei der Weltgesundheitsorganisation. Von 1975 an leitete sie als Präsidentin die Young Women's Christian Association (YWCA) und ab 1982 den Internationalen Rat für Erwachsenenbildung.

Über die amtierende Premierministerin **Mia Mottley** erzählt bereits das Kalenderblatt vom 1. Oktober. Es ist also nicht übertrieben, wenn man feststellt, dass zumindest derzeit die Frauen auf Barbados das Sagen haben. Tatsache ist auch, dass die östlichste Insel der Antillen im Gegensatz zu den anderen nicht nur von Tropenstürmen verschont bleibt. Es gibt kaum Probleme mit Drogen, und leichte Kriminalität wie Diebstahl ist sogar seltener als in europäischen Städten.

Und dann gibt es noch **Sarah Ann Gill,** die so etwas wie eine Nationalheldin ist. Sie hatte sich gegen die mächtigen Männer der anglikanischen Kirche gewehrt, die andere Glaubensrichtungen unterdrückten. Dafür bekam sie Morddrohungen. Sie war eine freie Farbige und Mitglied der methodistischen Kirche. Ihre Missionstätigkeit erregte das Missfallen der weißen Kolonialisten. So wurde zum Beispiel eine Kapelle von einem Mob weißer Randalierer zerstört. Ann Gill ließ sich davon nicht beirren und trat auch weiterhin für gleiche Rechte von Farbigen, insbesondere von Frauen, ein. Heute wird sie deswegen als „Mutter der Nation" bezeichnet.

So bezeichnet das Nachrichtenmagazin „profil" die am 15. November 1996 geborene Klimaaktivistin aus Uganda, **Vanessa Nakate.**

Das Land liegt im Osten des Kontinents und grenzt an Kenia und Somalia. Diese Region, die vom Horn von Afrika bis in sein Herz hinein reicht, ist durch Dürrejahre, von Lebensmittelknappheit und Hunger oder, wie im östlichen Teil Ugandas, von extremem Regen mit darauffolgenden Erdrutschen betroffen. Zwei Mal so viele Menschen, wie in Österreich insgesamt leben, leiden unter den Folgen. Vier Regenzeiten sind ausgeblieben oder haben wenig Wirkung gezeigt. Allein in Somalia sind 800.000 Menschen vor den Wetterextremen auf der Flucht.

Nakate wird nicht müde, die Folgen aufzuzeigen: *Die Leute verlieren ihre Kultur, Inseln versinken, Küstenlinien verschwinden. Es muss über all die Verluste und die Zerstörungen gesprochen werden, und darüber, wie denen geholfen werden kann, die besonders unter den Auswirkungen des Klimawandels leiden*, sagte sie nach einer Demonstration anlässlich der Internationale Klimakonferenz vor der Wiener Hofburg zu „Profil". *For the sake of the people,* hatte sie auf einen Pappkarton geschrieben – *Zum Wohle der Menschen* soll sich etwas verändern auf der Welt. Austrian World Summit stand da zu lesen – anscheinend der österreichische Anteil am Geschehen. Aber zurück zu Nakate, die in der ugandischen Hauptstadt Kampala aufwuchs und Betriebswirtschaftslehre studierte. Vielleicht hat für ihre Entwicklung eine Rolle gespielt, dass schon ihr Vater Baumpflanzaktionen initiierte und damit bei seiner Tochter ein Bewusstsein für Umwelt und Nachhaltigkeit erweckte. 2019, im Jahr ihres Universitätsabschlusses, begann sie gemeinsam mit ihren Geschwistern vor dem Parlamentsgebäude zu demonstrieren. Im Dezember des gleichen Jahres konnte sie an der UN-Klimakonferenz in Madrid teilnehmen und internationale Kontakte knüpfen. Ein Buch, das in deutscher Sprache unter dem Titel „Unser Haus steht längst in Flammen" erschien, trug zu ihrer Bekanntheit außerhalb Ugandas bei. Sie gründete die Organisationen Youth for Future Africa sowie Rise Up Movement und legt verständlicherweise Wert darauf, nicht die „afrikanische Greta Thunberg" zu sein, sondern versteht sich als ein Sprachrohr ihres Kontinents. Als sie von einer internationalen Presseagentur auf einem Foto einfach weggelassen wurde, sagte sie: *Ihr habt nicht nur ein Foto gelöscht. Ihr habt einen ganzen Kontinent gelöscht.*

Eine kurdische Freiheitskämpferin in Syrien

Die Kurden in Syrien sind die größte ethnische Minderheit in diesem vom jahrelangen Krieg gezeichneten Land. Sie leben hauptsächlich im Norden, entlang der Grenze zur Türkei und rund um Aleppo. Etwa zehn Prozent (Schätzungen auch bis zu 15 Prozent) der Einwohner sind Kurden. Ihre Geschichte in Syrien beginnt mit der Auflösung des Osmanischen Reiches nach dem Ersten Weltkrieg und der Absage der Siegermächte an ein eigenes „Kurdistan", von dem neben Syrien auch die Türkei, der Iran und der Irak betroffen gewesen wären. Als im Zuge des Arabischen Frühlings 2011 auch in Syrien erste Unruhen ausbrachen, hielten sich die Kurden zurück, auch weil sie politisch in mehrere Gruppen zersplittert sind. 2012 wurde das Hohe Kurdische Komitee gegründet, um über gemeinsame Strategien der kurdischen Organisationen zu bestimmen und übernahm im Jahr darauf die Kontrolle über einige Städte. 2013 wurde beschlossen, eine Übergangsverwaltung im Norden Syriens aufzustellen, um den durch den Krieg entstandenen Missständen in der Administration und Versorgung der Bevölkerung zu begegnen. Anfang 2014 wurde in mehrheitlich kurdisch besiedelten Gebieten die Autonomie ausgerufen und man schloss sich unter dem Namen Rojava (kurdisch für „Sonnenuntergang") zusammen. Das ist eine Bezeichnung für Westkurdistan, das heute de facto ein unabhängiger Teilstaat ist, der auch vom Assad-Regime aus kriegstaktischen Gründen respektiert wird. Mittlerweile haben die Kurden den „Islamischen Staat" weitgehend aus diesen Gebieten vertrieben.

Die am 15. November 1984 in Rojava geborene **Hevrin Khalaf** engagierte sich in der Freiheitsbewegung der Kurden und war 2018 Gründerin der Future Syria Party, die mit dem Ziel antrat, die Interessen aller sozialen Gruppen zu vertreten und für einen demokratischen Neuanfang in Syrien zu sorgen. Sie wurde Generalsekretärin, legte besonderen Wert auf die Gleichberechtigung aller Kräfte in Syrien und suchte den Dialog. Die Frauenrechte waren ihr besonders wichtig. Sie nahm 2019 an der ersten Konferenz arabischer Stammesfrauen teil. Sie hätte eine der wichtigsten Führungspersönlichkeiten in einem Nachkriegssyrien werden können, wäre sie nicht am 12. Oktober 2019 von türkeitreuen Milizen umgebracht worden. Hevrin war auf einer Autobahn mit einem Fahrer zu einer politischen Versammlung unterwegs, als sie in einen Hinterhalt der Syrischen Nationalen Armee geriet. Auch der Fahrer und sieben Zivilisten wurden ermordet.

Die Stämme der Cherokee sind heute das größte noch existierende indigene Volk in Nordamerika. Der Anteil der indigenen Bevölkerung in den USA beträgt heute rund zwei Prozent – das sind immerhin 6,8 Millionen Menschen. Im Jahr 1924, als die indigenen Bewohner der USA mit dem Indian Citizenship Act die Wahl- und Bürgerrechte erhielten, hatten alle Stämme zusammen nur noch 250.000 Angehörige. Die Arbeitslosigkeit ist wesentlich höher als im Rest der Bevölkerung, die Armut sogar doppelt so hoch. Die medizinische Versorgung bei den nicht wohlhabenden Stämmen ist schlecht, die Lebenserwartung liegt durchwegs unter dem Durchschnitt und der Kampf um die Erhaltung des Lebensraums und der Lebensgrundlagen in den Reservaten ist eine ständige Herausforderung.

Doch zurück zu den Cherokee, die aus ihren Siedlungsgebieten vertrieben wurden und auf dem „Pfad der Tränen" weichen mussten, der 4000 Stammesangehörige das Leben kostete. 1961 erhielten die Cherokee ganze 15 Millionen Dollar Entschädigung für das von ihnen geraubte riesige Land! Man hält es kaum für möglich, welche bekannten Persönlichkeiten des Showbusiness und der Filmwelt Cherokee-Nachfahren sind: Der Populärste ist wohl Elvis Presley, aber auch die Sängerin Cher und der Gitarrist Jimi Hendrix gehören dazu. Von der Hollywood-Prominenz zählen Johnny Depp, Kevin Costner, Val Kilmer, Chuck Norris und Burt Reynolds zu den Akteuren mit Cherokee-Angehörigen.

Die am 18. November 1945 in Oklahoma zur Welt gekommene **Wilma Mankiller** kann es zwar an Prominenz gemessen nicht mit den Genannten aufnehmen, aber dafür war sie für die Entwicklung ihres Stammes umso wichtiger. In Kalifornien, wohin sie mit ihrer Familie umgesiedelt worden war, engagierte sie sich im Indian Center von San Francisco, schloss sich in den späten 1960er-Jahren der politischen Aktivistenbewegung an und nahm 1969 an der Besetzung der Gefängnisinsel Alcatraz in der Bucht von San Francisco teil. Mankiller wurde 1985 der erste weibliche Häuptling der Cherokee-Nation, 1987 wurde sie im Amt bestätigt, 1991 gewann sie mit einem Erdrutschsieg. Vier Jahre später trat wegen gesundheitlicher Probleme nicht mehr zur Wahl an. Die bis zur ihrer Wahl männerdominierte Struktur der Stammesführung stand im Gegensatz zur traditionellen Aufgabenverteilung von Mann und Frau. Ihre gemeinschaftsbildenden und die Wirtschaft fördernden Projekte brachten ihr hohe Anerkennung ein.

Politadel im republikanischen Indien

Es war eines jener Attentate, die die Welt erschütterten: Am 31. Oktober 1984 wurde **Indira Gandhi** von zwei ihrer Leibwächter erschossen.

Die britische Rundfunkanstalt plante an diesem Vormittag ein Interview mit Indira Gandhi und Peter Ustinov im Rahmen von dessen Dokumentarfilmreihe „Ustinov's People". *Hier stehe ich also im Garten von Indira Gandhi. Es sind Vögel in den Bäumen. Wächter stehen in den Winkeln. Es ist ruhig.* Plötzlich gab es Lärm und eine große Aufregung. Ohne die Lage richtig deuten zu können, versuchte Ustinov die Fernsehzuschauer zu beruhigen. Kurz darauf sprach er in die Live-Kamera: *Ich muss gestehen: Als ich eben sagte, es sei nichts Ernstes geschehen, habe ich mir selbst nicht geglaubt. Auf Indira Gandhi ist soeben geschossen worden. Die Wächter stehen nicht mehr in den Winkeln. Aber die Vögel sind noch in den Bäumen.* Tatsächlich war die Premierministerin auf dem Weg zum Interview im Vorgarten ihres Bungalows ausgerechnet von ihren Sikh-Leibwächtern erschossen worden. Eine der Folgen waren landesweite Pogrome an Sikhs, denen etwa 3000 unschuldige Menschen zum Opfer fielen. Einige Monate davor hatte Indira Gandhi den Befehl gegeben, einen Tempel, der von militanten Sikhs besetzt war, militärisch zurückzuerobern. Bei dem darauffolgenden Gemetzel starben nicht nur 400 Soldaten, sondern mehr als 2000 Sikhs.

Die am 19. November 1917 geborene Politikerin amtierte von 1966 bis 1977 und erneut von 1980 bis 1984, also insgesamt eineinhalb Jahrzehnte der 37 Jahre Unabhängigkeit, als Premierministerin.

Sie war die Tochter von Jawaharlal Nehru, der das Land in die Unabhängigkeit geführt hatte und dann bis zu seinem Tod 17 Jahre hindurch Premierminister war. Die beiden waren Pandit-Brahmanen aus Kaschmir, eine der Höchstrangigen im indischen Kastensystem. Und damit wurden sie zu einer Art republikanischer Adelsfamilie, die auch nach Indira Gandhi hochrangige politische Führungspersönlichkeiten stellte.

Sie selbst war bereits 1955 zur Präsidentin der beherrschenden Kongresspartei gewählt worden und hatte starken Einfluss auf die Politik ihres Vaters. Als er starb, musste sie zwar Lal Bahadur Shastri den Vortritt lassen, wurde allerdings Kabinettsministerin. Zwei Jahre später konnte sie dann endgültig die Nachfolge ihres Vaters antreten.

Wenn der Kampf gegen die Apartheid in Südafrika neben Nelson Mandela und Bischof Desmond Tutu auch ein weißes Gesicht gehabt hat, dann ist dies ein Verdienst von **Nadine Gordimer,** einer südafrikanischen Schriftstellerin, die am 20. November 1923 im Transvaal zur Welt kam. Die Mutter war Engländerin, der Vater ein jüdischer Juwelier aus Litauen. Nadine Gordimer hatte ein sehr behütetes Elternhaus, wuchs wegen einer vermuteten Herzschwäche getrennt von der Nachbarjugend auf und hatte alle Privilegien der weißen Minderheit. Sie las viel und begann schon als Kind zu schreiben. Im Alter von 30 Jahren veröffentlichte sie in Johannesburg ihren ersten Roman „The Lying Days" („Entzauberung"), der stark autobiografische Züge hat. Die Kritik in der „New York Times" verglich das Buch positiv mit dem Werk von Alan Paton, besonders mit „Cry, the Beloved Country", dem 1948 erschienenen Roman des südafrikanischen Schriftstellers.

Nadine Gordimer schrieb beinahe ihr ganzes Leben in einem Südafrika, das von der Apartheidsfrage gespalten war. Schon vor dem Erscheinen ihres ersten Buchs gehörte sie zu der kleinen Minderheit unter den Weißen, die bewusst die Apartheidsbestimmungen missachteten. Sie berief sich dabei auf ihr Recht zur freien Meinungsäußerung und handelte sich immer wieder Publikationsverbote in Südafrika ein.

Im Laufe der Zeit wurde die Widerstandsbewegung der schwarzen Südafrikaner gegen die Schikanen und Ausgrenzungen immer selbstbewusster und kampfbereiter, sodass man glaubte, auf die Unterstützung der Weißen verzichten zu können. Patrice Lumumba war zum Märtyrer eines ganzen Kontinents geworden und Persönlichkeiten wie Léopold Senghor, Kwame Nkrumah und Julius Nyerere die Leitfiguren einer neuen Generation.

Sie war 39 Jahre alt, als sie in einem Gerichtssaal in Pretoria saß und miterlebte, wie Nelson Mandela zu einer lebenslangen Freiheitsstrafe verurteilt wurde. Schließlich trat sie seinem Afrikanischen Nationalkongress bei. 1979 schrieb Gordimer den Roman „Burger's Daughter", der als Kopie irgendwie auf Mandelas Gefängnisinsel gelangte. In einem Brief schrieb ihr der „anspruchsvollste Leser, den sie sich wünsche konnte" von seiner tiefen und verständnisvollen Akzeptanz des Buchs. Sie trafen sich nur wenige Tage nach seiner Freilassung privat in Johannesburg.

Gordimer schilderte Mandela nach seinem Tod als *von Natur aus sehr warmherzige Persönlichkeit.*

Frieden in den Köpfen von Männern und Frauen schaffen

Dieses Ziel ermutigt **Sopheap Chak,** die Geschäftsführerin des kambodschanischen Zentrums für Menschenrechte ist und sich für die Förderung und den Schutz politischer und bürgerlicher Rechte einsetzt. Sie betont: *Wir haben ein anhaltendes Problem mit geschlechtsspezifischer Diskriminierung und Gewalt; einer Kultur, in der Frauen für die Gewalt gegen sie verantwortlich gemacht werden, und einer Praxis, diejenigen zum Schweigen zu bringen, die sich für die Rechte der Frauen einsetzen [...] Anstatt veraltete und willkürliche gesellschaftliche Bräuche zu verstärken, die Gewalt gegen Frauen zu entschuldigen [...], sollte die Regierung eine Kultur der Opferbeschuldigung beseitigen.* Was die provokante Frauenrechtlerin zum Ausdruck bringen will, zielt auf Äußerungen des Premierministers, dass Frauen, die *sexy Outfits und freizügige Kleidung tragen, sexuelle Wünsche bei Männern hervorrufen, was zu sexueller Gewalt und Menschenhandel führt.* Sopheap Chak: *Nicht die Täter, sondern die Frauen werden also zu Schuldigen gemacht.* Die Kritik gilt einer Regelung, der zufolge es Frauen nämlich verboten war, kurze oder enthüllende Kleider zu tragen. Nur so könnten die Khmer-Kultur, die alte Kultur des Landes, und die Würde der Menschen erhalten werden, argumentiert die Regierung. Die leitende Mitarbeiterin von Amnesty International, **Ming Yutta,** sieht darin nur ein weiteres Instrument der Regierung, ihre Bevölkerung zu unterdrücken.

Die Frau gehört an den Herd, ist ein alter kambodschanischer Ausspruch, der wortident die Einstellung vieler Gesellschaften der Welt widerspiegelt. Denn noch immer spielen – Gleichstellung hin, Gleichberechtigung her – die alten Traditionen eine Rolle in der kambodschanischen Gesellschaft, vor allem im religiösen Bereich.

Kambodscha ist ein sehr junges Land. Über 70 Prozent der Bevölkerung wurde nach dem Khmer-Rouge-Regime geboren. Die Women Peace Makers veranstalten Übungen mit jungen Männern, die, wie Privilege Walk, Augenöffner sein sollen, wie es ist, in dieser Gesellschaft eine Frau zu sein. Diese tief verwurzelte Ungleichheit zeigt sich in einem Sprichwort der Khmer: *Männer sind Gold, Frauen sind Stoff*. Männer sollen in solchen Übungen ihre Denkweise, ihre Einstellung und letztendlich ihr Verhalten ändern.

So beginnt Wandel. Und Wandel soll *Frieden in den Köpfen von Männern und Frauen schaffen*, so Sopheap Chak.

Als sie elf Jahre alt war, wurde **Rakhmabai,** geboren am 22. November 1864 in Bombay, mit einem neun Jahre älteren Mann verheiratet, musste allerdings die Ehe noch nicht vollziehen, obwohl das trotz ihres jugendlichen Alters für damalige Gebräuche nicht ungewöhnlich gewesen wäre. Als sie schließlich 20 Jahre alt war, verlangte ihr Mann, dass sie zu ihm ziehen und sexuell zu Diensten sein sollte, so wie man es von einer Ehefrau erwartete. Rakhmabai weigerte sich jedoch, die Eheschließung anzuerkennen, und begründete diesen Entschluss mit dem Argument, sie sei zum Zeitpunkt der Heirat noch nicht alt genug gewesen, um ihre Einwilligung zu geben. Diese offenkundige Revolte gegen Tradition und Sitte schlug hohe Wellen in der indischen Gesellschaft, aber auch in der englischen Öffentlichkeit. Im September 1885 wurde der Fall im Bombay High Court nach englischem Recht verhandelt. Der Richter sah sich zwar außerstande, englisches Recht auf Traditionen des Hinduismus anzuwenden, entschied aber zugunsten Rakhmabais mit der Begründung, sie könne nicht gezwungen werden, gegen ihren Willen die Ehe zu vollziehen. Eine Entscheidung dieses Inhalts war für die damalige Zeit auch aus europäischer Sicht äußerst ungewöhnlich und wurde durch die Revision aufgehoben. Rakhmabai sollte sich entweder fügen oder ins Gefängnis gehen. In dieser Situation wandte sie sich in einem Brief an Königin Victoria und auch im englischen House of Lords wurde der Fall erörtert. Die englische Frauenrechtlerin **Millicent Garrett Fawcett** gründete sogar ein Unterstützungskomitee. Wenig später unterzeichnete Victoria einen speziellen königlichen Erlass, der die Ehe auflöste und Rakhmabai vor dem Gefängnis bewahrte. Der Fall erregte so viel Aufsehen, dass 1891 der Age of Consent Act verabschiedet wurde, der das Schutzalter für Mädchen von zehn auf zwölf Jahre erhöhte. Seit 1968 sind Kinderehen in Indien verboten, trotzdem heiraten nirgendwo so viele Minderjährige wie in Indien. Die UNICEF schätzt die jährliche Zahl auf 1,5 Millionen. Um heiraten zu dürfen, müssen in Indien von Gesetzes wegen Frauen mindestens 18 Jahre alt sein. Dies wird in weiten Teilen des Landes nicht beachtet. Es sind die Not, die mangelnde Bildung und das Beharren auf Traditionen. 140 Jahre nach dem aufsehenerregenden Gerichtsstreit in Mumbai ist das Problem der Kinderehe, eigentlich ein Problem der Mädchen, noch immer nicht aus der Welt geschafft, das öffentliche Bewusstsein und die Behörden wenden sich immer mehr dagegen.

The best man for the job is a woman

Sie heißt **Jocelyn Solis-Reyes,** ist Richterin eines philippinischen Regional-gerichts und dürfte heute um die 64 Jahre alt sein. 2009 hat sich ihr Leben schlagartig verändert, denn sie wurde per Los mit einem Gerichtsfall beauftragt, der sie zehn Jahre hindurch in Anspruch nehmen sollte. Dass sie überhaupt ausgewählt wurde und das noch per Losentscheid, ist dem Umstand zuzuschreiben, dass der ursprünglich vorgesehene Richter die Übernahme des Falls aus Angst um seine Sicherheit ablehnte. Bei dem in Rede stehenden Verfahren ging es nämlich um den „Ampatuan-Fall" (beschönigende Beschreibung) beziehungsweise um das „Massaker von Maguindanao" (kommt der Wahrheit schon näher), man könnte auch vom „weltweit größten Massenmord an JournalistInnen sprechen. Dann wird nicht nur die Sorge des ursprünglich auserkorenen Richters verständlich, sondern es erklärt auch den Umstand, dass Jocelyn Solis-Reyes seither unter dem Schutz der philippinischen Nationalpolizei steht. Zwangsweise deshalb, weil sie selbst anfangs eine solche Maßnahme als nicht notwendig abgelehnt hatte. Der Fall sollte sich dann über die Amtszeit von drei Präsi-denten, sieben Justizministern und sechs Oberrichtern erstrecken – zehn Jahre hindurch blieb die Vorsitzende Richterin zentrale Figur des Geschehens.

Am 23. November 2009 wollte ein Autokonvoi mit Anhängern des Politikers Esmael Mangudadatu wegen dessen Bewerbung um den Gouverneurs-posten seiner Provinz zu einer behördlichen Registrierungsstelle fahren. Insgesamt wurden auf einen Schlag 58 Personen ermordet. Am Schauplatz des Verbrechens standen bereits Bagger, die bereits Gruben ausgehoben hatten und die nur darauf warteten, die Leichen samt ihren Autos zu ver-scharren. Eines der Opfer konnte allerdings noch ein SMS absetzen und die Polizei informieren, die sofort einen Hubschrauber sandte. Wie sich bald herausstellte, war der Auftraggeber im Clan des amtierenden Gouverneurs Ampatuan zu finden, der mit den Mangudadatus in einer seit Jahren herrschenden Familienfehde verstrickt war und über eine Art Privatarmee verfügte.

Zehn Jahre später, am 19. Dezember 2019, wurden von der Richterin in Manila 28 Urteile wegen Mordes gefällt, acht gegen engste Familienmit-glieder des Ampatuan-Clans. *The best man for the job is a woman*, textete ABC-CBN-News in einem Bericht über den Prozess.

Die ecuadorianische Schriftstellerin und Politikerin **Nela Martínez Espinosa** kam am 24. November 1912 als achtes von insgesamt fünfzehn Kindern in einem streng katholischen Elternhaus zur Welt. Von ihrer Mutter erbte sie die Leidenschaft für das Lesen, von ihrer frühen Jugend an verschlang sie buchstäblich alles, was an Lesbarem zu Hause zu finden war – allerdings war dabei der katholische Index eine unüberwindliche Grenze. Im Jahr 1926 wurde sie Zeugin eines Aufstands der indigenen Bevölkerung gegen die Erhöhung des Salzpreises, die der Finanzierung der Kathedrale von Cuenca dienen sollte. Ab diesem Schlüsselmoment beschäftigte sie sich mit der Armut und der Ausgrenzung Indigener durch die Weißen und Mestizen. Ab 1933 bewegte sich Nela in einer Gruppe intellektueller Jugendlicher, durch die sie mit Literatur politischen Inhalts vertraut wurde. Sie sprachen, diskutierten, lasen, schrieben, rezitierten miteinander und vertraten die Auffassung, dass die sozioökonomische Revolution des Proletariats die einzig würdevolle Lebensform in Entwicklungsländern sei, wie sie in Lateinamerika vorherrschend war. Sie schloss sich daraufhin einer kleinen kommunistischen Gruppierung an, in der sie überhaupt die einzige Frau war. Ihr politischer Aktivismus brachte sie immer wieder in Konfliktsituationen mit der Staatsgewalt. In dieser Zeit begann sie für verschiedene Zeitungen unter unterschiedlichen Pseudonymen zu schreiben und hatte dabei stets die politische Perspektive einer Erzählung im Auge. In den nächsten Jahren war sie vor allem in einer antitotalitären Bewegung engagiert, schloss sich der Accion Democrática Ecuatoriana an und hatte im Jahr 1944 nach dem Erfolg einer linken oppositionellen Bewegung sogar für kurze Zeit ein Regierungsamt inne. Nela Martínez wurde auch Stellvertreterin im Vorsitz der Nationalen Verfassungsgebenden Versammlung. Damit war sie die erste Frau im Land, die eine Abgeordnetenfunktion innehatte, und auch die erste, die Mitglied des Exekutivausschusses der Kommunistischen Partei war. Als das Militär im März 1963 die Macht übernahm, war Nela Martínez unter den ersten Protestierenden, die eine Rückkehr zur Demokratie forderten. Dabei vertrat sie eine radikale Linie, indem sie postulierte: *Der Sozialismus ist die einzige Zukunft der Menschheit*. Dann nahm sie wieder das Schreiben auf, das sich gegen Machtmissbrauch durch die diktatorische Regierung richtete und sich mit der Lebenswelt der indigenen Bevölkerung, der Frauen, der Entrechteten beschäftigte.

Tödliche Gewalt an Frauen ist leider globalisiert!

Die „Mahnung gegen Gewalt an Frauen" findet regelmäßig in der Zeit vom 25. November, dem Internationalen Gedenktag für alle Frauen und Mädchen, die Opfer von Gewalt wurden, und 10. Dezember, dem Internationalen Tag der Menschenrechte, statt. Dieser Aktionszeitraum wird weltweit genutzt, um das Ausmaß und die verschiedenen Ausprägungen von Gewalt gegen Frauen zu thematisieren und Bewusstsein dafür zu schaffen, dass diese Form der Gewalt als fundamentale Menschenrechtsverletzung nachhaltige Folgen für die Betroffenen selbst, aber auch für die gesamte Gesellschaft hat.

Der Gedenktag geht auf die Ermordung der drei Schwestern **Mirabal** zurück, die am 25. November 1960 in der Dominikanischen Republik vom militärischen Geheimdienst über Auftrag des tyrannischen Diktators Trujillo getötet wurden. Die „Schmetterlinge", wie sie genannt wurden, hatten die Kreise des Diktators gestört und seine männliche Eitelkeit verletzt.

Auf einem Treffen lateinamerikanischer und karibischer Feministinnen in Bogotá im Jahr 1981 würdigten die Teilnehmerinnen die Schwestern und riefen ihr Todesdatum zum Gedenktag für die Opfer von Gewalt an Frauen und Mädchen aus. Seit 1999 ist der 25. November auch von den Vereinten Nationen als offizieller Internationaler Gedenktag anerkannt.

Vor diesem Hintergrund organisiert das US-amerikanische Center for Women's Global Leadership seit 1991 die Kampagne 16 Days of Activism Against Gender Violence. Inzwischen liegt die internationale Beteiligung bei über 6000 Organisationen und 187 Ländern und findet jährlich zu einem bestimmten Schwerpunkt statt.

Der Begriff „Femizid" wurde entwickelt, um bestimmte Tötungen an Frauen von anderen Formen tödlicher Gewalt abzugrenzen und als spezifisches Phänomen zu problematisieren. Frauen werden allein aufgrund ihres Geschlechtes zur Zielscheibe gemacht, und das geschieht oft in einem Zusammenhang, in dem bereits Gewalt, sexueller Missbrauch, Machtungleichgewicht und Bedrohungen gegenüber den Opfern vorhanden waren.

Die Gründe reichen von patriarchalen Strukturen und traditionellen Geschlechterrollen bis hin zu wirtschaftlichen und sozialen Faktoren. Laut einem UN-Bericht wurden im Jahr 2022 rund 89.000 Frauen und Mädchen vorsätzlich getötet – der höchste Stand seit 20 Jahren.

Ihr Vater war ein konservativer Parteiführer und Parlamentsabgeordneter in Nicaragua, der in der Zeit der Somoza-Diktatur als prononcierter Gegner immer wieder inhaftiert war. Sie folgte dem Beispiel für politisches Engagement, erkannte aber bald, dass zwischen der Konservativen Partei und den Somoza-Anhängern keine Unterschiede bezüglich Ignoranz gegenüber sozialer Ungerechtigkeit bestanden. Auch sonst waren sich die Ideologien recht ähnlich, sodass sie sich immer mehr den Sandinisten zuwandte.

Vilma Núñez, geboren am 25. November 1938, begann in León Rechtswissenschaften zu studieren und war eine Überlebende des Studentenmassakers, das die Somoza-Nationalgarde am 23. Juli 1959 anrichtete. Es galt als Wendepunkt im politischen Bewusstsein der „Generation von 1959" oder auch „Generation 23. Juli". Um 1975 schloss sich Vilma Núñez – sie arbeitete zu dieser Zeit als Strafverteidigerin – der Sandinistischen Befreiungsfront an, wurde 1979 gefangengenommen und während der fünfmonatigen Haft mit Elektroschocks gefoltert, ohne etwas von ihrem umfangreichen Wissen über das Untergrund-Netzwerk preiszugeben.

Die am 21. November 1955 geborene **Dora María Téllez** führte zu dieser Zeit sandinistische Einheiten an, die die Stadt Léon eroberten. Téllez war später Gesundheitsministerin, stellte sich gegen die korrupte Seilschaft Ortegas und wurde daher wie viele andere ehemalige Gefolgsleute im Jahr 2021 verhaftet, anschließend zu einer langjährigen Gefängnisstrafe verurteilt und in die USA abgeschoben.

Ebenso erging es **Mónica Baltodano,** geboren am 14. August 1954, die auch viele Jahre in der Sandinistischen Befreiungsbewegung aktiv war und schließlich eine „Renovierungsbewegung" gründete, um der Korruption und dem Autoritarismus den Kampf anzusagen.

1990 gründete Nuñez eine Menschenrechtsorganisation, die sich zunehmend vom Sandinismus Ortega'scher Prägung distanzierte und schließlich in Opposition zur einstigen Revolutionspartei stand. Heute werden die KämpferInnen von ehemals verfolgt, eingesperrt oder ausgebürgert, wenn sie sich dem Diktat von Ortega/Murillo nicht fügen. Das Regime hat 2022 Hunderten Menschen die Staatsbürgerschaft entzogen und sie in die USA abgeschoben, um die lästigen Kritiker loszuwerden. Vilma Núñez allerdings weigert sich auszureisen: *Ich bin eine Nicaraguanerin. Ich wurde in Nicaragua geboren und ich werde in Nicaragua sterben.*

Das Tagebuch einer Ärztin

Es waren die 20 Jahre von 1955 bis 1975, die Vietnam ebenso zerstörten wie die Nachbarländer Kambodscha und Laos. Schon zuvor hatten acht Jahre Indochinakrieg der französischen Kolonialmacht gegen die Unabhängigkeitsbewegung Viêt Minh dem Land und den Menschen tiefe Wunden geschlagen. Nach der Niederlage der Franzosen und der Teilung Vietnams im Jahr 1954 brach ein Bürgerkrieg aus. Als sich abzeichnete, dass der Süden allein die Kommunisten und ihre Sympathisanten nicht würde besiegen können, griffen die USA direkt ins Geschehen ein und ihre Bombengeschwader verwüsteten weite Teile der drei betroffenen Länder. Die Bodentruppen wurden in einen Guerillakrieg verwickelt, der trotz einer ungeheuren Materialüberlegenheit nicht zu gewinnen war. Am Ende waren zwischen 1,3 und über drei Millionen Vietnamesen gestorben. Die US-Soldaten zählten demgegenüber etwa 58.000 Tote. Vietnam wurde zum größten Friedhof seit dem Zweiten Weltkrieg.

Eine der Toten war die vietnamesische Ärztin und Sanitäterin **Dăng Thùy Trâm,** geboren am 26. November 1942 in der alten Kaiserstadt Hue, die im Alter von 28 Jahren unter ungeklärten Umständen von US-Soldaten getötet wurde. Sie arbeitete als Militärchirurgin für Nordvietnam und war gerade auf einem Urwaldpfad unterwegs. Da sie nicht bewaffnet war, dürfte ihr Tod in der US-Statistik als Kollateralschaden abgehakt worden sein. Tram hatte die letzten beiden Jahre ihres Lebens in ihren Tagebüchern festgehalten, die den US-Truppen in die Hände fielen. Ein Nachrichtendienstmann verweigerte den Befehl, die Tagebücher zu verbrennen. Frederic Whitehurst, so hieß der junge Mann, behielt sie 35 Jahre hindurch in der Absicht, sie eines Tages der Familie der Ärztin zurückzugeben. Nach seiner Rückkehr in die USA war Frederic Whitehurst mit seiner Suche zunächst erfolglos, bis er den US-Veteranen und Fotografen Ted Engelmann traf, der anbot, während einer geplanten Vietnam-Reise nach der Familie zu suchen. Was der Suche nach der sprichwörtlichen Nadel im Heuhaufen gleichkam, war letztendlich mit der Unterstützung Do Xuan Anhs, eines Mitarbeiters im Hanoier Quakerbüro, erfolgreich. Durch ihn konnte Engelmann die Mutter der Ärztin und die übrige Familie finden. 2005 wurden die Tagebücher in Vietnam veröffentlicht und waren schnell ein Bestseller. 2009 folgte ein Film mit dem Titel „Verbrenne sie nicht". Tram selbst hatte kurz vor ihrem Tod geschrieben: *Letzte Nacht träumte ich vom Frieden.*

November

Eine israelische Schriftstellerin palästinensischer Herkunft zu sein birgt gewissermaßen schon von Geburt wegen Konflikte in sich. Loyalitätskonflikte gegenüber einem Staat, von dem man sich zunehmend als Bürger zweiter Klasse behandelt fühlt, Identitätskonflikt als Araberin, die von der Hoffnung auf ein friedliches Zusammenleben lebt und daher Terror von allen Seiten ablehnt. Ein solches Beispiel ist die 50-jährige **Adania Shibli,** die in einem kleinen, von Palästinensern bewohnten Dorf in Obergaliläa zu Welt kam. Ihr Studium in Kommunikation und Journalismus schloss sie mit einer Masterarbeit ab, die „Discourse, power and media coverage of the killing of Palestinian children by the Israeli Army" zum Inhalt hatte. Sie ist mittlerweile nicht nur Schriftstellerin, sondern auch als Dozentin tätig und lebt in Jerusalem und Berlin.

2022 erschien die erste deutsche Übersetzung eines von ihr verfassten Romans, in dem sie, auf einer wahren Begebenheit aus dem Jahr 1949 aufbauend, zunächst die letzten zwei Tage im Leben einer namenlosen Beduinin schildert, die von israelischen Soldaten gefangen genommen, vergewaltigt und schließlich ermordet worden war. Anschließend folgt die subjektive Erzählung einer Frau, die zu diesem Verbrechen recherchiert. Der Roman war zum Zeitpunkt seiner deutschen Veröffentlichung fünf Jahre alt und wurde international nicht nur für seine sprachliche Kraft, sondern auch für seine Behandlung der Themen Gewalt, Angst und Gerechtigkeit gelobt. Er sollte 2023 einen renommierten Preis bei der Frankfurter Buchmesse erhalten, was dann allerdings verschoben wurde, weil man *mit voller Solidarität an der Seite Israels* stehe und *jüdische und israelische Stimmen auf der Buchmesse nun besonders sichtbar machen* wolle. Gerade so, als wäre das eine nur ohne das andere möglich und daher der Roman einer israelischen Palästinenserin erst zu einem späteren Zeitpunkt ausgezeichnet werden könnte! Ungewollt wird die „Nebensache" (Romantitel) zur „Hauptsache" der Diskussion. Die Ausrede der Messeleitung klingt peinlich: *Man hat Shibli vor der Hetzmasse schützen wollen.*

Nora Karches äußert sich im Deutschlandfunk zur Kritik an Shiblis Roman: „Eine Nebensache" ist ein Roman darüber, dass im Krieg und bei militärischen Missionen der Körper der Frau zum Schlachtfeld wird, zum Kriegsschauplatz. Sexualisierte Gewalt gegen Frauen sei integraler Bestandteil kriegerischer Auseinandersetzungen.

Eine Novität im politischen Geschäft El Salvadors

El Salvador ist ein leidgeprüftes Land, zuerst durch rechte Diktatoren und Bürgerkriege zerstört, dann von Bandenkriminalität terrorisiert. Verständlich, dass der 2019 als Präsident gewählte Nayib Bukele viel Zustimmung seitens der Bevölkerung erhielt, als er als Hauptziel seiner Präsidentschaft den Kampf gegen die Maras (kriminelle Banden) nannte. Schon im ersten Jahr konnte er Erfolge vorweisen, denn die hohe Mordrate hat sich halbiert und ein im März 2022 verhängter Ausnahmezustand ermöglicht mittlerweile die Festnahme ohne Haftbefehl. Ohne Rücksicht auf Grundrechte wurden zwischen März und November 2022 insgesamt 58.000 mutmaßliche Bandenmitglieder festgenommen. Mittlerweile wurde ein Gefängniskomplex errichtet, in dem 40.000 (!) Häftlinge untergebracht werden sollen. Im August 2023 waren bereits 12.000 Personen dort inhaftiert. Dazu genehmigte das Parlament Verfahrensvorschriften, die Prozesse für 900 Personen gleichzeitig möglich machen. Hier gilt also fast uneingeschränkt die Schuldvermutung. Da die Mordrate weiter gesunken ist, erfreut sich der Präsident durchaus mehrheitlicher Zustimmung. Schließlich herrscht mehr oder weniger Ruhe im ganzen Land. Das fördert die Lust auf mehr und Bukele möchte sich uneigennützigerweise weiter in den Dienst der guten Sache stellen. Da gab es zwar ein kleines Verfassungsproblem, das aber mittlerweile mit einem hörigen Gericht und einer ebensolchen Frau gelöst ist.

Die Frau heißt **Claudia Rodríguez de Guevara** und ist seit Jahren die engste Vertraute des früheren Bürgermeisters der Hauptstadt und späteren Präsidenten. Nachdem es sich Bukele mit Gerichtshilfe selbst ermöglicht hat, mit nur halbjähriger Karenz seiner Präsidentenfunktion für eine weitere Funktionsperiode zu kandidieren, hat seine Vertraute per 1. Dezember 2023 vertretungsweise die Präsidentschaft übernommen. Nicht ganz, denn Bukele hat sich auch dafür etwas Spezielles einfallen lassen. Rodríguez hat zwar die präsidialen Befugnisse und Pflichten übernommen, aber eben nicht das Amt des Präsidenten (davon nimmt Bukele nur einen längeren Urlaub). Ihre Aufgabe ist etwas kompliziert umschrieben, denn sie lautet: *Designiert vom Präsidenten der Republik, verantwortlich für das Amt.* Die Frage der Vereidigung blieb ungeklärt. Der Präsident der Legislativversammlung, ein Satrap Bukeles, behauptete, sie sei vereidigt worden, wenn auch nicht öffentlich – mittlerweile ist er für fünf Jahre gewählt.

Die am 30. November 1924 in Brooklyn geborene **Shirley Chisholm** war die erste afroamerikanische Abgeordnete im Repräsentantenhaus, in das sie 1968 gewählt wurde. Schon zuvor war sie vier Jahre Mitglied in der New York State Assembly gewesen. 15 Jahre war sie dann Vertreterin des im Bundesstaat New York gelegenen Wahlbezirkes und gehörte sowohl zu den MitbegründerInnen des „Black Caucus" („Ausschuss") als auch des „Women Caucus" und unterstützte 1971 die Gründung des Congressional Black Caucus, des Zusammenschlusses der afroamerikanischen Kongressabgeordneten. Viele ihrer Aktivitäten hingen mit der Diskriminierung von Schwarzen und Frauen zusammen, die sie in den USA der 1950er- und 1960er-Jahre erlebt hatte. Einmal erinnerte sie sich: *Mein größter politischer Trumpf, den andere Politiker fürchten, ist mein Mund, aus dem alle möglichen Dinge kommen, die man aus Gründen der politischen Zweckdienlichkeit nicht immer erörtern sollte.*

Bei der Präsidentschaftswahl 1972 bewarb sie sich als erste Afroamerikanerin um die Nominierung als Kandidatin der Demokraten, unterlag allerdings in der Vorwahl George McGovern.

Erfolgreicher war da die am 1. Dezember 1971 zur Welt gekommene Afrokolumbianerin **Francia Márquez,** eine Juristin, Umweltschützerin und Bürgerrechtlerin. Sie arbeitete als junge Erwachsene im Goldbergbau, wurde mit 16 Jahren erstmals schwanger und konnte so erst mit fast 40 Jahren ihr rechtswissenschaftliches Studium abschließen. Aber schon im jugendlichen Alter von 15 Jahren beteiligte sie sich an Protesten gegen die Regierung, die einen Fluss umleiten wollte, um einen Stausee zu füllen.

In dieser Auseinandersetzung wurde die junge Frau zu einer lokalen Führungspersönlichkeit, die nicht nur den Schutz der Umwelt im Blick hatte, sondern auch die Ausbeutungsstrategien multinationaler Bergbauunternehmen bekämpfte. So organisierte sie mit Frauen den Protest gegen illegalen Goldabbau, der tatsächlich gestoppt werden konnte.

Für die Präsidentschaftswahl 2022 trat Márquez als mögliche Kandidatin des Bündnisses Pacto Histórico an. Bei der Vorwahl erhielt sie nach Gustavo Petro die zweitmeisten Stimmen, kämpfte mit ihm gemeinsam um die kolumbianischen Wähler und wurde nach seinem Sieg die erste afrokolumbianische und nach Marta Lucía Ramírez die zweite weibliche Vizepräsidentin ihres Landes. Morddrohungen waren dabei die Begleitmusik.

Kein Frieden ohne Frauen

Der Südsudan hat zwar im Jahr 2011 seine Unabhängigkeit vom Norden erkämpft, aber in einem der ärmsten Länder der Welt hielt der Bürgerkrieg dennoch weiter an und provozierte immer neue Flüchtlingswellen. Zusammengenommen stellen sie den höchsten Prozentsatz an Vertreibungen auf dem afrikanischen Kontinent dar.

Vor zehn Jahren brach nach einem brüchigen Frieden erneut Gewalt aus und der jüngste Krieg von 2013 bis 2018 forderte fast 400.000 Menschenleben und zehn Mal so viele Vertriebene. Das Land steht vor zahllosen politischen und sozioökonomischen Herausforderungen, zu denen noch steigende Temperaturen, unregelmäßige Regenfälle, Ernteausfälle und Viehverlust kommen. Das bringt neue Konflikte, denn über 80 Prozent der Bevölkerung leben unterhalb der absoluten Armutsgrenze. Frauen sind zwar die Hauptproduzenten von Nahrungsmitteln, sind aber gleichzeitig am stärksten von der Ernährungsunsicherheit bedroht, da traditionelle Rollenbilder ihren Zugang zu und die Kontrolle über die Produktionsmittel einschränken.

Riya William Yuyada, eine junge Friedensaktivistin, erzählt: *Als ich nur wenige Wochen alt war, brachte meine aus Uganda stammende Mutter mich und meine Schwester nach Uganda in Sicherheit. Der Krieg hat meine Familie entzweit. Einer der Gründe, warum ich „Crown the Woman" („Krönt die Frau") gegründet habe war, dass ich mich für Frieden einsetzen wollte – Frieden, den ich als Kind nie erleben durfte.* Ihre Organisation stellt sich gegen Gewalt gegen Frauen, versucht Menschen für das Thema zu sensibilisieren und unterstützt traumatisierte Frauen. *Ich bin überzeugt, dass eine Frau, die wirtschaftlich gestärkt ist, auch die Kraft hat, sich vor vielen Formen von Gewalt zu schützen*, sagte sie und setzte fort: *Frauen sind die Basis des Südsudan, sie machen 60 Prozent der Bevölkerung aus. Wenn unsere Stimmen nicht Teil des Entscheidungsprozesses sind, wird der Südsudan sein volles Potenzial nicht ausschöpfen.*

Sara Beysolow Nyanti ist eine liberianische Pastorin, die bis zu ihrer Pensionierung im Juli 2023 stellvertretende Generalsekretärin der UNO und damit eine der einflussreichsten Frauen Afrikas war. Sie traf den Papst während dessen Reise in den Südsudan und die beiden waren sich einig, dass es nur mit Frieden, Stabilität und Gerechtigkeit eine Entwicklung und soziale Wiedereingliederung geben kann.

Der Mann mit der Augenbinde war charismatisch, brillant, zynisch, taktlos, kompliziert, widersprüchlich und doch einer der beliebtesten Politiker seines Landes – zumindest zeitweise. Mosche Dajan ist der Held des Sechs-Tage-Kriegs, der „Versager" am Beginn des Jom-Kippur-Krieges, der Verhandler in Camp David und einiges mehr.

Aber bei diesem Kalenderblatt geht es in erster Linie nicht um ihn, sondern um seine Tochter Jael, geboren am 2. Dezember 1939. Die ausgewiesene Friedensaktivistin würde ihrem Vater zumindest in einer Hinsicht beipflichten: *Wenn du Frieden willst, redest du nicht mit deinen Freunden. Du redest mit deinen Feinden.* **Jael Dajan** stammt nicht nur des Vaters wegen aus der politischen Gründergeneration Israels, ihr Großvater war Knesset-Abgeordneter und ihre Tante Ehefrau des israelischen Staatspräsidenten Ezer Weizmann. Nach Gymnasium und militärischer Grundausbildung diente sie im Büro des Pressesprechers der israelischen Streitkräfte; nach der Entlassung aus dem auch für Frauen in Israel verpflichtenden Militärdienst studierte sie internationale Beziehungen, machte sich später als Kolumnistin und Buchautorin einen Namen. Einer ihrer Brüder ist übrigens der Schriftsteller Ehud Dajan.

Jael Dajan wurde erstmals 1992 in die Knesset gewählt und stellte sich zwei Mal erfolgreich der Wiederwahl, bis sie 2004 stellvertretende Bürgermeisterin von Tel Aviv, verantwortlich für Soziales, wurde. Als Parlamentarierin war sie eine Verfechterin der Rechte von Frauen und Homosexuellen. Außerdem setzte sie sich besonders für Gesetze gegen sexuelle Belästigung ein. Ihr erster Roman erschien 1959, als sie 20 Jahre alt war. Er hieß „Ich schlafe mit meinem Gewehr", hat autobiografische Züge und erinnert an die Zeit, in der sie ihren Wehrdienst geleistet hat. Im Jahr 1993 traf sie als erstes Mitglied des israelischen Parlaments den damaligen Vorsitzenden der Palästinensischen Befreiungsorganisation, Jassir Arafat, in Tunis. Jael Dajan war und ist eine scharfe Kritikerin der Besetzung palästinensischer Gebiete und gehörte viele Jahre zur Führung der Friedensorganisation Schalom Achschaw. Seit ihrer Gründung verurteilt diese außerparlamentarische Friedensbewegung die israelischen Siedlungen im Westjordanland, weil diese in berechnender Art und Weise die Möglichkeit des Friedens mit den Palästinensern unterminieren. Schalom Achschaw ist für eine Zweistaatenlösung mit Jerusalem als Hauptstadt für beide Teile.

In ihren Liedern geht es um Menschlichkeit

Pamela Badjogo wurde am 3. Dezember 1982 in Libreville, Gabun, geboren und singt seit ihrer Kindheit. Zunächst als Chorsängerin in ihrer Kirche, dann in Bamako, wo sie begann, in Studios zu singen. Sie wurde Mitglied der Frauengruppe Les Amazones d'Afrique, die sich für Frauenrechte einsetzt. Badjogo sagt dazu: *Wir haben es satt, Frauen unter Gewalt leiden zu sehen [...] in der Familie, in den Kriegsgebieten. Wir wollen, dass es aufhört.* Das erste Album der Gruppe République Amazone war eine Protestplatte, die sich ausdrücklich gegen die Ungleichheit und sexuelle Gewalt an Frauen wandte. Im Januar 2018 trat Badjogo in Kamerun zusammen mit anderen einflussreichen Persönlichkeiten auf, um einen Workshop zum Thema „Empowerment von Frauen" durchzuführen.

Simphiwe Dana, 1980 in der Transkei (Südafrika) zur Welt gekommen, ist eine südafrikanische Sängerin, die mit der traditionellen Musik ihrer Heimat aufgewachsen ist. Durch ihren Vater, einen Prediger, kam sie zur christlichen Chormusik und die Kirche spielte nicht nur musikalisch eine große Rolle für sie. Sie wuchs in einem sehr religiösen Umfeld auf, das sie Demut lehrte, wie sie selbst erklärt. Das dörfliche Leben hat sie hinter sich gelassen. Inzwischen lebt sie sehr urban, mitten in Johannesburg, und liest Frantz Fanon, der sich mit der Unterdrückung der Schwarzen in Afrika und afrikanischem Selbstverständnis beschäftigt hat. Ihre Vorbilder sind der südafrikanische Freiheitskämpfer Steve Biko und Literaturpreisträger Chinua Achebe. Alles Afrikaner. Das sei wichtig, insbesondere hier in Südafrika mit dem Erbe der Apartheid.

In einem Deutschlandfunk-Interview sagte sie: *Wir haben einen Identitätsverlust erlitten. Wir müssen unsere eigenen Helden wiederfinden, denn lange Zeit hat man uns weismachen wollen, dass wir keine haben. Sondern dass unsere Leute, die Geschichte gemacht haben, nur Primitive, Ausbeuter und Idioten waren. Deshalb müssen wir unsere eigenen Vorbilder wiederentdecken. Meine Mutter ist für mich der größte Held.*

Panafrikanismus ist ihr wichtig. Und genau deshalb singt sie auch ausschließlich in ihrer Sprache Xhosa. *In meinen Liedern geht es um die Menschheit, darum, in welchen Lebensumständen wir Afrikaner leben. Wo wir gerade stehen und wo wir sein sollten. Das ist es wovon ich singe.*

Gelegentlich hören wir von dieser Musik, wenn über Auftritte in Europa berichtet wird. Hier wirkt der Kolonialismus weiter: selten oder nicht gespielt.

Hebe Pastor de Bonafini, geboren am 4. Dezember 1928 in La Plata, war zunächst eine der Gründerinnen und ab 1979 auch Präsidentin der Mütter des Platzes der Mairevolution in Buenos Aires. Es handelte sich um Frauen, deren Kinder unter der Militärdiktatur von 1976 bis 1983 verschwanden, ohne dass die Umstände geklärt werden konnten, und anschließend von den Handlangern der Generäle ermordet wurden.

Nachdem zwei ihrer Söhne und ihre Schwiegertochter verschwunden waren, begann sie mit anderen Müttern, die ein gleiches Schicksal erlitten hatten, auf der Plaza de Mayo vor dem Präsidentenpalast zu protestieren. Im Laufe der Jahre gelang es ihr auch, das Schicksal ihrer Kinder aufzuklären: Ihr ältester Sohn wurde gefoltert und ermordet, der jüngere starb in einem Konzentrationslager und die Schwiegertochter wurde erschossen. *An dem Tag, an dem sie verschwanden, habe ich vergessen, wer ich war, ich habe nie wieder an mich gedacht*, äußerte sie später einmal.

Verständlich ist der Schmerz Bonafinis, die erklärte, dass sie den Tätern nie verzeihen werde. Diese Unversöhnlichkeit spaltete allerdings ebenso wie ihr Führungsstil.

Sie war maßgeblich dafür verantwortlich, dass die Ausrichtung der „Madres" politischer wurde. Bis dahin hatte jede Mutter auf ihrem weißen Kopftuch den Namen ihres Kindes gestickt. Ab da waren sie schon ganz in Weiß: Sie kämpften nun für alle Verschwundenen oder, wie sie selbst es ausdrückte: *Alle 30.000 sind meine Kinder*.

Auch mit Ende der Diktatur führten sie den Kampf weiter. Präsident Raúl Alfonsín weigerte sich lange Zeit, sich mit ihr zu treffen. Als seine Regierung unter Druck des Militärs die sogenannten Endpunkt-Gesetze und Gehorsamspflicht verabschiedete, durch die die Verantwortung nur auf höhere Offiziere begrenzt wurde, lehnte Bonafini diese ab.

Auch gegen Carlos Menem und seine Amnestiegesetze für Verbrechen unter der Diktatur ging sie heftig an, auch gegen dessen neoliberale Politik und die seines Nachfolgers, Fernando de la Rúa.

Als Néstor Kirchner 2003 die Regierung übernahm, stand sie ihm sehr skeptisch gegenüber. Nachdem seine Regierung jedoch die früheren Gesetze kippen ließ und die Justiz die Prozesse wegen der Diktaturverbrechen wiederaufnahm, stellte sie sich an seine Seite. Bis zuletzt hatte sie eine sehr gute Beziehung zu Cristina Kirchner und traf sich des Öfteren mit ihr.

Narrar Para Vivir – Erzähle, um zu leben

Bei Narrar Para Vivir handelt es sich um *ein Netzwerk weiblicher Opfer und Überlebender von Gewalt aufgrund von internen Konflikten in Gemeinden. Die Organisation vereint 840 Frauen, die sich seit 2000 dazu entschieden haben, sich zu organisieren, als Strategie des zivilen Widerstandes für Frauen und als Möglichkeit, Schmerz und den Verlust des Sinns des Lebens zu überwinden und die Trauer zu verarbeiten, die durch den Verlust ihrer Lieben entstanden ist.* So lautet die Selbstbeschreibung dieser kolumbianischen Organisation, deren Gründerin und Sprecherin, **Mayerlis Angarita Robles,** für ihren Einsatz für Frauenrechte und friedliche Konfliktlösungen mit internationalen Preisen ausgezeichnet wurde. Sie ist als Opfervertreterin in den Departments Bolívar und Sucre aktiv. Sie selbst verlor ihre Mutter im Krieg, ihre Familie wurde von paramilitärischen Einheiten vertrieben. Die Demokratie in diesem nach Einwohnern zweitgrößten Land Südamerikas ist schon lange beschädigt und leidet seit 70 Jahren unter bewaffneter Gewalt. Nicht von ungefähr heißt die Phase, die nach dem Zweiten Weltkrieg begann, „La Violencia" („die Gewalt") und zog sich bis 1963. Mehr als 200.000 zivile Todesopfer waren zu beklagen; ab 1974 nahmen Korruption und Misswirtschaft weiter zu. Der Rechtsstaat wurde ausgehöhlt, paramilitärische Verbände hielten im Auftrag der Machthaber und des Militärs Teile des Landes besetzt und die Drogenmafia tat das Ihre zur Destabilisierung. Dies bewirkte die Vertreibung von etwa fünf Millionen Menschen, also zehn Prozent der Bevölkerung, die sich vor allem in die Randzonen der Städte flüchteten und dort auf neue Probleme der Verelendung stießen. Mayerlis Robles setzt sich nun mit ihrem Frauen-kollektiv und ihrer beratenden Tätigkeit für die Legislative für die Stärkung von Rechten der Opfer des bewaffneten Konflikts ein. Wegen ihrer Tätigkeit ist sie nicht nur massiven Anfeindungen und Drohungen ausgesetzt, sondern war auch Ziel von zwei Mordanschlägen.

Jineth Bedoya Lima ist eine Journalistin, die seit vielen Jahren über die Bürgerkriege in ihrem Heimatland berichtete. Sie schrieb schwerpunktmäßig über die Auseinandersetzung mit terroristischen Gruppen und recherchierte über Waffenschmuggel, an dem mutmaßlich sowohl staatliche Stellen wie auch rechtsextreme Paramilitärgruppen beteiligt waren. Auch sie erhielt zahlreiche internationale Auszeichnungen für ihre mutige Recherchearbeit.

So titelte der „Guardian" einen Artikel über **Rashida Tlaib,** die als palästinensisch-amerikanische Frau im Kongress offiziell zurechtgewiesen wurde, weil ihr Äußerungen zum Kriegseinsatz Israels im Gazastreifen zum Vorwurf gemacht wurden. Sie hielt ein Foto ihrer Großmutter in der Hand, die im besetzten Westjordanland lebt, verteidigte ihre Haltung und erklärte: *Ich lasse mich nicht zum Schweigen bringen, und ich werde nicht zulassen, dass meine Worte verdreht werden. Ich kann nicht glauben, dass ich das sagen muss, aber das palästinensische Volk ist nicht wegwerfbar,* sagte Tlaib mit gebrochener Stimme und fuhr fort: *Die Schreie der palästinensischen Kinder klingen für mich nicht anders als die der israelischen Kinder.* Aber auch der ihr mit Sympathie begegnende Senator Bernie Sanders, der sich energisch gegen den israelischen Militäreinsatz ausgesprochen hat, äußerte zurückhaltende Kritik an Tlaibs Aussagen und ihrer Verwendung mancher doppeldeutiger Slogans. Sanders nannte sie eine Freundin, die durch das Blutvergießen in Gaza erschüttert worden sei. Und das kann man verstehen, auch wenn man das Vorgehen der Hamas als brutal und unmenschlich einstuft und jede Form des neu aufkeimenden Antisemitismus ablehnt. Aber Südafrika hat es ja in seiner Klage vor dem Internationalen Gerichtshof klar beschrieben: *Israel hat mittlerweile 21.120 namentlich bekannte Palästinenser getötet, darunter 7729 Kinder, mehr als 7780 weitere werden vermisst […].* Mittlerweile sind diese Zahlen nicht nur längst überholt, sondern weit übertroffen.

Lutz Herden hat den vorläufigen Entscheid des Gerichtshofs in „Der Freitag" so bewertet: *Auch wenn das vorläufige Urteil keine sofortige Waffenruhe in Gaza verfügt, was juristisch gar nicht möglich war, erscheint die Kritik der israelischen Kriegsmethode bemerkenswert. Der Regierung Netanjahu haben 16 der 17 IGH-Richter (teils auch der Israeli Aharon Barak) attestiert, „dem Anschein nach" gegen die Völkermordkonvention von 1948 zu verstoßen.*

Hanan al Hroub ist eine palästinensische Lehrerin, die in einem Flüchtlingslager nahe Bethlehem aufwuchs, wo sie Gewalttaten erlebte und zusehen musste, wie ihre eigenen Kinder durch eine Schießerei traumatisiert wurden, bei der ihr Ehemann in seinem Auto an einem israelischen Kontrollpunkt ums Leben kam. Trotzdem unterrichtet sie in Flüchtlingslagern mit dem Slogan *Nein zur Gewalt.*

Zwei Ministerpräsidentinnen im Senegal

Die westafrikanische Republik Senegal gehört zu den Staaten des Kontinents, die sich durch rechtsstaatliche und demokratische Strukturen auszeichnen. Es ist zwar nicht alles Gold, was glänzt, denn die Pressefreiheit wird hinsichtlich einer kritischen Berichterstattung eingeschränkt, wenn es um den „Schutz der nationalen und öffentlichen Sicherheit" geht (ein bekanntermaßen dehnbarer Begriff), es gibt leider auch Korruptionsprobleme, aber grundlegende Freiheitsrechte, insbesondere Religions-, Meinungs- und Versammlungsfreiheit, sind gewährleistet. Immerhin hat es im Land nie einen Putsch gegeben und die relative Stabilität ist der Umsicht des ersten Staatspräsidenten Leopold Senghor zu verdanken, der den Senegal nach der Unabhängigkeit 20 Jahre hindurch regierte.

Die am 7. Dezember 1940 geborene Juristin **Mame Madior Boye** war nach ihrer Ausbildung zunächst als Staatsanwältin und Richterin tätig, bis sie 2001 der damals regierende Präsident Abdoulaye Wade zur ersten Ministerpräsidentin des Landes ernannte. Zuvor war sie bereits ein Jahr Justizministerin gewesen. Allerdings wurde sie schon am 4. November 2002 wieder entlassen. Der unmittelbare Anlass war das Unglück der staatseigenen Fähre „Le Joola" vor der Küste Gambias mit 1800 Toten, darunter Hunderte Studenten.

Am 12. September 2008 erließ ein französischer Richter internationale Haftbefehle gegen eine Reihe von Personen, darunter auch Mame Madior Boye, wegen mutmaßlicher Mitverantwortung für das Sinken der Fähre.

Ein Jahrzehnt nach Mame Madior Boye wurde mit **Aminata Touré** wieder eine Frau in das Amt des Premierministers bestellt. Die 1962 in Dakar geborene Menschenrechtsaktivistin war ab 1995 Mitarbeiterin des Bevölkerungsfonds der Vereinten Nationen und zunächst in Burkina Faso engagiert. Auch in anderen französischsprachigen Ländern Westafrikas setzte sie sich für Familienplanung und Säuglingsgesundheit ein. Ihr Engagement begann bereits im Alter von 14 Jahren, als sie sich in linkspolitischen Studentenkreisen bewegte. Sie wurde Mitglied der kommunistischen Arbeiterbewegung und war Kabinettsdirektorin des Präsidenten Macky Sall, dann Justizministerin, bis sie 2013 an die Spitze der Regierung berufen wurde. Nach der Wahlniederlage der Regierungspartei im Jahr 2014 wurde sie vom Präsidenten wieder entlassen.

Sie war die erste und bisher einzige weibliche Ministerpräsidentin Israels: **Golda Meir.** Außerdem war sie die erste weibliche Ministerpräsidentin der Welt, die nicht als Tochter oder Witwe eines früheren Staatsmannes an die Macht kam. Sie war streitbar und umstritten und spaltete, denn beispielsweise wollte sie die Palästinenser nicht als Volk anerkennen. Die „Jüdische Welt" bezieht sich auf Uri Avnery, den Journalisten und langjährigen Knesset-Abgeordneten, der gemeint hatte, Meir behandle die Araber *als ob sie vom Mond gekommen wären.*

Mit Bruno Kreisky, dem ersten Staatsmann, der darauf hingewiesen hatte, dass Frieden in Nahost nur dann zu erzielen sei, wenn man auch die Rechte der Palästinenser anerkennt, verband sie eine gar nicht herzliche Feindschaft.

Ihre ignorante und herablassende Haltung gegenüber den Palästinensern und deren Ansprüchen rechtfertigte sich Golda Meir 1971 damit: *Nach 23 Kriegsjahren ist es Pflicht, misstrauisch zu sein.* Die Israelis weigerten sich schon in dieser Zeit mit dem Argument ihrer Sicherheitsbedürfnisse, die 1967 eroberten Gebiete zurückzugeben, obwohl eine UN-Resolution sie schon seit Jahren aufforderte, *besetzte Gebiete* zu räumen.

Genauso streitbar wie umstritten war die deutsch-israelische Anwältin und Menschenrechtlerin **Felicia Langer,** geboren am 9. Dezember 1930 in Polen, die sich seit dem Sechs-Tage-Krieg 1967 auch politisch engagierte und als erste israelische Anwältin Palästinenser aus den israelisch besetzten Gebieten vor Militärgerichten verteidigte. Zehn Jahre später entzog ihr das israelische Verteidigungsministerium die dafür notwendige Lizenz und zwar angeblich aus „Sicherheitsgründen".

Felicia Langer war Vizepräsidentin in der Israelischen Liga für Menschenrechte und schloss sich der binationalen, antizionistischen und propalästinensischen Neuen Kommunistischen Liste an. Nach einem Richtungsstreit verließ sie Israel und zog nach Deutschland, wo sie Schirmherrin des Vereins Flüchtlingskinder im Libanon wurde, der palästinensische Flüchtlingsfamilien unterstützt.

Sie kritisierte weiterhin in Schriften, Vorträgen und Interviews die Politik Israels in den besetzten Gebieten. Israel habe so viele Siedlungen bauen lassen, dass dies einer Annexion gleichkomme und die Möglichkeit einer Zwei-Staaten-Lösung begrabe.

La Pasionaria – Die Passionsblume

Ihren Namen erhielt diese Heilpflanze vom spanischen Arzt und Botaniker Nicolás Monardes, der in der außergewöhnlichen Blüte ein Symbol für die Passion (das Leiden) Christi sah.

In Spanien verbindet man „La Pasionaria" auch und vor allem mit der am 9. Dezember 1895 im Baskenland zur Welt gekommenen Revolutionärin und Vertreterin der Arbeiterbewegung **Dolores Ibárruri.** Aus einer Arbeiterfamilie im baskischen Bergbaugebiet stammend, trat sie mit 22 Jahren in die Partei der spanischen Sozialisten ein, wechselte allerdings vier Jahre später zu den Kommunisten. Unter dem Pseudonym „La Pasionaria" schrieb sie Artikel in einem Bergarbeiterblatt und engagierte sich aktiv in der Arbeiterbewegung. 1932 wurde sie Mitglied des Politbüros, galt als mitreißende Rednerin und Agitatorin und wurde dementsprechend von den spanischen Behörden verfolgt. 1933 wurde sie Abgeordnete im Cortes Generales, wo sie sich für die Verbesserung der Frauenrechte, insbesondere bei der Arbeit, im Haushalt und auf dem Gebiet der Gesundheit, einsetzte. *Allmählich begann ich zu begreifen, […] Ursache und Ursprung unseres Elend lagen nicht im Himmel, sondern hier auf der Erde. Sie waren im Gesellschaftssystem begründet […],* erinnerte sie sich später. Als Mitbegründerin der ersten KP-Zellen in Asturien machte sie als Abgeordnete rasch Karriere: Vizepräsidentin und schließlich Präsidentin des spanischen Parlaments. *Lieber stehend sterben, als kniend leben,* wurde zu ihrer Maxime, als Franco den Bürgerkrieg begann.

Im spanischen Bürgerkrieg wurde Dolores Ibárruri zur Symbolfigur, ihr Kampfruf *No pasarán!* (Sie werden nicht durchkommen!) zum Motto aller VerteidigerInnen der Republik. In täglichen Radioansprachen, durch Frontbesuche, durch unermüdliche Hilfsbereitschaft trug sie wesentlich zur Stärkung der republikanischen Kampfmoral bei. Kurz vor dem Zusammenbruch der letzten republikanischen Fronten verließ sie mit ihren Kindern Spanien. In den folgenden Jahren lebte sie in Moskau und repräsentierte die Exil-KP. In den 1960er-Jahren näherte sie sich dem Eurokommunismus an und meinte, nur ein Aktionsbündnis aller demokratischen Gruppen und Parteien könne den Weg zu einer gerechten Gesellschaft bahnen. Zwei Jahre nach Francos Tod kehrte sie 1977 über 80-jährig nach Spanien zurück. Im gleichen Jahr wurde sie erneut ins Parlament gewählt. Bis zu ihrem Tod mit 93 Jahren blieb die Ikone des spanischen Kommunismus politisch aktiv.

„Das letzte Testament von Simorgh" ist eine alte Geschichte aus Belutschistan über einen magischen Vogel mit Heilkräften, der miterleben musste, wie die Welt aufgrund menschlicher Grausamkeiten drei Mal zerstört wurde. Es heißt, dass dieser heilbringende Vogel nur dann auf die Erde zurückkehren wird, wenn die Menschen ihr bisheriges Verhalten ändern und Freundlichkeiten zueinander, aber insbesondere Frauen gegenüber an den Tag legen. **Jalila Haider,** eine pakistanische Menschenrechtsanwältin und politische Aktivistin, geboren am 10. Dezember 1988, lädt zu Mitmachtreffen ein, um der Frage nachzugehen, wie gemeinsam eine Welt geschaffen werden kann, in die Simorgh wieder zurückkehren könnte.

Die Hazara sind nach den Paschtunen und Tadschiken die drittgrößte Ethnie in Afghanistan mit fünf bis zehn Millionen Angehörigen, die dem schiitischen Islam angehören. Jenseits der Grenze in Pakistan bilden die Hazara allerdings eine Minderheit, der die Rechtsanwältin Jalila Haider angehört. Sie ist deren Anwältin.

Seit der Machtübernahme der Taliban werden die Hazara wieder verfolgt und vertrieben; auch im hauptsächlich sunnitischen Pakistan genießen sie keinen ausreichenden Schutz. Als Anwältin ist Haider auf die Verteidigung von Frauenrechten spezialisiert, insbesondere Ehestreitigkeiten, sexuelle Belästigung, häusliche Gewalt und Eigentumsfragen. Ebenso entschieden setzt sich Haider für die Verteidigung von Minderheitsrechten ein. Sie tritt gegen die Menschenrechtsverletzungen in Belutschistan auf und kritisiert das Verschwinden und die Tötung politisch Andersdenkender. Dazu zählt auch das Schicksal der Hazara, die ein Ziel häufiger Anschläge darstellen.

Im April 2018 ging Haider in den Hungerstreik, dem eine Serie von Anschlägen vorangegangen war. Sie klagte den Tod von 3000 Hazara in 20 Jahren an und erreichte mit ihrem Hungerstreik und den dadurch ausgelösten Solidaritätsbekundungen, dass der Oberste Richter Pakistans in einer Anhörung die Morde an den Hazara zur Kenntnis nahm und von einer ethnischen Säuberungsaktion sprach. Haider gründete die Organisation We the Humans – Pakistan, die schutzbedürftigen Frauen und Kindern neue Chancen eröffnet.

Anlässlich der Verleihung einer Auszeichnung wurde sie wegen ihrer Konsequenz als Eiserne Lady von Belutschistan gewürdigt.

Premierministerin – Oppositionsführerin – Premierministerin

Jamaika, der kleine Inselstaat in der Karibik, ist als langjährige britische Kolonie nach dem Westminster-System organisiert. Das bedeutet, dass Charles III. den Titel „König von Jamaika" trägt und durch einen General-gouverneur vertreten wird. Beide haben seit der Unabhängigkeit Jamaikas nur mehr zeremonielle Aufgaben und ernennen rein formal den Premier-minister als eigentlichen politischen Machthaber, dem ein Parlament ge-genübersteht. Die Partei, die im Parlament die Mehrheit stellt, stellt auch automatisch durch ihren Vorsitzenden den Premierminister. Ergibt sich ein Wechsel in der Parteiführung, so hat das auch binnen kurzer Zeit einen Wechsel an der Regierungsspitze zur Folge. Am 30. März 2006 ersetzte die aus der People's National Party stammende und am 12. Dezember 1945 geborene **Portia Simpson Miller** den aus Gesundheitsgründen zurückge-tretenen Premier und wurde damit die erste Frau an der Spitze von Jamaikas Regierung. Sie war bereits von 1993 bis 2000 Arbeitsministerin und leitete anschließend das Ministerium für Tourismus und Sport.

Als Premierministerin war ihr nur eine kurze erste Amtszeit beschieden, denn bereits 2007 verlor sie ihre Mehrheit an die Labour Party. Sie gehörte anschließend dem Parlament als Oppositionsführerin an. Bei den Neuwah-len im Jahr 2011 gewann sie wieder eine deutliche Mehrheit und wurde neuerlich Premierministerin. Sie war bis März 2016 im Amt und schied mit 71 Jahren aus der aktiven Politik aus.

Beide Parteien sind eng mit je einer der beiden großen Gewerkschaften des Landes verbunden. Aus der Bustamante Industrial Trade Union ging sogar die Labour Party hervor, die nach der Unabhängigkeit den ersten Premierminister stellte. Bustamantes Cousin, Norman Manley, gründete die Nationale Volkspartei, aus der sich dann die andere Gewerkschaft formierte.

Beide Parteien bezeichnen sich als „sozialdemokratisch" und unterscheiden sich in ihren Programmen kaum voneinander.

Bemerkenswert ist, dass Edna Manley, die Frau des Politikers und Gewerk-schaftsgründers Norman Manley, die erste Künstlerin war, die in ihren Statuen und Bildern afrikanische Traditionen aufgriff. Als ihr wichtigstes Werk gilt die Statue „Negro Aroused", deren Nachbildung aus Bronze heute in Kingston steht und im Stil afrikanischer Künstler einen sich erhebenden Mann zeigt. Ihr Mann war ebenso Premier wie später ihr Sohn Michael.

Als **Micere Githae Mugo** am 30. Juni 2023 starb, vermerkte die African Studies Association, sie sei wie *Ama Ata Aidoo gegangen, um mit den Vorfahren an dem literarischen Fest teilzunehmen. Mögen diese Titanen dort gut aufgenommen werden.*

Mugo, am 12. Dezember 1942 zur Welt gekommen, war emeritierte Professorin für Afroamerikanistik und international anerkannte Dichterin, Dramatikerin und Aktivistin. Einer ihrer Kollegen an der Universität Syracuse, ebenso ein Afroamerikanist, würdigte sie mit folgenden Worten: *Im Mittelpunkt standen Literatur und afrikanische Reden oder afrikanische mündliche Kultur als indigener Ort des Grundlagen- und Erfahrungswissens.* Und weiter: *Sie hat in ihrem lebenslangen Streben nach einer Verbesserung der menschlichen Lebensbedingungen die panafrikanischen Studien nahtlos mit den Künsten, der Literatur, der sozialen Gerechtigkeit sowie den Frauen- und Geschlechterstudien verknüpft, indem sie Wissenschaft zu einem Mittel zur sozialen Transformation für alle Menschen gemacht hat, nicht nur für die, die privilegiert sind.*

Die solcherart Gewürdigte war eine Kenianerin, die während der Diktatur von Daniel arap Moi gezwungen war, wegen ihres Aktivismus ins Exil zu gehen. Sie kämpfte, solange es ihr möglich war, gegen Menschenrechtsverletzungen und wurde aufgrund ihres politischen Engagements von der Polizei schikaniert und wiederholt verhaftet. Sie sagte später einmal: *Ich bin ein Kind des Universums, ich habe auf fast allen Kontinenten gelebt.*

2013 nahm sie an einer Konferenz der Vereinten Nationen mit dem Thema „Die Beseitigung und Prävention von Gewalt gegen Frauen und Mädchen" teil und sagte in ihrer Ansprache: *Schreiben kann eine Lebensader sein, insbesondere wenn Ihre Existenz geleugnet wurde, insbesondere wenn Sie an den Rand gedrängt wurden, insbesondere wenn Ihr Leben und Ihr Entwicklungsprozess Strangulationsversuchen ausgesetzt waren.*

Das Gedicht „Speaking of Hurricanes" von **Ama Ata Aidoo** wurde *für Micere Mugo und alle anderen afrikanischen Exilanten geschrieben.* Ama Ata Aidoo war eine ghanaische Schriftstellerin und Politikerin. Unter Präsident Jerry Rawlings war sie Erziehungsministerin und verfolgte das Ziel, Bildung in Ghana frei zugänglich zu machen. Als sie daran scheiterte, legte sie ihr Amt nieder. Sie bearbeitete in ihren Stücken immer wieder die Situation der Frauen in Afrika.

Ein eingeschränktes Versprechen von Glück und Gleichheit

Sie starb genau an ihrem 83. Geburtstag – das war am 13. Dezember 1986. **Ella Baker** hat bis zuletzt von ihren Großeltern erzählt, die Sklaven waren und durch die sie frühzeitig von den Menschenrechtsverletzungen erfuhr, denen sie ausgesetzt waren. Das Glücksversprechen der Unabhängigkeitserklärung und die darin angesprochene Überzeugung, dass alle Menschen gleich geschaffen sind, galt eben nur für weiße Männer, nicht aber für Frauen, Sklaven und freie Schwarze, und am allerwenigsten für widerspenstige schwarze Sklavinnen. Die konnten von Glück sprechen, wenn sie die Torturen überlebten, denen man sie aussetzte. So war Ellas Großmutter, Josephine Elizabeth Ross, unter anderem ausgepeitscht worden, weil sie sich weigerte, einen Mann zu heiraten, den der Sklavenbesitzer für sie ausgewählt hatte. Ella Baker erfuhr aber auch vom Widerstand schwarzer Sklaven und wurde durch die Erzählungen der Großeltern stark geprägt.

Sie hatte die Möglichkeit, an einer für Afrikaner offenen Universität Soziologie und Philosophie zu studieren und schloss 1927 als Jahrgangsbeste ab. Trotz dieser guten Voraussetzungen musste sie in New York Jobs als Fabrikarbeiterin und Kellnerin annehmen, da sie als Schwarze bis 1929 keine andere Möglichkeit vorfand.

1930 trat sie der Young Negroes' Cooperative League (YNCL) bei, die sich für mehr Wirtschaftskraft und besser bezahlte Arbeitsplätze für die Afroamerikaner einsetzte. Dazu dienten regionale Konsumgenossenschaften und das Worker's Education Project im Rahmen des New Deal von Präsident Roosevelt. Dadurch kam Ella Baker auch in Kontakt mit politisch aktiven Personen und wurde Teil der linksgerichteten Kreise New Yorks. Nach dem Zweiten Weltkrieg hatte sie immer mehr Berührungspunkte mit der schwarzen Bürgerrechtsbewegung. *Die Menschen können nicht frei sein, bis es in diesem Land genug Arbeit gibt, um jedem einen Job zu geben*, erklärte sie.

Beeinflusst durch den Busboykott von Montgomery wurde sie Mitbegründerin der Organisation In Friendship, die Geld für den Kampf gegen die Jim-Crow-Gesetze sammelte. *Die Hauptaufgabe bestand darin, den Menschen klarzumachen, dass sie etwas in ihrer Macht hatten, das sie nutzen konnten.* Der Einfluss Ella Bakers auf die Bürgerrechtsbewegung spiegelt sich in ihrem Spitznamen wider: „Fundi" – ein Swahili-Wort, das bedeutet, dass eine Person der nächsten Generation ein Handwerk beibringt.

Am 31. März 1964 putschte das brasilianische Militär, unterstützt von verdeckten Operationen des US-Geheimdienstes CIA, zwang den gewählten Präsidenten ins Exil und begann die linke Opposition zu unterdrücken. Es war der Beginn einer Diktatur, die über zwei Jahrzehnte andauerte, „Nunca mais!" („Nie wieder!") lautet der Ausruf einer Bewegung gegen das Vergessen von Menschheitsverbrechen der Militärdiktatur. Diese Befürchtung war umso berechtigter, je unverhohlener Präsident Jair Bolsonaro die „Verdienste" des Militärs in Zeiten der Diktatur würdigte und sie wieder herbeisehnte.

Von all dem kann **Dilma Rousseff,** geboren am 14. Dezember 1947, ein Lied singen. Während ihres Studiums engagierte sie sich im Widerstand und wurde von der Universität exmatrikuliert. Nach Verbüßen einer Haftstrafe wegen ihrer Untergrundtätigkeit nahm sie ihr Studium wieder auf. Dilma Rousseff war innerhalb der Guerillaorganisation vor allem mit Agitation befasst, dürfte aber zumindest passiv auch an gewalttätigen Aktionen beteiligt gewesen sein. Im Januar 1970 wurde sie in São Paulo verhaftet und nach eigenen Angaben 22 Tage lang gefoltert. Elektroschocks, Schläge und die „Papageienschaukel" wurden angewendet, ihr Zähne wurden ihr ausgeschlagen. Nach zwei Jahren wurde sie aus dem Gefängnis entlassen. Nach dem Wiederaufleben der Demokratie im Jahr 1985 folgten verschiedene wirtschaftliche wie politische Aufgaben, bis sie 2002 nach dem Wahlsieg von Lula da Silva zur Energieministerin ernannt wurde. Als Lula da Silva 2010 nach zwei Amtszeiten nicht mehr antreten durfte, schlug er Dilma Rousseff als Kandidatin vor, die zum ersten Mal für ein Wahlamt kandidierte und nach einer Stichwahl ins Präsidentenamt kam. Sie verfolgte einen strikten Anti-Korruptions-Kurs, mit der Folge, dass insgesamt sechs Regierungsmitglieder nach Korruptionsvorwürfen zurücktraten. Ihre zweiten Präsidentschaft war von landesweiten Protesten und Demonstrationen gekennzeichnet, gerichtet gegen die gestiegenen Lebenshaltungskosten, aber auch gegen Rousseffs angebliche Verflechtung in den Skandal um den Ölkonzern Petrobras. Alles, was sich dann bis zu ihrer Amtsenthebung ereignete, liest sich wie ein politischer Kriminalroman. Ein „Spiegel"-Korrespondent bezeichnete die Amtsenthebung als eine *historische Ungerechtigkeit,* Rousseff sei *von einer weitgehend korrupten und reformunfähigen politischen Klasse zu Unrecht aus dem Amt gejagt worden!*

Esther war im Mädchenorchester – von Auschwitz!

Das Mädchenorchester von Auschwitz-Birkenau setzte sich aus weiblichen Häftlingen zusammen, die auf diese Art zumindest für eine gewisse Zeit der Vernichtung durch Schwerstarbeit oder dem Tod in der Gaskammer entkamen. Dirigentin war von August 1943 bis zu ihrem Tod im April 1944 **Alma Rosé,** die Nichte von Gustav Mahler. Josef Mengele, ein Liebhaber klassischer Musik (!), ließ sich Privatkonzerte geben und hörte gerne Schumanns Träumerei, zartbesaitet wie er nun einmal nach eigenem Dafürhalten war. Das Orchester musste auch im Krankenrevier ein Konzert für Frauen geben, die noch am selben Tag vergast werden sollten – und beide Seiten waren sich dessen bewusst! Es gibt nichts, was die Schändlichkeit der Nazis besser beschreibt als diese Szene.

Esther Loewy, die später unter ihrem Ehenamen Bejarano bekannt werden sollte, geboren am 15. Dezember 1924, spielte ab ihrem 17. Lebensjahr im Orchester. Ihre Eltern waren schon im November 1941 in Kowno ermordet worden und sie schreibt später: *[...] dass meine Eltern sich in einem Wald nackt ausziehen mussten, man sie in einer Reihe mit anderen Opfern aufgestellt, dann einfach abgeknallt hat und sie dann in einen Graben gefallen sind – das ist für mich das Schlimmste und viel grauenhafter als das, was ich in Auschwitz erlebt habe.* Esther überlebte das Grauen, weil sie 1943 als „Viertelarische" nach Ravensbrück verlegt wurde.

Im August 1945 reiste sie nach Palästina aus und lernte dort ihren späteren Mann kennen. Dieser diente 1956 im Sinaikrieg und fasste den Entschluss, nie wieder in den Krieg zu ziehen. Man beschloss, mit den Kindern auszuwandern, und entschied sich schließlich für die Bundesrepublik Deutschland. Einer der Gründe für diesen Entschluss lag bei Esthers Ablehnung der israelischen Politik gegenüber den Palästinensern.

Später schloss sie sich der Vereinigung der Verfolgten des Naziregimes – Bund der Antifaschistinnen und Antifaschisten an. Ab den 1980er-Jahren engagierte sie sich intensiver und trat beispielsweise bei einem Konzert im Bochumer Ruhrstadion auf, wo 200 Künstler für den Frieden sangen und spielten. Unter anderem nahm auch Harry Belafonte teil, mit dem sie auf einem Foto zu sehen ist.

Noch mit 80 Jahren nahm sie in Hamburg an einer Demonstration gegen einen Nazi-Aufmarsch teil und erzählte später, wie die Polizei mit einem Wasserwerfer auf den Wagen zielte, in dem sie saß.

Die Menschenrechtsaktivistin und dreifache Mutter **Maryam Akbari Monfared,** geboren am 14. Dezember 1975, wurde 2009 wegen „Feindschaft gegen Gott" verhaftet und zu 15 Jahren Gefängnis verurteilt. Während des weniger als eine Stunde dauernden Schauprozesses wurden keine Beweise vorgebracht, es genügte offensichtlich das Ungeheure der Anklage selbst. Am 31. Oktober 2020 begann unter dem Vorwurf der „Störung der Gefängnisordnung" ein neuer Prozess, da sie angeblich regierungskritische Lieder gesungen hatte.

Im Juli 2023 wurde Monfared durch die Staatsanwaltschaft von Evin vorgeladen. Nach der Erläuterung von fünf neuen Anklagepunkten, „Propaganda gegen das System", „Versammlung und Verschwörung gegen die Sicherheit", „Veröffentlichung von Lügen", „Beleidigung Khameneis" sowie „Ermutigung der Menschen zur Störung der öffentlichen Ordnung" wurde sie sofort ins Semnan-Gefängnis zurückgebracht. Von ihrer 15-jährigen Haftstrafe blieben zu dieser Zeit noch 18 Monate. Monfared wurde im August 2023 vom Gericht in Semnan wegen „Verbreitung von Lügen in sozialen Medien" zu zwei Jahren Gefängnis und einer Geldstrafe von 15 Millionen Toman (ca. 1000 Euro) verurteilt.

Saba Kord Afshari setzt sich für Frauenrechte und gegen die gesetzlich erzwungene Kopfbedeckung für Frauen ein. Sie wurde am 19. August 2019 zu 24 Jahren Haft verurteilt. Der Grund dafür: „Vereinigung und Absprache gegen die nationale Sicherheit", „Verbreitung von Propaganda gegen den Staat", „Verbreitung von Korruption und Prostitution, indem sie ihren Hidschab ablegte und auf der Straße ohne Schleier ging" (!). Eigentlich wäre die Höchststrafe 15 Jahre gewesen, aber das Revolutionsgericht legte noch neun Jahre dazu, weil sie sich weigerte, ihre Verbrechen zu gestehen.

Atena Daemi engagierte sich auf verschiedenen Ebenen für Menschenrechte, so mit dem Verteilen von Flugzetteln, dem Diskutieren in sozialen Medien und dem Organisieren von Protestveranstaltungen. Sie hielt außerdem Mahnwachen für politische Gefangene im berüchtigten Evin-Gefängnis und demonstrierte gegen die Todesstrafe. 2015 wurde ihr wegen Propaganda gegen das Regime, Verschwörung gegen die nationale Sicherheit, Beleidigung der obersten Führer und Beleidigung der Gründer der Islamischen Revolution der Prozess gemacht. Die 14 Jahre Haft wurden später von einem Berufungsgericht auf sieben Jahre verkürzt.

Für mich ist sie eine Heldin – für die US-Armee eine Verbrecherin

Sie fühlte sich seit ihrer Kindheit als Frau, obwohl sie den Namen **Bradley Edward** trug. Unter diesem und dem Familiennamen **Manning** war sie am 17. Dezember 1987 geboren worden. Beruflich war sie IT-Spezialistin und Angehörige der Streitkräfte, aber weltweit bekannt wurde sie als Whistle-blowerin. Das bedeutet in ihrem Fall, dass sie ihrem Gewissen folgend Kriegsverbrechen der US-Armee im Irak an die Öffentlichkeit brachte und in deren Augen „Staatsgeheimnisse" verriet. Diese „Haltet den Dieb"-Methode wendet die Supermacht dann gerne an, wenn sie einräumen muss, dass in ihrem Namen Verbrechen begangen wurden. Vor allem, wenn es sich um Datenmaterial handelt, das Folter durch US-Soldaten, Angriffe auf Zivilisten und Journalisten dokumentiert. Chelsea, so nannte sie sich als Frau, sagte später in einem Interview mit der TAZ: *Mir war schon klar, dass ich Ärger bekommen würde. Es gab zwei große Fälle vor mir. Daniel Ellsberg, der die Pentagonpapiere über den Vietnamkrieg ver-öffentlichte – er wurde verurteilt, aber er musste nicht ins Gefängnis, konnte Interviews geben und Reden halten. Und Thomas Drake, der das NSA-Über-wachungsprogramm offenlegte – auch er musste nicht in Haft.* Womit sie nicht gerechnet hatte war, dass man sie in Kuwait über Wochen in einen Stahlkäfig sperren und später lange in Isolationshaft halten würde. Sie musste sich 23 Stunden am Tag in ihrer Zelle aufhalten, Bettlaken oder Kissen wurden ihr verwehrt. Chelsea Manning wurde 2013 in einem Militär-gerichtsverfahren zu 35 Jahren Gefängnis verurteilt. Der ehemalige Rechts-professor und voreilig mit dem Friedensnobelpreis ausgezeichnete Hoffnungsträger Barack Obama ordnete nach sieben Jahren Haft ihre vor-zeitige Freilassung an – erst drei Tage, bevor er endgültig abtrat. Entgegen seinen ursprünglichen Versprechungen war Guantánamo bis dahin noch immer nicht geschlossen, in Geheimgefängnissen verstreut über die ganze Welt wurde weiter gefoltert, wenn es US-Interessen opportun erscheinen ließen, und mit Drohnen wurde überall dort gemordet, wo man einen Feind vermutete, den Kollateralschaden nahm man ungerührt hin. Mit Obamas „Gnadenerweis" war die Sache noch längst nicht erledigt, 2019 ordnete ein Richter Beugehaft an, da sie sich geweigert hatte, über Wiki-Leaks auszusagen. Ein Jahr später unternahm sie in einem Gefängnis einen Suizidversuch, nachdem sie zuvor erklärt hatte, sie würde eher verhungern, als ihre Überzeugung zu ändern. Eine Heldin des zivilen Widerstands!

Sie setzt sich für moralische Aufklärung in ihrer Heimat ein

Sierra Leone ist ein westafrikanisches Land mit etwa 7,5 Millionen Einwohnern, die auf 72.000 Quadratkilometern siedeln. Seit 27. April 1961 ist es vom Vereinigten Königreich unabhängig, das ab 1672 über die British Royal African Company den Sklavenhandel an der Küste dominierte. Als sich die Abolitionisten durchgesetzt hatten und der Sklavenhandel verboten wurde, siedelten die Briten ehemalige Sklaven, die in englischen Städten in bitterer Armut ihr Leben fristeten, in der „Province of Freedom" an, wie sie das Gebiet von Sierra Leone nunmehr bezeichneten, und die Nova Scotia Settlers, schwarze Loyalisten, die man zunächst in Kanada angesiedelt hatte, gründeten die spätere Hauptstadt Freetown.

30 Jahre nach Erlangung der Selbstständigkeit brach ein Bürgerkrieg aus, der bis 2002 andauerte und Zigtausend Opfer forderte. Die am 18. Dezember 1959 geborene **Zainab Hawa Bangura** stammt aus einer ländlichen Familie, studierte in Großbritannien und arbeitete, zurückgekehrt in ihre Heimat, zunächst in der Versicherungsbranche. 1994, noch zwei Jahre vor den ersten demokratischen Wahlen seit 1971, gründete sie mit Women Organized for a Morally Enlightened Nation (W.O.M.E.N.) die erste Gruppierung für Frauenrechte, die sich auch (wie es ihr Name verrät) für eine „moralisch aufgeklärte Nation" aussprach. Eine Jahr darauf gehörte sie zu den Organisatoren der Kampagne für eine gute Regierung, die als Plattform für die Wahlen 1996 diente. Zainab Bangura verurteilte im noch andauernden Bürgerkrieg sowohl die Gewalttaten der Revolutionäre als auch die Korruption der amtierenden Regierung, deren Truppen ebenso für Untaten an der Bevölkerung verantwortlich waren.

Nach einem erfolglosen Antreten bei den Wahlen 2002 gründete sie eine Gruppe, die es sich zur Aufgabe machte, gegen Korruption in der Verwaltung zu kämpfen und Transparenz in der Regierung zu fordern. Sie verließ aber ihr Land, um ab 2006 als leitende Mitarbeiterin einer UN-Mission in Liberia beim Wiederaufbau von Ministerien aktiv zu sein.

2007 wurde sie vom neuen Präsidenten Sierra Leones zur Außenministerin berufen und war damit nach Shirley Gbujama die zweite Frau, die dieses Amt innehatte. 2010 wechselte sie ins Gesundheitsministerium und 2012 wurde sie vom UNO-Generalsekretär Ban Ki-moon zur Sonderbeauftragten für „Sexual Violence in Conflict" ernannt. Sein Nachfolger António Guterres übergab ihr am 1. Januar 2020 als Generaldirektorin das UN-Büro in Nairobi.

Frauen im Land des (Ver)schweigens

Gemeinsam mit ihrer Schwester Asma Jahangir gründete **Hina Jilani,** geboren am 19. Dezember 1953, im Jahr 1980 die erste Anwaltskanzlei Pakistans, die sich schwerpunktmäßig Frauenrechten widmete. In einem islamisch geprägten Land, in dem Frauen traditionell eine untergeordnete Rolle spielen und das als eines der gefährlichsten Länder der Welt gilt, wenn es um Frauen geht, war das ein mutiger Schritt, der auch in internationalen Preisen seine Würdigung fand. Die Verfassung garantiert zwar, zumindest dem Papier nach, die Gleichheit vor dem Gesetz und die Unantastbarkeit der Menschenwürde. Das ändert aber nichts an der Tatsache, dass es allein 2017 2322 Fälle gab, in denen Frauen und Mädchen entführt, vergewaltigt und getötet wurden. Im Jahr 2020 wurden schon 9000 Fälle von Gewalt gegen Frauen gemeldet, 81 Prozent der Frauen und Mädchen fühlen sich auf Märkten und in Parks unsicher und 85 Prozent wurden schon im öffentlichen Raum belästigt, schreibt die Anwältin Sahar Bandial in den „Arab News" am 20. August 2021.

Hina Jilani ist auch Mitbegründerin der Kommission für Menschenrechte in ihrem Land. Ihre Nichte **Sulema Jahangir** ist ebenfalls Expertin für Familienrechte und war ursprünglich in der Kanzlei ihrer Mutter und ihrer Tante tätig. Außerdem tritt sie im Parlament in beratender Funktion auf, wenn es um die Prävention von Gewalt gegen Frauen geht. Ihre Schwester Munizae ist eine Journalistin, die sich vehement für den Schutz der Pressefreiheit und für die Gleichbehandlung von Frauen einsetzt. Sie ist auch im Vorstand einer von den älteren Frauen der Familie ins Leben gerufenen Stiftung, die Frauen, Kindern und marginalisierten Gemeinschaften kostenlos Rechtshilfe leistet. Es ist bemerkenswert, dass alle vier Frauen einer Familie sich den Menschenrechten und deren Durchsetzung in einem Land verschrieben haben, wo das Militär und damit eine patriarchalische Männergesellschaft das Sagen hat – Verfassung hin oder her. Und das ist bitter notwendig, wie das nachstehende Beispiel zeigt: **Khadija Siddiqui** ist das Opfer brutaler Gewalt. 23 Mal (!) sticht ein Mann auf die wehrlose Jurastudentin ein. Sie überlebt, obwohl Passanten sie bereits für tot halten. Heute sagt sie: *Ich will die Stimme der unterdrückten Frauen Pakistans sein*, denn selbst nach lebensgefährlichen Angriffen gehen die Frauen selten vor Gericht, weil sie sich oft einer demütigenden Prozedur unterziehen müssen, in der ihre Aussagen als unwahr hingestellt werden.

Die Frauen im Süden haben genug, weil sie nicht genug zum Leben haben

Im Sudan herrscht Krieg – immer wieder und einmal da, einmal dort. Gibt es Frieden im Süden, brodelt es im Osten. Und dann explodieren Bomben und Schüsse fallen in der Hauptstadt Khartum. Tausende Opfer sind zu beklagen, man weiß es nicht genau, wie viele. Einen Langzeitdiktator ist man zwar losgeworden, aber die Hoffnung auf Frieden und Demokratie zerschlug sich, denn jetzt bekämpfen sich zwei rivalisierende Gruppen.

Ein Vertreter des Internationalen Roten Kreuzes beklagt, dass Angriffe auf Zivilistinnen und Zivilisten eines der Hauptmerkmale dieser Auseinandersetzung seien. Frauen und Kinder sind dabei die Hauptleidtragenden.

Weam Shawgi ist Feministin, Journalistin und Poetin. Sie wurde schlagartig berühmt, als sie es in einer Talkshow wagte, einem islamischen Gelehrten zu widersprechen. Daraufhin wurde sie auf der Straße beschimpft und bedroht, eine Gruppe von Männern tauchte gar mitten in der Nacht bei ihr zu Hause auf. Der Druck war so stark, dass sie um ihr Leben bangen musste und das Land verließ, in das sie mittlerweile wieder zurückgekehrt ist.

Ihrer Meinung nach hat sich in den letzten Jahren kaum etwas bewegt. *Als wir Frauen in der Übergangsphase der Zivilregierung dann tatsächlich gleichberechtigte Mitsprache in der Politik forderten, hieß es: „Warum?" Als wir über das Recht auf Verhütung und Abtreibung sprachen, hieß es: „Das ist gegen die Religion."*

Sie habe lang nicht erkannt, dass es den zivilen Kräften im Land stets nur darum ging, ein politisches System durch ein anderes zu ersetzten. Um eine gesellschaftliche Revolution sei es den Politikern nie gegangen.

Eine Vorreiterin für Frauenrechte im Sudan war die am 20. Dezember 1934 in Khartum geborene **Fatima Ahmed Ibrahim.** Seit 1952 engagierte sie sich in der sudanesischen Frauenunion, die sie mitbegründet hatte. 1954 trat sie der Kommunistischen Partei bei, 1965 wurde sie die erste Frau im Parlament. 1971 wurde ihr Mann vom Militärregime gefoltert und ermordet, während sie selbst für zweieinhalb Jahre unter Hausarrest gestellt wurde. Den Putsch von Umar al-Baschir und dessen Folgen wollte sie nicht mehr ertragen müssen und wanderte nach Großbritannien aus, wo sie eine Zweigstelle der Frauenunion gründete. Nach dem Friedensabkommen zwischen der Zentralregierung und dem Südsudan 2005 lebte sie wieder in ihrer Heimat und war für zwei Jahre Parlamentsabgeordnete. Mit 73 Jahren überließ sie dann ihre Aufgaben jüngeren Frauen.

Nur Pferden gibt man den Gnadenschuss

Es gibt Ereignisse, die man sein Leben lang nicht vergisst. Die Weltwirtschaftskrise der 1930er-Jahre wird für mich immer mit dem Film „Nur Pferden gibt man den Gnadenschuss" verbunden sein. Mit dem schäbigen Tanzsaal, mit den armseligen, gaffenden Zuschauern, dem „Brot und Spiele"-Spektakel und seinen DarstellerInnen, vor allem mit Jane Fonda. Die Tristesse, die über der Szene lag, vermittelte mir mehr Einblick in die damals von der Depression geplagte Gesellschaft, als es ein trockener Bericht vermocht hätte. Die, die nichts hatten, blickten hinunter auf die Manege mit Tanzenden, die noch weniger hatten.

Ab diesem Film verfolgte ich **Jane Fonda** nur noch in ihrem Leben als politische Aktivistin. Zunächst gegen den Vietnamkrieg und später gegen den Krieg im Allgemeinen. Wegen ihres Engagements gegen den Vietnamkrieg bezichtigte sie das FBI unter Edgar Hoover sogar des Landesverrats. Sie blieb diesbezüglich ihr Leben lang ihren Grundsätzen treu und nahm beispielsweise 2007 an einer Demonstration in Washington teil, bei der sie sich öffentlich gegen die US-Invasion im Irak aussprach.

Ihr Einsatz für die Ureinwohner der USA, für soziale Gerechtigkeit, für den Umweltschutz und gegen die Atomkraft trug zu einer Veränderung und Sensibilisierung des öffentlichen Bewusstseins in den USA bei. *Feminismus hat einfach nichts damit zu tun, ob man Make-up trägt oder nicht. Es geht dabei um die eigene Selbstwahrnehmung! Darum, dass sich Frauen darüber im Klaren sind, dass sie ein Grundrecht darauf haben, sich selbst zu verwirklichen. Egal, ob sie zu Hause bleiben, Kinder aufziehen oder im Beruf Karriere machen. Sie haben das Recht auf gleichen Zugang, gleiche Möglichkeiten wie ein Mann. Das ist Feminismus. Ob du dabei Make-up trägst oder nicht, ist irrelevant."* (aus der „Berliner Zeitung", Gespräch mit Mariam Schaghaghi).

Jane Fonda nahm auch aktiv an der Debatte über die Klimakrise und ihre Folgen teil. Sie war immerhin schon 82 Jahre alt (geboren am 21. Dezember 1931), als sie 2019 durch ihre Demonstrationen, die als „Fire Drill Friday" bekannt wurden und wo sie von hunderten Teilnehmern unterstützt wurde, vor dem US-Kapitol auf die Notwendigkeit radikaler Maßnahmen zum Klimaschutz aufmerksam machte. Sie wurde dann auch festgenommen und erklärte, sie sei von Greta Thunberg zu ihrem Protest inspiriert worden.

So begründete das Komitee die Vergabe des Alternativen Nobelpreises an **Fartuun Adan** und ihre Tochter **Ilwad Elman,** am 22. Dezember 1989 in Mogadischu geboren. Die beiden Frauen bieten gemeindenahe Projekte zur Friedenskonsolidierung und lebensrettende Unterstützung für marginalisierte Gruppen, die sonst in dem von kriegerischen Auseinandersetzungen zerstörten Land keine Chance hätten. Es geht auch um die Resozialisierung von KindersoldatInnen und die berufliche Fortbildung von Frauen und Jugendlichen.

Neben den Kriegsfolgen ist es vor allem die lang anhaltende Dürre, die dem Land zusetzt, denn vier Regenzeiten sind ausgeblieben. Der Krieg in der Ukraine hat zudem zur Folge, dass die Getreidelieferungen stark eingeschränkt sind. Als wäre das nicht schon genug Elend, macht den Menschen auch noch der Terror von Al-Shabaab zu schaffen.

Fartuun Adan (sie hat einen eigenen Kalendereintrag am 2. Februar) hat mit ihrem Mann Elman Ali Ahmed schon 1990 (sie war erst 21 Jahre alt) eine Unterstützungsaktion ins Leben gerufen. Ihr Mann wurde ermordet, eine der drei Töchter am Flugplatz erschossen, trotzdem arbeitet sie unverdrossen weiter. Die Tochter Imam setzt sich für die Rechte der Frauen in der somalischen Armee ein und Ilwad engagiert sich für Elman Peace. Trotz ihrer Trauer um den Verlust von Vater und Schwester ist sie stolz: *Wir haben alle auf verschiedenen Wegen auf dasselbe Ziel hingearbeitet – sei es über Diplomatie, Militär oder Aktivismus.*

Die Resozialisierung von Kindern, die gezwungen waren, mit dem Gewehr und Granaten in der Hand zu kämpfen, ist heute eine der Hauptaufgaben. Es gibt eine Abmachung mit der Regierung: Jedes Kind, das an der Front gefangen genommen wird, wird sofort zur Betreuung übergeben. Frauen sind durch die Fluchtbewegungen leider auch noch häufiger als sonst Gewalt und sexuellen Übergriffen ausgesetzt. Die Aktivistinnen von Elman Peace gründeten darum das erste Krisenzentrum für Vergewaltigungsopfer im Land, das Überlebende geschlechtsspezifischer Gewalt unterstützt. Heute gibt es insgesamt acht Zentren, die psychosoziale Beratung und medizinische Notfallversorgung anbieten. Ilwad Elman sagt dazu: *Wir wollen das Unterstützungssystem bieten, das der Staat nicht zur Verfügung stellt. Viele der Dinge, die wir tun, sollten staatliche Aufgaben sein: Zugang zu medizinischer Versorgung, Bildung und Sicherheit.*

Eine Frau an der Spitze in Togo

Togo ist gemeinsam mit Gabun das letzte der afrikanischen Länder, die dem Commonwealth of Nations beigetreten sind, obwohl sie nie zum britischen Weltreich gehörten. Dazu gehören auch die früheren Beitrittsländer Mosambik (1995) und Ruanda (2009). Die Motivation aller dieser Staaten, einer Organisation beizutreten, der keine großartige Zukunft vorausgesagt wird, lag wohl darin, Anschluss an eine anglophone Gemeinschaft zu finden und sich aus den noch weniger bedeutsamen frankophonen (Westafrika) und portugiesischsprachigen (Ostafrika) Abhängigkeiten zu lösen. Jedenfalls ist der Commonwealth um ein kleines Land (8,5 Millionen Einwohner auf 56.000 Quadratkilometern), jedoch demokratiepolitisch bedenkliches Gebiet „reicher" geworden. Seit fünfeinhalb Jahrzehnten, also mehr oder weniger seit der Unabhängigkeit wird das Land zunächst von Gnassingbé Eyadéma und nach dessen Tod von Sohn Faure samt dem Militär beherrscht, dessen Oberbefehlshaber der jeweilige Präsident ist. Es handelt sich um ein autoritäres Regime mit erkennbaren Problemen für die Pressefreiheit und einem hohen Korruptionsindex. Eines der ernstesten Probleme ist der Menschenhandel, denn von Togo aus werden Kinder in eine Reihe von Nachbarländern verkauft, wo sie als Zwangsarbeiter landen. Über 300.000 Kinder (!), das sind immerhin 3,5 Prozent der gesamten Bevölkerung, werden auf diese Art und Weise ausgebeutet. 70 Prozent der Bevölkerung verfügen über gerade einmal zwei Dollar pro Tag und sind daher auch für afrikanische Verhältnisse arm, die meisten müssen sich in der Landwirtschaft über Wasser halten.

Seit drei Jahren hat das Land nun eine Premierministerin, die erste Frau in diesem Amt in einem westafrikanischen Staat. **Victoire Tomegah Dogbé,** die am 23. Dezember 1959 in Lomé, der Hauptstadt, geboren wurde, war zuvor schon Jugendministerin und als Stabschefin eine Vertraute des Präsidenten. Sie erhielt eine internationale Ausbildung, arbeitete viele Jahre für Royal Dutch Shell und später für das Entwicklungsprogramm der Vereinten Nationen in Benin. Ab 2008 arbeitete sie für die Regierung in ihrem Heimatland, wurde zwei Jahre später Ministerin und steht jetzt selbst an der Spitze der Regierung. Es scheint so, als finde eine vorsichtige Öffnung und stärkere Berücksichtigung demokratischer Spielregeln statt. Wie stabil diese ist, wird sich 2025 zeigen, wenn der amtierende Präsident der Verfassung gemäß nicht mehr zur Wahl antreten darf.

Frauen führen das Land von „Tabak und Dreifaltigkeit"

Dieser karibische Inselstaat ist der südlichste der Kleinen Antillen und liegt vor der Küste Venezuelas: Trinidad und Tobago hat 1,5 Millionen Einwohner, die auf 5000 Quadratkilometern Platz haben müssen. Das Land ist eine parlamentarische Republik, an deren Spitze ein Präsident steht, der von einem Wahlkollegium für fünf Jahre gewählt wird. Von 2018 bis 2023 war **Paula Mae Weekes,** geboren am 23. Dezember 1958 in Port of Spain, die erste Präsidentin des Landes. Nach einem Jurastudium arbeitete sie Jahre hindurch für den Director of Public Prosecutions, eine Art Generalanwalt der Republik. Später war sie selbst Richterin und hatte einen Lehrauftrag für Ethik. Ab September 2016 war sie für die Regierung der Turks- und Caicosinseln als erste Frau Richterin am Appellationsgerichtshof, bis sie 2018 Präsidentin ihres Heimatlandes wurde. Da es keinen anderen Kandidaten gab, wurde sie ernannt und nicht gewählt. Sie verzichtete 2023 auf eine rechtlich mögliche zweite Amtszeit und zog sich ins Privatleben zurück, wo sie sich für die anglikanische Kirche engagiert und Marathon läuft. Auch die Nachfolge ist für eine Frau entschieden worden. **Christine Kangaloo** ist drei Jahre jünger, hat ebenfalls Jura studiert und war als Rechtsanwältin tätig. Sie kommt aus einer indotrinidadischen Familie, was nicht verwundert, denn mehr als ein Drittel der Bevölkerung hat Vorfahren auf dem indischen Subkontinent. Im Alter von 40 Jahren wandte sie sich der Politik zu und zog als Abgeordnete ins Parlament ein. Sie war von 2005 bis 2010 auch als Ministerin tätig, und zwar zunächst im Justizbereich und anschließend im Wissenschafts- und Technologiesektor. 2015 wurde sie zur Senatspräsidentin ernannt, 2023 verkündete Premierminister Keith Rowley ihre Nominierung als Kandidatin der Regierung für die Präsidentschaftswahl. Sie legte zwar ihre Mitgliedschaft in der Regierungspartei umgehend zurück, wurde aber von der Opposition nicht als unabhängig anerkannt, sodass ein Gegenkandidat aufgestellt wurde. In der folgenden Abstimmung erhielt sie trotzdem zwei Drittel der Wahlkollegiumsstimmen. Trinidad und Tobago gilt als relativ stabile Demokratie mit Pressefreiheit und mittlerer Korruptionsneigung. Das Land hat allerdings unter einer relativ hohen Mordrate zu leiden, zurückzuführen auf die Tatsache, dass es sich um einen Drogenumschlagplatz handelt. Dass die Todesstrafe zwar seit Jahren nicht mehr vollzogen wurde, aber nach wie vor angedroht wird, gehört zu den gesellschaftlichen Schattenseiten.

Eine Frau, die sich nie für die Macht entschuldigt hat

Finnland gehört in mancher Beziehung zu den Vorreitern Europas. So wurde bereits 1906 das Frauenwahlrecht beschlossen, als in den meisten anderen Ländern des Kontinents höchstens Suffragettenorganisationen die Forderung danach erhoben. Auch gesellschaftspolitisch fortschrittliche Parteien wie die Sozialdemokraten waren noch hauptsächlich Männerbünde und die Frauen hatten eher eine Statistenrolle. Inspiriert von John Stuart Mills Buch „Die Hörigkeit der Frau" kam es 1884 zur Gründung der ersten feministischen Frauenorganisation und bereits 1897 wurde die erste Gesetzesvorlage für ein Frauenwahlrecht eingebracht. Der Entwurf sah allerdings ein auf Frauen der Oberschicht, unverheiratete Frauen, Witwen und Lehrerinnen eingeschränktes Wahlrecht vor. Unter den ersten gewählten Frauen war Miina Sillanpää, die rund 40 Jahre im finnischen Parlament saß und 1926 die erste Ministerin war.

In den EU- Mitgliedstaaten sind heute etwa ein Drittel der Parlamentssitze mit Frauen besetzt, wobei Schweden mit fast 50 Prozent an der Spitze liegt. Im Gegensatz zu den Parlamenten stellten Frauen im Jahr 2020 die Mehrheit in immerhin vier EU-Regierungen: Finnland, Schweden, Frankreich und Belgien. Österreich ist auch hier noch unauffällig.

Allerdings brauchte es dann bis zum neuen Jahrtausend, bis in Finnland eine Frau in das oberste Staatsamt gewählt wurde. **Tarja Kaarina Halonen**, geboren am 24. Dezember 1943 in Helsinki, war seit 1. März 2000 die erste Präsidentin von Finnland.

Halonen war die Tochter einer Krankenschwester und eines Bauarbeiters und setzte sich schon in jungen Jahren für soziale Gerechtigkeit ein. Sie studierte Rechtswissenschaften, arbeitete in der Gewerkschaft und trat 1971 in die Sozialdemokratische Partei ein. Von 1979 bis zu ihrer Wahl zur Staatspräsidentin war sie Abgeordnete im Parlament und leitete ab 1987 verschiedene Ministerien: für Soziales und Gesundheit, für Skandinavische Zusammenarbeit, für Justiz, schließlich war sie Außenministerin, als der Beitritt Finnlands zur EU erfolgte. Außerdem engagierte sie sich seit ihrer Studienzeit stark für Schwule und Lesben. Sie entschied zwei Mal die Präsidentenwahl für sich; die Verfassung ließ eine weitere Amtszeit nicht zu. Nach dem Ende ihrer Präsidentschaft war sie innerhalb der UN als ehrenamtliche Botschafterin aktiv. Ihr politisches Motto: *Entschuldige dich nicht für die Macht.*

Es ist besser, eine Kerze anzuzünden, als sich über die Dunkelheit zu beklagen

Sie können Ihre Zeitung an jedem beliebigen Tag der Woche aufschlagen und Sie werden in ihr einen Bericht über jemanden finden, der irgendwo in der Welt gefangen genommen, gefoltert oder hingerichtet wird, weil seine Ansichten oder seine Religion seiner Regierung nicht gefallen. Diese Zeilen sind eine Art Gründungsdokument von Amnesty International und haben nichts an Gültigkeit verloren, mit dem einzigen Unterschied, dass sich zu den Zeitungen neue Medien hinzugesellt haben, die Schreckensmeldungen in Echtzeit verbreiten. Die mit Stacheldraht umwickelte Kerze ist ein weltweites Symbol für Gewalt, Willkür und Unrecht geworden und wurde von dem Sprichwort inspiriert, wonach es besser ist, eine Kerze zu entzünden, als sich über die Dunkelheit zu beklagen. Amnesty International ist heute mit zehn Millionen Mitgliedern weltweit vertreten und hat durch seine Aktionen unzählige Leben retten und viele Menschen aus dem Gefängnis befreien können. Die aktuelle Generalsekretärin ist **Agnès Callamard,** eine französische Menschenrechtsexpertin. Die erste Frau, die Amnesty International weltweit leitete, war die bangladeschische Juristin **Irene Khan,** geboren am 24. Dezember 1956 in Dhaka. Sie war nicht nur die erste Frau, sondern auch die erste Person muslimischer Religion und asiatischer Herkunft in dieser Funktion. Zuvor war sie beim UN-Flüchtlingskommissariat tätig gewesen. Der Krieg im Jahr 1971 und die Verstöße gegen die Menschenrechte in dieser Zeit prägten die Sichtweise der jungen Frau. Ihre Studien in Harvard konzentrierten sich daher auf Völkerrecht und Menschenrechte. Ab 1980 arbeitete sie für den Hohen Flüchtlingskommissar der Vereinten Nationen. Sie führte gefährliche Missionen aus: nach Pakistan während der Bombenangriffe in Afghanistan, nach Israel, nachdem die Israelis Jenin besetzt hatten, oder auch nach Kolumbien. Gegenwärtig ist sie UN-Sonderberichterstatterin für Meinungsfreiheit. Sie ist die erste Frau seit Einführung dieses Mandats im Jahr 1993 durch den UN-Menschenrechtsrat, die die Aufgabe eines Sonderberichterstatters wahrnimmt. Als unabhängige Expertin ist es ihre ehrenamtliche Aufgabe, Menschenrechtsverletzungen global zu überwachen und öffentlich darüber zu berichten. Auf alle Fälle ist Khan eine der gewichtigsten Stimmen weltweit, wenn es um die Wahrung der Menschenrechte geht.

Runakuna ist der Mensch bei den Quechuas

Fast 14 Prozent der Bevölkerung des Andenlandes Peru sprechen Quechua, das sind an die vier Millionen Menschen. Die Eigenbezeichnung der Menschen, die Quechua sprechen, ist Runakuna, was wie bei so vielen Urvölkern „Mensch" bedeutet. Die verschiedenen Quechua-Sprachen unterscheiden sich zum Teil so stark, dass keine Verständigung untereinander möglich ist, daher haben ihre Sprecher auch keine gemeinsame Identität entwickelt. In neuester Zeit gibt es Tendenzen einer Nationenbildung bei den quechuasprachigen Stämmen, da es eine Reihe gemeinsamer kultureller Merkmale gibt. Traditionell ist die lokal ausgerichtete Quechua-Identität sehr stark mit der altherkömmlichen Wirtschaftsweise verbunden – in den tiefer gelegenen Regionen die Landwirtschaft und weiter oben die Weidewirtschaft. Dabei umfasst eine typische Andengemeinde mehrere Höhenstufen, wodurch eine vielfältige Anbauweise und Viehzucht möglich sind. Das Land selbst gehört traditionell der Dorfgemeinschaft und wird gemeinsam bewirtschaftet. Bis in die Gegenwart wurden Indigene Opfer politischer Konflikte und ethnischer Verfolgung. Im Bürgerkrieg zwischen der peruanischen Staatsmacht und der Untergrundorganisation Sendero Luminoso machten sie drei Viertel der 70.000 Todesopfer aus, während die Verantwortlichen ausnahmslos Weiße und Mestizen waren.

Tarcila Rivera Zea, die am 24. Dezember 1950 zur Welt kam, wuchs zunächst bei ihren Quechua-Eltern auf, die weder schreiben noch lesen konnten. Mit acht Jahren wurde sie nach Lima geschickt, um als Hausmädchen zu arbeiten. Trotz großer Konkurrenz gelang es ihr, eine Arbeit im Nationalen Kulturministerium zu bekommen, dort lernte sie die ganze Palette rassistischer Beschimpfungen kennen. Als sie später als Journalistin arbeiten konnte, berichtete sie über den bewaffneten Konflikt anhand von Aufzeichnungen über vergewaltigte oder misshandelte Frauen. Dadurch erlangte sie als Menschenrechtlerin auch internationale Bekanntheit. 1986 gründete Rivera Zea in Ayacucho das Zentrum für Indigene Kulturen Perus, Chirapaq, dessen Fokus auf begangenen Menschenrechtsverletzungen lag. Mittlerweile hat sich der Schwerpunkt auf die Erhaltung der kulturellen Identität der Indigenen Perus verlagert, die mittlerweile auch öffentliche Ämter übernommen haben. 1987 begann Tarcila Riveras Arbeit bei den Vereinten Nationen, wo sie bei der Erarbeitung der Rechte indigener Völker mitwirkte.

Simón Bolívar war für die Befreiung Südamerikas von der spanischen Kolonialmacht von so überragender Bedeutung, dass noch heute eines der Länder des Kontinents nach ihm benannt ist. *Hinter jedem erfolgreichen Mann steht eine erfolgreiche Frau,* heißt es immer wieder und dieses Modell war ein Grundpfeiler patriarchalischer Gesellschaftsstruktur. Der Mann kümmert sich um Politik und Geschäft, die Ehefrau hält ihm buchstäblich *den Rücken frei.* Denkt man an **Manuela Sáenz,** am 27. Dezember 1779 in Quito im heutigen Ecuador geboren, müsste dieses Sprichwort insofern verändert werden, als diese starke Frau neben und nicht hinter Bolívar stand. Nicht umsonst heißt sie Libertadora del Libertador, also Befreierin des Befreiers. Sie wird auch als die erste Feministin des amerikanischen Kontinents gesehen und als eine *bedeutende Kämpferin für die Befreiung Südamerikas.*

Im Alter von 20 Jahren arrangierte ihr Vater eine Heirat mit einem wohlhabenden englischen Kaufmann, mit dem sie nach Lima zog. Dort unterhielt sie einen Salon, in dem Offiziere und Politiker verkehrten und sich über den Fortgang der Unabhängigkeitsbewegung austauschten. Was ihre Gäste nicht wussten, war der Umstand, dass Sáenz aktiv an der Verschwörung gegen den spanischen Vizekönig teilnahm. Sie trennte sich von ihrem Ehemann, reiste nach Quito, lernte dort Simón Bolívar kennen, wurde dessen Geliebte und bald auch Vertraute. Die nächsten acht Jahre widmeten sich die beiden dem Befreiungskampf ihrer Heimat. Sáenz begleitete Bolívar auf seinen Feldzügen durch ganz Südamerika. Unabhängig davon setzte sie sich für Frauenrechte ein – für die damalige Zeit in Südamerika sehr ungewöhnlich. Als meuternde Offiziere einen Anschlag auf Bolívar unternahmen, konnte er mit ihrer Hilfe fliehen, was ihr den anerkennenden Beinamen „Befreierin des Befreiers" einbrachte. Sie wurde gefasst und musste nach Jamaika emigrieren. Später kehrte sie nach Quito zurück und wohnte danach in Bogotá. 1830 verließ Bolívar Kolumbien und starb auf dem Weg in die Karibik. Nach einem Suizidversuch zog Manuela in eine kleine nordperuanische Küstenstadt. Dort lebte sie noch 25 Jahre, war jedoch völlig verarmt, da sie nichts von Bolívars Erbe erhielt, mit dem sie nie verheiratet war. Sie lebte vom Tabakverkauf und von der Übersetzung jener Briefe, die US-Walfänger ihren südamerikanischen Geliebten schrieben. „Manuelita" starb am 23. November 1856 und wurde in einem Massengrab beigesetzt.

Sprachenvielfalt ist ein Weltkulturerbe

Peru ist neben Mexiko, Guatemala, Bolivien und Kolumbien eines der Länder Lateinamerikas mit dem höchsten Anteil indigener Bevölkerung. Von den rund 30 Millionen Menschen, die heute in Peru leben, gehören je nach Schätzung und Definition 14 bis 45 Prozent einem der Urvölker an. Die Verfassung erkennt zwar die ethnische und kulturelle Vielfalt an, aber in zahlreichen Bereichen der Politik und der öffentlichen Verwaltung dominiert nach wie vor eine rassistische Sichtweise, welche die indigene Bevölkerung als Bürger zweiter Klasse betrachtet. Insgesamt leben in Peru noch 55 verschiedene indigene Völker. Die Quechua, Aymara, Jaqaru und Kawki sind Andenvölker, die anderen 51 stammen aus dem Amazonasgebiet. 47 ursprüngliche Sprachen werden noch verwendet und einige drohen aufgrund der geringen Anzahl an SprecherInnen auszusterben. Umso wichtiger ist die parlamentarische Vertretung der Indigenen, um auch in der Gesetzgebung die Stimme erheben zu können.

Hilaria Supa Huamán wurde am 28. Dezember 1957 in der Region Cusco geboren, wo sie von den Großeltern aufgezogen wurde, die als Hilfsarbeiter auf der Hacienda eines Großgrundbesitzers lebten. Schon als Kind musste sie mitansehen, wie der Gutsbesitzer ihren Großvater misshandelte und Frauen vergewaltigte. Ihr Großvater, der für die Rechte der landlosen Bauern kämpfte, wurde 1965 ermordet. In den späten 1960er-Jahren wurde sie erstmals politisch aktiv und organisierte gemeinsam mit anderen Frauen eine Essensausgabe für Straßenkinder. Sie beteiligte sich auch an den Kämpfen um die Rückgabe indigenen Landes, die schließlich in eine Landreform mündeten und wenigstens etwas Verteilungsgerechtigkeit brachten. Außerdem kämpfte sie gegen gewaltsame Sterilisierungsmaßnahmen, die an 363.000 (!) peruanischen Frauen, zumeist indigener Abstammung, angewandt wurden. Als sie 2006 in das Parlament gewählt wurde, legte sie als erste Abgeordnete in der Geschichte Perus ihren Eid in Quechua ab, was ihr teils heftige Kritik anderer Parlamentarier einbrachte. Ihrem Beispiel folgte in derselben Sitzung **María Sumire,** die Tochter des Gründers des Bauernverbands in Cusco war. Sie ist Rechtsanwältin und unterstützte den Kampf um Landrechte juristisch. Außerdem beriet sie Frauenorganisationen. María Sumire ist Verfasserin des Gesetzesvorhabens *zum Schutz und Gebrauch der ursprünglichen Sprachen Perus*, das nach heftigen Diskussionen 2011 verabschiedet wurde.

Haydée Santamaría Cuadrado, geboren am 30. Dezember 1923, war eine kubanische Revolutionärin und eine der wichtigsten weiblichen Führungspersönlichkeiten im bewaffneten Kampf gegen die Batista-Diktatur. Ihr Bruder Abel war ein Bekannter Fidel Castros und gemeinsam schmiedete man Pläne zum Sturz des 1952 an die Macht gekommenen Diktators. Als 1953 der Angriff auf die Moncada-Kaserne in Santiago de Cuba fehlschlug, wurde sie ebenso wie Melba Hernández zu sieben Monaten Freiheitsentzug verurteilt. Nachdem die Revolution gesiegt hatte, begründete Haydée die Casa de las Américas, ein Kulturzentrum von überregionaler Bedeutung. Am 28. Juli 1980 beging sie aus ungeklärten Gründen Suizid. Noch heute ehrt der kubanische Staat herausragende Künstler mit einer Medaille, die ihren Namen trägt.

Celia Sánchez war nicht nur im Kampf Partnerin, sondern zeitweise auch Lebensgefährtin von Fidel Castro. Sie wurde in eine antiimperialistische Arztfamilie hineingeboren und soll am 28. Januar 1953 gemeinsam mit ihrem Vater eine Büste des kubanischen Freiheitshelden José Martí auf einen Berg hinausgeschleppt haben, um dessen 100. Geburtstags zu gedenken. Die Inschrift soll gelautet haben: *Rar wie die Berge sind die Menschen, die von ihnen herabschauen können.* 1957 gliederte sich Celia als erste Frau direkt in die Rebellenarmee ein und wurde als erste Guerilla Mitglied des Generalkommandos. Sie war eine der treibenden Kräfte bei der Aufstellung eines reinen Frauentrupps und zog am 1. Januar 1959 neben Fidel in Santiago de Cuba ein.

Vilma Espín war verheiratet mit Raúl Castro, Fidels Bruder und dessen Nachfolger als Partei- und Staatschef. Im Bürgerkrieg spielte sie eine führende Rolle und diente als Botin zwischen Fidel Castros Truppe und den Untergrundkämpfern in Santiago. Espín gehörte mit ihrem Mann Raúl dem linken Flügel der Bewegung an, der sich schließlich nach der Flucht Batistas durchsetzte. Eine ihrer Kampagnen galt der Resozialisierung von Prostituierten, in den 1960er-Jahren setzte sie sich als Vorkämpferin für die Rechte von Homosexuellen ein.

Melba Hernández war die Tochter von Mulatteneltern, die bereits im Unabhängigkeitskrieg gegen die Spanier gekämpft hatten. Als Anwältin vertrat sie ausgebeutete Bauern und entlassene Arbeiter. Sie war neben Santamaría Cuadrado die zweite Frau bei dem Angriff auf die Moncada-Kaserne.

We shall overcome

Der letzte Tag im Jahr wird von vielen Menschen genutzt, um einen Wunsch, eine Hoffnung für das kommende Jahr auszudrücken. „We shall overcome", „Wir werden überwinden", steht auf meinem letzten Kalenderblatt, denn einerseits drückt es den Optimismus aus, dass gesellschaftliche Verhältnisse sich zu einem Besseren wenden können, und anderseits ist es eine Verbeugung vor einer ganz besonderen Frau, die im jungen Jahr ihren Geburtstag feiern wird. Ich weiß, dass in meinen Kalendereinträgen viel von Gewalt, von Missbrauch, von Unrecht und den Opfern die Rede war. Frauen, Kinder, Minderheiten, ob ethnisch, religiös, weltanschaulich, politisch oder in ihrer sexuellen Orientierung, befanden sich dabei auf der Seite der Schwächeren, der Benachteiligungen, der Geschädigten. Und fast immer ist es eine von Männern dominierte Gesellschaft, die dafür die Verantwortung trägt. Der Krieg, die Gewalt, die Brutalität haben seit Jahrtausenden ein männliches Gesicht, während Frauen in den allermeisten Fällen auf der Opferseite zu finden sind. Und gleichzeitig gibt es so unglaublich mutige und starke Frauen, die für die Überwindung von Ungerechtigkeit kämpfen, ja sogar ihr Leben dafür einsetzen. Natürlich gilt das auch für Männer, aber meistens sind ohnehin sie es, die dafür auf den Denkmälern, in den Geschichtsbüchern und in den nationalen Narrativen gebührende Bewunderung einheimsen. Mir ging es daher darum, einmal nur Frauen und ihr Leben zu beleuchten, um der „Unterbelichtung" entgegenzuwirken.

„We shall overcome" war ein Protestlied, das durch **Joan Baez** berühmt wurde. Sie sang gegen Intoleranz, für politische und soziale Gerechtigkeit und Menschlichkeit. Ihre Botschaft war Gewaltlosigkeit, denn *historisch gesehen, wurde Gewalt immer durch Macht größerer Gewalt unterdrückt.* Es ist offensichtlich, dass dieses Prinzip noch nicht zu einem guten Ende geführt hat.

Bei dem von Martin Luther King geführten Marsch auf Washington sang Joan Baez vor über 60 Jahren ihr Protestlied. Es entwickelte sich zur Hymne der Bürgerrechtsbewegung und drückte die Hoffnung auf einen Sieg über Rassismus und Ungerechtigkeit aus. Aber nicht nur in den USA wurde das Lied angestimmt. So kam es auch während des Unabhängigkeitskampfs in Bangladesch, in der Anti-Apartheid-Bewegung in Südafrika und bei der Revolution in Prag 1989 zum Einsatz.

We shall overcome
We shall overcome
We shall overcome, someday

Oh, deep in my heart
I know that I do believe
We shall overcome, someday

We shall be alright
We shall be alright
We shall be alright, someday

Oh, deep in my heart
I know that I do believe
We shall overcome, someday

We shall live in peace
We shall live in peace
We shall live in peace, someday

Oh, deep in my heart
I know that I do believe
We shall overcome, someday

We are not afraid (oh Lord)
We are not afraid (oh Lord)
We are not afraid, today

Oh, deep in my heart
I know that I do believe
We shall overcome, someday

We shall overcome (oh Lord)
We shall overcome (oh Lord)
We shall overcome, someday

Oh, deep in my heart
I know that I do believe
We shall overcome, someday

Sie kennen mich

So lautet eines der bekanntesten Zitate von Angela Merkel. Als sie diesen Satz aussprach, war sie acht Jahre im Amt und wollte den Menschen in Deutschland vermitteln, dass sie wüssten, mit wem sie es zu tun hätten. Mein Buch beginnt mit dieser Politikerin. Männer spielen in diesem Buch nur eine Nebenrolle. Das sind sie nicht gewöhnt – vor allem, wenn es um Macht geht. Die hat in der Politik allerdings eine große Bedeutung. „Machtspiele" sind die Hahnenkämpfe des Homo sapiens in seiner globalen Arena. Und Krieg ist die Fortsetzung mit anderen Mittel, wusste schon der preußische General Carl von Clausewitz. Die TAZ-Redakteurin Waltraud Schwab wird da etwas plastischer: *Krieg ist das Ding mit Gemächt. Raketen, Granaten, Panzerrohre, dann sein Gesicht, denke ich fort. Alles Ingredienzien toxischer Männlichkeit. Putin mit seinen Spezialoperationen, denen er mit nacktem Oberkörper auf dem Pferd sitzend voranreitet, ein feixender Trump mit seiner Frauenverachtung, Bolsonaro und sein Liebäugeln mit Brasiliens Militärdiktatur.* Drei Exemplare, drei Beispiele für jene „giftige Männertümlei", die irrlichternd Geschichte verbricht. Diesen Gockeln musste schon Merkels Aversion gegen jede Eitelkeit zuwider sein, war sie doch eine Antithese zu deren Narzissmus. Die Pastorentochter, die ihre erste Lebenshälfte im deutschen „Arbeiter- und Bauernstaat" verbracht hatte, verkörperte alles andere als die mondäne Luxusausgabe einer Entertainerin. Das bewies sie auch durch ihren Abtritt. Es war das erste Mal im Nachkriegsdeutschland, dass ein Regierungschef freiwillig aus dem Amt schied. Angela Merkel trat 2021 nicht zur Wiederwahl an.

So mancher Mann hätte da an seinem Denkmal herumgebastelt und einen solchen Verzicht als Zeichen der Schwäche und/oder Resignation empfunden, was einer Niederlage samt Gesichtsverlust gleichkommt.

Nicht so Angela Merkel, die sich ganz einfach zurückzog und sich wie angekündigt in der Öffentlichkeit rarmachte. Pomp und Prunk sind ihr fremd, und so hat sie sich zu ihrem 70. Geburtstag ein wissenschaftliches Symposium gewünscht.

Lob erhielt sie auch von ungewohnter Seite. Viktor Orbán, der ungarische Ministerpräsident, erklärte, er sei sich sicher, dass *wir jetzt keinen Krieg hätten, wenn Angela Merkel noch Kanzlerin wäre. Sie hätte das getan, was sie schon nach der russischen Besetzung der Krim getan hat: den Konflikt isolieren, nicht internationalisieren.* Ganz unspektakulär eben.

Frauen schreiben Geschichte, sie leben Geschichte, sie fühlen, denken, erfahren Geschichte, und oft sterben sie für die Geschichte.

Österreich mag auf den ersten Blick wie eine Insel der Seligen erscheinen. Das Frauenwahlrecht besteht seit 1918, die Gleichberechtigung von Frauen und Männern hat seit 1920 Verfassungsrang, ebenso die Pressefreiheit; die Versammlungsfreiheit ist im Staatsgrundgesetz verankert, ebenso das Verbot von Folter, Sklaverei und Zwangsarbeit; und niemand darf in Österreich aufgrund des Geschlechts, der ethnischen Zugehörigkeit, der Religion oder der Weltanschauung, des Alters, Behinderungen oder der sexuellen Orientierung unmittelbar oder mittelbar diskriminiert werden. Vieles davon haben wir dem Einsatz engagierter Frauen zu verdanken.

Doch kaum richten wir unseren Blick über den Tellerrand der mitteleuropäischen Selbstgenügsamkeit, in der Freiheit und Geschlechtergleichheit weitgehend gelebt werden, treffen wir auf Frauen, die sich um Schieflagen in der Welt, Ungerechtigkeiten, Gräueltaten kümmern – jetzt und in der Vergangenheit –, die aufzeigen, was nicht in Ordnung ist, die manchmal laut schreien und manchmal leise umrühren, Frauen, denen das Schicksal ihrer Mitmenschen, ihre Kultur, die Umwelt, die Gesellschaft nicht egal sind. In diesem Buch lernen wir Frauen aus allen Teilen der Welt kennen, Ärztinnen, Juristinnen, Schriftstellerinnen, Künstlerinnen, Politikerinnen – viele von ihnen konnten ihre Ausbildung nur gegen enormen Widerstand und unter widrigen Bedingungen absolvieren. Wir treffen aber auch auf einfache Frauen ohne elitäre Schullaufbahn, die ihr Leben unter schwierigsten Bedingungen meistern. Sie alle vereint eines: Sie haben einen Blick für das Wesentliche und reagieren darauf, mit Einsicht und mit Weitblick, setzen sich ein für Frauen, Kinder, Minderheiten, Verfolgte, Andersgläubige, Andersfarbige, Andersdenkende, sexuell anders Orientierte. Oft agieren sie unter größten Gefahren, werden bedroht, vergewaltigt, verhaftet, gefoltert, getötet, müssen sich verbergen oder ins Ausland flüchten, müssen Angst haben um ihr eigenes Leben und das ihrer Angehörigen. Doch sie machen weiter, und dafür gebührt ihnen unser aller Dank.

Ich verneige mich vor all den in diesem Buch vorgestellten Frauen, die unsere Welt ein kleines Stück besser machen.

Andrea Thiel, Lektorin

Sichtbarer geworden

Auf die Frage, was sich bezüglich der Situation der Frau in unserer Gesellschaft seit ihren ersten öffentlichen Auftritten, Aktionen und Ausstellungen getan habe, antwortete VALIE EXPORT bei der Vernissage zu „Herstory" in Hallein: *Frauen sind sichtbarer geworden. Aber was die Gleichstellung betrifft, gibt es noch viel zu tun.* Das war, wohlgemerkt, im Juli 2024, und da zählte die Medienkünstlerin, Performerin, Filmemacherin und Autorin stolze 84 Jahre und blickte auf gut sechs Jahrzehnte künstlerisches Schaffen und politisches Engagement zurück! Frauen wie VALIE EXPORT ist es zu verdanken, dass Frauen „sichtbarer" geworden sind – und zwar nicht bloß als Werbeträgerinnen und Covergirls – und Zugang gefunden haben zu Berufen und Positionen, die landläufig als männlich galten, auch wenn sie dann mehr als 100 Prozent Leistung erbringen müssen, um als gleichwertig anerkannt zu werden. Das gilt hierzulande, und das gilt in allen anderen Ländern der Welt ebenso.

2022 brachte Wolfgang Radlegger das Kalendarium „Geschichte anders notiert" heraus, in dem er für jeden Tag des Jahres eine Person, ein Ereignis oder eine Organisation im Zusammenhang mit dem Kampf für Menschenrechte vorstellte, wobei mir bei der Lektüre nicht bloß ein Mal der Atem wegblieb ob der schier unermesslichen Gewalt, die Menschen einander antun, aber auch des Mutes vieler, in scheinbar ausweglosen Situationen aufzustehen und zu kämpfen. Nun folgt mit „Frauen schreiben Geschichte" ein weiteres Kalendarium, das ausschließlich dem Einsatz und Kampf für die Gleichberechtigung von Frauen, den Umweltschutz und die Bewahrung seltener Sprachen gewidmet ist. Man liest sich quer durch die Jahrhunderte und Kontinente, ist erschüttert, empört, fühlt sich aber auch oft ermutigt, sich in der eigenen Umgebung, dem eigenen Land für Frauenrechte einzusetzen. Zumal, das muss leider konstatiert werden, vielerorts der Trend wieder zurück geht, um den Frauen ihren „angestammten" Platz am Herd und in der Kindererziehung zuzuweisen – ganz abgesehen von Ländern, in denen Frauen nach wie vor nicht sichtbar sind.

Ein Buch, dem viele Leserinnen und Leser zu wünschen sind und das in jede Bücherei, vor allen Dingen aber jede Schulbibliothek gehört!

Christoph Janacs, Autor

Wer mit Wolfgang Radlegger näher in Kontakt kommt, wird bald von seinem enormen geschichtlichen und gesellschaftspolistischen Wissen überwältigt sein. Und dieses Wissen teilt er gerne. So verwundert es nicht, dass nach seinem einzigartigen Kalendarium „Geschichte anders notiert" nun ein zweiter Band folgt, dieses Mal ausschließlich über Frauen, die die Geschichte geprägt und mitgestaltet haben. Freilich nicht so, wie wir es in Schulbüchern und Kommentaren zu lesen und hören bekommen. Es sind wieder „Geschichten von unten", Geschichten unerschrockenen Mutes und Widerstands gegen männliches Machtstreben.

Ich bedanke mich bei Wolfgang Radlegger für seinen unermüdlichen Einsatz und sein Durchhaltevermögen in für ihn belastenden, schwierigen Zeiten. Ich bedanke mich bei Andrea Thiel und Christoph Janacs für ihr penibles, sachkundiges und einfühlsames Lektorat.

Abschließend kann ich nur die Worte meiner Schlussbemerkungen zu dem Band „Geschichte anders notiert" wiederholen – einfach weil sie jetzt genauso Gültigkeit haben: Die Beschäftigung mit diesen Texten hat mir ein neues Verständnis politischer Vorgänge gebracht, an denen ich schon als Jugendlicher großes Interesse hatte. Wenn ich heute aktuelle Berichte in den Zeitungen und Medien verfolge, werden mir Zusammenhänge und Entwicklungen neu bewusst – und mich schaudert vor dem, was schon war, und dem, was kommen könnte.

Mögen die beiden Kalendarien Wolfgang Radleggers vor allem junge Leserinnen und Leser aufrütteln und ihnen Mut machen, sich für eine gerechte Welt und eine friedliche Gesellschaft einzusetzen. Es wird nicht leicht sein, aber die beschriebenen Lebensgeschichten dieser Frauen können Vorbilder sein.

Volker Toth, Verleger

ISBN 978-3-902932-66-2

ISBN 978-3-904068-38-3

ISBN 978-3-904068-59-8

Wolfgang Radlegger

geboren 1947 in Grödig bei Salzburg, Kindheit in Buenos Aires, Gymnasium
in Salzburg, lebt in Salzburg.
1978–1979 Mitglied des österreichischen Bundesrates;
1979–1989 Mitglied der Salzburger Landesregierung;
ab 1984 Landeshauptmann-Stellvertreter;
Landesparteiobmann der SPÖ.
Ab 1991 leitende Tätigkeit bei der Bausparkasse Wüstenrot, Vorsitzender
des Vorstandes; bis Jahresmitte 2022 Mitglied des Vorstandes der Eigen-
tümergenossenschaft Wüstenrot und diverser Aufsichtsräte im Bauspar-
kassen- und Versicherungsbereich. Autor zahlreicher Artikel.

2011 erschien in Wien das Buch „Vom Stillstand zum Widerstand".

In der EDITION TANDEM erschienen:
2017   Roma – zum Betteln verdammt
       Eine historisch-kritische Auseinandersetzung
2018   2. Auflage
2021   Ohne Zweifel für die Schwächeren
       Politische Reflexionen | Biografische Notizen
2022   Geschichte anders notiert – ein Kalendarium

Wolfgang Radlegger
Frauen schreiben Geschichte
Ein Kalendarium

Laktorat: Christoph Janacs und Andrea Thiel
Gestaltung: Volker Toth
Druck: Jelgavas Tipogrāfija, Jelgava

ISBN. 978-3-903516-08-3

© 2024 Edition Tandem, Salzburg | Wien
www.edition-tandem.at

Gefördert von Land und Stadt Salzburg,
Bundesministerium Kunst, Kultur,
öffentlicher Dienst und Sport